北京市房山区"基于教学改革、融合信息技术的新型教与学模式"
国家级实验区建设项目成果

# 区域教育目标解读与教学范式构建

李兆端 编著

天津出版传媒集团

天津科学技术出版社

### 图书在版编目(CIP)数据

区域教育目标解读与教学范式构建 / 李兆端编著. -- 天津：天津科学技术出版社，2023.7
 ISBN 978-7-5742-1475-0

Ⅰ.①区… Ⅱ.①李… Ⅲ.①小学数学课 - 学生作业 - 教学设计 Ⅳ.①G623.502

中国国家版本馆CIP数据核字(2023)第139601号

---

区域教育目标解读与教学范式构建
QUYU JIAOYU MUBIAO JIEDU YU JIAOXUE FANSHI GOUJIAN

责任编辑：房　芳
责任印制：王品乾

| | |
|---|---|
| 出　　版： | 天津出版传媒集团<br>天津科学技术出版社 |
| 地　　址： | 天津市西康路35号 |
| 邮　　编： | 300051 |
| 电　　话： | （022）23332397 |
| 网　　址： | www.tjkjcbs.com.cn |
| 发　　行： | 新华书店经销 |
| 印　　刷： | 河北万卷印刷有限公司 |

---

开本 710×1000　1/16　印张 22　字数 390 000
2023年7月第1版第1次印刷
定价：98.00元

## 《北京市房山区"基于教学改革、融合信息技术的新型教与学模式"国家级实验区建设项目成果》编委会

主　任：郭冬红

副主任：于海侠　于春梅　王　塔

委　员：(按姓氏笔画为序)

王徜祥　吕宝新　李兆端　张志宇　张海滨　周长凤　武维民
徐丽微　梁一凡　梁玉财

## 本册编写组

撰　稿：(按姓氏笔画为序)

王梦瑶　付　龙　平艳君　李兆端　张梦初　曹　锐　强文媛

# 总　序

教育是民族振兴、社会进步的重要基石，也是人民群众最为关心的话题。房山，一个首都西南的教育大区，正在按照国家教育改革发展的新要求，将教育信息化建设作为教育系统性变革的内生变量，努力构建高质量教育体系，推动教育朝着更加多样、更加开放、更加优质、更加现代化的理想形态跃进。

北京市房山区地处北京西南，面积2 019平方千米，常住人口百余万，平原、丘陵、山区各占三分之一，地域上的差异性决定了不同地区教育质量发展水平的不均衡。实现教育优质均衡发展，一直是房山区追求的目标。

在北京市教育委员会开展的教育综合改革实践中，房山区受益良多，充满了对教育改革的热情，十分期待互联网、大数据带来更大的发展契机。"基于教学改革、融合信息技术的新型教与学模式"实验区建设项目是实现房山区教育现代化的有效载体，对推动房山区的教育创新具有重大而深远的意义。

2019年11月，在房山区政府支持下，房山区教育委员会积极组织"基于教学改革、融合信息技术的新型教与学模式"实验区申报工作，计划以"基于教学改革、融合信息技术的新型教与学模式"实验区建设为引擎，加快房山区教育信息化提升的速度，实现房山区教育质量优质均衡发展，破解教与学中的难题，启发教与学模式的变革，提升课堂教学水平，推进房山教育现代化进程。

互联网、大数据、人工智能等技术的发展推动了区域教育发展高质量发展，而高质量教育体系建设的关键是教育者和学生的发展。

实验区建设过程中，房山区始终坚持育人为本、突出数据应用、注重系统设计、聚焦课堂改革、加强实践研究的原则。以服务区域教育优质均衡发展、学生全面而有个性的发展为目标，以教育信息化硬件建设和学生发展大数据平台建设为基础，以学生发展大数据汇聚与分析为引擎，致力于提升管理者、教师和学生的信息素养，形成一批智慧教师、智慧课堂、智慧学校，促进在信息化时代背景下学生的全面发展。

实验区建设过程中，更注重教与学的方式的变革，采用优质教育资源供给弥补部分地区的教育资源的短缺问题，使师资力量满足学生的学习需求；通过学生发展大数据平台、智慧校园、"双师课堂"建设，使偏远地区的学生达到其他地区的发展水平，支撑了区域基础教育高质量发展。

实验区建设过程中，按照终身教育发展的需要、学习型社会建设的需要，推进人人可学、时时可学、处处可学的教育服务网络。实验区建设丰富了教育服务的供给模式，建成了覆盖课堂、校园、区域的一体化智慧教育体系，推动了示范校建设，提升了教师的信息化素养和科研能力，拓展了学生的眼界见识，培养了学生的高阶思维能力，促进了房山区不同地区教育质量发展水平的均衡发展，为信息技术与教育教学的深度融合提供了动力。

实验区建设过程中，提升了教师对教育信息化的认识和开展教育教学的研究意识，培养了信息技术与教育教学深度融合应用的骨干教师队伍，促进了教师开展教育教学的研究行为的发生；通过汇聚学生非智力因素大数据，更好地助力了学生全面而有个性的发展；通过项目式学习的开展，培养了学生高阶思维能力；通过智能平台和学习工具的应用，助力学生自主学习能力、学习习惯等的培养，提升了学生的学习获得感。

作为教育部直接推进的国家级实验区，及时总结经验、形成典型范式，在全国进行推广，促进全国中小学阶段教育教学高质量发展。实验区探索的新思路、新模式、好方法、好经验，面向全国进行推广。

原色育人，生态发展。站在新的历史起点，房山实验区建设更加聚焦课堂改革，加强实践研究，注重统筹规划，聚焦新时代对人才培养的新需求，强化以能力为先的人才培养理念，支撑引领教育现代化发展，推动教育理念更新、模式转型、体系重构，为首都、中国教育信息化发展提供房山智慧和房山方案。

信息化事关我国教育改革发展大计。新时代赋予了教育信息化新的使命，让我们用技术共同营造教育的新环境，推动教育的新发展，缔造教育的新生态，努力开辟房山、首都、中国的——教育新天地！

所有过往，皆为序章。实验区建设作为践行"面向每个人的教育、适合每个人的教育、更加开放灵活的教育"理念目标，实践中生成的、迸发的新的火花，让管理者进一步读懂学校，由"经验式"决策变为"数据辅助式"决策，推动教育、教学、教研、管理、评价等领域的创新发展。

作为答卷，实验区成果都是单独成册，是某一专题或子项目成果。此次策划实验区成果如何呈现时，我们没有请重量级人物来担纲主编，是因为实验区建设过程中，有一大批中青年学者已经成长为某一领域某些学科发展的一线主力，他们应当也能够承担起更大的责任。现在看来，我们的决策完全正确，"数据思维""数据素养""智慧学校""双师课堂""区域范式""考点教研""混合式研修""研究共同体""名师工作室"等，着实让大家眼前一亮。成果内容丰富、形式新颖，符合"基于教学改革、融合信息技术的新型教与学模式"实验区"探索信息技术、智能技术支撑下适应本地区经济社会和教育发展实际需要的教与学模式，推进信息技术与教育教学的深度融合，变革教与学方式，提高区域教育教学质量，面向'互联网+'的教师专业能力提升，助力教师专业发展"工作要求，相信这些成果能在信息化领导力培训、信息化教学创新培训、数据能力素养培训等工作中发挥作用，能够为教育管理者的数据智能决策提供帮助，为教师教育的研究者提供参考，值得广大的学校管理者、教师阅读和学习。

书中难免存在各种不足，恳请各位同仁不吝赐教！

编委会

2023 年 6 月

这一新的社会契约是我们修复过去的不公、改变世界的未来的契机。最重要的是，它以人们有权接受终身优质教育为基础，将教与学视为人们共同的社会事业和共同利益。

实现这一教育愿景，并非不可能完成的任务。希望依然存在，尤其蕴藏在年轻一代人中。

——奥德蕾·阿祖莱（联合国教科文组织总干事）《一起重新构想我们的未来·序言》

# 前　言

未来教育的目标是什么？国家教师教育咨询委员会委员，中国教育学会顾问，联合国教科文组织协会世界联合会副主席，亚太地区联合国教科文组织协会联合会名誉主席陶西平老先生在中国教育学会第28次学术年会上曾谈及过。他说教育目标内容很多，但都有一个共同的主题，总体目标就是提高教育质量。那么，教育公平呢？教育公平和质量都是当代需要关注的。现在强调的公平不是简单地指入学机会的公平，而是指教育质量公平。

2015年9月在纽约联合国总部举行了联合国可持续发展峰会，峰会上通过了一个由193个会员国共同达成的文件，这个文件的题目是：《改变我们的世界——2030年可持续发展议程》。它谈的是世界总体可持续发展目标，其中包括17项，而每一项又有具体的目标，一共有169项具体目标。到2030年可持续发展目标总的特点是，它把经济的增长与世界暴露的突出问题如贫富差距缩小、环境的可持续性、人类的可持续发展三者结合起来。其中目标4就是教育目标，教育目标要求确保公平性和优质教育，确保公民享有终身学习的机会。

总体来讲，大家可以看到，在谈到公平教育的时候都加上优质。也就是说，到2030年，要确保男女儿童获得优质的幼儿发展教育和学前教育，确保所有男女平等地获得优质的技术职业教育和高等教育，等等。

2020年1月，在世界经济论坛上，作为"全球协商进程"的一项重要成果，发布了一个关于未来学校的报告。报告通过若干案例解读的方式，描绘了一个叫"教育4.0"的未来学校全球框架，未来学校基本特征，未来学校办学指南，统称"教育4.0"学校教育模式。

"教育4.0"本质上迎合了"创新时代"的社会需求。有了这个框架模式，会更方便于围绕"教育质量"而进行的人与人之间、区域之间、行业之间交流、合作、学习与互动，不断提高生产力，增强社会发展动力，也可以促使学习者着眼未来，在"教育4.0"中享用优质教育，在"第四次工业革命"中有个好工作。

"教育4.0"受启于"工业4.0"，"工业4.0"源于德国对2011年汉诺威博览会的"智能效率"主题,英国称之为"第四次工业革命",涵盖了包括数字化工厂、新能源车辆、工业零配件、风能技术、能源、工业自动化、动力传动与控制、空压与真空技术、电厂技术、表面处理技术、研究与技术、线圈技术和微系统技术等十多个专业新技术引领主题,这些主题新技术可以通过创新实现生物空间、网络空间和物理空间三者的有机融合使世界更数字化、更互联、更灵活和更智能。2016 年,世界经济论坛把"第四次工业革命"定义为集合物联网、3D 打印、机器人、人工智能、大数据等融合技术发展的智能型信息物理系统,以及所主导生产的社会结构性变。①

"工业 4.0"变易了人类的工作、联系、交流和学习的方式,重塑了包括教育系统结构体系的每一个行业。教育需要变革自身系统与教育模式,培养适应工业 4.0 时代的大量人才和劳动力。

未来学校作为一种特殊的形态,是指"互联网+"背景下的学校结构性变革,通过相互融通的学习场景、灵活多元的学习方式和富有弹性的学校组织,形成个性化的学习支持体系,能够为学生提供私人定制化的教育。② 作为一种新形态的"时间·空间·物质"育人场域,其具有"新形态育人场域""以培养未来人才为核心""人工智能技术与学校教育"三个基本特征。③

对于"教育 4.0",预测未来最好的方法就是创造未来。在十九大期间,陈宝生部长曾经回答过一个"到 2049 年的时候中国的教育是什么样"的记者提问,陈部长用创造未来的预测回答了"未来创造空间":中国的教育可能走到世界的中心,可能会有更多的人到中国留学,汉语可能会成为国际交流中使用更多的语言,在制定教育规则的时候中国有更多的发言权。

同样,《房山教育现代化 2035》用"房山教育是首都教育的重要组成部分"预测并回答了未来房山教育的"创造空间","建成更加公平更高质量的新时代房山教育是建设国际一流的和谐宜居之都",并以此"加快推进新时代房山教育现代化,提供更加公平、更高质量的教育,增强人民群众教育获得感","引领具有房山特点、首都特色的现代教育发展,为率先全面建成小康社会,建设'一区一城'新房山提供强大人才保障、智力支持。"

为此,"房山教育 4.0",改革创新必须贯彻始终。"将改革作为推进教育现

---

① 安宇宏. 第四次工业革命[J]. 宏观经济管理,2016(7):83.
② 曹培杰. 未来学校的兴起、挑战及发展趋势:基于"互联网+"教育的学校结构性变革[J]. 中国电化教育,2017(7):9-13.
③ 罗生全,王素月. 未来学校的内涵、表现形态及其建设机制[J]. 中国电化教育,2020(1):40-45,55.

# 前言

代化的根本动力,深化教育领域综合改革,增强系统性、整体性和协同性,破除不合时宜的体制机制弊端。""充分运用新技术、新机制、新模式,创新教育服务供给方式,激发教育事业发展活力,形成上下齐心、协力推进教育现代化的新局面。"

故此,房山未来学校发展,当在新的时代条件之下,更好贯彻党和国家的教育方针,更好推动素质教育,更好培养创新人才。要应用新理念、新思路、新技术,面向未来推动学校形态变革和全方位改革创新。

一要确定好未来学校的时空边界。包括六项:一是"绿色、智能和泛在互联的基础设施";二是"集成、智慧、因变的新学习场景";三是"灵巧学习及创新的赋能场";四是"开放融合的学习生态";五是"创新的知识和信息网络拓扑结构";六是"人工智能融合的教师·课程智慧系统"。[①]并据此加快技术应用的迭代更新,利用新技术构建全新、动态的未来学校形态。

二要更加注重以德为先。坚持以树人为核心、以立德为根本,育人和育才相统一。重点解决三个问题,一个是主导性(明确"立"什么"德"),增强文化自信;一个是针对性(针对问题、针对需求、针对学习者),把德育当成教育目标;一个是亲和力(教育内容上、教育方法上、教育过程上、教育者身上),增强德育实效。

三要把课程问题作为学校教育最关键的问题来抓。从课程发展的趋势来看,主要解决六个方面的问题,一是强调培养能力与否,二是强调以学生为中心与否,三是强调整体综合与否,四是强调多样包容与否,五是强调数字化与否,六是强调科学评估与否。[②]并以此强化课程"四变",一是功能的转变,使学习过程成为学习者必备品格和关键能力形成的过程;二是结构的转变,强调均衡性、综合性和选择性;三是学习者的学习方式改变,教师在教学过程中通过互动、共同发展,引导学生质疑、调查、探究,在实践中学习、富有个性地学习;四是课程内容随"生活与时代气息"而变,通过教师创造性地备课,让课程内容、资源有利于引导学生主动探索、主动发现。

四要把"增教师权能,促教学自由"作为学校长久实力的基础工程来抓。在教育领域,教育工作的终端是教师,学校教育的终端是学生。"增教师权能,促教学自由(Teaching in Freedom, Empowering Teachers)"是 2017 年世界教师日(每年 10 月 15 号)的主题,联合国教科文组织的总干事,国际劳工组织的总干事,联合国儿童基金会的执行主任,联合国的开发计划署的署长,联

---

[①] 教育部学校规划建设发展中心于 2017 年 10 月 10 日启动了"未来学校研究与实验计划"。
[②] 联合国教科文组织工作文件《处于争论和教育改革中的课程问题》,2015 年 9 月。

合发表致辞。致辞提出,"教师向儿童、年轻人和成年人传授发挥其潜能所需的知识和技能,他们是社会长久实力的重要基础。"以重申教师权能的价值,凸显世界各地许多教师在其职业生涯中遇到的挑战。按照房山区加快推进教育现代化实施要求,"教师队伍规模、结构、素质能力基本满足各级各类教育发展需要""坚持德才兼备、全面考核,突出教育教学成效和实际贡献,拓宽教师发展通道,引导教师潜心教书育人。""健全教师荣誉和表彰机制。宣传优秀教师的先进事迹,塑造房山教师的良好社会形象。""全面加强党对教师队伍的领导,紧紧围绕教师的基本素养,培养造就一支政治过硬、师德高尚、业务精湛、充满活力的高素质专业化创新型教师队伍。"① 以防止"将21世纪技术单纯添加到20世纪的教学中只会稀释教学效率",让教师能够在技术创新及技术整合教学方面成为积极主动的变革代言人。②

五要立足本土保持本色。去年4月26日,在北京市中小学集团化办学与学区制管理房山区现场会上,北京市教育委员会副巡视员冯洪荣给房山教育立足本土保持本色一个很好的评价。在房山获得"均衡、优质、多样化、开放性"优势之外,要用好"美丽"的优势,解决"持久性问题"。未来房山学校要充分发挥房山教育经验,思考未来"优质均衡"等若干优势下,学校坚持教育的公益性特征,充分发挥房山本土优势,立足区情、面向全国,扎根本土、融通中外,走龙乡特色的现代化办学之路。

最后,落位发展公平而有质量教育的课堂教学。房山多年来一直致力于课堂质量的提升,从"目标教学"到"情景教学",从"课堂教学质量评价"再到"课程领导力提升工程",均立足课堂教学的改进,聚焦教师和学生的发展。"funhill"教学的最终指向依然是提高育人质量,而提高育人质量的关键是提高课堂教学质量。适应新形势下的育人要求,"funhill"教学牢牢把握住课堂教学质量这一"生命线",进行课堂建设,打造高效课堂,提高课堂效率,落实立德树人根本任务,促进学生全面健康发展。

不忘本来、吸收外来、面向未来。研究未来学校,目前的核心任务是瞻望我国到2035年基本实现社会主义现代化时,基层学校基本的共同的发展趋势和办学优势,更好地指导教育改革发展的实践。房山的未来学校也一定是在现实学校的基础之上发展起来的,区域之间、区域内学校之间不一定有统一的标准

---

① 《房山区加快推进教育现代化实施方案(2018—2022年)》。
② 陶西平:《加快高中教育的改革步伐》,在"2016年高中国际教育研讨会暨中欧知名高中校长论坛中方代表团行前座谈会"(2016年1月23日)上的讲话。陶西平,国家教育咨询委员会委员、联合国教科文组织协会世界联合会荣誉主席。

格式，但作为教育现代化的标识性核心内容，在"理念先进、体系完备、内涵创新、质量优良、环境优越、保障有力的房山教育"现代化大环境之下，房山的未来学校一定是多彩多样、充满活力的。

本书在编写过程中得到了及广大同行专家、实验基地学校项目负责人、一线教师的大力支持、指导和帮助，在此谨向他们表示衷心的感谢。受作者水平所限，书中不免有疏漏之处，敬请同行和广大读者批评指正。

李兆端

2023 年 5 月

# 目 录

## 上篇：区域教育目标解读

### 第一章 "funhill"教学概述 / 3
第一节 "funhill"寓意及系统化过程 / 3
第二节 "funhill"教学的逻辑基点 / 5
第三节 "funhill"教学研究的基本历程 / 6
第四节 "funhill"教学系统基础研究 / 8
第五节 "funhill"教学新样态 / 11

### 第二章 "funhill"教学根脉纵览 / 14
第一节 世纪初房山教育两件大事 / 14
第二节 知之者胜 / 17
第三节 十年磨一剑 / 20
第四节 理念之根思路之脉 / 25

### 第三章 "funhill"教学让成长真实发生 / 32
第一节 房山教育发展思想 / 32
第二节 教育让成长真实发生 / 36
第三节 "funhill"教学核心要义是心中有人 / 42
第四节 大力推进区域教育现代化进程 / 51

### 第四章 "funhill"教学与强区机遇 / 54
第一节 走人间正道 / 54
第二节 走向强区的机遇在哪里 / 56
第三节 面临挑战准备好了吗？ / 61
第四节 欢迎第九次课改 / 65

### 第五章 "funhill"教学促进教育高质量可持续发展 / 71
第一节 报告2010：新型教育教学模式的形成 / 71

第二节 报告 2021：区域教育综合实力不断提升 / 76

第三节 报告 2022：推动教育高质量发展 / 79

第四节 报告 2035：房山教育现代化战略目标与任务 / 86

# 下篇：教学范式构建

## 第六章 "funhill"教学课程资源供给方式 / 105

第一节 "funhill"教学情景化课程资源 / 105

第二节 情景化课程资源供给方式新路径 / 108

第三节 资源情景匹配与分析 / 112

## 第七章 "F 指数"的课堂价值研判与指标体系构建 / 121

第一节 "F 指数"概述 / 121

第二节 "F 指数"价值研判 / 124

第三节 构建 "F 指数" 体系 / 133

第四节 浅议情景教学中的情境指数 / 135

## 第八章 "funhill"教学教师评价能力支持体系建设 / 140

第一节 教师评价能力支持体系 / 140

第二节 "智慧研修"提高教师评价意识 / 142

第三节 教师评价能力支持体系建设 / 154

## 第九章 "funhill"教学与"EECSD"行动 / 158

第一节 方案 2015: 融入课程改革和素质教育全过程 / 158

第二节 广泛开展 EECSD 实践研究 / 163

第三节 "EECSD"教育因"funhill"教学而充满活力 / 169

## 第十章 "f"（fair）：为所有儿童提供接受优质教育机会 / 174

第一节 课堂公平是教育微观公平核心 / 174

第二节 构建充满活力的有效课堂 / 180

第三节 推进课堂公平的策略 / 184

# 目录

## 第十一章　"u"（uniform）：全要素全过程全方位均衡（上）／ 190

第一节　义务教育高质量发展的必然升维　／ 190
第二节　创建高效优质均衡课堂　／ 194
第三节　让"弱势群体"不再"弱势"　／ 197

## 第十二章　"u"（uniform）：全要素全过程全方位均衡（下）／ 200

第一节　推进城乡教育一体化发展　／ 200
第二节　"基本均衡"走向"优质均衡"　／ 213
第三节　推进中小学集团化办学　／ 218

## 第十三章　"n"（need）：为学习者提供适配的支持和服务　／ 223

第一节　按需学习的理论基础与内涵　／ 223
第二节　按需供给的教育如何实现　／ 231
第三节　让学生在学习超市中按需自主"购物"　／ 235

## 第十四章　"h"（healthy）：建构人本化的生态课堂　／ 238

第一节　体育才是顶尖的教育　／ 238
第二节　促进学生健康快乐的成长　／ 241
第三节　"健康课堂"是人本化的生态课堂　／ 246
第四节　让课堂"活"起来"动"起来"学"起来　／ 248

## 第十五章　"i"（interested）：关切兴趣让课堂情景更具黏性　／ 253

第一节　简约之关切增加黏性　／ 253
第二节　意外之好奇增加黏性　／ 259
第三节　具体之实真增加黏性　／ 262
第四节　可信之据证增加黏性　／ 266
第五节　情感之脉动增加黏性　／ 268
第六节　故事之魅惑增加黏性　／ 270

## 第十六章　"l"（liberal）：坚守教学的理性　／ 273

第一节　教学宽容保护学生多样性发展　／ 273
第二节　把课堂还给学生　促进学生自主成长　／ 283
第三节　宽容之心教书育人　／ 287

· 03 ·

第十七章 "l"（logical）：顺应学习规律 / 295
    第一节 按"学"的逻辑教学 / 295
    第二节 课程为根，课堂为茎 / 298
    第三节 顺应学习规律才是真逻辑 / 301

参考文献 / 311

附录一 房山课堂教学改革简史（摘录）/ 313

附录二 数据管理与分析（DM/DA）讲习班项目总方案 / 318

后　记 / 327

# 上篇：区域教育目标解读

# 第一章 "funhill"教学概述

## 第一节 "funhill"寓意及系统化过程

"funhill"教学实践探索,是北京市房山区21世纪以来开展"革除教育弊端,提高教育质量和效益"的一项奠基工程和核心主题。从21世纪初(2002年)基层学校"点上爆破"开始,持续探索20余年。

"funhill"源自房山区区域品牌形象,寓意为快乐之山、幸福之山。funhill是由"快乐"的英文单词"fun"与"山"的英文单词"hill"组合而成,funhill既是房山的谐音,又体现出房山乐土的新面貌;funhill的新寓意是"房山,让北京fun起来!"笔者在研究中提出了"做实'funhill'教学,走向高质量发展"的奋进理念、策略构想和奋斗目标。

所谓"funhill"教学,是以"心中有人,人人发展"为理性要求,把公平公道、一致均衡、按需供给、康健有益、兴趣关切、宽容开明、符合逻辑作为新时代效益追求的一种区域教育教学新样态。具体如下。

"f"——fair:公平的、公道的、面向全体学生的课堂教学。一视同仁,以学习者视角思考课堂教学,正视并尊重差异,面向每一个学生,满足学生不同性格禀赋、学习习惯、学习方式的特殊要求,为每位学习者提供个性化的,适合其"最近发展区"的学习环境,挖掘其自身蕴涵的学习潜能,促进每一个学生的自主、充分发展,实现真正意义上的教学公平。由"f"及"funhill",做心中有"人"的课堂教学。

"u"——uniform:一致的,均衡的,一以贯之的课堂教学。对照教学目标,既注意体现阶段性,又注意阶段目标之间的衔接与过渡,使课程标准规定的教学目标得到全面、准确的落实,一以贯之,下整盘棋。由"u"及"funhill",坚持"人人发展"的课堂教学。

"n"——need:基于需求的、按需供给的、让学生获得全面而有个性发展的课堂教学。基于学生原有认知结构及相关经验，从注重共同基础到关注个性需求，从关注全体全面发展到关注个体个性发展，为学生提供自主学习和自主创造的平台和环境，以生动、丰富的教学情境，引发学生对知识的"同化"和"顺应"，满足学生对新知识的需求，培养学生的动手能力和创造能力。由"n"及"funhill"，体现"一种新的教育社会契约"的课堂教学。

"h"——healthy：康健的，有益于身心健康的课堂教学。教师根据学习者身心特征采用适应的教学方法，教学目标设计从学习者实际出发，不增负，不压抑；学生自我身心知觉明确，能正视自己的生理和心理特质，情绪稳定、乐观、有学习目标，人际关系正常、和谐，精神状态良好。由"h"及"funhill"，做"健康而可持续发展"的课堂教学。

"i"——interested：关切的，感兴趣的课堂教学。教师从注重"教什么"到关注"为什么教"，学科知识与价值有机统一，教师成为学生激情的点燃者和学生闯过知识高峰的点拨者。学生对自己感兴趣事物具有巨大的内在兴趣、高度热情以及强烈的成长动机，努力与兴趣相互呼应，具有自发的学习行为以及克服困难的坚韧精神。由"i"及"funhill"，做"助燃式"的课堂教学。

"l"——liberal：博学的、通才的、慷慨大方、宽容开明的课堂教学。教师的教学设计不囿于教材，有课堂空间和时间的延展性，以核心素养为本，培养学生的素质，品质和人格；学习者有独立性、创造性、求新求异性学习特征。由"l"及"funhill"，做"共享愿景"的课堂教学。

"l"——logical：符合逻辑的教学。学科知识都是一系列概念、命题和推理论证构成的逻辑体系，教师在具备较高的专业知识素养外，更应该有较高的逻辑素养，教学设计从关注学科逻辑到注重生活逻辑理论与现实相结合，分科教学与综合性项目式教学相结合，有效地培养提高学生的思维能力与表达能力。由"l"及"funhill"，做"具有完整'为何学、怎样学、学什么、哪儿学和何时学'逻辑图谱"的课堂教学。

"funhill"教学作为一种研究假设的说明，"fun"和"hill"相当于明确两条基本原则："fun"以确保人们终身接受优质教育的权利；"hill"强化教育教学行动与高精尖创新的空间。循此可以帮助教师在教学过程当中反省思考自己的教学，并在课堂情境中检验课程知识与教学行动之间的动态关系。教师不仅在教学过程中实践"funhill"教学当中的教育理念，还可以由此贯穿教学"实践—认识—再实践—再认识"系统化过程，重新建构课程教学本土化的教育理念。

## 第二节 "funhill"教学的逻辑基点

"funhill"教学是以"心中有人"、以人的发展为本为理性要求,把公平公道、一致均衡、按需供给、康健有益、兴趣关切、宽容开明、符合逻辑作为减负提质、效益增进的一种区域教育教学新样态。

"funhill"教学实践,是当今国内外"以人为本"认知心理学等先进理论的价值导向性、策略适切性、行为效益性的缩影。与我国因材施教有教无类的传统和社会主义核心价值观、习近平新时代教育观具有内在的联系,与我国现行的减负提质等教育改革政策具有高度一致性。

北京市房山区[①]是一个生源性教育大区,教育改革难度越大"着力点"就要越准。如何走上教育强区之路,什么情况下实现"弯道超车",要重点解决教育"短视"问题及"教育最突出的问题",提高群众对教育的满意度,2001年,房山区教委提出了房山教育发展的"1123"工作思路,相继以"两大转变""三个聚焦"等深化基础教育综合改革的宏观计划和精准策略,触及深层次问题,破解高难度问题,规避"中小学生太苦太累,办学中的一些做法太短视太功利""短视"思想行为是本课题研究的本意和初心。

"funhill"教学作为房山高质量教育发展体系的重要组成和关键按钮,抓住了教学改革的关键环节,走上了教育强区之路。

心中有人,人人发展。做心中有人的教育,做适合每个人的发展的教育。"funhill"教学基于"心中有人",以人的发展为本,通过整合房山的教育资源,创建出一种轻松、愉悦、快乐的教育氛围,让教育回归本质,缔造创设纾解压力、滋润心灵、利于身心健康发展的教育空间,通过课堂变革撬动整个区域教育变革,打造一座欢悦的、人人发展的教育"幸福之山"。

减负提质。随着教育部对中小学落实"双减"和"五项管理"提出的相关工作要求,"funhill"教学聚焦学生发展,重构区域课堂教学质量评价标准体系,强化"教师的教、学生的学、课堂的评价、课后服务"一致性研究,整体设计课堂教学、课后服务教学内容,强化学科核心素养培养,研究不同学段学生学习规律,深度提炼教学方法,探索基于信息技术2.0的体验式教学、探究式

---

① 全区总面积2019平方公里,其中山区、丘陵和平原面积各占三分之一,23个乡镇办事处中,8个"山区"乡镇,15个"平原"镇(办事处),全区常住人口为115.4万人(2017年)。

学习、项目式学习等新的教学模式和学习方式，培养学生的独立思考能力、问题解决意识和改革创新精神。

## 第三节 "funhill"教学研究的基本历程

基于人人发展，着眼减负提质，"funhill"教学研究经历了五个阶段。

文献梳理内涵界定阶段（2002—2009年）：组建由区内教学专家、基地学校教学校长、区教师进修学校教研员、骨干教师，组成近百名的研究团队，在卅余所中小学基地学校，开展对课堂教学基本规律做学理探究。初步对课堂教学本质、教与学基本规律提出概念性内涵界定（图1-2）。

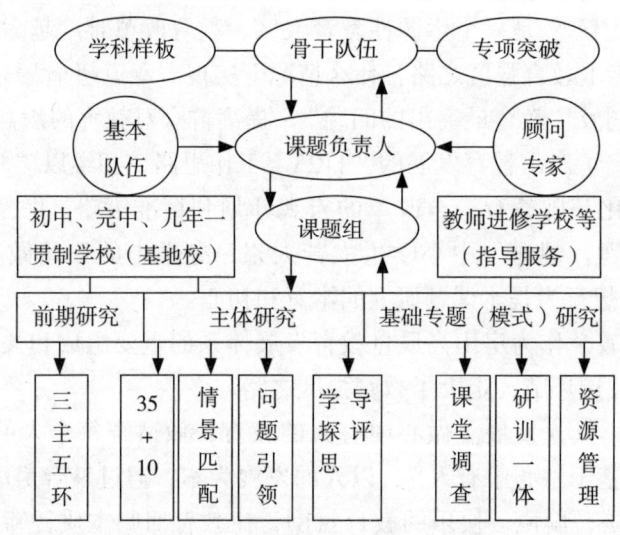

图1-2 "基本研究"课题组研究地图

调查分析把握特征阶段（2004—2012年）：通过对苏、鲁、津、冀、徽、沪等地学校的实地考察与分析，对新课程改革背景下课堂教学的基本特征和突出问题进行样本调查分析。团队在区内基地学校通过访谈、座谈、问卷调查等，总结归纳新课程改革背景下课堂改革价值、基本特征和突出问题进行分析。

框架构筑研制指标阶段（2006—2015年）：以××区教育规划课题、北京市教育学会"十二五"科研课题研究为基础，构建"学习者视角"理论框架。界定"学习者视角"的"情景教学"的本质内涵及基本要素，梳理相关理论依据、实践主张、实践策略等，建构初级"funhill"学理框架（图1-3）。

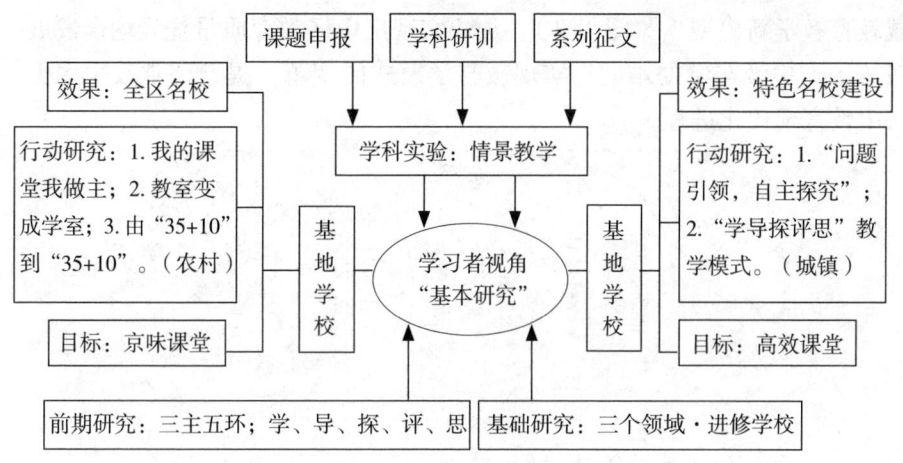

图1-3 "基本研究"的基本框架

课例研究深度探索阶段（2013—2016年）：以北京市教育学会"十二五""十三五"科研课题研究为途径，开展"基于学生发展要求""匹配学习资源""情景教学""学友型课堂"等深度研究。通过全区校本培训项目，对教师相关理念与实践策略培训，以1～8届"情景教学创新课例"征文"创新课堂"论著为理论呈现方式，推广校本研修新模式、学术单元攻坚模式，组织教师全面全员全学科深入开展理论研究与教学实践探索，进行案例开发及实践检验，并成为全区"一致性"攻坚行动。

新理论新机制创生阶段（2016年至今）：基于2017年全区课堂教学调查①，提出了包括"学习流程""学习范式""教学方法""教学场域"四个维度的减负提质新理论。2018年8月，"大数据助力房山区教育质量改进项目"② 正式立项，2019年11月，房山区申报"基于教学改革，融合信息技术的新型教与学模式"国家级实验区，2020年提出"funhill"教学新模型——利用智能平台和学习工具，汇聚多元数据，开展基于数据的教学研评管的系统研究，生成多样态的教与学模式，探索"教学研评管"一体化的"四维五轴六动盾构掘进式"

---

① 房山区教师进修学校于2017年7月组织大范围问卷调查，房山区课堂教学调研项目组（本课题组）撰写《房山区中小学课堂教学现状调查报告》。
② 北京市房山区教师进修学校与北京师范大学签署《大数据助力房山区教育质量改进项目》协议。目标为学科专家利用智能教育公共服务平台，通过备课指导、定向培训、网上教研以及组织校际、跨区交流与研讨等多种方式，确保实验区实现全学科教育质量的大幅度提升。

区域教育教学新模型[①]（图1-4）。加快实现房山区教育质量优质均衡发展，破解双减工作中教与学的难题，实现教与学模式的变革，提升课堂教学水平，推进房山教育现代化进程。

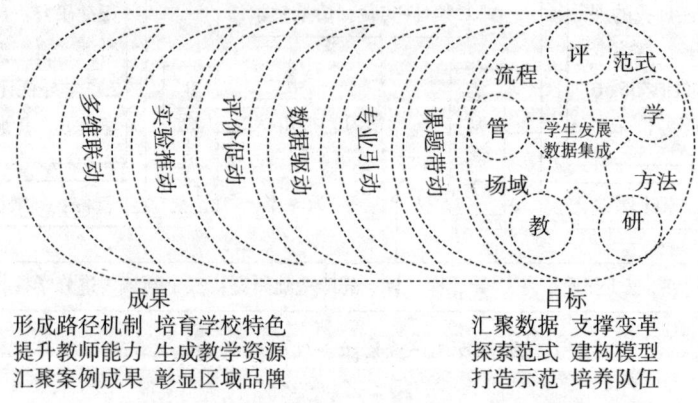

图1-4 "四维五轴六动"盾构掘进式资源供给路径示意图

通过多年的实践研究，以公平公道、一致均衡、按需供给、康健有益、兴趣关切、宽容开明、符合逻辑为基本特征"funhill"教学新样态逐渐呈现出来，系统迭代优化而生成模型。

## 第四节 "funhill"教学系统基础研究

"f"（fair）课堂观察信息采集系统。一视同仁，以学习者视角思考课堂教学，正视并尊重差异，公平面向每一个学生，满足学生不同性格禀赋、学习习惯、学习方式的特殊要求。制定公平的、公道的、面向全体学生的课堂教学观察信息采集系统（表）。如图1-5所示，在指向课堂教育公平的课堂观察中，设

---

[①] "五轴"是指以"评—学—研—教—管"为轴心，"六动"即课题带动（学校选定大课题，在学校大课题中设置子课题研究，结合学校实际，自行设计研究课题）、专业引动（专家指导、专业培训等）、多维联动（北师大未来教育高精尖中心、区域相关业务部门和项目实验校）、实验推动（以智能学习平台及学习工具为依托，探索线上线下相融合的创新学习形态，并基于学生学习成长过程大数据，探索学生综合素质评价新模式，区域教研从基于经验向基于实证转型等）、评价促动（依据项目开展实施的各项要求，组织专家和区域领导对各校的开展情况进行阶段性评价等）、数据驱动（基于学生成长大数据的数据汇聚，基于学习过程大数据的教学数据汇聚，学生体质健康数据的汇聚、分析与改进等）。

计了教师关注度和学生参与度两个维度,教师关注度分为"教师反馈+非语言关注+个别指导+其他"。以此为每位学习者提供个性化的,适合其"最近发展区"的学习环境,挖掘其自身蕴涵的学习潜能,促进每一个学生的自主、充分发展,实现真正意义上的教学公平。

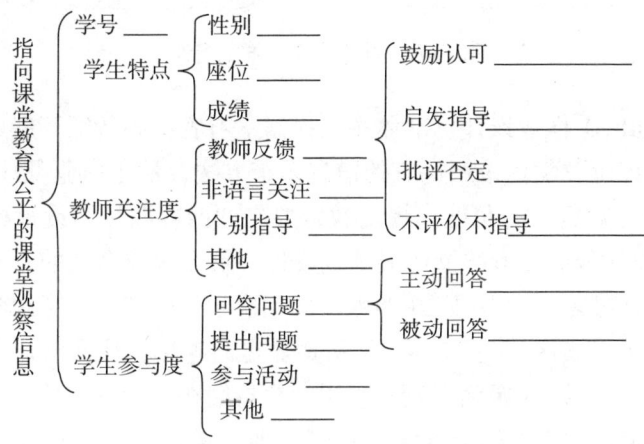

图1-5　指向课堂教育公平的课堂观察信息采集

"u"(uniform)课堂绩效大数据考量系统。针对"学"而建立一致的、均衡的、一以贯之的课堂绩效考核的指标体系。采用智能终端汇聚考试大数据,通过智能教学平台(点阵笔等)组织学习活动,利用学习工具支撑在线学习,借助优质诊测工具研判学情,探究学习资源助力个性化学习。从学习的"点""线""面"三方面立体维系一致均衡、一以贯之,切中学习的要点,难点。学情的"变化线"指向"上升"趋势,学情能够基于起点有变化,尤其是对学力不足的后进面的辅助,最终达到"跳一跳"就能摘到果子的"最近发展区",使教学目标得到全面、准确的落实。

"n"(need)精准备课系统。开展基于需求的,按需供给的,让学生获得全面而有个性发展的课堂教学。开展"学习课标、研究教材、优化教法"的"学研优"活动。如图1-6所示,课题组在基于需求思维的备课研究中,依据学生原有认知结构及相关经验,从注重共同基础到关注个性需求,从关注全体全面发展到关注个体个性发展,为学生提供自主学习和自主创造的平台和环境,由注重"教的五备"到注重"学的五备",以生动、丰富的教学情境,引发学生对知识的"同化"和"顺应",满足学生对新知识的需求。

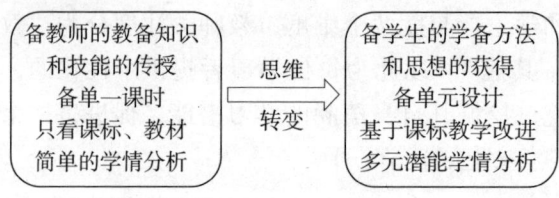

图 1-6　基于需求思维的备课

"h"（healthy）作业设计标准体系。根据学习者身心特征开展康健的，有益于身心健康的课堂教学。采用适宜的信息采集方法，量化作业设计标准。例如，课题组从作业"减负"的角度，提出教师要有"四度四精"设计标准："四度"即"高度"（设计分析思考的灵活习题、设计一题多解或多法的开放习题，布置动手实践和活动习题）、"梯度"（照顾不同层次学生的需求、考虑学生自主学习的愿望和'最近发展区'）、"广度"（从枯燥走向趣味、从课堂走向社会、从单独走向合作）、"温度"（灵活新颖，吸引学生持续在一个恒定的'温度'中寻觅真知快乐学习增长才干）四个维度；"四精"即"精心选择作业内容"（做到有的放矢、精心选择，切忌简单重复）、"精准针对不同学生"（因人而异、精准针对不同的学生布置个性化的作业）、"精确校正课堂教学"（教师通过批改学生的作业，发现问题、精确校正、调整教学）、"精细反馈作业情况"（解决普遍性个性化问题），帮助学生巩固新知、发展思维、提升综合能力、激发想象和创造，达到诊断教学效果的目的。

"i"（interested）兴趣支架支持系统。关切的，感兴趣的教学支架源于学习者视角。学习者视角（learners view）是一种施教者在总体教学目标的宏观调控下，根据学生条件和需要主动反思获得角色认可，通过设身处地的视角变换，在教学内容、教学方法选择上，施以情景置换、合理调控，达成课堂目标共识的课堂行为模式。具体落实在"学为中心"的课堂。是教师的"教"服务于学生的"学"，时时处处为方便学生的"学"而设计，以"学"的基础定教的起点，以"学"的规律定教的内容，以"学"的目的定教的活动，以"学"的需要定教的策略，而不是为彰显"教"的精彩而设计。"学为中心"的支架支持"三充分"：自主学习充分 + 展示交流充分 + 课堂训练充分。

"l"（liberal）教学资源供给系统。探索博学的、通才的、慷慨大方、宽容开明的课堂教学。教师是教之师、教学生"学"之师，教师解惑旨在解学生之所困，释学生之所惑。教师的教学设计不囿于教材，有课堂空间和时间的延展性，以核心素养为本，从课程目标到学段发展目标，从学段目标到学期目标，从学期目标到单元目标，从单元目标到课时目标，教师匹配课堂情景，首先是学习资源的选择。精准的课堂情景资源由学科课程资源"萃取"出来，学科课程资源由区域教育教学资源转化而来，区域教育教学资源又是由区域人文自然资源变易而来（如图1-7所示）。

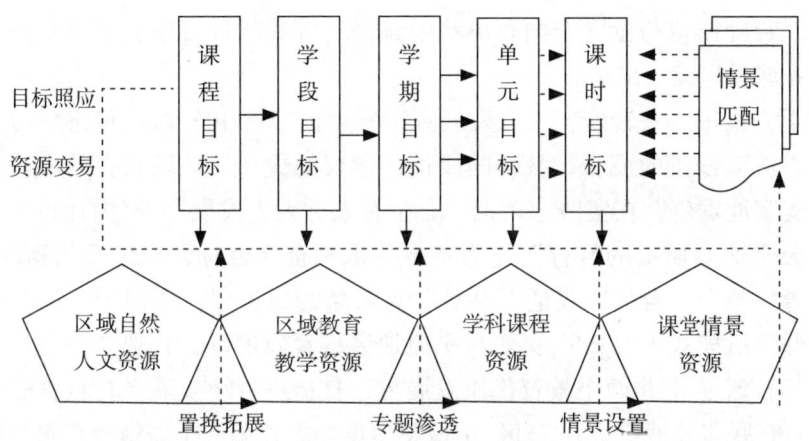

图1-7　基于目标照应及区域资源变易的情景匹配原理及实践探索

"1"（logical）学理推敲引思系统。推广符合逻辑的、"以思为主"的"三主五环教学"。学科知识都是一系列概念、命题和推理论证构成的逻辑体系，学生在课堂中的收益与增长是以思维的表现来衡量。"三主"即以教师的指引为主导，以学生的会学为主体，以探究练习为主线；"五环"即（教师）创设情景激学、点拨提示导学，（学生）明确目标自学、讨论质疑互学，练习反馈再学等五环程序。"以思为主"课堂教学样态对未来学习的延伸所在，严密的逻辑思维是学习的保障。

## 第五节　"funhill"教学新样态

"funhill"教学为今后进一步深化教育综合改革、促进教育优质均衡，提高区域发展软实力、走向教育强区奠定了坚实的基础。

教育公平进一步彰显，教育质量取得长足进步。目前，全区义务教育阶段入学率和完成率保持在99.9%以上，残疾儿童义务教育入学率达到99%，小学和初中的就近入学率分别达到100%和99%，社会公众对房山教育满意度处于前列，学生综合素质持续增强。国家义务教育质量监测结果位居全市良好水平，高考本科录取率平均水平超过79%，2021年高考本科上线率80.92%。坚持健康第一，中小学生国家体质健康标准测试及格率连续5年稳步提升，2020年达

98%，居全市郊区前列；坚持以美育人，学生艺术素养普遍提升，在全市中小学生艺术节展演中荣获一等奖40余项，"未来科学家培养计划—百名小发明家"项目累计超500项成果获国家专利，一批成果在国际发明展会上获奖，在青少年未来工程师博览与竞赛全国总决赛中获得一等奖，近百项成果荣获市级基础教育优秀课程建设成果奖。

教学方式进一步转变，人人发展真实发生。"funhill"教学促进学习方式转变。用心成就孩子的成长、教师的成长、学校的成长、区域教育的成长，让成长真真实实地发生。在实践中，把"心中有人，人人发展""努力让每个孩子都能享有公平而有质量的教育"作为基本共识和奋斗目标，以优质均衡为导向，以"统筹、整合、合作、贯通、共享"为策略，通过"一环两带三区"的优质教育资源供给模式（"一环"：农村平原地区教育发展环，打造"一镇一品"学区制；"两带"：南北两个教育优质发展带，打造可持续发展乡村教育联盟和美丽乡村教育联盟发展模式；"三区"：城关、良乡、长阳三个城镇教育聚集区，实施集团化办学。）搭建起了人才成长的"立交桥"。"funhill"教学为乡村教师成长搭建更多平台，支持和引导城乡教师双向合理流动。持续深化改革，教师职业发展内驱力增强。目前全区拥有正高级教师18人，特级教师41人，市级学科带头人和骨干教师118人，区级骨干教师和班主任1 431人。拓宽学生实践平台，学生的创新与实践能力稳步提升。2008年开始，主动参与2009年和2012年的"学生能力国际评价PISA中国独立研究项目"，全样本参加了PISA2015正式测试。"2015年的成绩位居世界前列，学生的可持续发展潜力有了较大提升。"[①] 在市政府教育督导室对各区县教育满意度的入户调查中，社会公众对房山教育满意度连续多年保持"比较满意"的水平。

高质量教育体系逐渐形成，"funhill"教学模式产生品牌效应。基于"心中有人，人人发展"，全方位提炼房山立体化终身学习品牌，推进"funhill"教学实现了房山地理特色、人文特色、发展特色融入教育发展，形成一批有影响力、本土化的学校品牌，并逐步形成"funhill"教学减负提质"房山质量"模式，迭代优化生成模型，提升了"心中有人，人人发展"的品牌效应。

未来，作为高质量教育体系的区域构想和研究假设，"funhill"教学研究应注意六个方面问题的深入探讨：①注重探索基于学科的课程综合化教学，开展研究型、项目化、合作式学习研究，激发学生的内在学习动机；②注重基于探

---

① 中国教育科学研究院国际与比较教育研究所，北京市房山区教育委员会. 以国际理念引领学生关键能力提升：北京市房山区PISA项目的理论与实践研究[M].重庆：西南师范大学出版社，2018：314-315.

究的开放式教学,支持学生的终身学习;③注重新技术利用,融合运用传统与现代技术手段,重视情景设计,探索以学习者为主导的教与学方法;④注重大数据在学习管理中的应用,帮助教师跟踪学生的学习过程,科学把握学生认知规律,精准分析学情,重视差异化教学和个别化指导,上好每一堂课;⑤注重校长课程领导力与教师综合执行力的提升,既能够"充分发挥教师主导作用,引导教师深入理解学科特点、知识结构、思想方法"也可以"突出学生主体地位,注重保护学生好奇心、想象力、求知欲,激发学习兴趣,提高学习能力",为每个学生提供更加公平高质的学习机会;⑥注重"教育强区"的目标导向,获得行政和业务部门的支持和引领,定期开展聚焦课堂教学质量的主题活动,注重培育、遴选和推广优秀教学模式、教学案例。

# 第二章 "funhill"教学根脉纵览

## 第一节 世纪初房山教育两件大事

一个人一辈子从没有遇到过一个思想者，那是他生活里缺乏风景；如果他一辈子从没有思想过一次，那是他的人生缺乏激情。

房山是一个拥有10亿年地质演变史、70万年人类史及5 000年文明的古老神奇之地。

2010年9月27日至29日，首届联合国教科文组织世界幼儿早期保育与教育大会在俄罗斯联邦莫斯科市举办，时任教育部副部长的陈小娅率中国代表团出席，房山区作为教育大国幼儿教育的典型代表，教委主任郭志族在会上介绍了房山教育的成就及发展思想。其时，《国家中长期教育改革和发展规划纲要（2010—2020年）》刚刚出台两个多月……"实现更高水平的普及教育。到2020年基本普及学前教育。"

2012年1月5日，搜狐教育2011年学前教育年度人物评选结果揭晓，郭志族获"创新人物"奖。

如果说30年来中国社会的主旋律是改革，那么，进入新世纪以来中国社会的主旋律就是深化改革。2001年对房山教育来说有着不寻常的意义。在这个时间节点上，房山教育发生了两件大事：一是义务教育阶段课程改革正式起步，二是房山区教委成立。

房山，曾经"十里连延积太行，神京右臂气灵长"的京畿之地，由于长期存在的城乡二元结构，经济社会发展比较迟缓，使得房山教育与全市水平相比，基础比较薄弱：布局散乱、幼教稀薄、职教空白、质量低下。20世纪80年代以来的20年，房山区的教育改革主要任务是"还账"。教育局的领导的主要精力是"盖房子、买桌椅"。为培养师资，教师进修学校的主要任务是为教师"补偿"学历。教育改革主要体现在教育体制、教育结构、教育观念等方面；涉及教材教法方面的改革星星点点，聊胜于无，单兵作战不成气候。

当历史的车轮行进到了21世纪，当全国人民斗志昂扬全面建设小康社会的时候，当房山教育基本解决了"温饱"之后，龙乡大地的数百所中小学迎来了新的改革风潮。

2001年10月24日，根据市委、市政府关于房山区机构改革方案的批复，市编办关于房山区新建事业单位调整的回复，房山区委研究决定，成立中共北京市房山区委教育工作委员会，撤销中共北京市房山区委文教卫生工作委员会、中共北京市房山区教育局委员会。10月25日，房山区政府根据市委、市政府关于房山区机构改革方案的批复，设置北京市房山区教育委员会（房山区人民政府教育督导室由教育委员会代管）。任命郭志族任教委主任。12月，通过提名、公开答辩、竞争上岗，办公室、政治处、人事科、发展规划科、学前教育科、小学教育科、中学教育科14个职能科室科长上岗任职。自此，一个影响房山教育十年大发展的战斗团队成立了。

如何摆脱教育发展困境，突出重围？

如何破解难题，实现房山教育的大跨越？

犹如雪被下的麦苗，在积蓄，在浓缩，分蘖、吸纳中期待春天。郭志族、徐维珍、顾成强、杜成喜、赵瑞兰和他们的团队成员在思考，在酝酿，在研究，在找突破口。

审时度势、集思广益、缜密思考中形成了房山教育创新思想的雏形。这个统领房山大教育的集成式智慧，对全区中小职成幼五大板块教育改革进行深度思考，把提高办学质量和效益、"人民满意不满意"作为一切工作的根本出发点和最终归宿。

十年来，在这个思想的指导下，全区广大干部教师紧密围绕"加快发展"和"提高质量"两大主题，加快实现"两个转变"，不断深化"三个聚焦"，一万多名干部教师的兴奋点和主要精力逐步集中到教育教学上来、集中到课堂上来了。校长的精力从"为没钱发愁，为缺人着急"转向凝神聚力抓质量，一心一意谋发展上来；教师从题海战术、应试对策的苦海中解脱出来，群策群力搞课改。

十年里，终身教育体系在全市率先建立健全，形成了覆盖幼小中职成的大教育格局。成人教育位居全市前列，17所示范校数量和年度成人培训15万人次规模均居全市首位；2010年，社区教育荣获全国先进区县称号，办学经验向全国推广。

十年里，教育教学质量位居全市前列，义务教育入学率、巩固率和完成率全部维持在99.9%，高考升学率由20世纪末的不足30%上升到2010年的

91.34%。房山区委书记刘伟,热切关注教育民生的领导,给予高度评价:十年如一日,思路清晰,措施得力,作风扎实,效果显著。

十年来,学前教育影响力逐步扩大,学前三年适龄儿童入园率从2001年底的31%提高到目前的94.75%,继全市学前教育工作现场会在房山区召开后,2010年9月底,在联合国组织的世界幼儿早期保育与教育大会上进行典型经验介绍,引起了许多国家的关注和认同。作为全国学前教育先进候选区,迎来了教育部经验试点考察。

教育是论年代的,匆忙的人,难搞教育;躁浮的人,难守教育。不浮躁,一线贯穿,从世纪初的起跑线上一路走来的房山教育,十年春华秋实;不折腾,一路贯彻,立足于房山教育发展的房山教育创新思想,放射着光芒。

房山教育创新思想是指以房山区教委领导集体高瞻于国际教育视野,俯首于区域化教育创新实践,立足于首都远郊区县教育均衡发展,肩负着"人民满意不满意"的时代责任,坚守"十年磨一剑"创业秉性,以"1123"工作思路为主线,凝聚集体智慧,遵循教育规律,坚持系统思维,颇具历史性、前瞻性特征的区域教育发展战略思维模式和行为方针。

它是依据教育规律和坚持系统思维对房山教育现实和未来一个时期的形势与任务做出的科学的、理性的认识与规划。以基本内涵、根基与归属、贯彻主线、基本特征而显得骨骼健全、血肉丰满。

基本内涵:坚持"一个思路""两大主题",实现"两个转变""三个聚焦"。"一个思路",即"1123"工作思路。"两大主题",就是教育的全部工作都要围绕"加快发展"和"提高质量"两大主题展开;"两个转变",即"管理模式从粗放型向集约型转变,发展方式从外延式向内涵式转变";"三个聚焦",就是要实现"各项工作向教育教学聚焦,教育教学向课堂聚焦,课堂向学生发展聚焦"。

根基与归属:房山教育创新思想立足于首都远郊区县教育均衡发展,肩负着"人民满意不满意"的时代责任。思想归属是集体智慧,即"十五"以来房山教育领导集体的集体智慧。

贯彻的主线:"1123"工作思路。也就是教育工作围绕1个核心:以提高教育质量和办学效益为根本的出发点和落脚点;牢固树立1个理念,即终身教育理念,构建一个覆盖所有人群的、多元的大教育体系,同时要求教师为孩子的人生奠定基础,对他们的终身发展负责;"2"是指教育工作要实现两个目标:普通教育要向高一级学校输送合格新生;职业教育、成人教育要为当地经济建设服务,提高劳动者的素质;"3"是指把教育划分为三个板块,并实施分类指导:对九年义务教育的"公共教育板块",按均衡化、高质量标准进行管理;对职业教育、成人教育的"准公共教育板块",指导思想是"健全体系、壮大实力";对"民办教育板块",指导方针是"规划引导,依法管理,业务上统一指挥"。

基本特征:时间尺度上,以年代论,坚守"十年磨一剑"创业秉性。空间视野上,高瞻于国际教育视野,俯首于区域化教育创新实践。作为一种战略思维,是对全局性、长远性重大问题进行筹划和指导的一种思维。作为一种筹划和指导,它是目标与手段的效用性结构、全局与局部的整体性结构、现在与未来的预见性和发展性结构的统一。

## 第二节 知之者胜

《孙子兵法》中提出过影响战争胜败的分析框架是"道、天、地、将、法","凡此五者,将莫不闻,知之者胜,不知者不胜。"教育的事业,是塑造人们灵魂的事业;学校里的课堂,是雕琢璞玉的地方,它是神圣的,是来不得半点虚假和搪塞。有人说"两国军力的较量是在前线战场,两国未来的较量是在后方课堂"就是这个道理。法国人说"一个贵族的培育需要三代人"也是这个道理。瞄准世界教育发展变革的前沿,借鉴世界先进的教育理念和教育经验,紧密结合我国教育实际,按照教育发展的规律办事,这是房山教育创新思想的基本方向。搞教育就要先弄明白其根本价值所在。说百年大计,教育为本,就是要先弄明白教育的根本价值是什么,如果教育工作者不把生命质量的提升作为追求的目标,就脱离了教育存在的意义。

房山教育创新思想立足于首都远郊区县教育均衡发展,肩负着"人民满意不满意"的时代责任,按规律办教育。"要提升教育质量,就必须明确我们的教育思想。一个合格的教育工作者必须把握,我们应该教给学生什么?怎样引导和启迪学生?"房山教育创新思想认为,教育规律是一个生态的过程,教育实际上要解决两个问题,做人和做事。"德育的中心目标是培养孩子的价值观。但是一个两岁的孩子并不知道什么是价值观,于是德育有一个特点——适龄性。孩子的心理年龄是多少岁,能接受什么样的教育方式,我们就给他最需要的教育,而不是像倒豆子一样,全部丢给他,什么效果都没收到。"在谈到做人和做事的关系时,郭志族说:"智育是教育的主体,它包含两方面,一方面是孩子的智力和能力,另一方面,智育是德育实施的载体。在体育教育上,一切生命质量的提升都要以一个健康的身体为承载,否则升学率再高也没有意义;而对于美育教育,郭志族认为这个概念的提出是不严谨的。美育应该包含是和非的概念,心灵美是美育的范畴,而现在的美育却把它剔除出去,归为德育的范畴,单纯地列为艺术教育(艺术教育应该是智育),我们不能认为只有音体美是美育,自然界就没有美。在谈到劳动教育时,郭志族坦言:"作为基础教育的劳动教育要达到两个目的,一是培养劳动情感,树立热爱劳动、尊重劳动的认识,这又明显属于德育范畴;二是要养成劳动习惯,自己的事情自己干,培养学生的独立精神,这是劳动教育要实现的两个目标。"

经济学家达尔和林德布鲁说:"一项行动是理性的,就是说,对于指定目标及其真实处境来说,该行动被'正确地'设计成为一种能谋求最大成功的行动。"树立科学的质量观,把促进人的全面发展、适应社会需要作为衡量教育质量的根本标准。放眼北京郊县的教育体系中,不乏名高中、名小学,但是学前教育领域往往是容易被忽略的部分,特别是幼儿教育。而房山区在这方面却独树一帜,在北京郊区乃至全国农村地区居于领先地位。充分利用中小学教育布局调整的有利时机,大力推动学前教育和成人教育发展,从根本上彻底解决了体制问题,在全市乃至全国具有领先意义;保教质量得到迅速提升,幼儿园的干部教师队伍已经转变成比较专业的队伍;基本普及了学前三年教育,2010年全区学前三年儿童入园率达到了94.75%,在全国农村地区处于前列,使终身教育体系中的薄弱环节得到加强。"幼儿教育,其实是在构筑国家财富。"郭志族在说到幼儿教育作为"人"的基础性功能时说,"这是国际社会越来越认同的关于学前教育的理念。为什么说学前教育是构筑国家财富?从经济的角度来看,一方面,早期教育投入对于社会具有极高的回报价值,特别在提高国家人口素质、减少贫困、犯罪等社会问题方面,起到社会发展问题早期预防的效果。另一方面,早期教育能够为国家未来人力资源的开发奠定基础。"

充分考虑群众的期盼,把促进教育公平,满足人民群众不断增长的多层次、多样化的教育需求作为规划的重点,把促进人的全面发展,办人民满意的教育作为房山教育创新思想的落脚点。"要说别输在起跑线上,这一点对远郊区县的孩子更加重要,儿童是我们的未来,不仅城市孩子是,农村孩子也是。保证了农村学前教育的质量,才能保证这项服务的公平。"郭志族说他有一个愿望,就是希望出生在房山的孩子能和出生在天安门附近的孩子一样,享受到高质量的教育。

房山区青龙湖镇政府教育助理李克军说:"在农村,孩子的成长关系到三代人,幼儿园必须以公办为保底,这是最基本的惠民保障;然后再以民办园为补充,满足群众的多元化需求。"

"提高教育质量在一定程度上就承载在课改这条船上。"对于课程改革和教育质量提升,郭志族做过这样一个比喻:如果说课程改革是一条"船","水"

是教育规律,"帆"是教师专业发展,"风"是教育时代潮流,那么船上装载的就是房山的教育质量。他做这样一个比喻的目的是使人们感受到教育质量提高是一个复杂系统,这个复杂系统涉及教育规律、当前教育政策、教师专业发展和教育时代潮流等把握和了解。"所以我们必须坚定地认识到课程改革对提升我区教育质量的重要性,在这个问题上我们不允许退缩和妥协。"

房山教育创新思想犹如一包茶叶,在课改的沸水中舒展开来……

发展之流,曲之必东。面对前所未有的机遇和挑战,如何进一步提高区域教育实力,推动区域教育事业科学发展,主动适应地方经济社会发展和人民群众接受良好教育的要求?房山教育创新思想认为,"人民满意不满意"是时代赋予教育的责任,更是实事求是办好教育的思想根基。

解放思想是实事求是的前提,实事求是是解放思想的目的。推动两者的统一,难点在于如何处理好继承与创新的关系、理论与实践的关系。房山区位于北京西南郊,面积2 019平方公里,山区、半山区约占2/3。由于自然环境和历史等原因,这里的山区学校普遍规模小、资源分散、办学条件差、师资力量薄弱。"由于长期受城乡二元结构及区域经济发展不平衡的影响,使得房山区义务教育水平与城区和其他先进区县相比存在着较大的差距;房山区城乡之间、地域之间和学校之间在办学条件、师资水平、教育管理、教育质量等方面也存在着明显的差距,特别是优质教育资源总量还不能满足人民群众的需求,由此引发的教育选择和教育公平问题受到社会广泛关注,反应比较强烈。"郭志族和他的团队心中非常清楚,"对于教育系统来说,就是要进一步缩小地区之间和学校之间的差距,办人民满意的教育,办均衡发展的教育,做事关全区人民切身利益的'民生工程',是落实科学发展观,建设'富裕、靓丽、文明、和谐'房山的需要,更是立党为公、执政为民的根本要求。"

指导和推动教育事业服务区域发展大局,主动调整结构、优化布局,整合资源、健全体系,内涵发展、提高质量,以教育的优先发展支撑经济发展方式转变和产业结构升级,服务区域整体发展。郭志族和他的团队,为破解难题,在充分调研、论证的基础上,从2005年下半年开始,市、区两级财政投入资金3.3亿元,按照北京市新颁办学条件标准新建两所寄宿制初级中学,整体改造两所初中校。

2006年8月11日,市委常委、市委教工委书记朱善璐到房山调研。查看良乡五中建设工地和青龙湖镇新农村建设,听取区教委、区科委的工作汇报,对房山区教育的均衡化发展、布局调整规划、深山区外迁工程等给予高度赞扬,并饶有兴趣地问:"让孩子离开父母,都集中到平原乡镇读书,村民会不会不方便?"郭志族和他的战友们曾经深层考虑过很多类似这样的问题,很快就有了坚决的回答："'集中寄宿、定点布局'可能会让孩子和父母在一起的时间少了，但可以让孩子们接受到优质教育。老百姓过去关心的'有学上'问题基本得到解决，现在大家更关注'上好学'问题。多年的城乡二元体制使房山教育形成了城镇、平原和山区三个梯度，山区学生很难享受到城市化优质教育资源。以前，我们的教育经费就像撒胡椒面一样分散到各个山区学校，现在规模办学则使山区教育从全区最低端跨越到全区最高端，极大提高了教育均衡水平。"

人类的高贵在于灵魂，创新的嶙峋在于思想。房山教育创新思想并没有简单套用其他领域的公平与效率的关系理论。郭志族有他的深层考虑："从某种意义上来说，教育公平是社会公平的起点。教育公平的主要责任在政府，关键是机会公平，基本要求是保障公民依法享有受教育的权利，重点是促进义务教育均衡发展和扶持困难群体、外来务工群体，根本措施是合理配置教育资源、优化布局结构。教育资源具有稀缺性，配置起来必须考虑效率问题，尽可能最大限度地发挥教育资源的使用效益。"中学迁出山区，给山区小学、幼教、职成教育留下了更广阔的发展空间。十年来，房山区教育从实际出发，遵循教育规律，涵盖从"出生"至"终身"的广阔领域，形成覆盖幼小中职成的大教育格局。学前教育入园率从30%提高到94.75%；义务教育入学率、巩固率和完成率达到99.9%；高考升学率从29%提高至91.34%；17所成人教育示范校数量和年度成人培训15万人次规模。

扶持薄弱学校发展，扩大优质教育资源，增强办学活力、提升办学水平、提高办学效益，满足人民群众多层次、多样化的教育需求。"办人民满意的教育"成为房山教育创新思想的砥柱根基。

## 第三节　十年磨一剑

"我贴在地面上步行，不在云端跳舞。"正如哲学家维特根斯坦所言，房山教育创新思想从孕育、萌芽、培育，到开花结果，从基层学校一直到系统外部，社会知晓度逐渐提高，成了教育系统统一行动的一种标示，对于实现未来房山教育一体化的推进，具有重要意义。

比成功更宝贵的是追求本身。房山教育创新思想拉动了幼儿教育在北京郊区乃至全国农村地区居于领先地位。"从根本上彻底解决了体制问题，在全市乃至全国具有领先意义。"教委副主任赵瑞兰颇为自豪地说，"保教质量得到迅速提升，幼儿园的干部教师队伍已经转变成比较专业的队伍；基本普及了学前三年教育，全区学前三年儿童入园率达到了94.75%，在全国农村地区处于前列。"

房山教育创新思想牵动全区基础教育布局调整合理,尤其是山区教育的突破,在北京郊区居于领先地位,在全国同类地区也有示范意义。"我区教育办学规模明显,撤并力度大,中小学从教委成立之初299所,减少到现在的148所,共撤并151所;布局更趋合理,已经成为城市化的支撑要素,在我区的城市化进程中,充分起到了基础性、先导性和全局性作用。"教委副主任顾城强总结说,"山区教育问题解决综合效益明显。山区工程的实施直接推动我们教育工作的进程,在一定意义上讲,无论从布局、从办学条件到办学质量,大大提前均衡化的实现。刘淇书记来房山视察时充分肯定山区中学搬迁推动了山区产业结构的调整。我们的布局调整和山区的突破应当是比较重大的一件事,在全国同类地区有示范意义。"

房山教育创新思想促成教育的管理科学化水平居于全市郊区领先地位。房山区的管理办法具有鲜明的创造性和房山地域特色,这一套思想方法不是简单的学习模仿,是郭志族和他的团队根据房山实际,遵循教育规律,不断创新积累出来的一套行动指南。"它的领先程度是显而易见的,"教工委书记杜成喜深有感触,"一是房山教育创新思想体系日趋完善,体系包括基本思路、基本实施策略和评价的基本方法。二是德智体工作布局基本完成,鲜明的实施素质教育在布局中显现比较突出,全区各学校各部门把德智体育放在了同等的位置来布局,通过几年努力,德育的八大领域,以教学质量课堂评价为核心的教学指挥体系,也包括体育六大任务,这些都是按照房山教育创新思想走下来的,具有鲜明的创造性,这就是没有前例,不是简单跟谁学来的,是根据我们系统化的思想,遵循教育规律,通过我们全员努力自己提出来的并且付诸实施。"

课程改革,尤其是高中课改居于全市领先地位;职成教育尤其是郊区教育居于全市领先地位,使得成教中心多年来遗留下来的一个顽疾此次得到了比较好的解决,为成教的进一步发展奠定了一个比较好的体制基础;办学条件及经费保障获历史性突破,十年间,教育发展性投入累计达25亿元,新建和改造学校280所(次),学校面貌发生了翻天覆地的变化,财政保障发生质的变化;全区干部教师的整体水平大幅度提高,干部教师的整体水平和管理水平大幅提高,用于教学时间的比例大幅提高,集约化内涵管理方式转变;综合评价实现了全覆盖。

房山教育创新思想已经有了很好的积淀,内涵发展的步伐业已开始提速,教育目标更加务实,房山教育的历史正在追赶太阳。

2009年10月22日至25日,第四届北京可持续发展教育论坛在房山举行,来自联合国及美国等30多个国家地区近400余名专家参加。教育部副部长陈小娅致开幕词,市教委主任刘利民、区长祁红到会并讲话。这对房山、对房山教育未来持续发展都是最大的肯定与鼓励。

从"十五"到"十一五"，十年，只是历史长河中短暂的一瞬，十年巨变，也是一个新的起点。

房山教育创新思想影响进一步加深。随着时间的推移，将会进一步推动教育的整体发展。2011年12月23日，房山区教委推进基础教育课程改革一体化动员会在良乡中学举行，会议指出，基础教育课程改革是全面推进素质教育的核心工程，是现阶段中国教育改革的一次深刻革命，是国家意志的体现，体现了我国经济、社会发展对人的发展的基本要求，也体现了对原有教育传统的反思和时代精神追求，是一项关系国民素质、国家前途和命运的巨大系统工程。会议强调，在课改中，课标的清晰、课程的自觉、课堂的高效、评价的科学是衡量房山教育和课改的四大核心要素和关键指标。这需要全区教育工作者在实践中不断思考、提炼，最后凝聚成朴实而又凝练的语言，从而描述出我们各个学段的目标和任务。只有实现各个学段任务的无缝对接，才能达成一个不打折扣的目标。

"始终坚定地依靠区委、区政府，市委教工委和市教委的正确领导，这是我们获得良好业绩的前提和保障。必须充分地认识到，我们这些成绩的取得没有区委、区政府、市委教工委和市教委的鼎力支持，是不可能完成的。这是根本事实，所以说到成绩时，要无一例外的提到区委、区政府，市委教工委和市教委的正确领导。"2010年12月26日，郭志族在教育系统第三次务虚会上总结到，"坚持解放思想、实事求是的思想路线，这是我们取得成绩的基本理论基础和思想方法。这主要是指的我们的思想方法，我们所制定的所有工作策略和工作目标都是有规律依据和房山实际的依据。"

遵循教育规律，坚持系统思维是房山教育创新思想的内在依据。"我们的干部具有较好的认知水平和把握能力，保持稳定的思路，确立合理的内在逻辑思维。积极进取的精神状态，严谨的科学态度和务实的工作作风完好结合既是原因也是重要经验。"极具开拓精神的教委副主任米忠诚说道，"坚持用发展的目标和业绩来感染人，鼓舞人，凝聚人，充分尊重一线教师的首创精神是取得教育发展的基本办法。用历史唯物主义观点看，全体教师的历史使命感和责任感是我们事业发展的不竭动力。之所以我们全员上下一直能保持良好的状态，与我们以事业发展为核心来凝聚和鼓舞人是有必然关系的。"

旗帜指引方向，目标凝聚人心。"房山教育创新思想牵引了全体干部强烈的忧患意识、机遇意识、服务意识，成为全区教育永续发展的动力基础。"房山区教育督学、教委副主任徐维珍说，"坚持指导思想、实施过程和评价标准的统一性，并使之成为一种机制，是提高效益的基本途径。没有我们思路、措施和评价之间内在的这种同一性，我们也就不可能取得这样的成绩。"

2011年4月29日，中核东方仪控项目开工仪式在房山举行。时任房山区副区长的吴会杰在讲话中指出，房山区委、区政府将按照市委、市政府提出的"首都高端制造业新区"、"现代生态休闲新城"建设目标，紧紧抓住《北京市促进城市南部地区加快发展行动计划》《永定河生态经济发展带》机遇，加快产业结构调整，促进产业升级。房山的城市化进程处处呈现出欣欣向荣、蒸蒸日上之势。

"仓廪实而知礼节，衣食足而知荣辱。"盛世之世者，百年世纪为期。盛世，是长时间的持续繁荣、灿然文治、赫赫武功。既讲究硬功夫，更需要软实力。"北京建设世界城市尤其是城南行动计划的实施，使我区教育面临难得的发展机遇，又对我区教育布局形成新一轮挑战。优质资源、机制创设提出了新的难题。"郭志族和他的团队，大家心中很明白，"房山城市化进程的加快和'三化两区'的实施给我们带来的发展机遇，同时又给我区优质资源扩大的进程构成新的挑战。房良两大组团和五大功能区的确定，对教育的要求压力巨大。再者，国家重视幼儿教育、职成教育为我区教育发展带来机遇，同时也对我们保持领先地位带来挑战。

文化教育，是城市化的社会延续。"实力、宜居、文明、和谐"的建设进程，文化教育无时不参与其中。"但不管怎么说，城市化的加快给我们带来了新的发展机遇，同时也对既定的教育规划布局的实施带来了新的挑战。课程改革给我们缩小与先进区县的差距带来了机遇，同时也给我们的队伍建设管理和进展速度带来了新的挑战。相对于课程进展快，体现出教师队伍建设步伐较慢。"郭志族在全区教育工作管理者培训班上，郑重指出，"要根据城市化进程，大力调整我们的教育布局，适应并服务于城市化进程。"

古今中外，每个民族都对教育顶礼膜拜。所谓"学校为首善之区，教化所从出，非行法之所。"

欣欣向荣，来一个百年世纪为期，何不壮哉！

如果说，规划是城市的灵魂，资金是城市的血液，马路是城市的动脉，那，地方教育就该是一个城市的神智。房山关注着教育发展，房山教育创新思想也选择了首都郊区房山。"总的来说，未来几年仍然继续坚持我们的教育创新思想。"1123"这一主线不能丢，要继续坚持"两大主题"，加速实现"两个转变"和"三个聚焦"，推动我们房山教育内涵发展的总体策略。"郭志族很清楚，教育是启迪心智、传播智慧的不二法门，是通向文明的唯一阶梯。"在坚持这个宏观策略的理由有三条：一是教育周期长的根本规律，要求我们必须有一个稳定的教育思想。二是十年实践证明我们教育管理思想的正确性，就今天来说，坚持这个教育创新思想不是学术争论问题，而是上升为是否服从真理问题。三是今后工作的重点，不是思路的发展问题而是落实问题。"首善之区，发展教育，房山未来的守恒定律！

美好的愿景鼓舞人心，宏伟的蓝图催人奋进。"教育公平作为社会公平价值在教育领域的延伸和体现，不仅是教育现代化的基本价值和基本目标，也是社会公平的重要基石。"区督学徐维珍很清楚，坚定不移地坚持既定思路，是获得教育公平的前提。"应当着力实施三大战略。一是实施教育信息化战略。通过建设'两台一站'（教师研训平台、教育综合管理平台和学校门户网站），牵动教育民主化、科学化，牵动学校推建，牵动学术交流，牵动学术范围。二是实施名牌打造战略。重点是瞄准名校长名教师名学校三大领域，本质是打造领军人物和领军学校，优化教育管理、名师队伍等，通过名师打造战略牵动优质资源扩展，牵动干部教师专业成长，牵动管理水平提升，牵动教学水平提高。三是实施对外开放战略。重点是专家在房山的有效聚集，英语教师第二轮国际化培训，探索干部国际化培训模式，深化PISA学生评价的深化，推动与西城实质性合作，并着手启动双语教学试点工作。对外开放战略牵动人员往来，高水平智力流入，人员眼界开阔，学术更大范围交流，推动教育水平提高。"高瞻远瞩，用心良苦，意义深远！在房山，北京小学、北京四幼、北京四中、三十五中、育才学校即将入驻，红黄蓝幼儿园也已签约，2013年，首师大附属房中、铁十二中分校将培育出首届毕业生。与此同时，北师大良乡附中、良乡中学、房山中学、良乡二中等一批在全市不错的学校，也在打造各自的"名牌"。

梦想有多远，舞台就有多大。坚韧的情怀总是向着太阳，既是夜里也会有无数的亮光。十年的区教委主任，当了十年的班长，房山教育创新思想的缔造者和坚守者，郭志族对房山教育充满信心："思想贯穿产生张力。现在在房山，从乡村到城镇，从幼儿到成人，都能找到适合各自上学的地方了。"

教育管理，是栋梁，没有它，教育就只是一堆散乱的砖瓦；教育思想，是河床，没有它，教育就只有一片泛滥的波浪。

"赢得主动，赢得优势，赢得未来"，房山教育，凝聚智慧，放射着光芒。正如党的十八大指出的"面对人民的信任和重托，面对新的历史条件和考验，全党必须增强忧患意识，谦虚谨慎，戒骄戒躁，始终保持清醒头脑；必须增强创新意识，坚持真理，修正错误，始终保持奋发有为的精神状态；必须增强宗旨意识，相信群众，依靠群众，始终把人民放在心中最高位置；必须增强使命意识，求真务实，艰苦奋斗，始终保持共产党人的政治本色。"

房山教育，以其创新佳绩为确保到2020年实现全面建成小康社会宏伟目标而贡献力量。房山教育创新思想，注解了一支团队十年的探索，诠释了房山人民对教育的热望。

## 第四节 理念之根思路之脉

### 一、理念之根

#### （一）用心做教育

"用心做教育，做心中有人的教育"：是区教委在2016年工作要点中提出来的核心理念。之所以要用心做教育，是因为好的教育必须要有科学的方法，必须要用心来做。百姓对学校教育的期望值越来越高，未来提高质量和效益，要有敬业精神，更要实行精细化管理。教育要抓落实、出效益、保质量，就要用心去做。之所以要做心中有人的教育，是因为教育就是人学，教育的所有问题、所有内涵都要从人这个核心去追问、去探索。教育的所有问题都要围绕着人来展开，如果心中没有人，教育就不会是好的教育，也不会是成功的教育。做心中有人的教育是层层递进的。区教委机关要尊重校长、服务校长、心中有校长，校长们则要以老师为本，老师们则要以学生为本，这样才能把以人为本做到位。由于教育所面对的是有思想、有精神、有灵魂、有情感、有尊严、有判断能力、有各种需求、丰富多彩的人，用什么方法去教育，确实不是一件容易的事，所以我们要用心做教育、用情做管理、用爱去教书，要学会尊重、学会爱、学会赏识、学会赞美、学会理解、学会包容，以人育人、以爱育爱、用生命影响生命。教育就是育人，育人就是人与人，只有把人与人之间的关系梳理好了，才能够找到通往教育规律的路径。

#### （二）学习型房山建设

学习型房山建设：即房山区加强组织管理，紧密结合区域经济社会发展实际，通过大力构建终身教育体系、市民终身学习服务体系和学习型组织建设工作体系，强化学习型社会建设的保障条件，深入、持久、扎实地推进学习型社会建设，探索并创造的学习型社会建设的"房山模式"。学习型房山建设的工作思路是"树立一个理念，夯实两大支柱，创新三个机制，坚持四个原则，实现一个目标。""树立一个理念"是指树立终身教育、终身学习的理念。"夯实两大支柱"是指夯实终身教育体系、终身学习服务体系和学习型组织创建这两大支柱。"创新三个机制"是指创新三级考核、表彰奖励、投入保障机制。"坚持四个原则"是指"围绕中心，服务大局""以人为本，关注民生""深化改革，推动创新""统筹兼顾，整体推进"。"实现一个目标"是指成为人人终身学习的

"学习之区"。学习型房山建设的三个特色示范项目是城乡教育一体化建设项目、新型市民学习服务体系建设项目和学习型组织工作体系建设项目。

### (三) 终身教育体系

房山区终身教育体系：是指房山区以促进人的城市化、城乡教育均衡化和提升办学效益为目标，通过破除体系壁垒，打破乡镇界限，教育布局调整，不断深化改革，大力发展学前教育和成人教育，优化了教育布局，构建了覆盖学前教育、基础教育、职业教育和成人教育的终身教育体系。学前教育包括早教基地、市立园和乡镇中心园；基础教育包括小学和中学；职业教育包括初等、中等和高等职业教育；成人教育包括成教中心、乡校、村校和市民学校。

解读：构建终身教育体系是以树立终身教育理念为基础的。为健全终身教育体系房山区先后做了三件事：一是利用三年建设、三年转制、三年提高建成了学前教育队伍，学前教育实现以市立园为示范、中心园为骨干、民办园为补充的格局，且走了在全国郊区前列，全国农村地区前列；二是解决了职业教育"三校三制"问题，将职业学校划为教委直属，取缔了社区与服务管理学校的资质，促进了房山区职业学校的强劲发展；三是抓成人教育网络建设，首先在各乡镇、街道建立了成人学校，吸收从普教剥离出的人员，解决成人学校的人员问题，其次通过理顺职能，破解职成教育管理体制难题，形成了以区成教中心为龙头、职业院校及乡镇成人学校为骨干，村成人学校和市民学校为基础的三级成人教育网络，从而在健全的基础上进一步完善了终身教育体系。

### (四) 终身学习服务体系

房山区市民终身学习服务体系：是指房山区在健全和完善终身教育体系的基础上，以服务人的全面发展、促进区域经济社区发展和社会治理能力提升为目标，通过打造区级学习平台，推进乡镇（街道）学习平台建设，有效统筹整合各类社会学习培训资源，加强终身学习服务机构和基地建设，成立房山区市民文明学校总校和道德大讲堂指导中心，构建起的资源比较丰富、结构相对合理、能够满足市民学习需求、"资源统筹、三位一体"的新型市民文明教育体系。市民终身学习服务体系有效发挥了市民个人作为学习主体的自主性、能动性、责任性，促进了市民的自我完善和潜能开发，为精神文明建设植根于基层、扎根于群众提供了有力的组织保障。

### (五) 职成教育五大领域任务

职成教育五大领域任务：是在推进教育领域综合改革和学习型社会建设的背景下提出的，是新时期下房山职成教育的工作重点。具体内容是服务产业转型，促进劳动者素质提升；服务城市化进程，促进市民文明素养提升；服务农村文化建设，促进新农村文化繁荣；服务教育综合改革，促进青少年实践体验空间拓展；服务学习型房山建设，促进农村社会管理的新变革。

## 二、思路之脉

### （一）"1123"工作思路

"1123"工作思路包括一个根本、一个理念、两个目标、三个板块。"1"个根本，即各级各类学校要把提高教育质量和办学效益作为根本的出发点和落脚点。"1"个理念，即树立终身教育理念，打造终身教育体系，同时要求教育为孩子的人生奠定基础，对他们的终身发展负责。"2"个目标，即普通教育要向高一级学校输送合格新生，职业教育和成人教育要为当地经济建设服务，提高劳动者的素质。"3"大板块，即把教育划分为公共教育、准公共教育和民办教育三个板块分类管理指导。以九年义务教育为主的公共教育发展的指导方针是均衡化、高质量；以幼儿园、高中、职业和成人教育为主的准公共教育发展的指导方针是健全体系、壮大实力；民办教育发展的指导方针是规划引导、依法管理、业务上统一指挥。

解读：关于"提高办学质量和办法效益为根本的出发点和落脚点"，这是我们教育永续要追求的质量和效益。一切问题、一切思路，都要围绕提高质量和效率。落脚是强调思路方法、方案对不对，能不能落回来。如果这个思路达不成提高质量和效益的目标，那就说明是错的。要提高质量和效益需要五大体系的支撑：一是需要教育思想体系的支撑；二是需要队伍的支撑；三是需要科学的管理；四是需要条件的支撑体系；五是应当有一个思想与组织的保障体系。这五个体系又存在内在规律，就是一个金字塔，上边是质量，下边是五大要素，每个要素又分成若干要素，是一个庞大的思想体系。

关于"树立一个终身教育理念"，应当从两个方面去理解：一是横的方面，终身教育需要一个终身教育体系的支撑，并且这个体系还得不断优化；二是从纵向上看，要使学生获得终身学习的能力、创造能力和生存发展的能力，要求各学段必须完成你那个学段的任务，要求我们贯彻阶段质量标准。

关于"两个目标"，总体可以把"两个目标"理解为三句话：第一，是相对独立的、相互关联的，二者共同指向国民素质的提高，职业教育也有升学的问题，基础教育也要瞄准为经济社会发展服务；第二，就眼前目标而言，我们的"为高一级学校输送合格新生和为区域建设服务"都有规格的要求，小学和中学输送的合格新生、职成教育培养出的劳动者都要达到一定的标准；第三，就是这两个目标的叠加，符合我们的总体培养目标，即培养全面发展同时又能为社会所用的人才。

关于"三个板块"。第一，"三个板块"服务于分类指导。九年义务教育是国家法律保障的，突出特点是强制性和"免费"，和准公共教育板块是不一样的。把幼儿教育放到准公共教育板块，是因为幼儿教育不具备强制性，也不具备免费教育的特点。职高、高中、民办教育也不是彻底免费的。三个板块必须分开指导。第二，每个板块的指导方针都具有针对性。义务教育板块是公共教育板块，指导方针是均衡化、高质量；准公共教育板块指导方针是健全体系、壮大实力；民办教育板块指导方针是规划引导、依法管理，业务上要和公共教育一样。

### （二）两大主题

"两大主题"：是指教育的全部工作都要围绕"加快发展"和"提高质量"两大主题展开。

解读："两大主题"针对的是教育周期长的特点。教育周期很长，如果不保持"加快发展"和"提高质量"的方向，必然使各项工作和各阶段工作出现内在矛盾，不能保持内在的可持续性。

### （三）两个转变

"两个转变"：是指"管理模式要从粗放型向集约型转变，发展方式要从外延式向内涵式转变"。

解读：管理方式要从粗放型向集约型管理方式转变，强调把教育管理转移到针对提高效益的要素上来。发展方式从外延向内涵发展，强调把发展方式转移到依靠科学管理和提高队伍素质的轨道上来。一个叫科学管理，一个叫队伍素质。

### （四）三个聚焦

"三个聚焦"：是指"教育的全部工作要向教育教学聚焦，教育教学要向课堂聚焦，课堂要向学生发展聚焦"。在这一宏观策略指引下，房山教育坚持适时发展、适时推进，坚持内涵发展、集约发展，不断开创事业发展的新局面，实现了质量提高的新跨越。

解读：要实现"各项工作向教育教学聚焦，教育教学向课堂聚焦，课堂向学生发展聚焦"三个聚焦主要是针对全部管理和所有工作的目的性。"三个聚焦"是我们实现教育目标的基本路径。"三个聚焦"，是把各项管理工作的目标调向教育教学的保障，教育教学的目标就是课堂，课堂效益最终要看孩子的发展。

### （五）深入实施三大战略

深入实施三大战略：一是实施教育信息化战略，通过建设"两台一站"（教师研训平台、教育综合管理平台和学校门户网站），牵动教育民主化、科学化，牵动学校推建，牵动学术交流，牵动学术范围；二是实施名牌打造战略，重点瞄准名校长、名教师、名学校三大领域，打造领军人物和领军学校，优化教育管理、名师队伍等，通过名师打造战略牵动优质资源扩展，牵动干部教师专业成长，牵动管理水平提升，牵动教学水平提高；三是实施对外开放战略，重点是专家在房山的有效聚集，开展英语教师第二轮国际化培训，探索干部国际化培训模式，深化PISA学生评价，推动与西城等的实质性合作，并着手启动双语教学试点工作，对外开放战略牵动人员往来，高水平智力流入，人员眼界开阔，学术更大范围交流，推动教育水平提高。

### 三、五育之韬略

#### （一）教育综合改革五大策略

教育综合改革五大策略是指"统筹、整合、合作、贯通、共享"，这是我区进行教育综合改革提出来的教育发展基本策略，与十八届五中全会提出来的"创新、协调、绿色、开放、共享"新发展理念是相通的。这一策略的提出，意在打破部门壁垒，改变过去各自为战的局面，实现各个资源之间的贯通、融通，在"通"字上做文章。做心中有人的教育，解决人与人之间的关系和谐问题，其实也是在"通"字上做文章。不仅要打通师生之间、学校领导与教师、教师与教师之间的壁垒，还要打通幼、小、中、职、成各学段间的壁垒，学校与社会之间的壁垒，形成互相融通、互相合作、共享资源、协调发展的大教育格局。

#### （二）德育八大领域

"德育八大领域"：是指区教委根据中共中央颁布的《中共中央国务院关于进一步加强和改进未成年人思想道德建设的若干意见》，对"以人为本、育人为本、德育为首"的基本观点、"以我为主"的德育工作布局、"全员、全过程、全方位"的德育体系构建等重点、难点问题进行理解与思考，针对教学过程中德、智分离以及学校、家庭、社会与青少年思想道德教育相脱节的现状，进行德育布局调整，把德育放在学校整体工作中把握，将德育工作划分为学科德育、全员德育、校园文化建设、班级建设、团队工作、以"学校为主导"的三结合教育、区域德育资源利用、预防在校生违法犯罪八个领域。

#### （三）体育六大任务

"体育六大任务"：即将学校体育工作分解为培养体育道德、普及体育知识、掌握体育技能、形成体育习惯、培育体育审美、提高竞技水平六大目标任务，并形成了房山区关于落实学校体育工作六大目标任务的实施细则。

### （四）艺术教育目标、途径

艺术教育三大目标：培养形象思维能力、培养艺术表现能力、培养艺术鉴赏能力。

艺术教育六条主要途径：一是挖掘课程资源，渗透艺术教育；二是上好艺术类课程，做实艺术教育；三是发展艺术社团，拓展艺术教育；四是完善展示平台，推进艺术教育；五是传承地方文化，丰富艺术教育；六是打造艺术品牌，做强艺术教育。

### （五）学通房山

"学通房山"：是学习型房山建设提出的"十三五"规划的发展目标；是基于15年学习型房山建设的深厚基础，着眼于适应房山发展新常态的要求下提出的，立意深远、内涵丰富；是指通过学习型房山建设，打破部门、行业壁垒，形成终身教育体系完善，各级各类教育协调发展，学习机会开放多样，学习资源共通共享，学习型组织日益深化，人人学习、处处学习、时时学习、终身学习的学习型城区，从而实现个人、组织和社会发展的转变。

## 四、格局之擘画

### （一）"一体两翼"新格局

"一体两翼"新格局：是指房山区为适应区域教育改革发展提出来的"以推动教师专业发展为主体，以骨干教师队伍建设和班主任队伍建设为两翼"的教师队伍发展格局。就教师专业化发展提出了"1234"的实施策略。一是围绕一个中心即教师专业发展要以教育教学为中心，统筹教师专业发展。二是确定两个载体，即以课程改革为载体，加强专业引领，以职业生涯规划为载体，强化主动发展。三是搭建三个平台，即以教科研为基本途径，搭建理论成长平台；以基本功大赛为抓手，搭建技能提升平台；以网络备课为抓手，搭建集体成长平台。四是加强四项建设，即加强教师职业道德建设，加强培训体系建设，加强教研组建设和学习型学校建设。就骨干教师队伍建设，提出了"全面考核、突出业绩、重点培养、严格标准、动态管理、优化结构、落实待遇、以求创新"的骨干教师队伍建设总体思路，着重从职业道德、专业素养、教学水平、研究能力的提高和骨干示范作用的发挥，培养一批高素质并有较大影响的学科教学带头人，造就一支符合时代要求、能发挥示范作用的骨干教师队伍。就班主任队伍建设，以提高班主任队伍专业化水平为核心，以增强班主任育人实效为重点，进一步落实责任、完善制度、创设氛围，努力建设一支学生喜欢、家长满意和社会放心的高水平班主任队伍。

## （二）一环两带三区

"一环两带三区"："一环"指平原地区教育发展环，以学区制建设为手段打造"一乡一品"的教育格局；"两带"指南部山区教育均衡发展带和北部山区教育均衡发展带，打造南北两沟乡村教育联盟品牌项目；"三区"包括长阳教育聚集区、良乡教育聚集区和城关教育聚集区。长阳地区打造高端教育资源聚集地；良乡地区依托高校建附中附小的模式，拉动本土学校教育品质的提升；城关地区依托中国教科院和房山教师进修学校支持学校建设，打造教育高地。该教育规划布局涵盖了区域内所有学校，以保障我区教育优质均衡化水平的不断提升。

## （三）乡村教育联盟品牌

乡村教育联盟品牌：为加快山区教育薄弱地区的发展，提升我区教育均衡发展的整体水平，房山区按照北京市教育综合改革发展的目标和北京市乡村教育发展新模式的要求，由北京市教委和房山区政府整体统筹，打造乡村教育联盟品牌，建立"南北两沟"乡村教育联盟。"南"以房山五中为桥梁，以北京教育科学研究院周口店中学为引领，借助北京教育科学研究院资源，建立"房山区南沟乡村教育联盟"；"北"以良乡五中为纽带，以坨里中学高中部（北京教育学院房山实验学校）为引领，借助北京教育学院、中国社科院研究生院资源，建立"房山区北沟乡村教育联盟"。南沟成立"房山区乡村教育可持续发展研究中心"，北沟成立"房山区美丽乡村教育研究中心"，构建城镇乡村小学协调发展机制建设、课程开发研究、社会教育资源整合、校际评价一体化实施等各项工作整体推进的发展格局。

# 第三章 "funhill"教学让成长真实发生

## 第一节 房山教育发展思想

十分高兴再次和人民论坛的各位专家、领导座谈。首先我讲讲我的心情。我觉得人民论坛作为一个期刊,长期以来对于房山教育的这种关注实际上是一种动力,这种动力督促我们思索奋进,客观上推动房山教育发展。你们的智慧为我们的发展做了一些理论的总结提升,也做了一些实际的宣传和推动。[①] 那么,今天我想讲三层意思。

### 一、房山教育发展背景

**(一)地理情况**

房山区总面积2019平方公里,平原和山地各占三分之一,总人口100万。总体发展形态是工业化水平迅速提高,但还是一个农业大区。

**(二)经济发展现状**

从生产结构看,我们原来属于资源主导型的区县,现在变成工业主导型的区县。在大农业时期或者说是在传统经济时期,房山区的经济总量在北京市是领先的。因为我们不仅是种地,还有矿山。但是随着工业化和城市化的推进,房山逐渐遇上瓶颈,资源性经济逐渐退出,走向了以工业、房地产业、建筑业为主导。我们正处在从农业大区向工业大区转移的过程中。无论从产业形态到人们的生活形态都是从传统的农耕社会向城市化转移。

**(三)人文历史背景**

房山人文历史底蕴丰厚,从50多万年以前,北京人就在这里生活,从那时到现在,各个时期都有历史遗存,其中著名的有北京人遗址、商周遗址等。简单描述一下,就知道房山的文化源远流长,历史文化底蕴丰厚。

---

① 郭志族(时任北京市房山区教委主任)在房山区教育思想研讨会上的发言。

### （四）教育发展的基础

在大农业时期，房山教育并不落后，一度成为全国的基础教育先进县。但 1982 年以后，随着城乡二元结构的长期积累，使得我们的发展受到影响。到 20 世纪 90 年代末，房山教育成为北京最薄弱的地区。主要是办学质量差，学校规模小、效益低，教育体系严重残缺。这是房山区的教育发展背景。

## 二、房山教育发展思想

在房山教育发展的进程中，是有自己的思想脉络、自己的思想体系的，而这个思想体系，概括起来是五个大的维度。

### （一）区域发展思想

区域思想发展包含的内容是"1123"工作思路，"两大主题，两个转变，三个聚焦"。核心就是解决房山教育发展的目标和内涵问题。

"1123"工作思路，第一个"1"是各级各类学校都要把提高办学质量和效益作为根本的出发点、落脚点，这是确定一个根本。第二个"1"是树立终身教育理念，打造终身教育体系。"2"是教育要达成两个目标，一个目标是基础教育，为高一级学校输送合格新生，而且每一级都要求培养合格新生；另一个目标是职成教育要坚定地为地方经济服务。"3"就是三个版块。第一个版块是义务教育，也叫公共教育版块，每一个孩子都要接触这段教育，从小学一年级到初三，这九年是有法律地位和保障的。第二个版块叫准公共教育版块，提出的指导方针是健全体系、壮大实力。第三个版块是民办教育板块，是公办教育的一个补充，指导方针是规划引导，依法管理，业务统一指挥。

"两大主题"就是加快发展，提高质量。就是我们比较落后，不能简单提出来提高质量，而发展问题仍是一个重大问题。

"两个转变"是针对管理方式和发展方式提出来的。发展方式要从外延型向内涵型发展转变。管理方式是从粗放型向集约型转变。长期以来，我们提了很多口号，但总的看来管理集约程度不够、达成不好。

"三个聚焦"是针对整个教育界或者是教育行业存在的，精力过分分散的现象提出来的。第一层聚焦是教育的全部工作向教育教学聚焦，党、政、工、团，人、财、物各个部门都是因为教育教学的存在而存在，都是保障部门，中心就是教育教学，通过机制使得各部门都向教育教学一个中心走。第二层聚焦是教育教学向课堂聚焦，课堂是主战场，而不是靠补课或者其他手段，而是要向课堂要质量，向单位时间要质量，提高单位时间的效益。第三层聚焦是课堂要向学生发展聚焦，让每一个学生都发展，每一个孩子都成人，这是我们的培养方向。

## （二）要办好教育的核心问题，即人力资源问题，也就是教师问题

这有三个重要支撑。第一，盘活存量，优化增量的思想。盘活存量是通过打破学段之间的界限再分配，使得资源得到优化。优化增量是按照一定标准，长期坚持专业化道路，大量从外地引进师范专业的学生。还通过培训盘活优化增量。这是人力资源队伍建设的一个思想。第二，"一体两翼"新格局的思想。提出教师专业化是教师发展的主体，还有两个翅膀，一个是骨干教师，一个是班主任。这个思想极大促进了人力资源的门类建设。第三，"1234"教师专业发展路径。"1"就是教师专业发展要以提高办学质量为核心，摒弃形而上学。"2"是提出了两个载体，一个载体是以专业生涯设计为前导、为载体的内驱力建设；另一个是以教师队伍建设为载体的外驱力建设。内驱力解决自主发展问题，外驱力解决被动发展问题。"3"就是三个平台，第一个平台是以教科研为抓手的理论成长平台；第二个平台是以专业技能大赛为抓手的技能成长平台；第三个平台是以网络备课、网上培训调研为抓手的集体成长平台。"4"就是加强四项建设，即加强教师职业道德建设、加强培训体系建设、加强教研组建设和学习型学校建设。

## （三）教育教学领域

我们提出了德育八大领域，以三维目标为核心的课堂质量标准，体育六大目标任务，艺术教育的三个目标和六大途径，这样一个教育教学管理思想。德育八大领域，提出了学科德育，每门课都有德育，每个老师和每个学校工作人员都是德育工作者；提出了学校文化，潜移默化地通过环境影响孩子；提出了以学校为主的三结合教育，学校影响社会，引导家庭，优化孩子的生活空间等。课堂以三维目标为核心，就是引导课堂不能只传授知识，而是把知识、能力、教育过程和思想道德、价值观的事都要解决。体育六大目标任务，是基于我们对体育的认知，包括培育体育道德、普及体育知识、形成体育技能、养成体育习惯、培育体育审美、提高竞技水平。艺术教育提出三个目标，即提高形象思维能力，培养形象开发能力，提高艺术创造水平或欣赏水平三个目标；提出六个载体，包括做实艺术教育课程、发展艺术社团、完善展示平台、传承地方文化、打造艺术品牌等。

## （四）教育管理思想

提出了"一手抓建设，一手抓法制"的思想。抓建设，如师德建设、学校建设、党支部建设，都是正面的，通过鼓动、宣传，发挥正能量。抓法制，就是抓查处，如对违背师德、违背纪律的就要处罚。

## （五）思路、实施和评价统一性的思想

评价的维度很多，使评价成为动力，使思路成为动力，就要把思路、实施

过程和评价统一起来，类似于楼房设计、施工和最后验收，要把这三件事统一到一个标准下。如果出现差异，那效益就会大大降低。像我们的人员考核、教育教学，很多领域，这件事不可小视。

房山教育思想体系大体上包括这五个维度，内涵很丰富。这个思想体系究竟有什么效果呢？我简单说一下。

成效一：终身教育体系构建完成。学前教育在北京郊区，全国农村地区居于前列；职成教育刚经过教育部的职成教育示范区验收，现已创办了省部级重点校。基础教育实现了办学条件达标，教育质量郊区领先的目标。

成效二：以教学管理为中心的管理体系建设成果丰硕。一是课程、课堂、考试、评价四大要素，管理进展显著；二是德、智、体、艺术教育，管理集约程度大幅度提高；三是各类人员职责、各类工作规程，使人和事的管理标准更加明确；四是阶段性质量标准、课堂质量标准、教师考核标准，使考核实现了有依据的目标；五是经费管理、教育固定资产管理、干部管理，实现程序化的目标；六是综合评价实现了全覆盖，成为全面评价的权威性指标。

成效三：人力资源建设体系全面展开。一是名校长、名教师工作室逐渐展开，为干部教师搭建了成长平台；二是一个中心、两个载体、三个平台、四项建设，打通了教师专业成长路径；三是国际英语教育培训、初中教师脱产培训，成为短板延长的有效手段；四是新任领导干部培训、副书记培训、党政正职培训，实现课程化目标；五是盘活存量，优化增量，成为优化各阶段人力资源配置的基本方法。

成效四：教育质量指标体系逐渐清晰。一是以质量监测分析评价、中高考评价日益精确；二是德育评价、体质健康测试，使质量标准更加全面；三是考试评价平台的研发使用，使命题和考试实现多指标和科学化；四是PISA评价的引进，使我们有了国际质量评价的比较窗口。

成效五：教育资源体系日趋丰富多元。一是国家课程、地方课程、校本课程、职成课程的执行和研发，使课程资源日益丰厚；二是以大课堂和职成教育实训基地为载体，使社会教育成为有效的教育资源；三是以加拿大、西城为主体的区域优质资源和名校资源逐渐丰厚；四是名校长工作室、名师工作室相继进入房山，丰富了我们的专业发展资源；五是以家长委员会建设为标志，家长资源初具规模。

成效六：教育创新成果体系多维彰显。一是具有独立知识产权的思路、路径、标准、评价等创新成果初具规模；二是市、区科研奖项、教育成果奖彰显了房山人的教育实力；三是出现了一些区域的中小学课改成果，令人欣喜；四是学习型先进区、职成教育示范区，使我们的职成教育成果得到权威机构认可；五是教育科研、教育创新项目，使干部教师的创新成果成批涌现。

宏观上简单描述，我们这个思想体系所取得的成果大约是这六个方面。

## 第二节　教育让成长真实发生

北京市房山区位于北京西南郊，有雄奇的自然风光和丰富的矿产资源，亦有"北京人之根""北京城之源"之称。近年来，房山区的教育发展已显露出强劲的发展势头，在北京市乃至全国都具有了一定的知名度。也许，下一个五年、十年中，教育会成为房山引人瞩目的另一大资源。

### 一、用心做教育，做心中有人的教育[①]

在当前深化教育综合改革的关键时期，如何找准工作的着眼点、落脚点？我认为，必须回到教育的原点去考虑。教育从本质上讲就是人学，就是帮助人的成长。基于此，我们教育的所有问题、所有内涵都要以"如何帮助人成长"为核心去追问、去探索。"用心做教育，做心中有人的教育"的提出就是源于此，这也是我们教育的价值观和使命。教育就是育人，育人就是"人与人"。把人与人之间的关系弄明白了，也就打开了好教育、成功教育的大门，找到了抓住教育规律的路径，找到了教育者获得快乐与幸福的金钥匙。

怎么理解"做心中有人"的教育呢？其内涵是层层递进的：教委机关要心中有校长、尊重校长、服务校长；校长要心中有教师，为教师服务；教师要心中有学生，以学生为本。当然这事说起来简单，做起来并不容易。因为我们所面对的不是机器，不是工具，而是有思想、有精神、有灵魂、有情感、有尊严、有判断能力、有各种各样需求、丰富多彩的活生生的人。面对每一个不一样的人，到底用什么方法去教育，这确实不是一件容易的事。所以我们要用心做教育，用情做管理，用爱去育人。

我曾经提出过用"六个学会"去调节人与人之间的关系，即学会尊重、学会爱、学会赏识、学会赞美、学会理解、学会包容。作为一名教育者，自身的修炼、修养水平永远是教育力量的本身。所谓以人育人、以爱育爱，用生命影

---

① 选自《教育，让成长真实发生——访房山区教委主任顾成强》。文章内容来源《中国教师》杂志（2016年8月《中国教师》杂志记者采访了房山区教委主任顾成强）。

响生命，就是这个道理。我们进一步强调教育要在"人"上做文章，把人的成长和培养放在第一位，就是为教育工作正本清源，这也正是对教育管理的本质要求。

## 二、做"心中有人"的教育与教育改革

教育改革的宗旨应该是什么？如果教育改革不能帮助人的成长，促成人的全面发展，就违背了教育改革的初心，这个初心与教育的初心、教育者的初心是一致的、和谐的、自洽的。无论我们的教育改革走了多远，都不能忘记这个初心。

教育改革为我们房山教育描绘了美妙的未来愿景，未来从哪里来？未来是从当下生长出来的，当下决定了未来。是什么构成了当下？那就是一个个生动的生命与世界的相拥而舞。所以，房山教育的发展关键要把培养人作为重中之重。这包含了两个基本含义：一是提升教师的生命境界；二是见证孩子们无比丰富的生命成长。

校园的硬件建设是看得到的，而教师的成长不是一蹴而就的。我经常在中高考总结大会上讲，教师每天都在与又恨又爱的考试打交道，这不能阻碍教师对教育的价值和使命的思考，这是获得生命提升不可回避的问题。我们做教育、教孩子，到底是为了什么？是为了重点小学、重点高中和重点大学？为了升学就剥夺了很多生命中美好的时刻，从早忙到晚仅仅就为了学那些文化知识，这就是教育全部的价值吗？目前，房山区教育向内涵、集约型发展转变，教师队伍的整体素质相比以前有明显提升，但教师的思想观念、综合素养以及结构性问题仍不能满足教育快速发展的要求。我们正在努力为教师打造一个良好的专业发展平台，筹备建设苏霍姆林斯基教育思想研究会、魏书生教育思想研究会，利用这些有利的资源建设我们的师资队伍；同时探索并建设好"校长学校""教师学校""家长学校"，不断丰富房山教师的学习内容，创新研修方式，鼓励教师学习理论，倡导教师读书，解决教育教学实际问题。做这些工作都是为了让教师真正获得实实在在的成长。

苏霍姆林斯基的一句话让我印象非常深刻，他说保护孩子的自尊心就要像去采摘带着露珠的花朵一样，既要采到花朵又不能让露珠落下来。比喻得多生动、形象！在教育工作中，我们要时常反思自己做得如何？我们为孩子的成长做了什么？我们搞班级授课制，同一个教案面对40个孩子，怎么保证这40个孩子都能听懂？他没有听懂怎么弥补？孔子2000多年前就提到的因材施教，我们做到了吗？对于每个孩子的知识基础、学习态度、记忆能力，教师都了解

吗？在价值观、价值取向多元并存的今天，我们有没有把主流价值观做到孩子的心里？我们用心了吗？前几天，我们刚举办完的全区中小学运动会，受到全区的点赞。为什么？因为它改变了学校传统运动会的老样子，变成了80多所学校的课外活动大阅兵，其中一个深山区的学校，总共才40多个孩子，其中就有20多个参加了单车展示，表现出来的技术水平和精气神，一点不逊城区的学校。去年房山区"未来科学家培养计划——百名小发明家项目"中，共有109个孩子的发明获得国家专利，还有3项专利被企业现场收购。孩子们体现出来的探究劲头、创新精神和快乐的状态，告诉我们发明是孩子最快乐的学习。这种学习是学以致用，是真正意义的学习。如果我们还一味追求升学率、分数、排名，我们只会继续埋没孩子的天赋、阻碍孩子的潜能发挥。所以说，提高办学质量和办学效益的内涵是如何更好地给孩子幼小的生命注入生机与活力，更好地激发孩子的潜能，展示生命的精彩。

### 三、建立有房山特色的教育思想体系

首先，我们建立了一套有房山特色的教育思想体系。这个思想体系包括一个思路，即"1123"工作思路，特别是在这个思路中所提到的终身教育理念和对质量与效益的追求，始终引领着房山教育沿着正确的方向前行；这个思想体系包括两大主题，即教育的全部工作都要围绕"加快发展"和"提高质量"两大主题展开；这个思想体系包括两大转变，即发展方式从外延向内涵发展转变，管理方式从粗放型向集约型转变，始终推动着我们在科学发展的道路上不断探索；这个思想体系还包括三个聚焦，即所有的教育工作要向教育教学聚焦，教育教学要向课堂聚焦，课堂教学要向学生的发展聚焦，始终促使我们追寻教育规律，追寻教育的本质。

我们还提出了德育是五育之魂的思想，破解了德育与五育之间的关系；提出了德育八大领域，即"学科德育""全员育人""校园文化""班级建设""团队工作""以'学校为主导'的三结合教育""区域德育资源利用"和"预防在校生违法犯罪"。

我们提出了体育六大目标任务，即培养体育道德、普及体育知识、掌握体育技能、形成体育习惯、培养体育审美、提高竞技水平。

我们提出了艺术教育的六大途径，即挖掘课程资源，渗透艺术教育；上好艺术类课程，做实艺术教育；发展艺术社团，拓展艺术教育；完善展示平台，推进艺术教育；传承地方文化，丰富艺术教育；打造艺术品牌，做强艺术教育。

我们提出了职成教育是终身教育核心的思想。提出了"围绕一条主线、搭

建一个平台、构建一个网络、做实六大板块工作"的新时期房山成人教育工作思路——成人教育要围绕直接为"一区一城"新房山建设提供优质服务这条主线；为满足市民各种学习需求搭建学习平台；构建方便全区人民学习的区、乡、村三级成人教育网络；突出搞好学历教育、社会培训、社区教育、乡校业务指导、学习型组织创建、社会化考试六大板块工作，为"一区一城"新房山建设提供智力支持和人才保障。

第二，我们构建起了一套科学规范、具有实效性的管理体系。我们构建了课堂质量标准、阶段性质量标准、乡校的"1286"工作任务（具体内容为：落实1项培训工程，即学历教育提升工程。立足两项自主培训，即围绕乡镇主导产业和工作重点，独立开展各级各类自主培训，为乡镇党委政府服务；围绕农民培训需求，独立开展各级各类自主培训，为农民增收致富和素质提升服务。辅助乡镇有关部门，开展农村实用人才、职业资格、富余劳动力转移、农村经济合作组织、法制、人口教育、妇女、特殊群体8项辅助性培训。加强村校、学习型组织、硬件和信息化、师资队伍、制度、教科研6项基本建设）、示范乡校的标准、12类学习型组织的标准等。

我们还形成了考核评价体系。包括教师评价、干部评价、课堂评价、党建工作评价、综合素质评价等。

我们的教师培训体系围绕着一个中心，即教育教学；两个载体，课改、教师职业生涯规划；三个平台，教科研、基本功大赛、集体备课；四项建设，培训体系建设、学习型学校建设、师德建设、教研建设。

第三，我们形成了终身教育和终身学习服务体系，构建了大教育格局。一个层面是幼、小、中、职、成各类教育共同发展，形成了基础教育中心开花，学前教育、职成教育两翼齐飞的局面，我区的学前教育和成人教育走到了全市乃至全国的前列。另一个层面是以成人教育三级网络为主体，社会各行业广泛合作、共同发展的市民终身学习服务体系。体系内各类教育比较齐全，体系之外以成教中心为龙头，以23所乡校为骨干，以461所村校和120所市民学校为基础，形成了三级成人教育、社区教育网络体系。

第四，我们的教育综合实力明显提升，影响力显著增强。重点表现在以下方面：①校长的理论水平、领导力、管理水平、研究水平都有明显提升，这也是房山教育这十几年来迅速发展的重要因素；②教师队伍的整体素质和结构有了较大改善；③办学环境和条件有了根本性的变化；④教育经费有了充足的保障；⑤教育教学质量达到了历史最好水平。成立教委之初的高考升学率仅仅是29%，今天达到了98%以上，本科升学率已经突破80%；⑥社会满意度保持了全市领先水平；⑦区内外的影响力不断扩大。基础教育方面，大牌专家都欣然同意给我们做校长工作室、学科工作室建设，说明人家认可房山，愿意为房山教育发展做贡献。学前教育、成人教育多次在全国性的会议上介绍经验，学前教育还在国际会议上介绍过经验。"学习型房山"的建设成果去年9月份在墨西哥学习型城市大会上也做了交流；⑧教育的基础性、先导性，优先发展的战略地位得到了确立。房山尽管还是一个经济发展不是很发达的地区，但是区委、区政府始终都把教育放到优先发展的地位，只要是教育做的事、要的投入，区里基本上都给予了保障。

## 四、公平、优质、均衡进展与成效

2016年3月，原北京市委副书记、市委教工委书记，现国家体育总局局长苟仲文到我区调研，了解并支持我们在教育上的一些规划和做法，尤其是对乡村教育品牌联盟给予了积极的肯定。其实，在教育供给侧改革方面，房山在10年前就开始具有创新意义的探索。如果说具有房山特色的做法，主要有以下几个方面。

第一，创造性地实施山区教育工程。房山的深山和丘陵面积占到总面积的三分之二，对于山区教育均衡优质发展而言是个很大的瓶颈。10年前，为了破解这个特殊的难题，我们将山区10所中学一次性集聚，同时将山区31所小学一次性整合，腾出的教育资源用于学前和职成教育发展，补齐了山区教育"短板"，在全区教育均衡发展和城市化进程中起到了激活全局的作用，为首都义务教育均衡发展做出了积极贡献。

第二，"一乡一品"的学区制探索。立足本区的实际，运用"统筹、整合、合作、贯通、共享"策略，探索全区23个乡镇"一乡一品"的学区制探索。目前在石楼镇学区与广渠门教育集团开展了城乡一体化深度合作，形成了幼、小、中、成贯通式石楼学区的探索；在西潞地区形成以北京工商大学附中、附小为核心的学区制特色模式；在南尚乐地区探索实施小规模学校间一个法人办学的学区模式；在史家营幼儿园、小学及成人学校构建了一体化教育中心模式等。

第三，打造乡村教育品牌联盟。建立房山区南北两沟乡村教育联盟，以北京市教育"十三五"规划和北京市乡村教师支持计划等教育改革政策为基础，由北京市教委和房山区政府整体统筹，"南"以房山五中为桥梁，以北京教育科学研究院周口店中学为引领，借助北京教育科学研究院资源，成立"房山区乡村教育可持续发展研究中心"，联合南沟片区域内小学及乡镇成人学校，建立"房山区南沟乡村教育联盟"；"北"以良乡五中为纽带，以北京教育学院房山实验学校坨里中学为引领，借助北京教育学院、中国社科院研究生院资源，成立"房山区美丽乡村教育研究中心"，联合北沟片区域内小学及乡镇成人学校，建立"房山区北沟乡村教育联盟"。这项工作已经得到了市教委的正式批准。

### 五、加快"教育强区"建设步伐

"十三五"期间的房山教育工作，我们提出的发展策略是统筹、整合、合作、贯通与共享。整合，是指要打破部门壁垒，改变过去各自为战的局面。这次教育综合改革要求我们实现各种资源的贯通、融通，所以要在"通"字上做文章。"通"的前提是合作，以前房山成人教育，面对的是各自为战、互不来往的行业和部门，后来打通行业和部门的"围墙"后，区文明办、文委、妇联、残联等单位一些工作主动融入成人教育的体系中，相互合作，形成了具有创新和引领意义的三级成人教育体系。原来小学、中学互不往来，现在通过人力资源整合，就较好地解决了师资短缺的问题。做心中有人的教育，就是要解决人与人之间的关系和谐问题，就是在"通"字上做文章。正所谓"亲其师，信其道"，孩子不喜欢老师，老师的课再重要也没用；同样，老师要是跟校长有了矛盾，不帮他解开，工作也做不好。教育改革要通过一张试卷，把孩子12年的积累展示出来，但要是幼、小、中、职、成互相之间不通，就无法完成。高考质量，跟我们的学前、小学、初中的基础有直接关系，让前面9年甚至12年没有形成的东西，高中3年去解决，那是不可能的，所以我们要在"怎么通"上做文章。学校跟社会要通，则需要我们能主动地把很多可利用的社会资源利用到教育教学上来。

展望今后的房山教育，我这里有三句话：一是以终身教育引领大教育发展格局，进一步完善大教育体系，用体系推动房山教育的整体发展。二是探索有房山特色、符合房山实际的教育发展路径。三是实现从教育大区向教育强区迈进的新目标。这是房山教育的发展目标和行动路线图。

"用心做教育，做心中有人的教育"，不是一句仅仅停留在语言上的口号，做"心中有人的教育"，就是要用心去成就孩子的成长、教师的成长、学校的成长、区域的成长。只有让成长真真实实地发生，我们的三个目标才有实现的可能。房山教育的明天就寄托在这些实实在在的成长之上。

## 第三节 "funhill"教学核心要义是心中有人

教育综合改革要求各个学段实现贯通发展，我们有必要从整体上了解房山教育，了解其他学段的工作内容和要求，才能适应教育综合改革的要求。

### 一、我对教育的理解和认识[①]

首先，对于教育的认识和追求，是永远没有止境的。教育是世界上最复杂，也是最简单的事。说教育最复杂，是因为有关教育的理论很多、观点很多，众说不一，仁者见仁，智者见智。就我本人而言，教育的人生从上房山师范时起步，从一名小学教师做起，走到了教委主任的岗位，走过了35年的历程。教过书，做过班主任，做过校长，管过学前教育、基础教育、职成教育。有人说我可以称得上教育专家了，其实我感到很汗颜。因为35年的教育做下来，我还没有完全把教育的事弄明白。原来房山区有位老校长，都成为房山区的十佳校长了，每天还在研究教育。也就是说，我们对于教育的认识和追求，是永远没有止境的，不是教几天书、当几天校长，就很容易把教育弄明白的，即便是弄明白了，在今天中国社会这样的体制之下，能够把教育做明白了，也不是一件容易的事。

其次，从教育的本原、教育的本质和规律上去认识教育和什么是好的教育。其实作为校长，我们都有共同的感觉和纠结，从教育的规律、本质，我们觉得应该怎么做，但是从教育的现实、家长的认识看，又是另一番天地。所以今天做教育，确实不是一件容易的事。大家都喜欢学习好的孩子，但是孩子学习好与不好，到底是因为什么？学习好，是谁让他（她）入的门？什么时候入的门？什么原因入的门？很少有人能把这个问题回答清楚。所以对于教育每个人可能都会有自己的理解和认识，而这种理解和认识都必须源于教育实践，必须从实践中去感悟、去感知，才能真正地理解和懂得教育。教育即生长，但是成长是孩子自己在成长，我们所有做的事，都是在帮助他们成长。去年在房山区义务教育阶段课外活动工作推进会上，我提出：到底什么是好的教育？就看我们怎么去看这样的问题，怎么去思考这样的问题。大家回想一下，我们小时候是什么样的环境，什么条件？难道我们就没有接受好的教育吗？如果没有接受好的

---

[①] 源自顾成强（时任北京市房山区教委主任）于2016年2月18日在全面深化教育综合改革做心中有人的教育——房山区教育系统2015—2016学年度第二学期开学工作会报告。

教育，那我们这些人怎么领导房山教育发展，领导房山1万人的干部教师队伍？所以说，我们接受的还是好的教育。我们要从教育的本原、教育的本质和规律上去认识教育。

第三，要做心中有人的教育。这些年，我们多是从外在因素上去探寻教育和好教育的标准，但硬件条件越高级，就越是好的教育吗？也不一定。所以去年我提出：要做心中有人的教育。怎么理解做心中有人的教育呢？教育就是人学，教育的所有问题、所有内涵都要从人这个核心去追问、去探索。教育的所有问题都要围绕着人来展开。如果心中没有人，什么教育都不会是好的教育，也不会是成功的教育。做心中有人的教育是层层递进的。我作为教委主任要心中有人，要心中有校长。教委机关要尊重校长、服务校长、心中有校长。因为我们不能和学生直接接触，只能是为校长们做好服务，让校长能够以老师为本，再让老师们懂得以学生为本，这样才能把以人为本做到位。当然这事说起来简单，做起来并不容易。因为我们所面对的人不是机器，不是工具，而是有思想、有精神、有灵魂、有情感、有尊严、有判断能力、有各种各样需求、丰富多彩的活生生的人。面对每一个不一样的人，到底用什么方法去教育，这确实不是一件容易的事。所以我们要用心做教育，用情做管理，用爱去教书，教育就是育人，育人就是人与人。把人与人这件事弄明白了，把人与人之间的关系弄明白了，就能够找到教育的路径。所以教育的全部幸福和快乐都来源于人与人。

我当校长的时候曾经提出过六个学会，用六个学会去调节人与人之间的关系，即学会尊重、学会爱、学会赏识、学会赞美、学会理解、学会包容。从尊重开始，人与人之间如果没有尊重，就永远打不开与人交往的大门。校长与老师之间没有尊重，就永远找不到调动老师积极性的方法。老师不尊重孩子，也不可能激发孩子们的学习热情。所以这六个学会可能成为调节人与人之间关系的一个有效方法。学会了与人相处，就找到了教育的方法和路径。人与人之间，也许很复杂，因为人是世界上最复杂的动物，但是也很简单，简单到就两个字：相互。人和人之间是相互关系，尊重是相互的，理解是相互的，帮助是相互的。当然人与人相处的前提首先要弄明白自己是什么人？作为一名教育者，自身的修炼、修养水平永远是教育力量的本身。所谓以人育人、以爱育爱，用生命影响生命，大概就是这个道理。所以我们把人弄明白了，把人与人之间的关系弄明白了，也就基本上明白了什么是教育，也就打开了好的教育、成功教育的大门，也就找到了通往教育规律的路径，找到了做教育、做教师获得快乐与幸福的金钥匙。所以我们要在人上做文章，把人放在第一位，这是我们管理的本质。

## 二、我心目中的房山教育

经过几代房山教育人的不懈努力,特别是教委成立近15年以来,房山教育快速发展,取得了辉煌成就,彻底甩掉了落后的帽子,跻身于郊区前列。这是让我们房山教育人引以为豪的事,让我们找到了做教育的尊严。那么一路走过来,房山教育到底有什么?梳理出来去思考,这些成绩和经验对我们今后的发展还有没有用?

### (一)取得的成绩

**1. 形成了符合教育规律,有房山特色的教育思想体系**

这个思想体系包括一个思路,即"1123"工作思路,特别是在这个思路中所提到的终身教育理念和对质量与效益的追求,始终引领着房山教育沿着正确的方向前行。这个思想体系包括两大主题,建设与发展始终以追赶的精神,朝着缩短与先进区县差距的目标努力。这个思想体系包括两大转变,即发展方式从外延向内涵发展转变,管理方式从粗放型向集约型转变,始终推动着我们在科学发展的道路上不断探索。这个思想体系还包括一个聚焦,即所有的教育工作要向教育教学聚焦,教育教学要向课堂聚焦,课堂教学要向师生的发展聚焦,始终促使我们追寻教育规律,追寻教育的本质。我们还提出了德育是五育之魂的思想,破解了德育与五育之间的关系;提出了德育八大领域,即"学科德育""全员育人""校园文化""班级建设""团队工作""以'学校为主导'的三结合教育""区域德育资源利用"和"预防在校生违法犯罪"。这样的德育工作路径,始终把立德树人作为教育的根本任务。我们提出了体育六大目标任务,即培养体育道德、普及体育知识、掌握体育技能、形成体育习惯、培养体育审美、提高竞技水平。我们提出了艺术教育的六大途径,即挖掘课程资源,渗透艺术教育;上好艺术类课程,做实艺术教育;发展艺术社团,拓展艺术教育;完善展示平台,推进艺术教育;传承地方文化,丰富艺术教育;打造艺术品牌,做强艺术教育。体育、艺术教育始终把培养学生的综合素养、促进学生的全面发展作为教育的责任与追求。我们提出了职业教育是终身教育核心的思想。提出了围绕一条主线、搭建一个平台、构建一个网络、做实六大板块构成的新时期房山成人教育工作思路,引领着职成教育走上了创新发展之路。我们提出了树立一个理念,即终身学习理念;夯实两大支柱,即终身教育、终身学习服务体系和学习型组织建设;创新三个机制,即考核机制、表彰奖励机制、投入保障机制;坚持四个原则,即围绕中心、服务大局,以人为本、关注民生,深化改革、推进创新,统筹兼顾、整体推进;实现一个目标,即人人终身学习的学习之区的学习型房山建设工作思路，始终引领着学习型房山建设不断走向深入。这是我们形成的有房山特色的一套思想体系。

2. 构建起了一套科学规范、具有实效性的管理体系

首先，构建起了一套标准体系。有课堂质量标准、阶段性质量标准、乡校的"1286"工作任务、示范乡校的标准、12类学习型组织的标准等。其次，形成了考核评价体系。包括教师评价、干部评价、课堂评价、党建工作评价、综合评价等。第三，教师培训体系。围绕着一个中心，以教育教学为中心；两个载体，课改、教师职业生涯规划；三个平台，教科研、基本功大赛、集体备课；四项建设，培训体系建设、学习型学校建设、师德建设、教研建设。第四，学习型房山建设工作体系。包括组织领导、学习型组织建设、机制建设等。第五，形成了一套党建工作体系。包括思想引领、队伍建设、夯实基础、机制建设、学习型党组织建设；形成了学前教育工作体系、安全工作体系、财务管理工作体系。这些体系，对于房山教育发展都起到了至关重要的作用。

3. 形成了终身教育和终身学习服务体系，构建了大教育格局

一个层面是幼、小、中、职、成各类教育共同发展，形成了基础教育中心开花，学前教育、职成教育两翼齐飞的局面。特别是在基础教育领域，以山区工程为基本标志，破解了教育均衡发展过程中的难题，同时为学前教育和成人教育的发展奠定了坚实基础，创造了有利条件。由于这些条件的具备，使得我区的学前教育和成人教育走到了全市乃至全国的前列。另一个层面是以成人教育三级网络为主体，社会各行业广泛合作、共同发展的市民终身学习服务体系。体系内各类教育比较齐全，体系之外以成教中心为龙头，以23所乡校为骨干，以461所村校，120所市民学校为基础，形成了三级成人教育、社区教育网络体系。经过近几年的努力，已经跟社会上很多行业通过合作共赢的方式、捆绑发展的方式，取得了非常好的效果。所以我们房山教育已经从学校教育做到了社会层面。再加上学习化社会建设、学习型房山建设，使今天的房山教育已经形成了大教育体系的格局。而且这些年，在终身教育思想的引领之下，大教育体系不断完善，大教育格局不断走向成熟，运转越来越顺畅，越来越得到方方面面的关注和支持。其实今天我们做教育，已经不再是教育者和教育自身的事，而是全社会的事，需要社会方方面面的广泛参与；而我们做教育的也需要充分利用这些社会资源，服务教育教学改革。

4. 教育综合实力明显提升，影响力显著增强

首先，校长的领导力、管理水平明显提升。今天的校长水平跟15年前的校长无论是理论水平，还是管理水平、研究水平都有了很大提升。这也是房山

教育这十几年来迅速发展的重要因素。其次，教师队伍的整体素质和结构有了较大改善。第三，办学环境和条件有了根本性的变化。不仅把原有的学校改造得很漂亮，还建了很多新学校，像两个五中、北京四中房山分校。办学条件确实发生了翻天覆地的变化。第四，教育经费有了较为充足的保障。十几年下来，从成立教委之初时候的拖欠教师工资，到现在资金充足，保障水平明显提高。第五，教育教学质量达到了历史最好水平。成立教委之初的高考升学率仅仅是29%，今天达到了97%以上，本科升学率已经接近80%。像我们这样一个规模比较大的区域，能达到这样的水平真的是不简单。第六，社会满意度保持了全市领先水平。每年市政府教育督导室都要进行满意度测评，我们一直排在前列，说明由于质量的不断提升，老百姓对于我们的满意度还是高的。而且这几年，人大、政协给我们教育提的议案也越来越少。第七，区内外的影响力不断扩大。从基础教育而言，市教委、市里的业务部门，对房山教育都赞赏有加。请市里面的大牌专家给我们做校长工作室、学科工作室建设都欣然同意，说明人家认可房山，愿意为房山教育发展做贡献。我们的学前教育、成人教育也多次在全国性的会议上介绍经验，学前教育还在国际会议上介绍过经验。我们的学习型房山建设，去年9月份在墨西哥学习型城市大会上也做了交流。第八，教育的基础性、先导性、优先发展的战略地位得到了确立。房山尽管还是一个经济发展不是很发达的地区，但是区委、区政府始终都把教育放到优先发展的地位，只要是教育做的事、要的投入，区里基本上都给予了保障。

### （二）好的经验和做法

第一，紧紧依靠区委、区政府、市教委的正确领导，主动争取支持是破解难题、推动发展的关键。

第二，坚持系统思考、顶层设计，是科学而可持续发展的前提。

第三，解放思想、实事求是，是做好教育工作的思想基础。

第四，遵循规律、内涵发展，是搞好教育的必由之路。

第五，坚持育人为本、质量为重，是教育发展的核心。

第六，完善体系、构建机制、善于合作，是推动发展的有效策略。

第七，敢于负责、勇于创新、抢抓机遇，是促进发展的精神力量。

第八，坚持集体领导、民主参与、科学决策，是顺利发展的重要保障。

这些经验，不仅仅创造了房山教育过去的辉煌，同时也是房山教育未来发展应该继承和坚持的。

## 三、对房山教育改革与发展的思考

今天的教育、未来的教育,在"十三五"期间,基本就一件事——深化教育综合改革。所以未来,我们的教育工作就围绕着教育综合改革展开,围绕着推进改革去思考、去设计工作。幼、小、中、职、成各个段都围绕着改革去思考,就能找到工作的着眼点、落脚点。

### (一)当前教育面临的形势和背景

1. 面临的形势

(1)政治新常态、经济新常态对教育提出新要求。我国在经济社会发展转型的过程中要求教育必须转型,未来经济转型要更多地靠人才、靠科技,所以未来教育必须能够培养出适合我国经济转型发展的人才。

(2)以高考改革拉动的深综改,对我们提出的挑战。这次改革是带有颠覆性的,对教育领域的许多问题都带来了冲击,如果我们认识不到这些问题,不主动地去适应,那么未来连中考、高考都难以适应。

(3)京津冀一体化给我们带来的新任务。房山未来还要承接几十万的人口,教育资源够不够?房山在未来发展的过程中,要退低端,引高端。要引来高端,除了我们自己培养人才去支撑,还得引进人才。凭什么引进人才?还要看我们的教育好不好?医疗好不好?让人家放心了,才会来房山工作。所以京津冀一体化不是离我们很远,是需要我们跟上做贡献的。

(4)新媒体时代互联网+给我们带来的新机遇。生活在这样一个时代,回避不了新媒体、信息技术对教育的冲击。在手机、电脑已成为孩子们的玩具的今天,我们要转变思维,因势利导,让新媒体、信息技术成为孩子们一种新的学习方式。

2. 房山教育未来改革发展当中需要破解的难题

第一,在新形势、新背景下,作为教育人,我们有许许多多的不适应。一是敏感性、紧迫性不强。习惯于按部就班,对于整个社会的变化,好像觉得跟自己没什么关系。二是思想观念不适应。不愿意接受新东西,沉醉在自我的意识当中。三是思维方式不适应。习惯于按照自己的思维方式想问题,这种思维方式背后,还有世界观、人生观、价值观问题,在不触及个人利益的时候想得都对,一旦触及个人利益,马上就回到自己的意识当中。四是工作方式不适应。不愿意改变固有的工作模式。五是知识结构不适应。知识结构过于单一,以知识拥有者自居。六是能力水平、破解难题的能力欠缺。遇到难题就束手无策,特别是面对教育过程当中出现的许多问题,还都没有找到破解的方法。七是生活方式单一，生活面狭窄。生活范围基本上是学校、家庭两点一线，很少有机会接触到社会。其实让教师多出去走一走，多开阔眼界，也是备课，都是跟教学有联系的。教师的生活方式、综合素养，对孩子就是一种潜移默化的影响。要解决这些不适应的问题才能跟上时代步伐，才能做好我们的教育改革。

第二，虽然出台了一系列有价值的文件，但是落实的任务非常艰巨。

第三，虽然完成了义务教育国家均衡化验收，但与发达地区仍有较大差距，区内的梯次差距依然存在。特别是在山区和边远地区，优秀师资匮乏。如果这些问题得不到很好解决，那山区和边远地区的教育会越来越弱。

第四，队伍的整体素质明显提升，但校长的领导力、教师的综合素养仍需进一步提高，人力资源的开发、利用、整合的空间还很大。一方面是超编，有的学校是严重超编；一方面是有的学校严重缺编。有的学校是结构性超编，人虽然不少，但派上用场的人不多。

第五，教育质量有很大的提高，但离人民群众的期望还有相当差距。

第六，标准化建设的任务已经完成，但是城镇地区的教育资源依然短缺。拿四大高中为例，原来想把高中布局都集中到这几所高中来，但是这几大高中都是老校，都是小教室，无法扩大规模。况且实行走班制以后，就现有资源能不能实行好还不敢说。学前教育公办园资源有限，压力巨大，可是城镇地区已经没有空间再建设。

第七，终身教育、大教育格局已经初步形成，但教育大区向教育强区转变的路还很漫长。教育强区不仅仅是一句口号，教育强区是有内涵、有标准的。

第八，学习型房山建设虽然进入了全市领先水平，但从人人学习、时时学习、处处学习的学习之区建设任务来看依然是任重而道远。我们要从学习型房山向创新型房山迈进，为房山未来的发展培养创新型人才。真正实现大众创业、万众创新，任务非常艰巨。

第九，教育环境得到很好优化，但学校、家庭、社会的教育合力还没有真正形成。我们的学校教育、家庭教育、社会教育还不完全在一条线上，家庭教育观念成为今天困扰教育的最大问题，不解决家长的教育观念问题，会很大程度上抵消学校的教育效果。

第十，群众路线教育、"三严三实"教育取得了阶段性的成果，但干部教师的动力机制尚未形成，投身改革的主动性、积极性、创造性还需进一步激发。

所有这些问题都需要通过艰苦努力，一个一个地去破解，才能实现房山教育的可持续发展。

## （二）在"十三五"期间深化教育综合改革的几点意见

面对新的形势和任务推进改革是一个很大的课题，涉及的领域很多。我们想把"十三五"规划跟推进教育综合改革有机地融合在一起，把推进改革作为"十三五"房山教育发展规划的主线。所以围绕着深化教育综合改革，我想提几点意见。

### 1. 坚持继承中求发展

房山教育过去十几年的探索与积累，凝聚了全区广大干部教师的心血与智慧，是房山教育的宝贵财富，是房山教育发展的重要基础，要不断地完善与落实，因为教育本身就具有传承性。教育如果离开传承性就无法发展下去，房山大教育更是如此。

### 2. 要发挥大教育格局的优势

进一步完善大教育体系，把终身教育理念贯穿教育的全过程，用体系推动房山教育的整体发展。教育是一个庞大的系统工程，要做好这样一个庞大的系统工程，推动这艘巨轮不断地前行，就要很好地发挥这些年所形成的体系优势。因为这些体系能够使某一领域，或者使全局性的工作，牵一发而动全身，比用零散方法去做效果要好得多。

### 3. 要坚持统筹、整合、合作、贯通、共享的理念与策略，发挥资源的最大效益

就是要打破部门壁垒，改变过去各自为战的局面。这次教育综合改革要求我们实现各个资源的贯通、融通，所以要在"通"字上做文章。就跟我们的人体一样，让身体的各个器官能通，就得不了病，更得不了大病。我们做心中有人的教育，解决人与人之间的关系和谐问题，其实就是在"通"字上做文章。正所谓"亲其师，信其道"，孩子不喜欢老师，老师的课再重要都没用；同样老师要是跟校长有了矛盾，不帮他解开，工作也做不好。教育改革要通过一张试卷，把孩子12年的积累考出来，但要是幼、小、中、职、成互相之间不通，就无法完成。高考质量，跟我们的学前、小学、初中的基础有直接关系，让前面9年甚至12年没有形成的东西，高中3年去解决，那是不可能的。所以我们要在怎么通上做文章。学校跟社会要通，则需要我们能主动地把很多可利用的社会资源利用到教育教学上来。

### 4. 采取五大项目组协同推进的办法来推动改革

（1）对外合作开放。利用各种政策，采取多种模式，引进、开发、利用各种优势资源，争取有效的政策机制保障，发挥优质资源引领、示范、辐射、带动作用，促进房山教育整体水平的提升。这些年，通过各种方式，我们跟城区

的很多优质资源建立了各种各样的联系，但是引进不是目的，引进得发挥作用。所以我们要在加快引进的同时注意提升像北京四中房山分校这些原有优质资源的水平，还要大力宣传像良乡一小这样的本区名校。我们特别是要借助进校、考试中心、信息中心迁址的契机，加大对外开放。一是对进校、考试中心、信息中心的功能进行有效整合；二是引进中国教育科学研究院、北师大学生学科核心素养关键能力培养项目以及专家指导下的教师高端备课平台项目。区领导现在还在极力推动跟西城教研中心建立战略合作伙伴关系，推动深层合作。这样我们未来要在教育培训这件事上构建起宏观、中观、微观三个层面的优质资源，为我们的教研员成长、教师成长搭建更高的平台。

（2）以高考改革为突破口的综合改革。要根据上级的整体要求，以追求公平、均衡和质量为目标，对学校管理体制机制、考试招生录取、课程方案调整、教师综合素养的提升、资源整合、贯通发展等各个领域进行整体设计、扎实推进。

（3）人力资源整合、开发和优化。核心思想就是要把工作的着力点放在教师的培养上，全区上下要达成共识。过去我们花钱最多的是基本建设，未来要争取把更多的资金花在教师培养上。因为条件不是决定质量的唯一因素，最重要的因素还是人。我们要通过人事制度改革、教师培训的有效机制建设、优秀教师工作室建设、班主任队伍建设、教师专业化发展等，提升教师的综合素养，打造一支优秀的教师团队，破解编制不足、资源浪费、山区和边远地区教师资源缺乏的问题，实现教师的合理流动、有效配置。

（4）布局调整和资源整合开发利用。首先要做好高中部的布局调整，因为高中改革、高考改革要求高中达到8个班以上的规模才能实行走班制，但目前我区有相当一部分高中规模还太小。所以区政府已经做了决定，要对我区的高中布局进行调整，希望涉及布局调整的相关学校校长、副校长、主任，要从大局出发，做好我们的工作，保持稳定，保证改革的成功。同时，对于腾退下来的相关资源，我们要进行有效利用，要进一步整合和协商。

（5）动力机制研究。动力机制研究是我们未来教育发展的一个重要命题，我们要思考和研究，怎样更好地激发全区广大干部教师深化改革的主动性、积极性和创造性，激发教师的工作热情。我们可以在以下五个领域里去研究动力机制。

第一个领域：校长自身的动力是教师动力、学校发展的前提。一个好校长就是一所好学校，校长的作用确实很重要。一个自身没有活力的校长，领导不出一所有活力的学校。校长是学校的精神领袖。所以，校长要解决好自身的状态问题，把自身提升作为学校动力机制研究的重要内容。

第二个领域：党员干部的理想信念。能够树立起理想信念，找到工作的动力，对于党员很重要。党员要在关键的时候发挥作用，不能面对着个人利益的时候就变得胸无大局。要读一读《共产党宣言》，共产党员要念共产党的经。我们整个教育系统，是共产党领导下的学校，教育系统的共产党员得亮出自己的牌，戴上自己的党徽，理直气壮地告诉别人：我是一名共产党员。

第三个领域：教师的职业理想与职业尊严的追求。其实一个人真正地把自己的人生价值、尊严跟工作结合在一起的时候还会有动力。每个人的工作都是实现自身价值、体现个人尊严的重要途径。要得到别人的尊重，就得用自己的付出和努力去争取、去赢得。所以我们一定要引导老师，在追求职业尊严上去积极地工作。

第四个领域：打造优秀团队。一个优秀团队本身就是动力的源泉。一个好的团队能把有毛病的人变成好人。《西游记》要不是一个团队，大家相互扶持、相互支撑，就完不成取经任务。所以一所学校，一个校长，把团队掌握好，就找到了提升教师动力的机制。要让每一个职工发自内心地愿意跟着你干，觉得上班是一种快乐，是一种幸福。

第五个领域：人事制度改革，教师聘任制的真正实施。要把这个信号释放给我们的教职工，国家今后是不会养闲人的。今后的人事制度改革聘任制必然要走到实质性的阶段，优胜劣汰，包括干部，都没有终身制。

## 第四节　大力推进区域教育现代化进程

我们学习是为了更好地发展，所以要原原本本地学，不是为学而学，结合我们的工作就是要实现教育现代化。针对这个命题，我想从这几个方面跟大家交流。①

### 一、要认真学习习近平新时代中国特色社会主义思想，用新思想来武装头脑、指导行动

要掌握住重点、梳理思路。例如"五位一体"总体布局、"四个全面"战略布局，要在思想的统领下寻找现阶段的思想方法。作为学校的管理者，我们要掌握当下的思想方法，尽管时代不同、要求不同，我们的历史有优秀的文化内涵、道德内涵，但也要有属于新时代的东西。我们是为未来培养人，如果培养

---

① 源自郭志族（时任北京市房山区人大常委会副主任）在"十九大报告是马克思主义中国化的一次新飞跃——在教育系统学习、宣传、贯彻党的十九大会议精神宣讲会"上的报告，有删减。

的学生不能适应现代化，那培养出来有何意义？所以我们学习习近平新时代中国特色社会主义思想，要真学、真思考，不能仅学一点文字就草草收场。

## 二、深刻认识主要矛盾发生变化的新特点，在教育均衡发展上再上新台阶

这项任务也很艰巨，之前和大家一起一是从规模办学入手，解决办学条件标准化问题；二是健全教育体系，完善幼、小、中、职、成各学段建设；三是在内涵上下功夫，从理清德智体美教育思想，到德育八大领域、三维目标为核心的课堂质量标准、体育六大目标任务、艺术教育布局、教师专业发展、一体两翼新格局等，做了很多工作。但是大家应该看到，这个均衡是相对的，与过去相比，我们确实在均衡水平方面提高不少，但实事求是地说还没有达到均衡目标。总体上两个大的差别还是存在的。第一个差距就是与核心城区还存在梯级差距，第二个差距是区内核心区域和边远地区还存在差距。我区下一阶段任务，就是要使教育质量更加均衡，要在教育全局、体制机制、队伍管理、教学管理上、课程建设上有所作为。我们要努力实现两个均衡：一是与城区达到均衡，要加快发展；二是区内城镇、平原与山区达到均衡。要着力解决发展不均衡、不充分的现状，达到区内教育质量均衡发展。

## 三、深刻理解新时代国家发展目标，大力推动我区教育现代化进程

在这个领域我们做了很多工作，但是体制机制还是没有真正构建起来。教育现代化第一就是条件现代化，第二是管理的现代化，第三是人的现代化。这些问题都没有达到彻底破解，而今天这件事必须落实。我们要决胜小康，还要有一个新时期的开篇，就是现代化。

所以要跟房山实际，对照科学规律，研究房山的教育现代化真正的问题在哪里，要在体制机制内容等诸多领域都要有新作为。

（1）深入推进两个转变、三个聚焦，管理必须走向集约。

（2）要深入实施三大战略，即名牌战略、对外开放战略、信息化战略，这对于现代化建设具有长远意义，可以推动人的生活方式、生存方式和教学方式的根本转变。

（3）以问题为导向深化教育改革，要构建新时期的阶段目标、实施路径、评价标准的同一化体系。

（4）管理要从体制和机制入手，研究现代化目标的实施。没有体制的变革，就解决不了根本问题。

（5）评价的科学化。要围绕目标、课程、课堂、管理、评价五个要素构建新的体系，做出新的作为，寻找新的路径。要坚持目标、路径和评价的同一性。

（6）紧紧抓住乡村振兴机遇，在优化教育环境上下功夫。十八大提出下一阶段的战略中就有乡村振兴战略，房山就位列其中。

就未来教育的发展我想从这几个方面谈。

一是城市化进程将极大改善学生成长的外部环境。我们一定要用两个双向互动的思想方法理解，要做教育城市化的排头兵，用教育的科学发展、学生行为的文明改善来影响社会，推动教育，推动城市化进程。农村基础设施文明程度改善，将再一次对教育产生良性反馈和推动，在这个互动过程中，我们要提前动手，影响社会。

二是社会文明程度的提高将会优化家长群体的客观水平。我区的教育环境与海淀最大的区别就是家长群体不一样，从知识水平、文明习惯、文明程度都有不同差距。现在有了乡村振兴计划政策扶持，希望大家提前谋划。

三是基础设施的改善为学生文明程度创造外部条件。基础设施在未来几十年肯定会有一个极大发展，我们要抓住机遇。

四是落实全面从严治党要求，在提高战斗力上下功夫。教育系统的党组织、党员干部、党建工作要服从服务于战斗力建设，要学习十九大精神、学习习近平新时代中国特色社会主义思想、学习系列讲话，严肃党内政治生活，强化党风廉政建设。为了达到这样的目标我提出几条想法，供大家参考。一是用习近平新时代中国特色社会主义思想武装我们干部的头脑，使我们的思想跟上时代、符合科学，从而焕发出战斗力。二是要用十九大精神武装我们的党员老师，使他们紧紧团结在支部周围，在教育现代化的路上，要做先锋和模范。先锋模范作用要落位在现代化的征程当中，要落实到实践行动上，不能仅停留在口头表态和文章中，党员要在自己的岗位上充分发挥先锋模范作用。三是按照十九大的要求，从严要求我们的政治生活过程，使每个党员、每个干部真正从思想上建立起我们的思想格局和思想防线。四是严格遵守廉政准则，使我们的党员和干部都能够按照党的要求，谨言慎行，做好从严治党的各项工作。

总而言之，十九大是我党在历史上的一次重要会议，这次会议是在我们接近民族复兴这样一个大的前提下，召开的一次重要会议，而习近平同志的报告博大精深，这次活动实际上更是一种体会交流，希望同志们继续以深入学习来武装我们的头脑，指导我们的行动，最终在推动房山区教育现代化上见分晓，检验实效。相信在同志们的共同努力下，房山的教育现代化一定会在不远的将来就能够实现！

# 第四章 "funhill"教学与强区机遇

## 第一节 走人间正道

2008年底,北京地铁9号线自郭公庄向远郊区房山持续延伸,过了大葆台,从永定河的东岸跨向西岸河堤,再从稻田向长阳,形成了一个半环形弯道。凯歌变曲前奏,那时候在市区领导的眼里,就已经有了一个实现弯道超车、科学发展、跨越腾飞的教育高地。

2014年4月18日,市教委召开的优质教育资源扩大系列改革措施发布会上,标志着全市教育新的里程碑——新教育地图广布于众。根据区域定位,北京市新教育地图有了新的坐标系:分为首都功能核心区、城市功能拓展区、城市发展新区和生态涵养发展区四类。在新的坐标系中,房山、通州、大兴作为城市南部发展新区,与北部的昌平顺义两区一起,共同衔接成中心城区向外围疏散的人口、教育功能资源圈。

随着"确定义务教育法律地位""在普及义务教育的基础上,逐步实现义务教育的均衡发展"新中国义务教育两个基本阶段的发展,2014年全国已有464个县(市、区)通过国家督导评估认定。通过督导评估的视野,我们能清晰地看到一条义务教育均衡发展的改革路径。通过督导评估,全国义务教育体制机制进一步健全,办学条件明显改善,教师队伍整化优化,特殊群体儿童少年的成长和发展得到更多关爱,义务教育均衡发展取得重要进展。通过督导评估,不断强化地方各级政府履行义务教育发展责任意识,优先落实县域义务教育均衡发展的制度安排和机制保障。①

2015年4月29日,房山区召开迎接义务教育基本均衡达标国家级评估验收工作会。会上,区长曾赞荣指出,近年来,我区通过不断提升优质教育供给,

---

① 柴葳.2014年全国义务教育均衡发展督导评估综述[N].中国教育报,2015-04-03(1).

加大引进首都高端教育资源力度，全区中小学都达到了义务教育均衡发展的国家目标。

4月30日，在全市督导评估反馈会上，督导评估专家组对北京市近几年来在促进义务教育均衡发展方面的做法及取得的系列成绩给予充分肯定，16个区县一次性全部顺利通过全国义务教育发展基本均衡达标国家级评估验收。

"通过督导评估，各地以全面育人为总目标，以提升内涵为手段，始终把提高教育教学质量作为推进义务教育均衡发展的根本任务，创新教师队伍建设机制，合理配置教师资源，提高队伍整体素质，努力推进城乡和校际均衡。"教育部督导办主任何秀超介绍说，此次督导评估主要成效很重要的两个方面，一是督促各地优化师资配置，提升队伍整体水平；二是督促学校注重内涵发展，促进质量提升。

"北京发展面临着城镇化促进人口加速流动和特大型城市人口、资源、环境紧张的特殊国情、市情，广大教育工作者要直面群众对优质教育的迫切期待，以提高质量为核心，以促进公平为导向，以优化布局为目标，以改革创新精神推动首都教育持续健康发展，使教育改革发展成果更多更好地惠及广大人民群众。"2015年9月9日上午，中国第31个教师节来临之际，北京市委书记郭金龙与首都优秀教师代表座谈中指出，全市教育工作者要始终铭记教书育人的崇高使命，以改革创新精神推动首都教育持续健康发展。

"房山将以这次评估为契机，继续坚持把推进义务教育均衡发展作为满足群众期待、提升区域核心竞争力的重要举措，不断增强教育实力、强化保障措施，进一步提升义务教育均衡发展水平，加快"教育强区"建设步伐，为提升首都教育水平、促进首都义务教育发展作出更大贡献。"区长曾赞荣为此多次强调。

巩固义务教育均衡发展成果，尽快实现"教育强区"，成为新时期房山教育的既定目标。也标志着房山进入后均衡化时代。

所谓"后均衡化时代"，就是由教育基本均衡转向教育优质均衡的转变过程。对房山教育来讲，是一个由学习办教育转向创新办教育的认知过程，是由"教育大区"向"教育强区"迈进的关键性步伐，是在"追求均衡"到"鼓励差异"的实质性飞跃。

由此既可预知"均衡化"可能产生的问题，尽最大可能减小由"均衡"带来的负面效应，又能在教育机会和教育资源方面寻求均衡的持续过程中，在教育过程、教育方式和教育结果方面鼓励差异。更重要的是，在有序地推进"差异性"发展的同时，逐步形成新的区域教育教学管理方式的转变。①

群雁高飞头雁领。作为房山教育的领路人，顾成强、杜成喜、米忠诚和他们的飞翔雁阵迎来了新的奋飞征程。

教育教学管理方式的转变，是一个重大的理论课题，必须加以细化、深化；也是一个教育梦想，必须内化为各级教育战线干部教师的自觉行动指南，才能真正实现以管理方式转变加快教育发展方式转变。

破解区域"后均衡化时代"的矛盾和问题，根本途径在于教育教学管理方式的转变，而如何转变？朝什么方向转变？

"义务教育均衡发展推动得好不好，要看'四个满意'有没有实现。"教育部督导办主任何秀超多次讲到，拍脑袋、大呼隆、一风吹、一刀切、一会儿一个思路、一会儿一个战略，恐怕不行，只有技术技巧，没有长久打算，甭说老百姓怎么想，就是一线教师恐怕也记不住太多五花八门的东西。要让各级政府满意，乐于抓教育；要让教育行政部门满意，看到各级政府抓教育实实在在的举措；要让校长教师满意，为他们创造更好的办学条件；最应该让家长满意，让他们对子女的教育质量放心。

所以，将老百姓对教育反映强烈的问题归纳为改革主题，将与人民群众切身利益有关的问题确定为改革主线，并能清醒认识加快教育教学管理方式的转变的长期性、艰巨性、复杂性，按照北京教育新地图的长远部局，结合房山实际，有序、持续地推动教育教学管理方式转变，增加力度和韧劲，不动摇、不懈怠、不刮风、不呼隆、不折腾，以坚实的步伐走人间正道。

## 第二节 走向强区的机遇在哪里

一场新的征程即将开启，一幅新的教育地图渐次展开。新时代呼唤新变革，新转变酝酿新机遇。房山教育由"大区"走向"强区"，突破新层次、穿越新境界、跨步新阶段，机遇在哪里？有了机遇，又如何抓住呢？

---

① 李生滨，傅维利，刘伟．从"追求均衡"到"鼓励差异"：对后均衡化时代义务教育发展的思考[J]．教育科学，2012，28（1）：1-5.

## 一、机遇在一幅动态生成的地图里

2014年4月,为从根本上缓解择校矛盾,实现教育的真公平,北京市教委将优质教育资源进行重组和整合,建立了新的坐标系:分为首都功能核心区、城市功能拓展区、城市发展新区和生态涵养发展区四类。在新的坐标系中,房山、通州、大兴作为城市南部发展新区,与北部的昌平顺义两区一起,共同衔接成中心城区向外围疏散的人口、教育功能资源圈。

作为京津冀一体化"产业转移缓冲区",房山更具有"离北京市区最近、交通条件最为优越、具有大规模工业用地的'性价比'最佳区域"的特点,将有选择地承接符合房山发展要求的高端产业形态。与此相适应,在"发展新区"的教育地图中,其显著性特征就是改扩建学校的项目远远多于其他三类功能区,将以其超常规教育发展为引擎,以"五岳争峰"之势,为"人口疏解、产业转移,城市新的经济增长极"奠基。

如市教委副主任李奕所言,这是一幅动态生成的地图,在提升优质教育覆盖率的同时,逐步缩小区域、城乡、校际差距,若干教育高地可连片而成为一个优质首都教育"高原"。全方位、多角度、立体化深化基础教育领域综合改革,解决好人民最关心最直接最现实的利益问题。

## 二、机遇在十五年"抓铁有痕"的经验里

天时顺承、地利顺秉、聚人顺和。时代在前进,机遇在叩门。房山教育蓄势待发。新上任的教委主任顾成强知道,机遇并不常有,机遇来之不易,机遇稍纵即逝。"得时无怠,时不再来,天予不取,反为之灾。"纵观古今中外,谁能慧眼发现机遇、大力创造机遇、有效把握机遇、成功驾驭机遇,谁就能实现跨越发展、升级蝶变。面对机遇,如果我们不思进取、麻痹懈怠,就会坐失良机,面临危机。"机遇"可能是解读历史进程的一把钥匙,但更是一把头顶上悬着的双刃剑。

房山教育自新世纪伊始,从"局改委"开始,扭住新课程改革不放,在一次次困惑中求索,在一番番砥砺中前行,在一回回变革中提升。

2001年10月24日,根据市委、市政府关于房山区机构改革方案的批复,市编办关于房山区新建事业单位调整的回复,房山区委研究决定,成立中共北京市房山区委教育工作委员会,撤销中共北京市房山区委文教卫生工作委员会、中共北京市房山区教育局委员会。25日,房山区政府根据市委、市政府关于房

山区机构改革方案的批复，设置北京市房山区教育委员会（房山区人民政府教育督导室由教育委员会代管）。

十五年来，房山教育围绕"加快发展"和"提高质量"两大主题，加快实现"两个转变"，不断深化"三个聚焦"，万余名干部教师凝神聚力抓质量，一心一意谋发展，群策群力搞课改。

十五年里，终身教育体系在全市率先建立健全，形成了覆盖幼小中职成的大教育格局。

十五年里，教育教学质量位居全市远郊前列。义务教育入学率、巩固率和完成率均在99.9%以上，高中阶段普及率达到99.1%，高考升学率从2008年的79.89%增长至今年的97.98%，其中，本科升学率由2008年的31%提高到今年的79.48%，双双超过市平均水平，教育质量稳居全市郊区前列。从区委区政府领导，到广大人民群众，给予高度评价：十年如一日，思路清晰，措施得力，作风扎实，效果显著。

十五年来，引发联合国教科文组织相关机构、教育部各司处的广泛关注和行动认同，将其国际项目、部委课题纷纷通过承办、邀请、现场会，展示发展中国家教育经验，标注北京远郊教育样本，升级房山教育标本。

教育是论年代的，匆忙的人，难搞教育；躁浮的人，难守教育。不浮躁，一线贯穿，从世纪初的起跑线上一路走来的房山教育，十年春华秋实；不折腾，一路贯彻，立足于房山教育发展的房山教育创新思想，放射着光芒。

### 三、机遇在"京津冀协同发展"的《纲要》里

2015年4月30日，中央政治局会议审议通过的《京津冀协同发展规划纲要》指出，推动京津冀协同发展是一个重大国家战略，核心是有序疏解北京非首都功能。通过调整经济结构和空间结构，各区县走出一条内涵集约发展的新路子，探索出一种人口经济密集地区优化开发的模式，促进区域协调发展，形成新增长极。

会议强调，要在京津冀交通一体化、生态环境保护、产业升级转移等重点领域率先取得突破的同时，大力促进创新驱动发展，增强资源能源保障能力，统筹社会事业发展，扩大对内对外开放。要抓紧开展试点示范，打造若干先行先试平台。

北京的核心功能，就是"要坚持和强化首都全国政治中心、文化中心、国际交往中心、科技创新中心的核心功能。"

什么是非首都功能？主要有两大类，首先，从经济角度考虑，一些相对低

端、低效益、低附加值、低辐射的经济部门；其次，区位由非市场因素决定的公共部门。而疏解去向，除了河北、天津等周边区域，还包括从市区疏解至郊区。在北京市委十一届六次全会上，郭金龙谈到"坚决疏解非首都核心功能"讲道："多年来，我们习惯了聚集资源求增长，而且轻车熟路，也确有成效。现在，北京要疏解功能谋发展，缺乏现成经验，最大考验来自两个方面：一是思想认识到不到位，决心下得够不够；二是本领跟不跟得上，能力有没有提高。"他强调并提醒，不要一提发展就认为要"聚"，一谈疏解就认为是"退"，不能模棱两可、为官不为。处在现在这个阶段，很多工作相比过去难度更大。"但唯其难，才考验水平，也衡量担当"。北京就是要在改革创新、攻坚克难中，谋划和推进结构更优、质量更高、效益更好的发展。

2015年9月9日，在房山区庆祝第31个教师节的会议上，区委书记刘伟、区长曾赞荣向区教育部门和广大教育工作者致以节日问候的同时，提出："在京津冀协同发展大背景下，以改革为引领，充分发挥教育在房山转型发展中的基础性作用；以开放为动力，全面优化房山教育品质；以队伍建设为抓手，筑牢强教兴教之本。"领导强调，进一步解放思想，开拓进取，齐心协力推动房山区教育事业的持续健康发展，为实现"一区一城"新房山建设和"新城新业新生活"的房山梦贡献积极力量！"

顾成强在会上表示，将带领全区一万多名教师队伍，紧紧围绕"一区一城"新房山建设，创新思路，扎实工作，走出了一条拼搏、探索、进取、发展的房山教育发展之路，全区教育综合实力和发展水平已稳居全市郊区前列，有力助推了房山转型发展。

### 四、机遇在两个"五年规划"的合页里

2015年3月18日，房山区人民政府出台《房山区"十三五"规划编制工作方案》文件，旨在围绕首都建设国际一流和谐宜居之都战略新定位，进一步深化对房山发展思路的认识，准确把握新时期房山发展的新形势、新特征，坚持目标导向、问题导向和改革导向，全面深化改革，着力破解发展难题，加快转型发展，切实惠及民生，为推动新常态下房山转型新发展，努力实现"新城新业新生活"房山梦提供强大动力支撑。

文件更加突出战略定位调整，注重统筹兼顾，不断深化对房山发展思路的认识，加快构建"三大城市组团、两条城市发展带、一个城市发展环"的空间布局；着重强调破解发展难题，坚持问题导向，着力治理解决"城市病"和"山区病"，紧扣制约我区可持续发展的突出矛盾和瓶颈问题、社会民生热点难点问

题，找准产生问题的深层次原因和解决问题的突破口，有针对性地提出解决问题的思路和对策措施，并做出制度安排；侧力于全面深化改革，创新规划理念，切实增强规划的科学性、前瞻性与指导性。以改革创新为统领，敢想敢谋创新发展大目标、新举措，着力在规划的性质、功能、内容、形式和实施等方面探索创新；更加强化协调统一，推进"三规融合"或"多规融合"，为"一张蓝图干到底"打好基础。

## 五、机遇在"1123+"的创客空间里

任何一次重大经济形态的变革，其背后都离不开技术的力量。面对全球互联网大变革、大发展、大融合的历史潮流，搭乘信息化的快车、实现房山教育发展的新跨越，同样是我们不容错失的共同机遇。

李克强同志在2015年政府工作报告中提出了"互联网+"的新概念，在全国所有行业里引起那么大反响。"互联网+"带来的融合发展已不可抗拒，我们须努力去把握本质，在立足实际的基础上开启"互联网+"的未来。物联网、云计算、无线互联宽带等信息技术正在取代传统的信息技术设施，新的资源开发利用正在被大数据的管理和开发利用所取代，业务处理和管理正逐步转向平台化。"互联网+"战略的主旨是合作而不是取代，强调融合而不是颠覆，强调生态系统建设，而不仅是买设备、架网络。犹如催化剂，能有效促进行业的优化重组。

"原来我们讲经济学的基本原理就是市场对资源有效配置。在互联网时代，在信息实现低成本化后，资源配置将逐步转向效用配置"[①]。在中国社科院学部委员、中国区域经济学会会长金碚看来，"智能互联的推动作用主要体现在3个方面：一个是新兴产业的诞生；二是传统产业的内部转化；三是互联网经济引导引领传统产业。"赖茂生说，智能互联将改变产品的格局和竞争的本质，重塑产业的边界，衍生全新的产业，改变客户创造价值的方式。

作为教育工作者，我们必须要解答好"互联网+教育=？"这一新命题，以及延伸出来的"1123+互联网+学校""1123+互联网+课堂""1123+互联网+教师""1123+互联网+学生"等一系列问题。它不是一个简单相加，而是一种重新建构，乃至于一场教育裂变，将有效突破传统教育的"时空限制"，引发教与学的"双重革命"。

---

① 顾阳.我们该如何读懂"互联网+"[N].经济日报，2015-09-08（11）.

## 第三节　面临挑战准备好了吗？

历史车轮滚滚向前，客观世界变化万千。作为实践活动的引领者和推动者，教育干部的认识能否因时而变，施政能否顺势而为，直接关系地区教育是否科学有效，直接关系教育事业的兴衰成败。

是否已经做好了准备？2015年8月底，顾成强、杜成喜、米忠诚及其他核心成员，一起讨论房山教育的未来，要转变"增量式"发展思路，优化空间布局，准确把握好需要与可能、当前与长远的关系，明确指出，房山教育的未来，将有更多的挑战。

在办学理念上，虽已解决了思路问题，但思想问题如何？准备好了吗？

在办学重点上，虽已解决了方向问题，但方法问题如何？准备好了吗？

在办学条件上，虽已解决了"面子"问题，但"里子"问题如何？准备好了吗？

在办学质量上，虽已解决了成绩问题，但成长问题如何？准备好了吗？

在办学体制上，虽已解决了"笼统"问题，但系统问题如何？准备好了吗？

在办学特色上，虽已解决了规范问题，但示范问题如何？准备好了吗？

在办学体系上，虽已解决了健全问题，但健康问题如何？准备好了吗？

在办学作风上，虽已解决了"苦干"问题，但"巧干"问题如何？准备好了吗？

在办学队伍上，虽已解决了数量问题，但质量问题如何？准备好了吗？

在办学环境上，虽已解决了"自信"问题，但他信问题如何？准备好了吗？

探索规律的脚步从未停歇，追寻真理的目光始终执着。"讲转变，首先要从教工委、教委各级教育领导干部转变开始，思考自己怎么转、怎么做"，顾成强进一步强调，"发展目的必须明确""头脑清醒至关重要""正确思路应当持续""方式方法亟待改进"。

讲发展，更要讲发展方式；讲发展方式，必须讲领导方式——层层抽丝剥茧，我们的思路才能豁然开朗，问题的关键才能清晰可辨。

如果没有敏锐的机遇意识，怎么能够抢占发展的先机？

如果没有深沉的忧患意识，怎么能够时刻保持清醒的头脑？

如果没有对规律的准确把握，怎么能够适应发展的新要求？

如果不能站位全局，怎么能够视野高远、大有作为？

如果不讲锐意创新，怎么能够与时俱进、动力澎湃？

如果没有强烈的责任感，怎么能够责随职走、心随责走？

如果没有求实求效的作风，怎么能够把美好蓝图化为现实？

如果没有"办人民满意教育"的坚定理念，又怎么能够团结带领全区万人大军走上教育强区的康庄大道？所以，在领导力的提升上来一次新的飞跃——

转变领导方式，就要不断增强抢抓机遇、应对挑战的洞察力；

转变领导方式，就要不断增强驾驭全局、统筹协调的掌控力；

转变领导方式，就要不断增强遵循规律、实事求是的运作力；

转变领导方式，就要不断增强从容清醒、化危为机的应对力；

转变领导方式，就要不断增强敢想敢干、锐意进取的创新力；

转变领导方式，就要不断增强实干为先、求实求效的执行力；

转变领导方式，就要不断增强恪尽职守、忠诚履责的向心力；

转变领导方式，就要不断增强发展为民、团结奋进的凝聚力。

发挥京畿优势区位。机遇就在后金融危机时期，国际国内产业转移的步伐日益加快，北京的非首都功能有序疏解基本定向，首都城市发展新区的潜力进一步凸显，在京津冀协调发展大局中的京畿地位更加重要。

助力区域经济发展。房山经济进展如火如荼，政策、资金、市场等各类要素汇聚，崛起的"一区一城"新房山建设的影响力持续放大。

构筑共同梦想。区委、区政府审时度势，科学决策，"新城新业新生活"的房山梦牵动百万群众的心，群策引召群力，以支持"共建中关村南部（房山）科技创新城行动计划"为标示的《房山区支持众创空间发展的实施意见》也已出台。对"重点功能区、高等院校、重点企业、行业领军人才、创业投资机构、社会组织等各类创新主体"给予相关政策支持。

珍惜后均衡化时代。均衡发展是在保持优质资源水平不变的前提下，通过政府加大投入，用增量抬升底部，实现高水平的均衡发展。但随着全区经济结构的调整升级，单纯追求"教育均衡"已很难适应比如"长阳半岛"为代表的教育多元化需求。追求升学的高端输出和配置的高度智能化催发"后均衡化"时代的到来。

教育发展方式转变的要求是使我国教育发展从主要依靠规模扩张、财力物力资源投入、时间投入、强化考试技能，转向主要靠教育结构优化、培养方式改善、队伍素质提高、教育研究支持、管理方式创新的轨道上来，从而真正实现教育的健康发展。

"1123+"的关键步伐。就是房山教育"认识新常态、适应新常态、引领新常态"的关键步伐，未来若干年，我们将以"1123+"的教育新思路为引领，按照《房山教育信息化十年发展规划（2015—2025）》等，加快教育信息化建设，转变教育思想和观念，促进教学内容、方法、体系、模式等变革，为提升教育内涵注入新活力。

机遇是事物发展到一定时期所累积叠加的、推动实践飞跃的各种因素的总和。在事物发展过程中，外因要通过内因起作用，只有当外部的客观条件与人的主观努力相结合，"机遇"才能真正成其为机遇。机遇面前人人平等，建设房山教育强区，只有具备了抢抓机遇的高素质、主动性，真心真诚、果敢果断，才能牢牢把握机遇，成就一个个非凡的梦想。

同样地，与这种要求相比，在房山教育强区建设繁重的任务面前，宏大的工程面前抢抓机遇意识不敏感、判断不准确，思维不辩证，准备不充分，运用不得力，态度不端正，氛围不浓厚，行动不自觉、不主动、不到位、不适应，转瞬即逝的机遇面前犯"幼稚病""糊涂病""懒惰病"，暴露出"麻痹症""迟钝症""虚躁症"，仍然抱着试试看、看着难的想法，做事常常"慢半拍"甚至"慢几拍"，更找不到、找不准发展的突破口在哪里，只会贻误发展良机，贻误奋起大业。

当此把握时机之时，亦是被潮流荡涤、洗礼之时，转变教育教学管理方式，只有把机遇成功转化为实实在在发展成果的过程，深入实际、调查研究，见微知著、反应灵敏，上下求索、左右逢源，沉下心打基础，跳起来摘桃子，用教育教学管理催生房山教育发展方式转变，就要心无旁骛、明察秋毫，凝神聚气、全力以赴，使房山"教育大区"驶向"教育强区"动力澎湃，破浪前行。

在大有作为的时代奋发有为，在众创空间实现万众创新，牢牢占据发展的制高点，紧紧抓住发展的主动权，把"边缘"当"前沿"，变"后卫"为"前锋"，从"跟跑"到"领跑"，不甘人后，力争上游，抢抓先机，勇闯新路，突出特色。

世界上有这么一个"东西"，你看不见，摸不着，却处处受制于它。比如时间就是这个东西，它决定事物最重要的因素。时间和空间决定事物性质，时间转变角度，角度转变空间。以北极星为中心的天体群是一个有规律运转的系统，太阳系是其中一个子系统，地球月亮木星太阳等相对旋转，其磁场引力光线射线温度湿度等均发生相应变化。

历史亦然，总是以其固有的律动，激荡着未来。

教育亦然，以它固有的成事之道，以年代计，昭示着人类前进的方向。

2014年11月，新上任的房山区教委主任顾成强的一番话，稳定了在座所有教育部门领导和校长们的心，顾成强以他十多年履职教委副主任一职所拥有的思考力和领导力，强调房山教育自教委成立以来"1123"工作思路结出的丰硕成果，要求大家对如何认识教育规律、尊重教育规律做深层思考："以管理模式更新、发展方式创新促进房山教育由'教育大区'向'教育强区'转变。"他强调，要善于按规律办事，做任何工作、办任何事情，都要坚持解放思想、实事求是，"这本身也是一条教育规律"。

顺时而动，乘势而上，一切按客观规律办事，才能无坚不摧，无往不胜。

在远郊区县，房山曾以"1123"工作思路为标识，是较早提出全民教育规划，建立幼小中职成上下贯穿、左右联动的全区教育资源共享的完整教育体系的教育大区，最早提出"加快发展""提高质量"区域教育两大主题，特别是通过"三个聚焦"（各项工作向教育教学聚焦，教育教学向课堂聚焦，课堂向学生发展聚焦）的执行，逐步实现"两个转变"（管理模式从粗放型向集约型转变，发展方式从外延式向内涵式转变）以彰显教育规律的无限魅力。

未来若干年，我们将以"1123+"的教育新思路为引领，按照《房山教育信息化十年发展规划（2015—2025）》等，加快教育信息化建设，转变教育思想和观念，促进教学内容、方法、体系、模式等变革，为提升教育内涵注入新活力。

"1123+"将充分体现"互联网+"的力网价值。（所谓力网，就是存在皆力、存在皆网，当它发生扭曲或变形时就会影响到经济正常运行。未来的网络存在就是网的存在，包括互联网、电互网、高速网、地铁网等。这种存在形态的变化将推动社会形态发生很多重大变革。）更加关注"下一步"，即下一步的教育发展、下一步的教育方式、下一步的教育服务形态、下一步的现代课堂、下一步教育协同变革等。

"1123+"就是房山教育"认识新常态、适应新常态、引领新常态"的关键步伐，核心作用在于引领。真正做到引领新常态靠什么？只能靠创新驱动，以及由此产生的新跨越、新路子、新红利。为此，我们将着力推进实施"五大工程"。

（1）推进无线教育城域网全覆盖工程。加快无线校园网建设，搭建班级移动互联网应用平台，支撑学生手持终端，为无处不在的个性化、个别化泛在学习提供服务支撑。同时，努力以信息化为手段扩大优质教育资源覆盖面，让每个孩子特别是山区的孩子都能享受教育信息化的阳光雨露。

（2）推进智慧校园建设工程。全区启动建设近百所智慧校园，以及600多个智慧教室，将学校的教学、教研、管理与校园资源和应用系统有机整合，实现智慧化服务和精细化管理。在全区推广使用"智慧教育卡"，集身份识别、成长记录、综合消费、社会服务和安全管理等于一体，促进全区中小学师生共享优质教育资源。

（3）推进教育大数据工程。建成包括教育行政管理、教师发展、学生发展、教育资源和数据共享在内的五大中心的"1123+"云应用平台，汇聚共享各级各类教育、学校和师生信息数据。同时，通过运用大数据技术，对海量数据的快速收集与挖掘、及时研判与共享，积累过去、分析现在、预测未来，助力教育更加科学。

（4）推进信息技术与教学深度融合工程。教学不能只停留在一块黑板、一支粉笔、一张嘴巴的"农耕时代"，必须要加快推进信息技术与教育理念、教学内容、教学模式和教学管理的深度融合。开展"翻转课堂""微课教学""慕课"等新领域试点工作，推广基于互联网的个性化学习、自主学习等新型学习模式。

（5）推进中小学创客教育工程。着力推进中小学创客教育"六个一"工程（每校对接一个高校创客实验室项目，聘任一位创客指导师，建设一个创客空间，开出一门创客课程，每年一次创客教育活动，每个学生每年完成一个创客作品），进一步普及开展创客教育，打造房山创客教育品牌，让创客成为校园一道新常态教育风景。[①]

作为教育工作者，我们必须要解答好"互联网+教育=？"这一新命题，以及延伸出来的"1123+互联网+学校""1123+互联网+课堂""1123+互联网+教师""1123+互联网+学生"等一系列问题。它不是一个简单相加，而是一种重新建构，乃至于一场教育裂变，将有效突破传统教育的"时空限制"，更新管理模式、转变发展方式，引发教与学的"双重革命"。

## 第四节　欢迎第九次课改

十八届五中全会关于"十三五"规划建议里，明确提出了关于教育的具体建议，也就确定了我们教育的具体目标。其中，第一句话就是"提高教育质量"，这牵涉我们教育质量的内涵，牵涉我们各级各类教育所要达到目标的一些

---

① 郑建海.用互联网思维解答新命题[N].中国教育报，2015-09-11（8）.

要求。几年来,围绕"提高教育质量"所取得的成绩是有目共睹的,但所遇到的困难和问题也越来越错综复杂。

从中华人民共和国成立以来基础教育的历次改革看,以"第九次课改"的视角审视当前教育改革所呈现的再综合、再深化、再突破的目标关键时期,至关重要。

## 一、课改历程

所谓"第九次课改",当从五十年代特别是解放初课程改革的基本取向——大众教育和工农教育的"第一次课改(1949—1952)"说起,目的在于改革旧制度,统一新政策,建立新课程,紧接着为顺应改进学校教育,初步建立课程体系,即"第二次课改(1953—1957)","第三次(1957—1965)"旨在贯彻教育方针,实行教育革命;后来的"第四次(1964—1976)"和"第五次课改(1977—1980)"是在恢复秩序中进行;改革开放初期,迎来的第六次课改(1981—1985),集中精力于更新教学计划,适应形势发展,成效明显,重新回到具有中国传统的"精英教育";再后来,基于第七次(1986—2000)的"实施义务教育,首发课程计划",呈现了第八次(2001—2013)的"全面实施素质教育,构建新的课程体系":素质教育为基本取向的课程改革。值得提出的是,"八次课改"所处的历史时期不同,但是总体上始终是以马克思主义关于人的全面发展思想为指导的,只不过在不同历史时期有不同的内涵和不同的侧重——20世纪50年代"重双基阶段",20世纪60、70年代"培养智力和能力阶段",20世纪80年代"强调非智力因素阶段",20世纪90年代以后则"注重主体性品质、创新精神和实践能力的培养阶段"。

现在看来,以"立德树人"为根本任务,培育和践行社会主义核心价值观,弘扬中华优秀传统文化,落实中国学生发展核心素养,当是"第九次课改"的起点和最大的动力。

有意思的是,我们的班级授课形式和课程设置最早源于苏联,这种传统的授课形式可以批量生产适应机器大工业时期的所需要的具有一定理论基础的产业工人。前八次课改在某种程度上都可以说是取得过巨大成功的,我们用30年走完了其他发达资本主义国家几百年的历程,而经历、推动这一历史进程并创造人类发展奇迹的就是我们这种传统教育方式培养出来的学生。

承认传统教育方式所取得的巨大成就,为"第九次课改"循序渐进、守正创新、不瞎折腾提供了原始动力和育人秉性。

## 二、第九次课改

（一）解决教师和学生创新精神和实践能力的培养问题，当是第九次课改要的目标和方向

一是因为传统教育方式在培养创新精神和实践能力上严重不足。传统教育方式，可以快速传递知识，培养技能，打造了学生超强的模仿能力，知识再现能力。我们的快速发展在某种程度上依赖于仿造+创造，这也是我们英语教育的一大贡献——照搬国外过时了的先进技术。但我们的创新精神和实践能力严重不足，一言堂，满堂灌，教师在讲台上唱"独角戏"，学生只能被动接受，很少真正参与到教学互动之中。同时，为了班级的良好秩序，教师有意或无意中限制了学生创造力的发展，或者过早给具有创造能力的学生打上了不听话的标签，将创新精神和创造能力扼杀在了萌芽状态。

二是我们能够借鉴的西方发达国家的先进技术越来越受到限制，必须增强我们自己的创造力。我国经济建设取得了辉煌成绩、综合国力大大增强、国际政治地位、经济地位显著提升，这样的发展成就对欧美列强形成了强大的压力甚至是威胁，对他们形成了有形和无形的挑战。他们越来越多的先进技术对我们全面封锁，绞尽脑汁，机关算尽阻碍我们发展。我们可以照搬的越来越少，我们只能依靠自己的创新精神和实践能力——大众创新，万众创业，大国工匠。我们的第九次课改也就瞄准了世界范围内的热词——核心素养。

三是培养学生的创新精神和实践能力首先需要教师拥有强大的创新精神和实践能力。北京市考试招生制度改革中明确提出要加强学生创新精神和实践能力的培养。教育的核心问题之一是师资队伍建设，现在绝大多数教师都是在应试教育模式下培养出来的，其本身就缺乏创新精神和实践能力，为此，必须提高教师的创新精神和实践能力。有思想才能孕育精神，有精神才可培养能力。能力的培养必须先对思想进行熏陶。只有先开放思想才能进行相应能力的培养，也只有思想开放，才具备学习创新能力的基石。因此，学校要鼓励教师在守正基础上进行大胆创新和尝试，要给教师提供创新的时间、空间、支持、帮助、鼓励，允许小的失误发生。（允许发生，但争取绝不发生，所有在学生身上的实验都是不可逆转的。）

（二）让课堂教学形式适应时代的快速发展，是第九次课改的着眼点和着力点

一看快速发展的信息时代给我们的教学带来极大的挑战。当今世界知识大爆炸，信息量呈几何级数增长，大量无效信息干扰教学效果。现在的"00

后""10后"是伴随着电视、电脑、手机、平板电脑等成长起来的,大脑从小就被声、光、影、音传递的各种各样的信息浸泡着,浸染着,刺激着。人类大脑有天然自我保护机制,对过多的信息会产生很强的免疫力,这也使得传统的讲授式只靠听觉和视觉传递知识和被动接受知识的学习效果特别差。(对于成人来讲,相信现在大多数人都会感觉自己记忆力在退化,这跟我们通过各种媒体,尤其是手机接触的信息量太多,太杂有直接关系。)教师在课堂教学中应创设多种学生能够实际参与的具体情境,引导学生主动参与,感受学习的成功,发挥好学生的主体作用。当前学生获取信息的方式多元,教师知识占有者的优势受到挑战。传统教育的优势在于,十几年前抑或几十年前,教师是知识的占有者,可以俯视学生,教师不教,学生真的不会。现在随着时代的发展,学生获取知识的渠道多元,教师知道的学生未必不知道,学生知道的教师未必知道。但学生的问题在于,他们获取的知识是零散的,片面的,不成体系的。以前,我们总是拿一杯水和一桶水来说事儿,但现在需要教师本身至少是一条有源头活水的小溪,知识需要不断更新,保持知识的鲜活,灵动。这就要求教师不断加强学习,自我提升。教师在课堂教学中应该转变成学习的组织者,促进者,参与者,激发者。

二看独生子女政策产生了大批的"皇帝""公主",教师管理者的权威受到挑战。当前学生绝大多数为独生子女,1+6的家庭模式,导致大多数孩子敢于挑战权威不知尊重为何物,不懂得分享,不懂得感恩,不懂得珍惜。懵懂的民主意识比较强,他们的民主是对民主的狭隘的认识,他们的民主是以自我为中心,个人主义为半径,画一个圆,圆外的事跟"我"无关,圆内的事别人管不得。但学生民主意识对于社会的文明进步是有积极意义的,需要教师加以教育和引导,帮助学生认识民主的真正内涵。教师在课堂教学中应该转变成"平等中的首席"平等,客观,公正对待每一位学生。

三看剖宫产孩子比例过高,应引起我们教育科研部门的广泛关注,教师要做好相应的心理准备。目前因为医疗体系的各种问题,以及年轻母亲的盲目和过度担心,导致我们的剖宫产率特别高,(2011年世界卫生组织的调查报告指出,中国总剖宫产率高达46.5%,为世界第一剖宫产率超过世界警戒线3倍多。)这部分儿童注意力差,情感脆弱,没有安全感,好动。对于接近一半的这样的学生,教师首先需要理解并接纳这样的现象,给予学生更多情感上的关注,给予学生更多关心和鼓励。

(三)优质均衡,是第九次课改应当遵循的重要原则之一

20世纪60年代到改革开放初期,国家经济实力有限,为确保精英教育,国

家集中有限人力、物力、财力办重点校，给这些重点校招聘最好的师资，招收最好的生源，提供最好的政策，供给最好的资源。但随着经济社会的发展，综合国力的显著增强，以及人民对优质教育资源的希求越来越强烈，因此本次改革的一个重要原则就是优质均衡，还历史欠账，让广大人民在改革中有切实的获得感，能够共享改革成果。

首先确保机会公平，因为人群中的综合智能水平基本是正态分布，而落后地区因受到师资等各方面因素的制约，学生的智能水平未能得到很好的开发和激活，在考试招生政策上予以倾斜和照顾。其次，确保实质公平，提高落后地区教师待遇，争取实现校长和教师轮岗，切实提升落后地区师资水平和管理效能，从而提高教育质量。

（四）培育民族文化自信和价值观自信，是第九次课改应具有的战略、基础、全局性意义

青年的价值取向决定了未来整个社会的价值取向，而青年又处在价值观形成和确立的时期，抓好这一时期的价值观养成十分重要。全面贯彻党的教育方针，坚定不移把立德树人作为教育的根本任务，把培育和践行社会主义核心价值观作为教育事业改革发展的基础工程，教育引导青少年学生扣好人生的第一粒扣子，努力成为德智体美全面发展的社会主义建设者和接班人。将是第九次课改应具有的战略性、基础性、全局性意义。这就要求全面理解、准确把握社会主义核心价值观的丰富内涵，教育引导青少年学生掌握其主要内容，明晰其历史渊源，理解其基本含义，在复杂的社会环境和多变的社会思潮中坚定理想信念，不断增强民族文化自信和价值观自信。

### 三、迎接第九次课改

迎接第九次课改，是一种理性对待。我们不能故步自封，抱残守缺，我自岿然不动；也不能盲目跟风，人云亦云，丢掉成功经验。我们需要守正创新，守正是基础，是根本，创新是动力，是发展，失去基础的发展就成了无本之木，无源之水。

迎接第九次课改，需要的是渐变而非突变。教育改革不能像工业革命一样大拆大建，大改大动，狂风暴雨。教育更像是农业生产，因为从事教育的和教育所要面对的都是活生生的人而非无生命的机器，设备。在教育改革面前，我们不妨借鉴魏书生老师的思想，守住，守住，再守住，微创新，微创新，微创新，不折腾，不动摇，不懈怠。

迎接第九次课改，对房山教育有着特殊的意义。正如中国当代著名教育家

叶澜教授提出，基础教育的使命可以概括为"三底"：底线、底色和底蕴。这应该是房山基础教育的总体行动目标与导向："底线"就是要学生懂得且遵循做人做事必须有的准则，即有道德和良知。"底色"就是要学生有健康的身体和心理品质，生命的底色应该是明亮温暖、充满阳光、有自信有活力的。"底蕴"就是要学生借助所学的文化知识，形成学习能力、思维能力和创造能力。

迎接第九次课改，要敢于向非专业方式改进教育说"不"。长期以来，教育领域使用的比较多的反倒是行政话语，教育的专业规则、专业程序、专业机制却未能务实有效地建立。一些"似进实退"的现象、"穿着糖衣的慢性毒药"、肤浅流行、不断蔓延的倦怠感，让"教育严重缺乏有解释力的专业话语，遇到了非专业化的挑战"。用全国第三方教育评价机构联谊会主席储朝晖先生的"想象＋实证"教育改进方法未尝不可：想象是教育的发动机，是动力源、思想源、营养源；实证是教育的控制器，是教育的免疫系统、保健系统，清除教育机体内的陈腐、病毒成分需要靠实证，将这两者有效结合运用就既能创新，又能除旧，消除教育内部的教条、病毒。①

迎接第九次课改，要正确认识并力促教师成为"反思性实践者"。因为"好"教师不是一蹴而就的，更多的是对"缄默知识"中酝酿、发酵。重视教师两种反思性实践和三个"守住"。两种反思性实践：一是以外部立场对观察到的事实加以反思，二是以内部立场对自身的教学实践加以反思。前者，教师必须抛弃"提意见"的傲慢态度，以相互学习的、谦虚的立场去观察和交流。后者，同样具有两层意义：一是，"技"是基于体验的身体技法，经验的反思是"具身性"的。无论是向儿童学习、向教材学习、向同事学习、向社区学习，还是从自身经验中学习，教师都要从自身的特殊性出发，加以内化。二是，在严峻的教育改革风暴中乱象丛生，教师必须加以反思，判断"什么才是对教师的成长最为重要的"。更为重要的是，教师必须学会用"自我的语言"去言说自身的反思与成长，在传承教师教研的"专家文化"的同时进行创造性实践。三个"守住"：一是守住传统常识，像魏书生老师所讲的"老祖宗的那一套很管用——有教无类、因材施教、寓教于乐、教学相长。古代如此，现在亦然。"二是守住新中国经验：苏联经验的移植也好自己的经验也好，始终不变的是学习规律、教育规律，例如：学以致用、学而时习、循序渐进、持之以恒等，我们要增强自信心。三是守住自己的优势：教师不仅要学会反思，更要学会正思，深挖自己的优点长处并发扬光大，把工作做深、做细、做强、做大。

---

① 储朝晖．向非专业方式改进教育说"不"[J]．人民教育，2016（9）：36-39．

# 第五章 "funhill"教学促进教育高质量可持续发展

## 第一节 报告2010：新型教育教学模式的形成

开展"funhill"教学研究以来，全区先后有50余所中小学参与了研究活动。在课题研究过程中，以行动研究法为主，辅之以多种研究方法。项目组在总课题组的统一指导下，成立了以区教委主任为组长、主管业务主任和进修学校校长任副组长的领导小组。项目组通过文献研究掌握了国内外专家学者对"funhill"教学的研究现状，特别是了解国内外在"公平公道、一致均衡、按需供给、康健有益、兴趣关切、宽容开明、符合逻辑"的"funhill"教育教学推进策略方面的基本情况；使用经验总结法整理实验学校、实验教师的成功做法与体会，纳入本项目的研究体系，并作为重要的研究成果；使用案例研究法，通过参加各区县的研讨会和交流会，借鉴成功做法和经验改进本区的研究工作；按照行动研究法的步骤，在计划、行动、考察、反馈与调整的螺旋上升的过程中，对典型案例进行分析研究，初步形成了体现"公平公道、一致均衡、按需供给、康健有益、兴趣关切、宽容开明、符合逻辑"房山特色的区域教育推进策略和主要模式。

### 一、"funhill"教学促进了学校办学理念的更新和新型教育教学模式的形成

首先，我区参与实验的学校认真进行理论研究，积极探索实施"funhill"教学的策略、途径与方法，形成了"公平公道、一致均衡、按需供给、康健有益、兴趣关切、宽容开明、符合逻辑"各具特色的办学理念。例如，良乡中学始建于1945年，是一所有着60多年光荣历史的老校，在秉承"为国育才、塑造人生"的优良传统的基础上，鲜明地提出了"以人为本、为培养适应和促进社

发展的人奠基"的办学思想。同样有着悠久历史的百年老校——房山中学,办学理念是"以人为本,重在发展",具体的解释是"以人为本:以人的发展为本,实现人的发展与社会发展的统一,尊重人、爱护人、相信人;重在发展:突出学生的发展、教师的发展和学校的发展,在学生发展和教师发展的同时发展我们的学校,为教师和学生的发展创造更有利的条件,为学生的终身发展打下良好的基础。"此外,良乡三小以"利于社区资源"为切入点,提出了"以服务升品位,以质量求发展"的办学理念,窦店中心校提出了"让教育提升师生生命质量"。第二,"funhill"教学研究与实验促进了校长的专业发展,在房山区近五年"十佳"校长评选中,50%以上当选者出自项目实验学校。第三,"funhill"教学研究与实验还促进了研究型教师的成长和学生可持续发展意识与能力的提高。几年来,实验学校干部教师近千人参加了国家级、市区级培训,各校还组织了各种形式的校本培训。这些培训提高了教师的专业素养和可持续发展教育能力。几年中以35所实验校为主体的教师的科研论文获市级以上奖励的有500多篇,占全区中小学教师同等级别奖励的40%以上(实验教师数量占全区教师总数不足三分之一)。第四,受益最大的当数学生。实验校的学生获得了主动健康的发展,教学成绩也处于全区领先地位,特别是实验校学生的社会责任感和科学素养明显提高。我区北师大良乡附中、良乡中学、首师大房山学校、实验中学等学校在科技教育中连续几年取得优异成绩,多次在OM头脑奥林匹克竞赛活动中获奖。

"funhill"教学理念与基础教育课程改革的先进理念相融合,初步形成了体现"公平公道、一致均衡、按需供给、康健有益、兴趣关切、宽容开明、符合逻辑"的、适合本区农村中小学生特点的"区域教学模式"和"区域教育模式"。

### (一)区域"funhill"教学教学模式

"funhill"教学体现"公平公道、一致均衡、按需供给、康健有益、兴趣关切、宽容开明、符合逻辑"理念和策略,强调书本知识和实践能力并重,在一定程度上突破了学科门类的局限,开发出以多学科综合为主题的实践活动课题,提高学生积极参与家乡建设,关心社会现实,应用知识解决生活、生产中的现实问题的能力。突出学生学习过程中的参与性与主动性,独到性与应用性,构成"知识学习—知识应用—发现新知"的课堂教学结构;构成"必修课—选修课—综合实践活动课"的课程操作体系;构成从"知"到"行"的动态结构。

### (二)区域"funhill"发展教育模式

塑造学习者具有科学的价值观、和谐的生态观、崇高的环境道德观,拓展了学校的教育功能,尽可能地将"funhill"教学观念渗透家庭,并尽可能地影响政府决策。在教育观念上，强调"公平公道、一致均衡、按需供给、康健有益、兴趣关切、宽容开明、符合逻辑"的相互合作，同步发展，并把建构"公平公道、一致均衡、按需供给"课堂作为教育教学工作的主要目标；在教育教学途径上，重视课堂教学同课外活动与社会实践活动结合，强调社会实践活动"康健有益、兴趣关切"的育人功能；在教育质量评价上，重视"公平公道、宽容开明、符合逻辑"学生整体素质的综合评价，重视学生和社会参与评价。

## 二、"funhill"教学促进了学校办学特色的形成和区域教育的均衡发展

几年来，房山区在中小学大力开展"funhill"教学研究，将"funhill"教学的理念与基本精神纳入教育改革之中，融入基础教育课程改革和全面实施素质教育的过程之中，促进了学校办学品位的提升，促进了区域教育的优质均衡发展。

### （一）"funhill"教学在促进课程建设的同时提高了校长的课程领导力和教师的课程执行力

校长的课程领导力和教师的课程执行力主要是指校长领导教师团队根据课程方案和学校的办学目标，综合利用各种资源，创造性地设计、编制、开发、实施课程，从而全面提升教育质量、办出学校特色品牌的能力。而"公平公道、一致均衡、按需供给、康健有益、兴趣关切、宽容开明、符合逻辑"的"funhill"教学恰恰在这一方面为参与实验的学校提供了包括理念、策略和方法在内的多种助力。例如，房山区教师进修学校借助房山世界地质公园建设的契机，开发出具有区域特色的"按需供给、康健有益、兴趣关切"地方课程《房山地理》，已在全区中小学生活学活用。又如北师大良乡附中，充分利用房山区丰富的人文资源，开发出《龙乡文化系列丛书》；首师大房山学校开发的《为学生生命奠基的校本课程——"十大月节"》；窦店中心校开发的《大眼睛看窦店系列（一）（二）》等，各实验校少则四五种，多则几十种的校本课程，不仅满足了学生个性化发展的需要，也使各实验学校的干部教师对新课程的理解和实施能力得到了有效的提高，有效缩小了校际和区域之间教师水平方面存在的差距，为房山区教育质量的再提升积淀了可持续发展后劲。

### （二）"funhill"教学促进了学校办学特色的形成

"funhill"教学开阔了一线干部教师的教育视野，丰富了人们对"公平公道、一致均衡、按需供给、康健有益、兴趣关切、宽容开明、符合逻辑"教育内涵的理解，启发着大家对于如何办好学校的智慧。例如，坐落在龙骨山脚下的周

口店中学，与举世闻名的北京人遗址咫尺之遥。北京人遗址悠久的历史记录了人类进化的过程，它所蕴含的跨越民族、种族、国界、地域的独一无二的价值，为"按需供给、康健有益、兴趣关切、符合逻辑"的"funhill"教学提供了沃土。"一方水土育一方人"，周口店中学充分挖掘利用这一历史文化遗产，把它变为教育资源，与可持续发展理念相融合，借助社会大课堂，依托综合实践课程，积极开展研究性学习，从"人与自我、人与社会、人与自然、人与艺术、人与技术"等五个层面出发，挖掘北京人遗址中一些相关的知识点，纳入各学科的教学体系。语文学科，通过编写导游词、书写千字文，提高学生对北京人遗址的认识；物理、化学学科通过调查实验等方式，提高学生的遗产保护意识；历史学科通过人类进化的探究，让学生理解人类由蒙昧到文明的发展历程；地理学科通过了解地质构造演化过程，让学生感悟人类自身发展和生存环境变迁之间的内在联系；政治学科通过了解近现代世界科学家和考古学家对遗址的研究和挖掘过程，让学生树立国际合作观；生物学科通过古生物进化的探究，让学生关注人与自然的和谐发展。通过各学科对相关知识点的挖掘，周口店中学的文化遗产教育由原来的零散状态变为渐成体系，学生对北京人遗址的了解也由单一变得全面。张坊中学是房山最偏远的一所普通中学。他们的经验是从中国传统文化中汲取学校发展的元素，"以爱为缘，以孝为魂"的办学理念让学校找到了明确的发展定位：让"爱"和谐四种关系：干群关系、师师关系、师生关系、生生关系。让"孝"和谐三种关系：学校和家庭的关系、学校和社会的关系、家庭和社会的关系。与之类似的学校还有很多，如坨里中学、长沟中学、房山三小、五侯中心校等。值得一提还有南尚乐中心校。他们依托云居寺石经文化十年如一日开展写字教育，从简单的写字活动开始，到把写字作为校本课程开发与利用，学校的办学品位不断得到提升。2008年距北京奥运会召开100天的日子里，近千名师生、学生家长整齐地排列在学校的操场上，齐声诵读《论语100句》、挥毫泼墨的情景，让来自全国各地以及东南亚和韩日儒家文化圈的专家学者惊叹不已。北京东方道德研究所王殿卿教授满怀深情地评价说，在北京一所最普通的农村小学能有这样厚重的中华文化的积淀，真让人感到钦佩和欣慰。

（三）"funhill"教学促进了区域教育优质均衡发展

中小学校积极发展办学特色是提升学校水平质量，促进区域教育均衡发展的有效途径。学校的多样化、特色化既是基于基础，发挥优势，发展个性，累积经验的自然结果，也是学校对社会多样化教育需求的满足，"公平公道、一致均衡、按需供给、康健有益、兴趣关切、宽容开明、符合逻辑"的"funhill"教学可以兼顾到不同禀赋的学生，体现因材施教的理念。房山区在这方面起步较早，特别是 2005 年初中建设工程启动以来，房山区教委牢牢抓住这一发展契机，在调整学校布局、改善办学条件、增加资金投入的同时，明确地把发展学校特色作为促进区域教育均衡发展、缩小与教育先进区县差距的重要举措，并在之后相继开展的小学规范化建设、普通高中建设工程项目上进一步加大实施的力度。例如，良乡二小秉承"funhill"教学"主体探究、综合渗透、合作活动、创新发展"的十六字原则，以改善课堂教学模式为突破口，追求"让课堂活起来，让学生动起来"，逐渐形成了自己鲜明的办学特色。良乡三小的"会学习、负责任、习惯好"的育人目标及做法，城关小学的"以问题为纽带的教学模式"等经验均在区内外产生了良好的影响，受到专家学者和广大教育同行的一致好评。又如，两所新建的初中校良乡五中和房山五中，建校伊始就坚持走"科研兴校、人才强校"之路，始终把教师的发展和学生的发展作为首要的目标，使学校在短短的四年多时间里就取得了令人瞩目的成绩。再如，北京市高中新课程启动以来，实验校认准时机乘势而上，房山区确定的三所市级样本校全部来自 ESD 实验学校。良乡中学的教学方式改革的做法、坨里中学的体现中华传统文化精髓的校本课程建设经验和房山中学的课程设置及走班制经验，均得到了市行政和业务部门的一致认可。总之，"funhill"教学实验校在发展学校特色促进区域教育优质均衡发展上带了好头，做出了成绩。在 2008 年北京市义教课改总结会上，房山区是三个受到点名表扬的区县之一。北京市教委副主任罗洁讲："在过去七年来的课改工作中，房山区逐步走出了一条'规范引领，自主发展'的路子：行政规范，专业自主；制度规范，开发自主；课堂规范，教学自主；评价规范，反思自主，做到课改活而不乱，严而不死，寻求规范执行国家课程方案和追求学校发展特色之间的动态平衡。"2009 年 4 月中旬市基教研中心视导房山区教育教学后给予了很高的评价。王云峰主任认为在多项指标点上，特别是课堂上"公平公道、一致均衡、按需供给、康健有益、兴趣关切、宽容开明、符合逻辑"的变化房山区较课改前都有了很大的进步。

## 三、"funhill"教学在促进教育自身发展的同时还为新农村建设增添了一抹最亮丽的色彩

站在新的起点，面对诸多挑战，2007 年，房山区委、区政府以科学发展观为统领，提出了"工业强区、文化兴区、城乡联动"三大策略，制定了"富裕、亮丽、文明、和谐"的现代化新区的奋斗目标。2008 年，以区府所在地良乡为中心开展了创建"国家卫生区"活动。区教委抓住这个难得的契机，积极引领

全系统干部师生投身其中。许多学校,尤其先期开展"funhill"教学的实验学校,以良好的"公平公道、一致均衡、按需供给、康健有益、兴趣关切、宽容开明、符合逻辑"表现赢得了全社会的认可。良乡中学、房山中学、良乡三中、良乡四中、良乡一小、良乡二小、良乡三小、昊天学校等单位开展的"节能减排在校园,保护环境进万家"活动,通过"小手拉大手",倡导"每月少开一天私家车"、"商场购物自带购物袋"、"家庭节水节电",收到了良好的社会效果;良乡附中、电业中学、实验中学、长沟中学、窦店中心校积极利用社区资源,开发出体现"funhill"教学理念的"按需供给、康健有益、兴趣关切、符合逻辑"校本课程,把教育延伸到社区,受到了学生家长和当地居民的普遍欢迎;张坊中心校是一所普通的山区学校,其开展的"互动牵手、共创和谐"教育模式,直接把家庭乃至当地政府纳入学校的教育资源,当地政府搞新农村建设,学校就积极配合当地政府搞"爱家乡系列教育"活动。由于学校的工作做到了当地政府的"兴奋点"上,于是便得到了当地政府的大力支持,乡村两级广播站为学校开放了,镇村主要领导参加了学校的各项活动,就连学校评选的"文明家庭""绿色小卫士"的奖状上都盖上了当地政府的大红印章,并且主管镇长欣然到学校为获奖的家长和师生颁奖。因此,我们有理由说"funhill"教学作为"公平公道、一致均衡、按需供给、康健有益、兴趣关切、宽容开明、符合逻辑"教育价值观实验改革行动,不仅促进了受教育者观念的转变和生活、行为方式的变化,还促进了社会文明程度的提升。这对于整个区域的发展,特别是新农村建设工作,无疑是一种有效的推动,而教育自身发展就成了新农村建设背景下一道最亮丽的风景。

## 第二节 报告2021:区域教育综合实力不断提升

"十二五"时期,在房山区委、区政府的正确领导下,区委教育工委、区教委坚持党的领导,深化"1123"工作思路,坚持"用心做教育,做心中有人的教育"的工作理念,综合运用"统筹、整合、合作、贯通、共享"工作策略,扎实推进教育领域综合改革和各项重点任务,区域教育综合实力不断提升,重要领域和关键环节改革取得一系列标志性进展,人民群众获得感明显增强,为推动新时代房山教育的高质量发展奠定了良好基础。

## 一、党对教育工作的全面领导切实增强

严守立德树人初心和为党育人、为国育才使命，坚持党的全面领导，全面贯彻落实习近平新时代中国特色社会主义思想。成立房山区委教育工作领导小组。坚持强化教育系统党的建设，不断推进党的领导向基层延伸，将民办学校纳入党建工作整体布局，积极创建党建品牌集群，基层党建工作专业化水平快速提升。加强学校（幼儿园）领导班子和干部队伍建设，党组织战斗堡垒作用和党员先锋模范作用明显增强。坚持推动全面从严治党向纵深发展。2018年，房山区委教育工委荣获"第十四届北京市思想政治工作优秀单位"称号，是当届全市唯一获此殊荣的区委教育工委。

## 二、教育公平进一步彰显

全区学前教育阶段适龄儿童入园率达98.3%，普惠性幼儿园覆盖率达95.85%。义务教育阶段入学率和完成率均保持在99.9%以上，残疾儿童义务教育入学率达到99%，小学和初中的就近入学率分别达到100%和99%。在市政府教育督导室对各区教育满意度调查中，社会公众对房山教育满意度处于前列。

## 三、教育质量取得长足进步

积极推进全面育人，着力提升教学质量和课堂效能，学生综合素质持续增强。国家义务教育质量监测结果位居全市良好水平，高考本科录取率平均水平超过79%，2020年高考上线率达88.84%，取得历史性突破。坚持推进习近平新时代中国特色社会主义思想入脑入心，涌现出"全国最美中学生"张海钰等一批先进典型。坚持健康第一，中小学生国家体质健康标准测试及格率连续5年稳步提升，2020年达98%，居郊区前列；24所学校（幼儿园）被评为国家级足球特色学校（试点园），15所学校被评为国家级篮球特色学校。坚持以美育人，学生艺术素养普遍提升，在全市中小学生艺术节展演中荣获一等奖40余项，居郊区前列。推进劳动教育，学生的劳动意识与能力有所增强。不断完善实践育人体系，学生的创新能力与实践能力持续提升。"未来科学家培养计划——百名小发明家"项目累计超500项成果获国家专利，一批成果在国际发明展会上获奖，在青少年未来工程师博览与竞赛全国总决赛中荣获一等奖。良乡小学、房山五中等11所学校被评为市级课程建设先进校，近百项成果荣获市级基础教育优秀课程建设成果奖。

## 四、教育资源优质均衡呈现新格局

着眼于服务区域经济社会发展大局，结合地域特征基本形成"一环两带三区"教育资源布局。在平原乡镇农村教育发展环打造"一镇一品"学区制，在南北两个山区沟域地带打造乡村教育联盟品牌，在长阳、良乡、城关三个城镇教育聚集区推进集团化办学。积极促进各级各类教育资源、教育系统内部和外部资源的统筹、融通、共建、共享，与良乡大学城教育资源、区外知名高校和教科研部门资源、城区优质教育资源，在办学、课程建设、教研指导、资源共享等方面的合作成效渐显，优质教育资源的引领和辐射作用明显增强。目前，房山区已有中小学城乡一体化学校13所、名校办分校10所、市级统筹扩优学校7所；形成5个小学教育集团，覆盖全区所有小学，5个中学教育集团，覆盖全区60%的中学。

## 五、教师队伍建设迈出更大步伐

将加强教师队伍建设作为"立教之源、兴教之本"，教师的信仰之基更加坚实，育人能力持续增强，队伍结构有所优化。与北京教育学院等专业机构合作，开展系统培训，整体提升教师素养。以25个名师、名校长工作室为抓手，培养高层次后备力量，实现所有领域名师工作室全覆盖。与首都师范大学合作开展COP项目（教师在线实践社区项目）、"双师教学"项目。深入落实"北京市乡村教师支持计划"，为乡村教师成长搭建更多平台，支持和引导城乡教师双向合理流动。持续深化改革，教师职业发展内驱力增强。在北京市教育教学成果奖评选中，我区教师获奖数量居郊区之首。目前全区拥有正高级教师18人，特级教师41人，市级学科带头人和骨干教师118人，区级骨干教师和班主任1431人。

## 六、教育综合改革持续深入推进

深化教育资源供给侧改革，围绕"一环两带三区"教育布局，坚持"外引内升"，促进了资源的统筹共享和纵深供给。积极探索创新型人才培养、贯通式培养、校企合作、工学结合等育人模式改革，持续推进课程与教学改革，规范优化招生考试办法与流程。持续扩大开放，基本形成"国际有点、区域有线、校际共生"的开放局面。规范和创新教师编制管理，通过探索编制统筹管理机制、员额制等促进了师资存量盘活和增量提质。深入推进教育领域"放管服"

改革，教育管理方式不断优化，学校办学活力进一步释放，社会力量对教育的支持和参与持续增强，教育治理体系与治理能力加快向现代化迈进。

### 七、终身学习服务体系建设务实有效

积极探索各级各类教育之间有机衔接、普通教育与职业教育之间务实沟通、特殊教育与普通教育之间科学融合、校外教育对校内教育有效补充、正规教育与非正规教育之间灵活联通。着力破解成人教育体制难题，形成以区成教中心为龙头、23所乡镇成人学校为骨干、461所村成人学校和122所市民学校为基础的三级终身学习服务体系，荣获全国社区教育示范区、全国职成教育示范区、全国首批农村职业教育和成人教育示范区、学习型示范区等荣誉称号。

### 八、教育保障更加扎实

教育投入持续增长，2019年财政预算投入44.80亿元，比"十二五"末期增长12.61亿元。积极促进信息技术与教育教学的深度融合，推进"互联网+"教育管理平台和教育服务平台的建设、整合与应用，推进山区学校信息化发展提升工程，探索教育大数据等新技术在改进教学、优化管理、提升绩效方面的创新应用。稳步推进教育督导机构改革，全面落实教育督导工作职能。切实推进依法治教、依法治校，师生法治教育走在郊区前列。深入推进"平安校园"建设，达标率100%。教育系统应急管理体系升级，新冠肺炎疫情防控和复学安全工作落实到位，保障了教育系统零感染。

## 第三节　报告2022：推动教育高质量发展

2022年，在市教育"两委"和区委、区政府的坚强领导下，区教育"两委"坚持党对教育工作的全面领导，贯彻党的教育方针，落实立德树人根本任务，以办好人民满意的教育为目标，坚持"用心做教育，做心中有人的教育"理念，运用"统筹、整合、合作、贯通、共享"工作策略，统筹疫情防控与教育发展，深入落实"双减"工作，全面深化教育领域综合改革，推动教育高质量发展，各项工作取得了新的进展和成绩。

## 一、稳舵领航，凝心聚力，毫不动摇坚持党的全面领导

### （一）筑牢"压舱石"，党对教育工作的全面领导不断加强

持续强化理论武装，筑牢干部教师思想之魂。严格落实"第一议题"制度，工委理论中心组带头组织学习19次。深入学习宣传贯彻党的二十大精神，系统学习《习近平谈治国理政》（第四卷），跟进学习习近平总书记"七一"重要讲话精神等系列重要讲话精神，持续开展主题征文、主题党日等活动，用习近平新时代中国特色社会主义思想铸魂育人。稳慎推进中小学校党组织领导的校长负责制改革，夯实学校管理之基。制定《房山区关于建立中小学校党组织领导的校长负责制的落实方案（试行）》，聚焦制度文本修订、议事规则的制定与实施、干部使用培养等方面先行先试，完成7所试点学校的改革工作，为全面推行改革提供经验。牢牢掌握意识形态工作领导权，确保正确办学方向。制定"三清单一台账"和《房山区教育系统网络意识形态工作责任制实施细则》，压紧压实主体责任。

### （二）高举"党建旗"，为教育高质量发展提供坚强保障

持续深化"六个转变"党建工作理念，实现提质转型。党组织的政治功能和组织力不断增强，干事创业内力倍增。完成45个基层党组织换届，14个党组织委员增补工作；建立"季调审"机制，对61个基层党组织的《党支部工作手册》和党建活动经费使用情况进行调审；加强民办教育党组织规范化建设，完成民办学校《章程》复审备案工作；全年接收预备党员75名，预备党员转正153名。党建研究水平不断提高，发展路径更加清晰。培育孵化19个基层党建品牌，发布专著《绽放——1+13+N党建品牌花开别样红》；出版《转变·提升——房山区教育系统党建工作"六个转变"的探索与实践》专著，开创了区域行业党建理论先河，为教育改革发展提供重要支撑。

### （三）固守"生命线"，全力维护教育系统安全稳定

巩固拓展疫情防控成果。坚持"生命至上，健康第一"理念，严格落实"四方责任"，完善"三图四表十台账"，优化工作机制和指挥体系。组织116次涉疫风险点位排查，完成82轮全员核酸检测，稳妥处置近千起涉疫工作，统筹做好校园疫情防控与居家师生管控和指导。积极推进3至11岁学生、60岁以上老年人疫苗接种工作。广大党员教师充分发挥先锋模范作用，累计2万余人次参加"上一线、做贡献"活动，让党旗在抗疫一线高高飘扬。

着力建设更高水平的平安校园。贯彻落实《北京市中小学校幼儿园安全管理规定（试行）》，完成学校安全生产专项整治三年行动任务。加强人防力量建

设，组建专业保安、兼职保安加社区保安员的校园安保队伍。强化物防、技防建设，完成70所校园监控和15所校园消防水池建设改造。联合公安分局等多部门开展检查，督促指导学校落实安全管理主体责任，共出动人员3 415人次，检查基层单位1 492家次，发现问题隐患387项，均已如期整改。

### （四）打好"持久战"，全面从严治党向纵深发展

强化全面从严治党压力向基层传导，层层压实责任。紧盯重要时间节点，开展经常性廉政教育提醒。加强干部教师家教家风建设，下发《弘扬清风正气 倡导廉洁家风——致教育系统领导干部家属的一封信》。积极配合做好十三届市委第一轮巡视、九届区委第一轮巡察等工作，认真开展自查自纠。持续营造全系统风清气正的育人生态。

## 二、科学谋划，"五育"并举，全神贯注建设高质量育人体系

### （一）德智体美劳全面发展的教育体系更加健全

持续推进育人方式改革。深化思政课程改革，发挥立德树人关键课程的作用，开设思政教师理论学习大讲堂。落实《北京市大中小一体化德育体系建设指导纲要》，出台《房山区大中小幼一体化德育建设实施方案》，推进区域德育一体化建设。广泛开展"请党放心 强国有我"未成年人思想道德教育主题实践活动。充分发挥课堂教学的主渠道作用，挖掘各学科课程蕴含的德育资源，提升未成年人思想道德建设水平。以家长学校、家长委员会建设和家访工作为重点，完善家校协同育人机制，评选"育子有方"好家长，召开房山区首届家校协同育人论坛。开设46期《家庭教育微课堂》和44期《心理微课堂》线上课程，组织52次师生心理健康线上讲座，累计27万人次参加培训。深入推进中华经典诵读工程，组织开展第25届全国推广普通话宣传周活动。

着力推进校内提质增效。深化"双减"工作，落实义务教育新课标，制定《房山区义务教育课程实施办法（试行）》，开展干部教师培训，指导各学校制定实施方案，完成区级审核与备案。

修订完善《房山区中小学课堂教学改进指导意见》，启动"文靖杯""龙源杯"中小学教师教学基本功大赛，推动课堂改革。持续优化作业评价，深入"房山区义务教育标准化作业设计与实施培训项目"研究，不断增强作业实施的科学性和有效性。坚持过程性评价与结果性评价相结合，构建学段贯通的增值性评价体系。推进课后服务课程化建设，提升课后服务品质，圆满完成暑期托管服务。提升线上教学质量，开展"线上教学"走向"线上教育"研讨交流活动，得到市教委的充分肯定。

加强体育健康教育。全面落实《北京市义务教育体育与健康考核评价方案》和《房山区关于全面加强和改进新时代学校体育工作方案》，不断深化体育教育的育人功能。学生体质进一步增强，各学段参加北京市《国家学生体质健康标准》抽测，分获小学第3名、初中第4名、高中第9名。圆满完成5 550人的初、高中体育与健康学业水平考试。以北京冬奥会、冬残奥会为契机，大力开展冰雪运动，14所学校获评北京市冰雪特色学校，14所学校获评北京市奥林匹克教育示范校，典型经验被北京市电视台、中央电视台宣传报道。以竞赛为抓手，在全国中学生田径运动会、市长跑节、市第十六届运动会等比赛中屡获佳绩。

学生综合素养不断提升。挖掘区域美育资源，丰富线上线下美育实践活动，累计1.2万人次参加市区级美育展演，15个合唱、戏剧节目参加市级评演，125幅作品受邀参加中友协国家级书画展。优化劳动教育课程，结合生活实际指导学校系统设计实施劳动教育，培养劳动技能。开展6次主题科普活动，普及学生1.3万余人次。千名学生创新人才项目圆满完成，1 092项成果获得国家实用新型发明专利。市区两级年度翱翔培养计划高质量完成。争取到1 400万元市级资金，优化4所创新人才培养基地建设配置。

### （二）教育优质均衡发展进程有力推进

推进学前教育普惠提质。持续巩固第三期学前教育行动计划实施成果，年度适龄儿童入园率保持在99%以上，学前普惠性覆盖率达到96%。选择6所幼儿园，提供240个托位，开展试点托育工作。规范办园行为，制定《社区办园点转型提升工作方案》，分批分层推动办园点转型提升，确保安全稳定发展。加强科室联动，完善审核监管流程，进一步规范普惠性幼儿园的资金使用。采取"专家引领，样板园带动辐射"的工作策略，深入推进课程领导力建设项目，公办园全部完成基础达标验收工作。

推进义务教育优质均衡发展。启动义务教育优质均衡发展国家级验收准备工作，确保2024年顺利通过达标验收。深入推进"全国基础教育优秀教学成果推广应用示范区"建设，探索基于学生发展数据的"教、学、研、评、管"五位一体的现代教学管理模式，激发区域教育活力；创新"基于教学改革，融合信息技术的新型教与学模式实验区"建设，促进信息技术与教育教学深度融合，依托"双师"课堂、智慧校园建设，推动教育均衡发展。举办首届"房山区中小学、幼儿园教育科研研究展示月"，累计参加1.5万人次，营造了良好的教研氛围。持续做好义务教育招生入学和控辍保学工作，保障了1.6万名适龄儿童少年就近接受良好义务教育。"乡土课程育人的区域性探索"等5项成果在北京市第六届基础教育教学成果评选中，分获一、二等奖，位列郊区首位。四、八年级在国家义务教育质量监测中成绩处于全市中上水平。

推进高中教育特色发展。推进《房山区深化育人方式改革推进普通高中多样化特色发展实施方案》落位，优化学段结构布局，将北师大良乡附中和良乡三中整合为完全中学，探索学段贯通培养模式。启动高中校多样化特色发展创建区级评估认定工作，对首批4所创建校开展培训和评估。深化核心素养导向下的中高备考，开展基于数据循证的行政业务联合视导，精准把脉问题，提高备考实效。践行"以学生为中心"理念，圆满完成了疫情防控背景下中高考组考工作，特别是为封控考点参考的32名高考考生提供的一系列暖心服务，得到了区委区政府、广大家长和考生的高度认可。中高考质量保持高位稳定。

推进职成教育转型发展。职业教育办学条件持续改善，多个校内实训室建设并投入使用。申报三项职业教育教学成果均获市级二等奖。全年招生445人，招生数量连续四年实现正增长。二职高连续五年完成全国两会义印保障任务。成人教育改革稳步推进，按照改革进度实现初步融合。乡村振兴服务能力不断提高，开展各类涉农培训近百场次，推动了"香椿""金银花"等7个农业特色品牌建设，开发11门农技微课程，在6个乡镇开办农民中高等学历教育班。着力发展老年教育，开发老年教育系列课程28门，编印配套书籍2册。打造"党校＋成校"培训体系，培训党员27.6万人次。成功举办第十八届全民终身学习活动周，共8.5万人次参与。各级各类培训和活动受众人群达40万人。

民办教育规范有序。针对疫情防控、人籍分离、教育教学、安全工作等领域规范管理问题，会同多部门开展联合检查。严格规范民办教育管理行为，约谈民办幼儿园举办者63人次，通报62址次，处理克丽斯幼儿园等乱收费、退费等问题21件次，管理质效进一步提升。全面规范学科类校外培训机构服务行为，资金全部纳入银行监管平台，6址机构实现后付费管理。选派业务骨干定期开展"地毯式"监督检查，全年累计检查各类培训机构4 327址次，开展联合约谈32址次，关停红黄蓝成长中心等非法机构11址，压减机构1址。

特殊教育持续发展。全面深入梳理总结特殊教育提升计划实施进展和成效，推进特教学校标准化建设。落实随班就读学生"一生一案"，创造性开展送教上门工作，探索疫情防控期间线上线下教学融合新模式。加强特殊教育师资培训和课程资源建设，提升教师专业能力。

（三）队伍建设质量切实加强

配合区委完成主要领导职务调整工作，完成机关4名公务员职务职级晋升。加大对优秀年轻干部的培养力度，暑期调整干部160余人，持续优化了领导班子结构。加强基层单位中层干部竞聘和交流轮岗工作指导,有序推进干部管理信息平台建设。建立健全编制统筹管理机制,动态核定周转池编制,形成人编互动、精准投放的编制管理新模式。坚持问题导向,以均衡配置区域师资力量为重点,完成本年度1 126名干部教师轮岗工作,全职轮岗率达77.3%,区级骨干教师占比30.29%,远超全市平均水平。落实《房山区"十四五"教师培训实施方案》,与北京外国语大学联合开展英语教师专业能力提升培训等20个特色项目,累计培训11万人次。积极推进28个名师工作室建设,梯次培养高层次后备力量。健全师德建设长效机制,落实新时代教师职业行为规范。执行师德考核负面清单制度,严肃处理教师违反师德师风行为。

### 三、提升服务,强化治理,切实增强人民群众的教育获得感

**(一)服务区域发展意识显著增强**

恪守为民之责,助力区域发展,用心用情用力为民办实事、解难题。按照京西棚改项目任务分工,坚持区校共同发力,合理制定政策,率先完成449名学生的安置工作。妥善解决金林嘉苑小区业主子女入学事宜。积极践行"人人都是营商环境"理念,坚持民有所呼、我有所应,优化入学工作,全程"零接触"线上办理,累计接听区级咨询电话8 000余人次,确保"入学季"有序有温度。

**(二)教育资源配置持续优化**

积极扩增优质教育资源。与清华附中合作办学的房山区长阳学校完成建设并顺利开学,完成长阳西站5号地完中建设,拓展与北理工、首师大附中高中学段的合作,共新增中小学优质学位1 975个。北理工附属实验学校高中部已基本具备开工条件,黄城根小学房山分校、育才学校长阳分校前期手续办理基本完成。持续引入优质教育资源,北京十一奉先学校、海淀教师进修学校附属房山实验学校签约落户房山。

**(三)教育投入不断加大**

全年完成固定资产投资4.207 8亿元。在财政紧张的情况下,积极争取市、区两级资金支持,增加投入1.2亿元。完成北小地下篮球馆建设等102项校舍工程,推进中小学校47块塑胶操场施工改造。优化32所学校网络环境,完成90所学校校园安全视频监控改造,购置2 595块电子屏,更新师生计算机1万余台,补充各类图书36万余册。教育硬件设施和教学条件得到明显改善。

**(四)督导评价创新优化**

全面落实《房山区关于深化新时代教育督导体制机制改革的实施方案》,制

定《房山区乡镇街道教育督导方案》，采取各乡镇（街道）主要领导线下分组的形式汇报工作，营造互学互鉴良好氛围，切实推动各乡镇政府（街道）、各单位认真履行教育职责。首次创新采取线上形式开展素质教育综合督导工作，优化方案，细化措施，减轻基层负担。完成100个民办园（办园点）办园质量督导评估工作和22所小学、34所中学学生体质健康下降、视力不良、肥胖率偏高等问题的专项督促整改工作，不断提高素质教育实施水平。

### （五）依法治教有序实施

全面梳理依法行政风险点，提高依法行政水平。围绕"接诉即办"、招生入学、民办教育机构治理等热点难点工作，梳理依法行政风险点，完善依法行政的实施与监督机制。对教委出台的72个涉及招生入学方案、合作办学协议等重要文件进行合法性审查。通过开展开学第一课、"消法进校园"、学宪法讲宪法、模拟法庭等普法宣传活动，全年参加活动累计40万人次，进一步提升了全系统师生法律素养。

### （六）教育环境不断优化

进一步健全未成年人思想道德建设工作机制，制定印发《房山区2022年未成年人思想道德建设工作方案》，扎实推进未成年人专项工作组牵头单位各项任务，开展5轮全覆盖拉网式督查工作，高质量完成材料申报、实地考察、问卷调查等年度迎检工作。组织开展"文明创城我先行"系列主题教育活动和文明交通志愿服务，累计参与9.8万余人次，大力营造教育系统参与文明城区创建的浓厚氛围。

### （七）接诉即办取得实效

瞄准重点领域、重点人群，优化工作流程，向前一步，以解决诉求为导向，提前化解风险矛盾。坚持精准派单，加强沟通与协作，健全督办机制。严格落实全流程"日督办、周调度、月排名"管理机制，结合"每月一题"工作，进一步提高了接诉即办工作实效。全年受理"12345"热线诉求、建议6 349件，同比降幅38.9%，综合成绩排名较去年上升7个位次。

### （八）财务审计规范开展

落实财政部预算一体化改革，实现经费使用全领域覆盖。积极推进财务管理精细化、规范化，加快资金拨付速度。全年组织24人参加财务专业中专及本科班学习。坚持节俭办教育，强化预算管理和项目绩效考评，起草《房山区教育系统内部审计实施细则》，制定《房山区教育系统基层单位财务管理制度汇编》，完善基层单位财务内控制度。做好常态化"财务体检"，组织完成133个单位的自审，完成35个基层单位领导离任经济责任审计，完成77家普惠性幼儿园2021年财政补助专项审计。

### （九）对外合作交流持续拓宽

统筹推进重点地区支援工作。承担"组团式"教育对口援蒙任务，指导结对学校制定个性化帮扶协议，选派16名干部教师对口支援。创新跟岗工作形式，完成新疆和田地区110名干部教师线上"云跟岗"培训工作。

## 第四节 报告2035：房山教育现代化战略目标与任务

2019年5月30日，房山区教育大会顺利召开。大会深入学习贯彻习近平总书记关于教育工作的重要论述，全面贯彻落实全国、北京市教育大会精神，总结工作，梳理问题，为新时代房山教育事业明确发力点、找准主攻方向，加快推进教育现代化、建设教育强区，房山区委、区政府及相关部门制定了着眼长远的《房山区教育现代化2035》和立足当前的《加快推进教育现代化实施方案》。

### 一、战略目标

建成德智体美劳全面培养的教育体系。把立德树人融入思想道德教育、文化知识教育、社会实践教育各环节，贯穿基础教育、职业教育、高等教育、成人教育各领域，形成完善的学科体系、教学体系、教材体系、管理体系，引导广大学生坚定理想信念、厚植爱国主义情怀、加强品德修养、增长知识见识、培养奋斗精神、增强综合素质。

全面普及高质量的学前教育。适龄幼儿接受优质的学前三年教育，健全科学的保教体系，实现幼有所育、幼有优育，让学龄前儿童都能健康快乐成长，奠定美好人生的开端。

高标准实现优质均衡的义务教育。努力办好老百姓身边的每一所学校，保障学龄儿童都能平等接受优质的义务教育，逐步培养符合国家需要的关键能力素质。义务教育专任教师中本科及以上学历人员比例超过98%。

提供高质量多样化的高中阶段教育。形成模式多样、选择性强的优质高中阶段教育，普通高中与中等职业教育协调发展，显著增强学生自主学习和发展的能力。

推进有力支撑区域发展的职成教育。坚持面向市场、服务发展、促进就业，形成适应房山区功能定位、服务现代产业发展需要、产教深度融合的现代职业和成人教育与培训体系，建成特色专业体系，实现职业教育"双师型"教师比例超过 80%，增强高素质技术技能人才供给能力。

发展与经济社会发展深度融合的高等教育。高等学校服务地方水平显著提高，支撑房山教育创新发展能力显著提升，深度参与房山经济社会建设。

残疾儿童少年都享有适宜的教育。健全布局合理、学段衔接、普职融通、医教结合的特殊教育体系，让具备学习能力的残疾儿童少年得到适合自身特点、有质量的教育，获得自我发展的能力。

形成充满活力的终身学习环境。实现各级各类教育纵向衔接、横向沟通，基础教育、职业教育、成人教育、高等教育和继续教育协调发展，学历教育和非学历教育、职前教育和职后教育、线上学习和线下学习相互融合。教育体系结构和人才培养结构更加合理。建成学习型社会，满足全民终身学习需求，实现人人皆学、处处能学、时时可学。

形成全社会共同参与的教育治理新格局。依法治教的制度机制基本健全并有效落实。政府教育治理能力显著增强，部门权责明确，运转高效。社会参与教育治理的渠道与网络畅通有序，学校教育与社会教育、家庭教育密切配合、良性互动。现代学校制度形成，学校发展活力明显增强。

人民群众教育获得感明显增强。教育领域综合改革全面深化，制约房山教育发展的深层次矛盾和问题得到有效化解，群众对教育的满意度明显增强。教育资源供给充分适应学龄人口受教育需求。高素质专业化教师队伍建设达到先进水平。素质教育质量进一步提高，学生课业负担明显减轻，课外活动丰富多样。科学的教育观、成才观、用人观普遍树立，因材施教的教育理念全面落实，学生升学深造的选择空间更大，成长成才的渠道更加畅通。

## 二、十大战略任务

### （一）坚持正确办学方向，全面落实立德树人根本任务

以习近平新时代中国特色社会主义思想为指导，全面贯彻党的教育方针，坚持社会主义办学方向，把立德树人的成效作为检验学校一切工作的根本标准。坚持不懈培育和弘扬社会主义核心价值观，培育德智体美劳全面发展的社会主义建设者和接班人。

1. 深入学习贯彻习近平新时代中国特色社会主义思想

以习近平新时代中国特色社会主义思想武装教育系统。持续开展专题培训，建立健全常态化学习机制，引导教育系统广大师生员工深入把握精髓，抓住根

本，不断增强政治意识、大局意识、核心意识、看齐意识。坚持学用结合，将学习贯彻工作与推进房山教育现代化工作结合起来，与解决实际问题结合起来，不断增强学习研究本领、政治领导本领、改革创新本领、科学发展本领、依法治教本领、群众工作本领、狠抓落实本领和驾驭风险本领。

推动习近平新时代中国特色社会主义思想进教材、进课堂、进头脑，着力解决"培养什么人、怎样培养人、为谁培养人"这一根本问题。用好马克思主义理论研究和建设工程重点教材，用好教育部统编教材。按照国家和北京市课程建设思路，开发地方课程，指导校本课程建设。开好思政课。广泛开展丰富多彩的学习教育实践活动。

2. 全面深化社会主义核心价值观教育

把立德树人融入思想道德教育、文化知识教育、社会实践教育各环节，贯穿基础教育、职业教育、高等教育各领域。把立德树人的成效作为检验学校一切工作的根本标准，强化全员、全过程、全方位育人，不断提高学生思想水平、政治觉悟、道德品质、文化素养。把思想政治工作作为学校各项工作的生命线，将思想政治工作体系贯穿德育体系、教学体系、课程体系、管理体系等人才培养体系。

深入开展理想信念教育，筑牢青少年思想根基。全面加强爱国主义、集体主义、社会主义教育，加强中国历史特别是中国近现代史、中国革命史、中国共产党史、中华人民共和国史、改革开放史、房山革命史、创业史、改革发展史等教育，教育引导学生树立正确的历史观、民族观、国家观、文化观，增强爱国情感，增强民族自豪感，引导学生树立共产主义远大理想和中国特色社会主义共同理想。深入推进民族团结教育、生态文明意识教育、国家安全和国防教育以及可持续发展教育，引导学生发愤图强，立志把国家建设成为富强、民主、文明、和谐、美丽的社会主义现代化强国。

完善中华优秀传统文化教育，弘扬民族精神，树立文化自信。大力弘扬讲仁爱、重民本、守诚信、崇正义、尚和合、求大同等思想理念，弘扬自强不息、敬业乐群、扶危济困、见义勇为、孝老爱亲等中华传统美德，引导青少年向往和追求讲道德、遵道德、守道德的生活，形成向上向善的文化氛围，持之以恒加强青少年品德修养、实践养成，提升学生公民素养。

深入开展法治宣传教育，弘扬社会主义法治精神。根据青少年不同年龄段的特点，加强法治理念、法治思维和法治信仰培育，由浅入深学习宣传以宪法为核心的有关法律法规，引导青少年广泛了解和掌握相关法律知识，充分相信法律，自觉运用法律，形成遇事找法、解决问题靠法的行为习惯。

### 3. 积极构建大中小幼一体化德育体系

完善一体化德育目标内容体系。遵循教育规律和学生成长规律，以社会主义核心价值观为引领，以落实《中小学德育工作指南》为抓手，坚持德育与生产劳动、社会实践相结合，坚持学校教育与家庭教育、社会教育相结合。研究细化从幼儿园到高中的各学段德育目标和内容体系，使德育由浅入深、分层递进、有机衔接，总体方向更加明确，学段目标更加科学，重点任务更加突出，关键环节更加清晰。

推进实施一体化德育课程体系。发挥好课堂教学的主渠道作用，将德育融入教育教学全过程，有效实施国家德育课程，用好国家统编教材。科学构建地方德育课程，立足首都城市战略定位和房山功能定位，发挥资源优势，开发具有北京特色、房山内涵的德育一体化地方课程。

构建完善全方位德育工作体系。完善领导和运行机制，加强教育行政、督导、教研、科研等部门协调，统筹规划德育一体化工作，推动不同学段德育交流和衔接，定期监测青少年学生思想道德发展状况。把德育融入教学、管理、服务等各个环节，突出重要节点，完善全方位、全过程德育机制。强化德育网络阵地建设，传播正能量，引导学生全面理解、正确对待重大理论和社会热点问题。

### 4. 全面加强体育美育劳动教育

树立健康第一的教育理念。全面改革学校体育工作，充分发挥体育的育人功能。配齐配强体育教师。围绕"培养体育道德、普及体育知识、掌握体育技能、形成体育习惯、培育体育审美和提高竞技水平"的目标任务，开足上好体育课，推进体育教学改革，提升体育课堂教学质量。开展丰富多彩的奥林匹克教育实践活动，强化课外体育锻炼，全力推广校园足球和冰雪运动，健全竞赛活动体系，强化对学生身体素质和运动技能测评，让学生在体育锻炼中享受乐趣、增强体质、健全人格、锤炼意志。坚决遏制中小学生视力不良检出率和肥胖检出率的增长趋势。

坚持以美育人、以文化人，提升学生审美能力和人文素养。配齐配强美育教师。开足上好艺术课程，把音乐、舞蹈、戏曲、戏剧和书画等纳入相关课程体系，不断丰富课程形式，创新内容载体，提升教学质量。将艺术素质测评结果纳入学生综合素质档案，测评结果作为学生综合素质评价的重要内容和学校教育教学质量的重要指标。

充分发挥劳动育人功能。在学生中弘扬劳动精神，教育引导学生崇尚劳动、尊重劳动，懂得劳动最光荣、劳动最崇高、劳动最伟大、劳动最美丽的道理，拓展劳动教育途径。广泛开展学科学、学农、学工、学军等实践活动，丰富完善劳动教育资源，进一步强化中小学校社会大课堂和课后服务平台，形成资源丰富、选择性强的社会实践活动体系。完善中小学生志愿服务长效机制，弘扬志愿服务精神。

5. 着力健全学校家庭社会育人工作机制

充分发挥党、共青团、少先队组织的育人功能，让青少年在集体中提升综合素养。发挥名师、骨干教师的示范引领作用，强化教师对学生的言传身教、行为引导。加强班主任、辅导员队伍建设，不断推进专业化、专家化建设。重视发挥教辅人员、后勤人员的育人作用。

丰富家庭教育资源，加强对家长的教育指导服务，通过家访、家长学校、家长会、家长委员会等多种形式，引导家长树立正确的教育观念，掌握科学的教育方法，重视培育良好家风，推进家庭学校协同育人。

树立广义的教育资源观，推动全社会合力育人。协调学校、家庭、社会、网络的关系，积极构建教育机构、党政机关、社会团体、企事业单位、街道（乡镇）、社区（村）、家庭、网络共同参与的育人工作格局。统筹协调社会资源支持服务家庭教育，推动社会各界主动承担教育职责，为青少年走入社会、参与实践创造条件，大力弘扬文明风尚，为青少年健康成长营造良好氛围。

**（二）优化资源供给，提供更公平更充分的教育服务**

深化教育领域供给侧结构性改革，扩大优质资源供给，优化资源空间布局，调整资源供给结构，形成更加科学合理的教育规模、布局、结构，提供更加公平、更加充分的教育服务，努力满足人民群众日益增长的对更好教育的需求。

1. 扩大优质教育资源供给

坚持政府主导，建立健全学前教育管理体制，鼓励社会力量多种形式办园，构建以公办幼儿园和普惠性民办幼儿园为主体、公办民办并举的多元化学前教育公共服务体系。适应学龄人口变化，合理规划布局幼儿园，扩大人口聚集区的学位供给，确保幼儿入园。强化办园者主体责任，落实政府部门监管责任，加强对各类幼儿园的专业指导，让每个在园儿童接受专业化、有质量的学前教育，让孩子安全、家长放心。

强化政府科学统筹配置力度，分阶段、分区域扩大优质基础教育资源规模。适应社会发展需求，对长阳、拱辰、窦店、城关、良乡、青龙湖等人口聚集区，超前规划和建设学校，提升义务教育阶段学位供给能力，有效解决入学矛盾。全面通过国家义务教育优质均衡督导评估认定。继续开展集团化办学，丰富教育联盟、校际联盟等办学方式，开展各类扩大优质教育资源的探索。科学划分学区，完善学区化管理方式，实现学区内教育教学协同推进、优势互补。

扩大优质高中教育资源，惠及更广大学生。持续探索高中多样化发展新途径，推动普通教育与职业教育的融合，为学生提供多元化的学习机会和资源。

坚持立足需求、提升质量、优化布局、城教融合、协同发展，构建完善的现代职成教育和培训体系。支持行业企业参与职成教育办学，不断健全多元化办学体制，创新推进职成教育集团化办学。紧紧围绕"三区一节点"的发展需求，加快培育形成服务新兴产业、城市化进程、美丽乡村建设、教育综合改革和学习型社会建设的职成教育。

2. 优化教育资源空间布局

围绕新的区域发展格局，优化教育资源布局。结合区域功能定位、中心城区人口疏解，持续加强"一环两带三区"建设，在人口激增地区新建一批优质中小学和幼儿园，增加学位和师资供给，承接部分高等教育和中等职业教育功能，形成与区域人口、产业需求相契合的教育资源布局。推进"一镇一品"的学区特色建设，深度推进平原乡镇农村教育"发展环"建设。依托南沟"可持续发展教育联盟"和北沟"美丽乡村教育联盟"品牌，加快山区（丘陵）学校发展。进一步深化长阳、拱辰和城关三个优质教育聚集区建设。

深化教育对口支援与合作。充分发挥优质教育资源辐射带动作用紧密结合对口支援地区实际需求，细化完善全链条教育帮扶机制，为欠发达地区创造条件。办好内地新疆班。强化与教育发达地区交流合作，共享先进的教育理念和教育经验，开展多层次、多领域的平台或项目合作，共同创造具有中国特色的现代化教育发展模式和经验。

3. 完善教育资源供给结构

促进各级各类教育协调发展。适应房山学龄人口变化趋势，准确把握基础教育各学段学位需求动态，调整学段结构。适应产业转型升级和城市管理服务需求，逐步提升职成教育发展重心。形成科学适度的校外培训机构格局，依法规范办学行为，积极服务群众接受多样化教育培训的需要。

实现城乡教育一体化发展。健全优质教育资源共享机制，在学校布局、资源配置、学校管理、教育教学等方面实施城乡一体化管理，加强乡村学校建设，大力提升农村教育水平。完善基础教育教师统一调配机制，切实加大乡村教师支持力度，吸引优秀校长、教师到乡村从教。充分发挥教育信息化的作用，共享优质网络教育资源。

提升基本公共教育服务均等化水平。完善进城务工人员随迁子女同等享受基本公共教育服务保障机制，建立健全与居住证和积分制相适应的进城务工人员随迁子女招生入学政策。全面落实北京市经济困难学生资助政策，按照精准资助、动态管理原则，完善资助方式，让困难家庭的孩子都能接受公平、有质量的教育，都对自己有信心、对未来有希望。推进适龄残疾儿童少年教育全覆盖。全面推进融合教育，促进医教结合，根据不同残疾儿童少年的特点和需求，制定个性化培养方案，实施差别化教学，优先让残疾儿童少年在普通学校接受教育，对中重度和多重残疾儿童少年通过就读特教学校、送教上门等方式实施教育。

### （三）加强内涵建设，发展更高质量的教育

树立科学的教育质量观，借鉴先进水平的教育质量标准，改进人才培养模式，完善质量保障体系，构建教育质量持续提升的良性机制，努力培养出更多更好能够满足党、国家、人民、时代需要的人才。

**1. 健全教育质量标准体系**

全面强化素质教育。按照全面发展的目标，加强学生在道德品质、公民素养、运动与健康、审美与表现等方面的培养，夯实学生身心健康基础，强化学生自主学习意识和习惯，提升学生终身学习、自主发展能力。以服务国家和首都经济社会发展需求为导向，强化认知能力、合作能力、创新能力、职业能力和历史思维、辩证思维、系统思维、创新思维等关键能力素质的培养要求。

健全教育质量标准。在首都质量标准的基础上，结合实际，进一步完善房山教育质量标准。落实学前儿童在健康、语言、社会、科学、艺术等领域的学习与发展目标要求。落实首都中小学生的学习程度与学习要求，健全基础教育质量标准。完善职业教育质量标准，强化与职业标准、行业标准和岗位规范的对接。

健全人才培养过程规范体系。以保证质量、创新教育教学方式为目标，针对教学组织、课堂教学、实践实习、考试评价等教育教学过程中的关键环节制定指导性规范，形成相互协调、紧密衔接、开放互动的全方位、全流程质量体系。减轻课业负担，规范课外培训，提升课堂教学质量，让中小学生能够把课余时间充分放在放松身心和素质养成上。

**2. 健全人才多元化发展培养体系**

创新人才培养方式。推进小学、中学、大学有机衔接，教学、科研、实践紧密结合，学校、家庭、社会密切配合的人才培养方式。鼓励学校探索启发式、探究式、参与式、合作式等教学方式。在中小学开展劳动和职业启蒙教育。大力推进"工学结合、校企合作"职业教育育人模式改革。

充分利用信息技术手段。穿越课堂边界，突破学校围墙，创设合作学习、个性化学习和探究学习的条件，实现信息技术与学科教学的有效整合。引导教师改变教学观念，适应个性化学习需要，调整教学方式、教学内容，提高学生学习兴趣和效率。

3. 完善教育质量保障体系

深化课程改革，夯实教育质量发展根基。进一步加大课程改革力度，创新课程理念，提升校长的课程领导力，强化课程实施和评估。深化课堂教学改革，探索创新教与学的方式，提高课堂实效，切实减轻学生过重的课业负担。

建立更加科学公平的考试评价机制。按照促进学生成长、国家选才、社会公平有机统一的原则，充分利用现代信息技术，不断完善考试评价机制。改进考试内容和命题方式，着重考查学生独立思考和运用知识分析问题、解决问题的能力，发挥命题的育人功能和积极导向作用，突出考试招生对素质教育的引导作用，促进学生健康成长。积极发挥中高考综合改革的导向作用，提升学生综合能力和素质。

健全学校内部质量控制机制。发挥学校的主动性，依据首都教育质量标准，完善内部教育质量控制机制。建立教育教学内容更新机制，推进教育教学内容创新。完善有利于学生、教师和学校的发展性评价制度。加强教育科学研究，持续提升学校的教育质量。

完善人才培养质量监测评估制度。健全覆盖各类教育，具有首都水准、房山特点的质量监测评估体系。推动"管办评"分离，引导行业企业和其他社会力量积极参与教育质量监测评估，探索引入具有独立性、专业性、权威性的第三方评估机构。

### （四）服务房山发展，提升科技创新和文化繁荣的支撑能力

围绕"一区一城"建设、首都产业转型升级和京津冀协同发展的战略需要，加强教育资源统筹，培养创新型人才，持续推进科技和文化创新。

1. 加强科技创新人才培养

加强良乡科教融合大学城建设，提升高等学校科技创新全链条支撑引领能力。加强小学、中学、大学有机衔接，实现创新人才的阶梯化培养。支持中小学校特色发展，完善高等学校、科研机构、企业等社会各界与中小学校的联动机制，为不同潜质的学生发展提供更多选择空间。

2. 加强学校文化建设

凝练学校精神，形成向上向善良好风气。充分挖掘学校历史传统，融合民族精神和时代精神，突出学校特点，进一步凝练提升学校办学思想和办学理念。加强思想政治工作，引导教师以身作则、以德修身、以德立学、以德施教，鼓励学生勤学、修德、明辨、笃实，发挥优秀校友的独特示范引领作用，形成良好校风。梳理、展示学校历史和社会贡献，生动形象反映学校办学历程和办学水平。加强校训、校歌、校徽等标志性载体建设，弘扬学校优良传统，营造

爱校荣校浓厚氛围。优化景观设施，提升校园人文历史内涵。加强校园绿化美化，努力实现使用功能、审美功能和教育功能的和谐统一。加强百年学校的保护，传承优良教学传统。在修缮改造项目中注重保留学校传统建筑特色，把校园建设成为有历史厚度的知识殿堂的物质载体。规划建设新校园突出安全、适用、经济、绿色、美观、智慧理念，强化质量意识，营造浓厚的书香氛围。鼓励师生广泛参与校园楼宇、道路、景点的规划、建设、命名，增强师生对校园文化环境的认同感。强化文化宣传，把握学校文化发展方向。统筹推进校园宣传渠道建设，强化互联网思维，加强网络文化建设，严格规范网络信息传播秩序，打造积极健康、宽松和谐的校园网络文化环境。进一步加强校园文明建设。

3. 加强支撑能力建设

显著提升科技教育整体实力。结合高端制造业新区建设，全面开展科技教育，建设一支高素质的科技教育专、兼职师资队伍，改善科技教育基础条件，广泛开展科技教育实践活动，加强中小学科技教育特色学校建设。建立由高校、科研院所和科技社团等机构的专家组成的指导团队，引领和培育中小学生科技创新的专长、激发科技创新的兴趣、培育发明创造的爱好。努力创建教师、学生、家长、社会人士组成的校际、跨区域的科技创新学习共同体，实现贯通学段、共享资源、共育人才，打造可持续的创新人才培养平台。

加强优秀文化传承创新，打造学校文化品牌活动。传承区域历史文脉，深入开展历史文化、古都文化、红色文化、京味文化和创新文化的研究与阐释，积极参与西山永定河文化带的保护利用。统筹校内外文化资源，开展主题鲜明、内容丰富、吸引力强的校园文化活动，打造一批展现中华文化自信和房山文化魅力的校园文化品牌。充分利用国家和学校重大节庆纪念日，突出特色开展主题教育活动，大力加强人文素质和科学精神教育。统筹社区资源，加强学校图书馆、博物馆、体育场馆等建设。深入开展奥林匹克教育，推进校园全民健身活动和赛事志愿服务。鼓励在校园内开展京昆艺术、传统工艺美术、民间手工艺等体验传承活动，主动参与北京非物质文化遗产的保护、挖掘、传承和利用。

**（五）推动合作共赢，开创教育协同开放新局面**

根据《京津冀协同发展规划纲要》，积极推进教育领域非首都功能疏解，进一步优化区域教育结构，显著提升区域教育整体水平。坚持平等合作、互利共赢的开放战略，丰富开放内涵，提高开放水平，开创面向世界的房山教育协同开放新格局。

1. 提升教育协同发展水平

坚持需求引领、共建共享、互利共赢，加强统筹规划，完善政策保障，促进教育资源合理配置，不断提升区域教育现代化水平。强化与教育发达地区交流合作，共享先进的教育理念和经验，开展多层次、多领域的项目合作，推进互访、互学等学术交流活动。加强与中国教育科学研究院、中国社会科学院大学、北京师范大学、首都师范大学、北京理工大学、北京工商大学、北京中医药大学、北京教育学院、北京教育科学研究院等高等院校及研修机构的合作。鼓励学校开展跨区域合作办学。以共建教师培养培训基地、教师跟岗培训等方式，加强教师队伍合作培养培训。以数字学校、社会实践基地、校外活动基地和体育运动设施等为载体，提升资源共享水平。

发挥地缘优势，积极参与京津冀教育协同发展，加大对内蒙、河北、湖北、新疆、西藏等对口帮扶地区的支持与输出力度。按照房山区对口扶贫协作和支援合作总体工作部署，以"智力帮扶"为抓手，全面支持京外对口帮扶地区教育质量提升，聚焦对口帮扶考核指标，找准工作定位，积极谋划帮扶举措，主动对接，创新对口帮扶工作方式方法，助力全面打赢脱贫攻坚战。

2.扩大教育国际交流合作

扩大教育领域对外开放，积极参与"一带一路"沿线国家的教育交流合作，支持学校与沿线国家学校广泛建立校际合作关系，推进互学、互访等学术交流，促进人文互通、经验互鉴、信息共享。充分利用国家人文交流合作机制，深入实施双边、多边合作计划和交流项目，促进中外民心相通和文明互鉴。

推进中小学开展国际教育，开展中小学师生交流互访，提高师生的全球视野和国际交往能力。提高师生的国际交流能力和水平，让房山教育更具有国际视野，服务本区人才引进战略。

**（六）倡导尊师重教，建设高素质专业化教育人才队伍**

全面贯彻《中共中央 国务院关于全面深化新时代教师队伍建设改革的意见》和《中共北京市委 北京市人民政府关于全面深化新时代教师队伍建设改革的意见》精神，培养造就一支党和人民满意的高素质、专业化、创新型教师队伍，为建设教育强区提供坚实的人才支撑。

1.着力提升思想政治素质，全面加强师德师风建设

提高教师思想政治素质。确保党牢牢掌握教师队伍建设的领导权，保证教师队伍建设正确的政治方向。坚持教书与育人相统一、言传与身教相统一、潜心问道和关注社会相统一、学术自由和学术规范相统一，完善教师思想政治教育机制，把理想信念、职业道德、法治教育、心理健康教育等融入教师培养、培训和管理全过程，引导广大教师深入学习贯彻习近平新时代中国特色社会主义思想，带头践行社会主义核心价值观，熟练掌握马克思主义基本原理和立场

观点方法。全面落实党的知识分子政策，重视青年教师群体，政治上充分信任、思想上主动引导、工作上创造条件、生活上关心照顾，切实增强教师思想政治工作的针对性和实效性。

弘扬高尚师德。坚持把师德建设放在教师队伍建设首位，构建大中小幼一体化的师德建设体系，推动师德建设常态化长效化。引导广大教师以德立身、以德立学、以德施教、以德育德，争做"四有"好老师和"四个引路人"。加强师德宣传，讲好师德故事，弘扬师德风尚，倡导全社会弘扬中华民族尊师重教、崇智尚学的优良传统。

创新师德管理机制。把师德表现作为教师资格定期注册、业绩考核、职称评审、岗位聘用、评优奖励等的首要内容。完善学生、家长和社会参与的师德监督机制，强化师德的考核和运用，推行师德考核负面清单制度。建立师德状况定期调研和评议制度，完善师德舆情快速反应和重大问题报告、惩处机制。将师德建设情况纳入教育督导范围。

2. 全面加强教师培养培训

完善教师专业化发展体系。拓展教师培训优质资源，构建培训机构开放竞争、教师按需选学的教师培训体系。完善中小学、幼儿园教师全员培训制度和分类、分层、分岗培训体系，重点加强新任教师和青年教师培训，大力推动职业学校教师普遍成为"双师型"教师。完善学校教研制度，完善教师进修制度，扩大教师进修学习自主选择权。建立健全教师境外培训制度，提升教师国际化素养。提升教师应用信息技术、人工智能等创新教育教学方式的能力，建设学习型教师队伍。

加强班主任队伍建设。加强对新时代学校班主任工作的研究和管理，加强对班主任专项培训。通过建立"优秀班主任工作室"等措施，促进班主任队伍建设。提高班主任津贴。建立中小学班主任激励制度，形成优秀教师乐于当班主任的良好氛围。

完善骨干人才队伍支持服务体系。加大骨干教师培养力度。积极推进名师工作室建设，有计划、有重点地培养后备力量。落实校长任职资格标准，建立基于校长任职资格的校长候选人储备制度，健全学校领导人员选拔任用制度，吸引优秀管理人才进入教育领域。支持培养名师、名校长、教育家，着力打造一批教育思想先进、锐意改革创新的高素质创新型领军人才队伍。

3. 全面优化教师管理方式

完善教师准入机制。把政治标准放在教师准入标准的首位，严把教师资格认定和聘用关。进一步提高基础教育教师学历水平。创新和规范中小学教师编制配备，拓展教师来源，满足师资需求。重点补足配齐幼儿园、缺编学校、特殊教育学校和乡村学校教师，确保幼儿园教师持证上岗。落实职业学校教师资格标准，探索将行业企业从业经历作为认定教育教学能力、取得专业课教师资格的必要条件。

健全教师管理机制。完善教师考核评价制度，科学设定评价标准，创新评价方式。深化基础教育教师资源配置方式改革，推行区管校聘、交流轮岗、学区走教等方式。推行校长职级制改革。落实中小学教师定期注册制度。健全职业学校教师与企业工程技术人员、高技能人才的双向聘用机制，完善职务聘任、晋升办法等。改革教科研人员聘用、评价和激励机制，强化以教科研能力和创新成果为导向。

4. 全面提升教师地位

完善中小学教师工资正常增长机制和中小学教师工资与公务员工资同步调整联动机制，确保中小学教师平均工资收入不低于或高于本地区公务员平均工资收入水平。优化绩效工资结构和发放办法，完善激励机制，体现岗位和实际业绩，向一线教师、重要岗位和艰苦岗位倾斜。落实建设乡村教师周转宿舍和为乡村教师租赁周转房政策，帮助青年教师解决住房、子女入园入学等难题。

对贡献突出的教师予以奖励。健全教师荣誉和表彰制度。挖掘、提炼和宣传优秀教师的先进事迹，塑造房山教师的良好社会形象。定期开展房山区"三个十佳""房山教育之星""房山好教师"等评选工作。对在乡村学校从教满20年、30年的教师发放荣誉证书。对长期坚守在班主任岗位超过30年的教师，授予教育功勋奖，并给予一次性物质奖励。

## （七）适应科技变革，实现信息化与教育深度融合

适应信息技术特别是智能技术的发展，积极推进"互联网＋教育"，坚持信息技术与教育教学深度融合，推进应用驱动和机制创新，建立健全教育信息化可持续发展机制，努力创建"互联网＋"条件下的人才培养、教育服务和教育治理新模式。

1. 建设先进的信息化基础环境

构建完善的教育网络与信息平台。整合网络基础设施资源和相关公共云服务，构建协同工作的教育云基础环境体系。汇聚教育管理服务数据资源，建立教育数据目录体系，建立健全数据更新、交换共享和应用服务机制，构建教育大数据平台。应用新型安全防护技术和设备，全面提升网络与信息安全保障能力，确保系统与数据的完整性、安全性，努力营造安全可靠的教育网络环境。

加强智慧校园建设。加强学校网络基础设施建设与多媒体终端配备，构建

更为完善的信息化基础环境。将数字资源作为学校教学资源配置的必备内容。发挥"智慧校园"融合应用示范基地的作用，不断提升学校校园智能化水平。

2. 发展"互联网+"教育服务体系

构建信息时代人才培养新模式。加强对信息时代学习者认知和学习行为规律的研究，利用现代技术加快推动人才培养模式改革，鼓励基于大数据分析，制定符合学生发展需求的个性化培养方案，实现规模化教育与个性化培养的有机结合。充分利用虚拟现实和增强现实技术，建设智能学习空间和学习体验中心等，推行场景式、体验式、沉浸式学习。

构建教育公共服务平台。积极统筹各类优质教育资源，有效整合利用学生实践活动、青少年体育活动、大学生就业创业、教师网络研修等服务平台，加快建设与职业教育专业课程相配套的虚拟仿真实训系统，推进建成覆盖全区的终身学习服务体系。

深化信息技术应用。完善信息化应用激励机制，加强校长信息化领导力、教师信息技术应用能力培训，推进学生信息素养培养，提升师生信息技术应用水平与创新能力。大力推进学校信息化应用试点和示范，解决信息化应用过程中的热点难点问题。

3. 创建信息化教育管理模式

建立科学完善的教育服务管理信息系统和学校教育教学信息系统，加快形成现代化的教育管理与监测体系，推进管理的精准化和决策的科学化。加强系统整合，实现各级各类教育管理工作的在线贯通与融合。大力推进一站式电子政务服务，优化政务服务信息化流程，逐步实现各类政务服务事项的网上办理、移动办理，全面提升政务服务效率。

（八）满足学习需求，构建融通便捷的终身教育体系

倡导终身学习理念，以学习者为中心，构建渠道更加畅通、方式更加灵活、资源更加丰富、学习更加便利的终身学习体系，建成更高水平的学习型房山，整体提升市民素质。

1. 搭建学习者成长成才立交桥

以拓展知识、提升能力和丰富生活为导向，完善终身学习服务体系，构建更加开放、日益畅通的学习者成长成才立交桥。强化基础教育、职业教育、成人教育、高等教育、继续教育的有机衔接，强化普通教育与职业教育、学历教育与非学历教育、职前教育与职后教育的沟通衔接，完善招生入学、弹性学习和继续教育制度，畅通学习成果转化渠道。鼓励普通高中开办进修课程、职业课程，探索开设大学先修课程。

2. 完善全民终身学习制度环境

建立健全权责明确、统筹协调、规范有序的继续教育管理体制和运行机制，落实国家资历框架，完善资历框架地方运行机制和专家咨询机制。依托国家学分银行北京学分支行，为每一位学习者提供能够记录、存储学习经历和学习成果的个人唯一终身学习账户。落实各类学习成果认定标准、学分标准、学分积累和转换机制，实现被认定的学分经一定累计，可获取相应的学历证书、职业资格证书或培训证书。推进学习者通过课堂学习、在线学习、自主学习等不同渠道，在不同学校获得学分并得到积累和转换。进一步完善继续教育激励政策，形成全民积极向学、时时处处可学的制度环境。

3. 完善终身教育服务平台

拓展继续教育渠道，立足区域发展和市民需求，构建"房山市民终身学习圈"。鼓励高等学校、职业学校、社区学院面向行业企业开展多层次、多形式、多类型的职工继续教育，为在职人员提供职业能力提升渠道。支持面向退役军人和武警官兵、进城务工人员、转岗人员、城乡待业人员、残疾人、农村实用人才、新型职业农民等社会群体，提供多样化教育与培训项目。

增强社区教育供给。引导高等学校、职业学校和社会力量共同参与社区教育，培育多元办学主体，形成分布均衡、高效便捷的社区教育体系，为社区居民提供丰富、优质、多样化的教育服务。积极应对5G时代的变革和挑战，加强市民终身学习基地建设，整合利用文化馆、图书馆、影剧院、博物馆、科技馆、档案馆、体育场馆等社会文化机构，发挥"京学网"作用，不断扩大社区居民学习场所和教育资源。加强乡校建设，发挥其支持乡村振兴的重要作用。结合多层次养老服务体系建设，大力发展老年教育，优先发展社区老年教育，鼓励更多社会力量参与老年教育服务机构建设，为老年人提供就近就便、优质多元的教育服务。深化语言文字工作，不断提高国家通用语言文字社会应用规范化水平，传承与弘扬中华优秀文化。

深化学习型组织建设。进一步培育壮大学习型城市建设专家团队、社区教育指导师、社区教育志愿者等队伍。深入开展学习型机关、学习型乡镇（街道）、学习型企事业单位、学习型社团、学习型社区、学习型家庭等组织建设，积极培育示范性学习型组织，不断提升学习型房山建设水平。

（九）强化教育投入，保障教育可持续发展

坚持把教育投入作为基础性、战略性投资，深化教育经费投入机制改革，进一步强化政府责任，完善成本分担机制，提高教育经费使用效益，为办好人民满意的房山教育提供强有力的物质保障。

1. 推进教育经费持续稳定增长

加大教育财政投入力度。落实教育优先发展战略，坚持财政资金优先保障教育投入，坚持公共资源优先满足教育和人力资源开发需要。依法确保财政一般公共预算教育支出逐年只增不减，确保按在校学生人数平均的一般公共预算教育支出逐年只增不减，并在此基础上保持持续稳定增长。

完善政府教育投入机制。合理划分教育领域财政事权和支出责任，明确责任分担方式。依法落实各级政府教育支出责任。落实动态生均经费标准和生均财政拨款标准，推进教育公平、优质发展。

拓展教育经费来源渠道。坚持教育公益属性，完善国家、社会和受教育者合理分担培养成本的机制。积极促进民办教育发展，落实相关税收减免政策，完善土地、金融、人才等优惠政策，鼓励和引导社会力量加大教育投入，投资兴办幼儿园、职业教育和国际化教育，成为教育发展的有益补充。支持民办学校特色发展，鼓励民办学校集团化发展，实行联合办学，形成和发挥品牌优势，依法落实民办学校举办者筹措办学经费的法律责任，依法保障民办学校举办者和教职工、受教育者的合法权益。完善社会捐赠激励机制，广泛吸引社会力量通过多种形式捐资助学。鼓励高等学校向社会各界募集、筹措办学资金，扩大办学资源。

2. 优化教育投入使用结构

优化教育经费使用方向。瞄准房山教育现代化目标，坚持分类支撑、差异化支撑，推动投入重点向教育质量提升、内涵发展、课程教学、教师队伍、体制机制改革等方面转移；政府财政性教育经费支出向人口导入地区倾斜，向学前教育、特殊教育、薄弱学校倾斜，向困难群体倾斜。

3. 全面提高教育经费使用效益

加强教育经费的使用、监管、审计与绩效评价，落实教育经费预决算管理、转移支付和拨款决策制度，推动完善学校财务会计、国有资产管理和教育收费管理制度，全面提升专业化管理水平。建立健全全覆盖、全过程、全方位的教育经费监管体系。加强内部控制机制建设，完善教育内部审计制度。建立健全体现教育行业特点的教育绩效管理体系，根据评估结果及时调整经费投入结构。完善教育经费统计公告、预决算等财务信息公开制度，主动接受社会监督。对经费使用出现的违法违规行为，依法追究责任。

（十）坚持共建共享，实现教育治理体系与治理能力现代化

坚持依法治教、依法办学、依法治校，深入推进管办评分离，加快推进"放管服"改革，强化治理能力建设，建立多元参与、协商协同、共建共享的教

育治理新机制，不断提高政府依法科学民主管理、学校依法自主办学、社会依法积极参与教育的水平，实现教育治理现代化。

1. 建立健全依法治教体系

健全教育法规实施机制。依法落实政府管理教育事业的权责，规范教育行政程序，确保教育行政权力合法、合理、有效行使。加强教育重大决策的合法性审查，完善责任追究制度。加强教育执法，建立健全教育行政执法机制，加强专业化教育执法队伍建设，依法查处违反教育法律法规、扰乱教育秩序、侵害受教育者权益的行为。完善教育普法机制，加大教育法律法规依法实施的宣传力度，营造依法治教的良好环境。

完善教育执法监督机制。完善区人大及其常委会对教育法律法规执行情况的监督检查以及司法机关的司法监督机制。完善监察、审计部门对教育执法的专门监督机制。进一步发挥社会对教育执法的监督作用。整合各方监督力量，推进形成分工明确、重点突出、科学有效的层级监督机制。

2. 提升政府管理服务水平

完善政府教育治理方式。提升政府综合运用法律规则、标准、信息服务、督导问责等现代治理手段，把握办学方向，推动教育改革发展的能力与水平，确保教育规范管理、内涵发展。建设跨部门、跨行业的综合监管平台，规范相关部门对学校的监管事项，减少对学校正常教育教学活动的干扰。严格落实基础教育区级政府主体责任，统筹推进区域内基本公共教育服务优质均衡发展，大力推进区域教育现代化。

推进教育科学民主决策。进一步完善重大教育决策和政府规范性文件出台前的咨询、听证、公示制度，健全教育政策性文件制定的规定程序，完善教育政策评估机制，提高教育决策的科学性。健全教育战略与政策咨询机制，充分发挥智库对教育决策的参与和咨询作用。

转变政府教育管理职能。加强政府公共教育服务职能，提升政府教育服务水平。加强教育管理队伍建设，强化现代服务理念，明确服务内容和制度。构建网络化的服务平台，提供高质量的教育信息、政策法规、专业支持、后勤保障、纠纷调解、应急处置等基本公共服务，引导、规范和促进教育机构良性运转，实现教育服务的专业化、标准化、便捷化。

3. 增强学校自主管理能力

完善学校治理机制。加强学校章程建设，完善依章程自主办学的实施机制，切实发挥章程在学校战略规划和日常运行中的引领和规范作用。健全现代职业学校制度，建立学校、行业、企业、社区等共同参与的学校理事会或董事会。

完善中小学校长、幼儿园园长负责制，健全教职工民主参与管理制度，保障校长、园长依法自主办学。

鼓励民办学校按照非营利性和营利性两种属性开展现代学校制度改革创新，建立健全民办学校理事会（董事会）、监事会制度，规范理事会（董事会）、监事会成员结构，完善教职工代表大会制度，形成决策、执行、监督相互独立、相互制约的法人治理结构。规范民办学校融资路径，完善民办学校资产管理、会计制度和财务监管制度，健全民办学校风险防范、信息公开、举办者变更等机制，积极推进民办教育领域社会信用体系建设。

4. 推动社会参与教育治理常态化

完善社会参与教育治理机制。完善社会公众、专家学者、人大代表、政协委员等参与教育决策的机制，提高教育决策过程中公众参与的水平。鼓励学校开放办学，密切学校与家庭、社会的关系，完善社会参与渠道和机制，努力形成教师、学生、家长、社区、用人单位、行业协会、基金会等共同参与学校治理的格局。完善教育舆情监测应对机制，推动热点问题及时纳入教育决策议程。

提升社会参与教育治理能力。创新家长委员会等组织机制，完善公众参与学校议事、监督和意见反馈的制度和渠道，增加学校办学的透明程度。加强家长参与学校治理的能力建设，引导家长尊重学校教育安排和教师创造发挥。鼓励学校与社区建立互助互惠的合作关系。

5. 提升教育督导能力

强化教育督导职能。依法保障督导机构独立行使职能，强化教育治理事中和事后的督导，加强对各级政府履行教育职责的督导，完善教育治理中法规、规划、投入、人事、保障、信息等各要素的协调与配合机制，形成教育改革发展合力。加强对学校规范办学的督导，完善学校督导评估体系。强化专项督导，增加督导的针对性。建立高素质、专业化的督学队伍，提升督导的专业性。

健全教育监测评价机制。健全社会参与教育评价与监管的机制。积极培育第三方教育评估机构，积极开展第三方评价，通过项目委托、购买服务、社会合作等形式，充分发挥专业评估机构的作用，增强评价的专业性、独立性和客观性。

# 下篇：教学范式构建

# 第六章 "funhill"教学课程资源供给方式[①]

作为对学生终身发展整体性、综合性的表述，核心素养是指学生在接受教育的过程中，逐步形成的适应个人终身发展和社会发展的必备品格和关键能力。指向核心素养发展，就是指向实现学生全面发展，既是目的，也是基础教育改革的关键所在——教育教学实践。探索基于人工智能信息技术等前沿技术与教育教学深度整合应用，开展情景化课程资源供给方式新路径探索研究，助推区域尤其是学校深化教育领域综合改革，推进人工智能时代的"评学研教管"一体化推进体制机制创新，提高资源供给水平，提升整体育人环境和教育水平。

## 第一节 "funhill"教学情景化课程资源

不论在何种情形下，学习总是与社会背景相关联，只有特定情景中学习活动才具有一定价值和意义。情景化课程资源是从学生实际生活出发，将学科课程问题融入学生熟悉的生活情景中，让学生通过提取、理解和分析情景中的相关信息，综合运用所学的知识解决生活中的问题。[②]

在指向学生核心素养发展背景下，更要重视情景教学资源的研究，要充分运用信息媒体技术，构建相对应学习情景，让学生深入特定语境，亲身体验和感受情景艺术的魅力，使学生能够深刻认识课程，进而对课程产生学习兴趣。[③]指向核心素养发展的要求，情景化课程资源一般具有三个基本特征：一是问题情景趋于真实。情景是真实的或者接近真实的、是适合学生年龄特点的，最好

---

① 本章为北京市教育学会"十四五"教育科研课题2021年度重点课题"指向核心素养发展的情景化课程资源供给方式新路径研究"（立项编号：FSZD2021-002）阶段研究报告，作者李兆端系课题组负责人。
② 龙泉良.语文中考情景化命题及教学启示：以深圳市九上语文期中适应性考试为例[J].教学管理与教育研究，2021，6(8)：26-27.
③ 杨浩.建构主义视野下艺术设计史课程的教学设计[J].大众文艺，2017(9)：242-243.

与学生熟悉的生活、感兴趣的自然现象相结合；二是问题解决趋于高阶。启动应用、分析、论证、建模、评价等高阶思维，在解决问题的过程，实现建构知识、理解学科思想方法的有机结合；三是学习投入趋于主动。学生处于主动投入学习的状态，课堂互动活跃，学生表现出解决问题应有的敏锐观察，主动思考，胆大心细等品质。

据此，指向学生核心素养发展的课程资源供给上，提出教师提高基于核心素养的课堂教学设计的能力：包括聚焦核心素养的目标设计（教学目标的达成过程显性化，可观察、可检测），以问题解决为主线的过程设计（基于问题情境的推理和论证，关注有效参与，在师生互动中感知平台、概念建构、高阶思维、反馈"循环圈"等），从具体化到整体性的学习评价设计（引导教育更好点燃学生潜藏的内在发展驱动力，帮助学生找到自身学习和发展的优势领域，引导学生建立持久学习的心理机制）等。

情景化课程资源供给方式新路径研究的学术溯源要从泰勒原理和多尔原理说起。在课程论的学术史上，前者被认为是课程资源"线性模式"的理论基础，后者被认为是课程资源的"非线性模式"的理论基础。"泰勒原理"是指基于泰勒（R.W. Tyler）研究而构筑的20世纪美国课程资源探索的一大范式。此范式倡导课程资源供给要经过教育哲学和发展心理学两个"筛子"的筛选，来选择教育目的，并把选择出来的教育目的转译为行动的形式；然后将教育目标用来作为课程编制、资源选配与教学法设计的基准；进而作为实践这种目标之结果评价的基准；最后，用来作为修订课程与教学法、资源调配乃至目标本身的评价信息。这是一种基于行为科学的课程资源理论，把课程资源与学习情景的关系当作课程资源开发与应用、实施的过程来抓。这个过程包括：目标分析——调查能够应对社会变化的学校的作用与功能，决定教育目标；开发研究——具体地分解不同学校阶段、不同种类学校及不同学科的目标，决定内容；推广研究——把具体化的课程在学校教育中加以实施；评价研究——根据课程实施效果的评价，提出推广策略。这种被称之为"现代课程论"生成于20世纪早期，代表人物有查特斯、博比特、泰勒等人，受到美国进步主义运动及儿童研究运动等影响极深。1918年，美国教育家威廉·克伯屈（William H Kilpatrick）把完成一项情景化"设计"划分为四个环节（目的的确定、计划的制订、操作的方法（模式）、结果的评判），被认为是具有"泰勒原理"现代课程论的时代特征，是对杜威的实用主义教育哲学和桑代克的学习心理学理论的有效整合，既受"儿童必须经过解决具体情境中的实践问题而获得知识和经验"的启发，又有"学习即刺激与反应的联结"的主张。① "多尔原理"是以美国课程论专家小威廉姆·E·多尔 1993 年出版的《后现代课程观》一书中隐喻性和百科全书式的论述为标识特征。多尔在广泛吸收后现代主义思想的基础上，从伊·普里高津的混沌学原理出发，吸收了自然科学中的不确定性原理、非线性观点以及怀特海、杜威、皮亚杰、布鲁纳等人的哲学及教育学思想，勾画出了后现代主义课程理论的框架，他提出了后现代课程观中丰富性（richness）、回归性（recursion）、关联性（relation）和严密性（rigorous）的 "4R" 核心标准。

从课程资源供给研究的视角梳理泰勒原理和多尔原理，被认为是两种课程资源思维模式，前者是"线性的"，后者是"非线性的"。具体地，前者代表的是"现代课程理论"，后者代表的是"后现代课程理论"；前者是以理性主义、现实主义作为哲学基础，后者是以浪漫主义、个人主义为哲学基础；前者强调对技术的崇拜，功能的合理性与逻辑性，后者推崇高技术，高情感，强调以人为本；前者课程里的知识是客观的、普遍的、价值中立的，后者课程资源里的知识是不确定的、情境性、价值介入的；前者的课程资源是封闭的、单一的、累积的，后者的课程资源是开放的、复杂的、变革的；前者的分析方法是客观的解释，科学的分析和说明，后者有解构、重构、再解构的循环过程；前者的课程目标是线形的，追求达成目标，后者是非线形的，重视过程和目标的重构；课程资源体系上前者是孤立的封闭系统，后者是有机的开放系统。诸如此类的文献分析比较还可以有很多。

"多尔原理"的代表者们以其丰富知识内涵、重视学生个体经验、有利于建立和谐的师生关系的"动态过程"优点，致力于严厉抨击推翻"泰勒原理"的高度行为目标导向、生产模式，却忽略了"多尔原理"自身多元化发展趋势、批判多于建设、在实践中难以操作的弊端。实际上，"课程是非常复杂的对话"②。课程不能仅仅归结为"制度文本"，它"不只是由专家或教科书作者所编写的材料，教科书只是起点"③。要进一步理解"课程"及"课程资源"，就得"抓住其内部的动态过程，即教育经验的运动"④。

循此判断，信息技术 2.0 时代应当避开"线性"和"非线性"的争论和诋毁，另辟蹊径，从情景化思维设计入手，以期达到"促进跨越学科边界的对话，

---

① 杨明全.核心素养时代的项目式学习：内涵重塑与价值重建[J].课程·教材·教法，2021，41（2）：57-63.
② 派纳，雷诺兹，斯莱特里.理解课程[M].张华，等译.北京：教育科学出版社，2003：604.
③ 派纳，雷诺兹，斯莱特里.理解课程[M].张华，等译.北京：教育科学出版社，2003：523.
④ 派纳，雷诺兹，斯莱特里.理解课程[M].张华，等译.北京：教育科学出版社，2003：868.

共同求得课程领域的整体发展"①。正如瑞典教育家 Marton 在他创立的变易学习理论（Theory of Variation）中所指出的，情景化过程先要找出学习内容的关键特征，然后通过变易图式产生，通过"对照、概括、分离、融合"等基本过程，让学习者更清晰地辨识到学习内容的关键特征。

国内有人提出未来课程资源供给的"情景化"特征是"建设智能化教学环境，为学习者提供个性化学习的信息环境和服务"②，因为独立面对海量资源时，"非线性原理"支持下的学习者缺乏对"学什么，怎么学"的学习活动和自我的正确定位，无法按需构建自己的知识网络和选择恰当的学习方式，造成信息过载，"情景化课程资源供给模式的构建"应运而出。

纵览国内外学术界相关文献研究，针对"情景化课程资源供给"的实证分析相对较少，更鲜有文献针对全面而系统的课程资源供给新路径进行研究。已有的研究大多仅从公共服务、保障性住房或者环境保护的某个领域进行切入并展开分析，所提出的供给方式优化建议并不具有全局性和普适性。

## 第二节　情景化课程资源供给方式新路径

"情景化课程资源"是从学生实际生活出发，将课程问题融入学生熟悉的生活情景中，让学生通过提取、理解和分析情景中的相关信息，综合运用所学的知识解决生活中的问题。

"情景化课程资源供给"则是指基于学生核心素养提升的育人要求，通过对课程目标和资源状况（教材、资源、素材）深入剖析和研究，借助统整、变易、更新等情景化过程，提取并提供其中的一些科学直观、合理适情、与学习者的生活成长和最近发展区直接和间接对应的情景元素，引导学生在特设的育人目标情景中开展互动、表达、展示、共享等活动的过程，获得自主学习的能力，进而提升学生学科素养和综合素质的过程和途径。

"供给方式新路径"是指供给方式的重构、解构、转变、改革、再选择、再优化、再创新过程。重在统整、变易、更新、置换等情景设计，萃取情景元素，优化教学环境，为学习者提供个性化学习的信息和服务，让学生沿着"跑道"

---

① 钟启泉.课程的逻辑[M].上海：华东师范大学出版社，2019：44.
② 徐明，周恕义，乔虹.教学模式引导下的多样性数字化学习环境设计[J].现代教育技术，2014，24（3）：94-99.

自主学习展开探索提升学科素养和综合素质的"情景化"动态生成的过程，趋向于模式建构和模型创新的过程。

笔者对中小学情景化课程资源供给模式的构建研究（图6-1），是以情景化课程资源供给方式路径的探索为突破口，归纳具有中国学生核心素养时代特征的情景化课程资源供给新模式，并使之成为课堂教学、教学评估和教师专业发展质量评估的直接或间接依据。一是课程标准解读、"情景化"设计、资源变易与供给等案例研究，教师研读学段课程标准、学科课程标准如何"准"，国家、地方和校本三级课程管理如何"理"，必修、选修、选择性必修如何"修"等；二是教师基于教材（教参）设计情景、基于项目式学习设计情景、基于教师经验（真题/模拟题库）设计情景、基于学生经验设计情景、基于资源条件设计情景等；三是资源需求与供给曲线，区域自然人文资源"置换拓展"为教育教学资源，教育教学资源"专题渗透"为学科课程资源，学科课程资源"情景设置"课堂情景资源；四是模式应用与评价，一是利用智能平台和学习工具，汇聚多元数据，开展基于数据的"情景化"设计、资源变易与供给系统研究，生成多样态的供给路径，探索教学研评管一体化改革的区域新模型，以及斯蒂格勒（Stigler）标准分析方法，可应用性评价等。

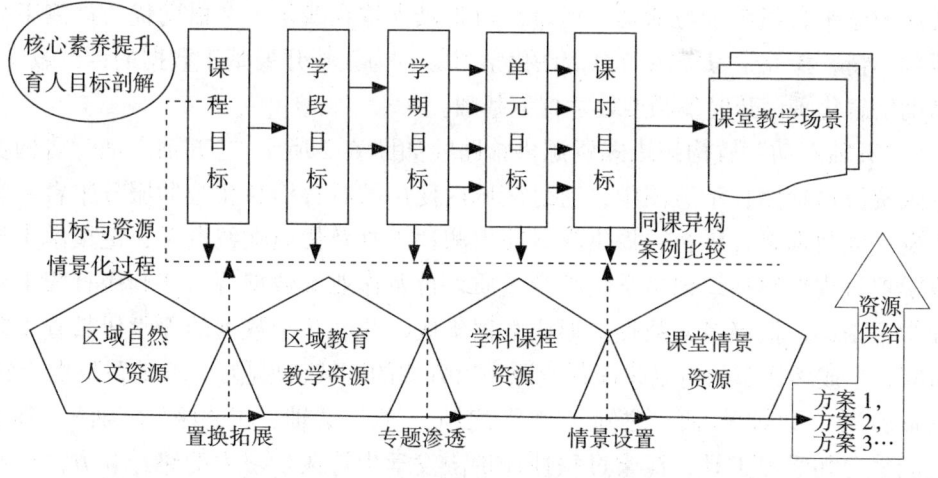

图6-1 "中小学情景化课程资源供给模式的构建研究"总体框架

教育信息化2.0时代的供给方式新路径。"教育信息化2.0"中的"教育信息化"是指在教育领域（教育管理、教育教学和教育科研）全面深入地运用现代信息技术来促进教育改革与发展，力图构建开放、共享、交互、协作的学习平台。2018年4月教育部出台的《教育信息化2.0行动计划》提出"三全两高一大"的目标开启教育信息化2.0时代，计划到2022年基本实现教学应用覆盖全体教师、学习应用覆盖全体适龄学生、数字校园建设覆盖全体学校，信息化应用水平和师生信息素养普遍提高，建成"互联网+教育"大平台，推动从教育专用资源向教育大资源转变、从提升师生信息技术应用能力向全面提升其信息素养转变、从融合应用向创新发展转变，努力构建"互联网+"条件下的人才培养新模式、发展基于互联网的教育服务新模式、探索信息时代教育治理新模式。

信息技术2.0时代学校深度应用的路径和机制。区域和学校盘点现有录播教室、网络平台、学习工具、教学空间，进行应用场景分析，学校根据实际情况，总结梳理信息技术常态应用的路径，确定重点参与教师或班级，研制不同平台、工具的整合应用方案，形成有效推进的工作机制，开展落地实践。充分利用专家资源，定期与区域教研部门及专家反馈，总结实践经验，形成可操作、可复制的应用案例。

信息技术2.0时代教与学大数据有效汇聚方法。信息技术2.0时代的新型教与学研究离不开智能平台和学习工具的使用，学校在现有平台的基础上，需进一步探索学习工具支撑下的平台深度应用，开展线上教学与学习活动，探索教与学数据有效汇聚的路径和方法。包括采用智能终端汇聚考试大数据，利用智能教学平台组织学习活动，通过学习工具支撑在线学习，借助优质诊测工具研判学情，探究学习资源助力个性化学习等，为教师开展基于数据的精准教学、借助信息化平台开展多课型教学打下基础。

"五轴六动"盾构掘进式资源供给路径如图6-2所示。"五轴六动"盾构掘进式资源供给路径示意图中，通过区域内使用的教育信息化公共服务平台，学生发展大数据融合平台，提供学科能力测评工具及优质在线资源，汇聚学生在线学习过程性数据，记录学生综合素质评价及作业等数据等，并利用智能平台和学习工具，汇聚多元数据，形成数据集成，开展基于数据的评学研教管系统研究，生成多样态的情景化课程资源供给方式的区域新模型。"五轴"是指"评"之轴、"学"之轴、"研"之轴、"教"之轴、"管"之轴。①"评"之轴——基于智能平台和学习工具，探索过程性评价激发学生持久学习力的路径和方法；基于测评数据的学生个性化评价，探索精准辅导和个性化培养的模式；基于学生成长大数据，探索学生综合素质评价新模式，基于"评"而入"学"。②"学"之轴——基于在线优质学习资源，探索线上线下融合式学习新模式；基于平台智能学习空间，探索学生自主学习和个性化学习模式；通过智能平台，探索同伴互助式学习、小组合作式学习、项目式学习等多样化模式，基于"学"而入"研"。③"研"之轴——基于区域教研转型实践，借助智能平台和学习工具，探索基于数据诊断和问题导向的多主体、多维度、多样态的教研模式,实现校本教研由基于经验向基于实证转型,顺于"研"而施"教"。④"教"之轴——基于智能平台及学习工具,开展新型教学模式研究;充分挖掘分析教与学数据,开展基于大数据的精准教学改进研究;依托智能平台优质学习资源,探索分层教学与辅导模式研究,基于"教"而从事"管"。⑤"管"之轴——基于评学研教管大数据探索学校管理模式新样态;借助智能平台探索教学智能化管理新模式,实现学校管理由散点粗放式向精准系统化转型。"六动"即课题带动(学校选定大课题,在学校大课题中设置子课题研究,结合学校实际,自行设计研究课题)、专业引动(专家指导、专业培训等)、多维联动(北师大未来教育高精尖中心、区域相关业务部门和项目实验校)、实验推动(以智能学习平台及学习工具为依托,探索线上线下相融合的创新学习形态,并基于学生学习成长过程大数据,探索学生综合素质评价新模式,区域教研从基于经验向基于实证转型等)、评价促动(依据项目开展实施的各项要求,组织专家和区域领导对各校的开展情况进行阶段性评价等)、数据驱动(基于学生成长大数据的数据汇聚,基于学习过程大数据的教学数据汇聚,学生体质健康数据的汇聚、分析与改进等)。通过"五轴六动"盾构掘进式资源供给,学校层面,整合评学研教管各层面推进路径及相互关系,以数据无缝流转为基础,优化各校情景化课程资源供给一体化路径,优化职能部门间的协调合作,整体提升学校管理效益,实现管理转型;区域层面,借此可实现教师精准教学、学生个性化学习、教研人员精准教研、教育评价者科学评价、区校管理者借助大数据开展精细化管理,由此实现区域情景化课程资源供给方式新路径——一体化协同发展的目标,促进区域教育教学变革及教育质量整体提升。

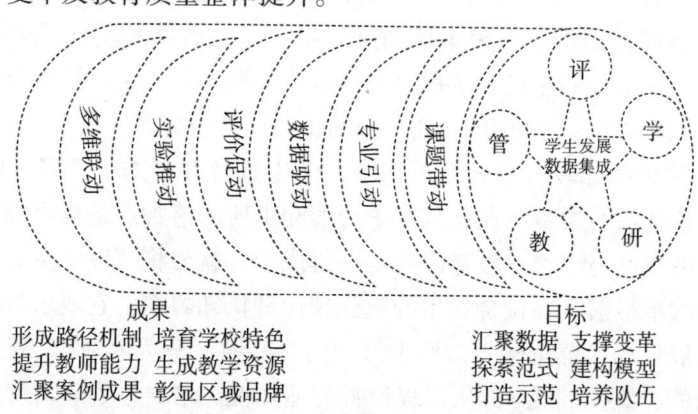

图6-2 "五轴六动"盾构掘进式资源供给路径示意图

启于解构，成于建构，基于实践生成。丰富"单跑道"课程观，强化跑道功能，提出"评学研教管一体化"课程资源供给理论观点，不是修正原有（理论），也不是发展原有（理论）；不是"西化思维"的"向外看"，也不是"返古思维"的"向后看"，而是"论从实出"——利用智能平台和学习工具，汇聚多元数据，开展基于数据的评学研教管的系统研究，生成多样态的教与学模式，探索评学研教管一体化变革的区域新模型、把情景化课程资源供给方式新路径研究与学校的"评学研教管"工作有机结合起来，自上而下、自下而上的研究路径结合起来，形成自我建构的"先有（新理论）"，在此领域弥补"浅层""浅议"浅尝辄止的不足。从"形态分析"经"结构分析"，最后走向"一体化分析"，方法应用，应用方法，基于实践选择，萃取最佳策略，可帮助中小学教师在课程与教学设计和实施过程中建立资源供给的课程逻辑，更加深刻领会教育心理学视角、课程管理学方略。

## 第三节　资源情景匹配与分析

情景匹配用于教育教学中"教"的设计与规划，也是要突出主体、明确主题、符合逻辑。教学情景匹配的设计应用分析，为课堂管理、课程研究、教师培训、教学质量分析提供基本依据。这种行动研究活动，旨在把握学生最近发展目标，尊重学生，尊重其"消费习惯、消费偏好"，建立一个服务于学生成长的"统一战线"，从课程设置的适切性、培养过程和资源推送的精准性、可选择性上，构成"方向一致"的供给链条，以满足多元的精准的教育供给。在骨干教师管理、新任教师指导、校本培训过程中，课堂情景匹配分析被认为是区域教师培训的一种重要的途径和手段。具体到"一个人"身上，则需要教师的"全专业属性"，即"学"的知识、"教"的知识及"学科背景"。

新一轮深化基础教育综合改革当中，学生是教育基本公共服务的最终体验者，也是改革的最终质量所在。其真正价值和本质的落脚点是尊重每一个孩子的个性和成长的权利与尊严。教育改革要取得成效，就要将"以学生为本"落到实处，使各项改革举措既要符合学生的成长规律和认知习惯。它要求教师善于把握学生最近发展目标，尊重学生，尊重其"消费习惯、消费偏好"，建立一个服务于学生成长的"统一战线"，从课程设置的适切性、培养过程和资源推送的精准性、可选择性上，构成"方向一致"的供给链条，以满足多元的精准的教育供给。

从课程目标到学段发展目标，从学段目标到学期目标，从学期目标到单元目标,从单元目标到课时目标,教师匹配课堂情景,首先是学习资源的选择。精准的课堂情景资源由学科课程资源"萃取"出来,学科课程资源由区域教育教学资源转化而来,区域教育教学资源又是由区域人文自然资源变易而来,如图6-3所示。情景匹配研究是一种原理透析,更是一种实践探索。从行动研究的角度看,既包括"学"的研究、"教"的实践、"学科知识"的运用,也包括教学材料研发者的工作,如教科书的编写、课程材料的选取、信息技术手段运用等。

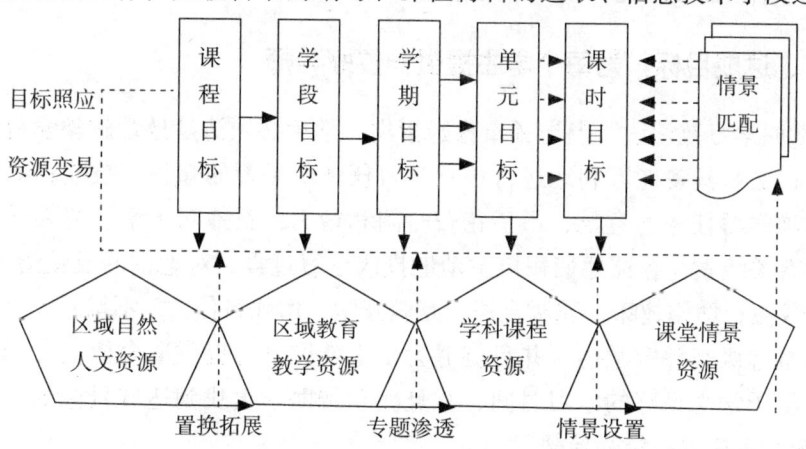

图6-3 基于目标照应及区域资源变易的情景匹配学原理及实践探索图例

## 一、情景匹配:旨在"教"的设计与规划

"情景匹配"源于电影学术语。就是在电影镜头剪辑中,要求不同景别、主体位置、镜头方向、视线方向、主体动作的镜头选取要与人们的生活逻辑、思维逻辑、日常艺术逻辑相一致。专业人员掌握其中的奥妙,多练多用,熟能生巧,完成"技术"到"艺术"的创作。

教育是科学,也是艺术,情景匹配用于教育教学中"教"的设计与规划,也是要突出主体、明确主题、符合逻辑。包括多种不同的任务,如教材选择、学生的学习准备、时间管理、活动过程调控,从学生最近发展需要出发,促成其理解并达到学习目标,用适宜的情景促进、完善学生。

基于此,情景匹配的假设是:①情景匹配必须以帮助学习过程而不是教学过程为目的,情景匹配是以有目的的学习而不是"偶然"学习为目的,这意味着最终的目标与预期的学习结果指导着情景的设计与选择;②情景匹配多数发生在学校的课堂上,从属于"基于学习者最近发展要求"意味着对学习者"毅力""允许的时间""最近质量水平(比如学习能力及水平)"等课堂研究范畴;

③情景匹配是一个集体备课的"团队"工作，包括设计者、学科专家、评价专家以及众多子项目的团队成员，具体到"一个人"身上，则需要教师的"全专业属性"，即"学"的知识、"教"的知识及"学科背景"；④情景匹配基于一定预期结果，但因为学生是在"具体真实"的任务活动中，则具有现场的生成性，是一个反复的、趋于完美的过程；⑤情景匹配不是"一锤子买卖"，不同类型的学习结果需要匹配不同的学习情景。

## 二、达成目标：为每个学生提供一位好导师

"掌握学习教学法"倡导者布鲁姆指出，学生必须清楚地理解教学目标和学习任务；必须具备能顺利地进行该项学习任务所必要的知识与技能；必须具有掌握该项学习任务的意愿，不惜花费时间和精力；教师对于学生将要学习的材料提供有关线索，保证他们积极主动地投入学习过程，对他们的成就给予强化、反馈和校正；增添趣味，强调合作，互教互学，增强自信。①不按正态分布曲线规定分数等级来评定学生，并且能够为学生掌握学习提供适合他们个别差异的方法。给予学生足够的学习时间，并且找到帮助学生找到达成目标的方法，要"为每个学生提供一位好导师"。

从学生最近发展要求出发，只要"提供最佳的教学并给以足够的时间"，"以集体教学为基础，辅之以经常、及时的反馈，为学习者提供所需的个别化帮助以及所需的额外学习时间，从而使大多数学生达到课程目标所规定的掌握标准"，让学生真正"掌握"了学习、把握了目标、充实了心灵，"多数学生能获得优良的学习成绩"及"所有学生都能学好"。

"学生的头脑不是一个要被填满的容器，而是一把需被点燃的火把。"（古希腊·普鲁塔克）实质上，课堂教学是一个多元综合的互动体，是学生、教师、课标的聚焦体。情景匹配作为一种行为研究活动，其主体是课堂教学分析者、客体是整个课堂，对象是情景，包括情景联结、情景分析、目标对应、情景精解、情景教学流程、情景匹配反思等。

## 三、匹配分析：一种行动研究活动

即教学情景匹配的设计应用分析，通过观察、收集、分解、比对、综合课堂中的资源信息，对课堂资源的现场匹配、目标达成、情景选取做出规范的描述与说明，为增进情景黏性、提高课堂实效、增进教师专业水平，继而为课堂

---

① 许高厚，施铮.课堂教学技艺[M].北京：北京师范大学出版社，1997：119-120.

管理、课程研究、教师培训、教学质量分析提供基本依据的一种行动研究活动。

教学情景匹配分析过程一般包括主题选取与计划、标准设计、资源解析、情景表述与课后反思等环节，如图6-4所示。主题选取与计划、教学设计是基础，资源分析情景表述是关键，课后反思与指导是关键。

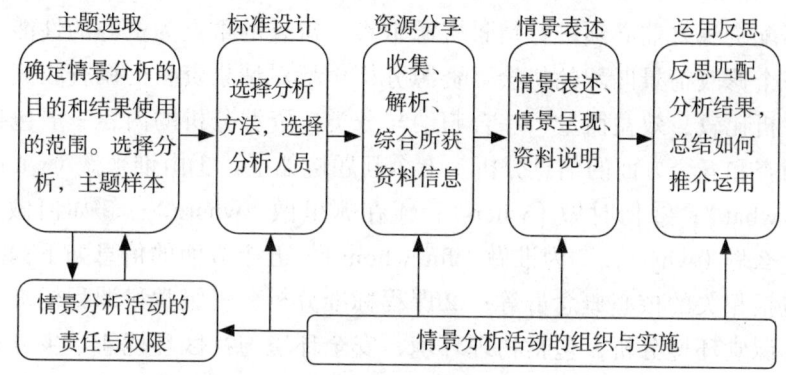

图6-4 情景分析活动流程图

## （一）主题选取与计划

情景分析中的主题选取主要包括两点。①确定情景分析的目的与结果使用的范围，明确所分析的情景资料要用来解决课堂什么问题。是用于新任教师课堂指导、教师岗位培训，还是为了骨干教师课型展示、巩固区域课堂教学模式，其用途决定课堂情景分析主题的确定和资料的筛选。②计划情景分析的内容、形式、时间、参加人员。邀请理论导师、实践导师、专业师傅等，组建分析小组，分配任务与确定分析主题框架。明确分析对象主题，选择分析样本，保证情景样本的代表性与典型性。正是："情景主题全程贯，看点选取不随便。上行下教辟路径，课堂魅力展五段。备课授课评析课，展示推介不间断。册课百人争参与，紧盯课堂促改善。"

## （二）标准设计

情景分析中的标准设计包括四点。①选择分析的方法与人员。邀请的分析小组成员应具备成熟经验、专业知识与个性品质等资历。②制定分析标准，如观察量表、对比分析指标、测试命题等。③选择背景信息，如课堂结构图、流程图、PPT及相关附带资料等。信息的丰富程度决定情景分析的适用性和准确度。④代表性课例。最好是同课异构型的可比课。例如"端点教育工作室"使用的学科"十节课"：市区骨同课异构2节课（找标准，选课题）、区骨基地学校同课异构2节课（建模固模）、新任前后对比2节课（骨干相伴跟踪）、新任同课异师异构2节课（专家、骨干相伴）、骨干新任结对异构2节课（手把手纠偏矫正）。这样，对新任教师而言，就从由"十个一"[①]作业或"六十六细节"[②]聚焦得到"四节课"，免于将教师工作、课题研究碎片化，把课堂变成畸形物[③]。

### （三）资源分析

匹配资源之前必须进行情景资源审查。审查的重点为资源的性能，为教师提供一个修改情景匹配的机会。资源分析包括对情景资料的调查收集、记录描述、解析比较、效益衡量、综合归纳与分类。资源分析的内容一般包括七个问题的调查和五个方面的信息分析。七个问题链如下：①由谁来做（who）；②做什么（what）；③何时做（when）；④在哪里做（where）；⑤如何做（how）；⑥为什么做（why）；⑦为谁做（for whom）。五个方面的信息如下：①课题主题，包括相关的核心概念群等；②课程标准分析，三级学科课程标准、学段标准；③课堂环境分析，包括物理环境、安全环境与社区环境④学生分析，包括必备知识、已备知识、预习状况、心理素质的分析；⑤情景施教过程分析，包括对情景选择、师生互动及效果的分析。

### （四）情景表述

情景分析中的结果表述可有四种形式：①情景描述，是对情景使用、情景结构的逻辑性说明；②课标简要备注；③课题环节备注；④情景使用的其他说明。

情景表述并无固定的统一格式，但表6-1所列因素体现了情景表述的实质性内容，可以是对一两个要素的详细描述，也可以对所有要素进行详细解析和描述。

表6-1　情景表述的内容

| 情景要素 | 具体内容 |
| --- | --- |
| 情景识别要素 | 名称、副标题、编码、与内容关系 |

---

[①] 新任教师转正考核内容包括"一份教案""一副硬（软）笔书法（板书）""一份班主任（代）总结""一张实录课光盘""一次听课笔记""一份主题班会设计"等。
[②] 某学校就新任教师专业房子指出"66个细节"包括"用心记住每一个学生的名字""课前要胸有成竹""提前三分钟进教室""巧用课前三分钟""第一印象很重要"等。
[③] 劳动分工在提高生产效率的同时，也把一个人肢解为各种碎片，使人降格为机器的附属物，在工作日人的活力难以充分发挥，工作变成了令人厌恶的苦差事。这种分工条件"把工人变成畸形物，它压抑工人的多种多样的生产志趣和生产才能，人为地培植工人片面的技巧……个体本身也被分割开来，转化为某种局部劳动的自动的工具"。

续 表

| 情景要素 | 具体内容 |
|---|---|
| 情景概要 | 简明扼要地对情景的任务、目的及结果形式加以备注或说明。比如做什么（what）、为什么做（why）等 |
| 情景手段 | 故事、实验、对话、剧目等 |
| 情景材料 | 量表、展品、资料、其他用于情景的材料 |
| 技术与方法 | PPT、角色扮演等情景展示的专门、逻辑方法 |
| 任务行为 | 对课堂教学流程的完善、时间功效性预测，应注意的工作方法说明等 |
| 环境 | 师生关系、生生关系互动所要求物理的、心理的、情感的环境 |
| 补充信息 | 以上为提及，但对情景化实施有必要且有用的细节解释 |

表 6-1 所列的要素只是一个大概的描述。具体到实际教案设计、情景分析过程中，则需要有所说明或备注，以弄清情景匹配的真实目的和期望所在。

（五）运用反思

主要是对情景匹配中的"得"与"失"的说明，以备再用和他用。教师必须重寻新的自我价值，进行有针对性的混合式教学，启发学生去思考、去质疑、去讨论，真正做到因材施教。对老师的能力结构做细致划分，萃取出每一个老师的教育服务优质属性，资源属性划分得越细，得到的服务越精准，学生学习中可选择性越丰富。正如一位老师在"教学反思"中所说："课堂成为学生展示自我的舞台。第一道题，我预设了三种方法，学生找到了四种方法。而例二，我只预设了一种方法，学生却通过图形运动、割补等方式，神奇般的也找到了四五种方法。这次教学实践，让我真正体会到，转变课堂观、教师观和学生观，在课堂教学上充分相信学生、放手学生，最终才能发展学生、成就学生。"

四、行动研究：基于教学现场，走进真实课堂

这种分析研究活动，包括分解、比对与综合。分解是基础，比对是关键，综合是结果。所谓分解，是对情景资源的要素分割，把它的组成要素拆解，研究它们是如何组合成一份情景资源的。当情景资源是较大的内容系统时，还要研究其内部的组成关系，弄清楚每个构成要素是如何为课堂情景提供整体效果的。这些分析研究能帮助老师们找到系统与构成部分之间不断变化的关系。这种解析思想在情景匹配分析中的运用是典型的，即把情景匹配看作是课堂的构成部分，进而研究课堂情景的构成要素之间的关系。

一般地,课堂情景匹配可以从德布洛克的维度目标框架(图6-5)思考"五个关注"。德布洛克的分类系统,用"动词"希望学生从部分(partial)学习转变到更为综合性的(integrated)学习,即从知道到理解到应用到综合;从有限(limited)学习转变到基本(fundamental)知识学习,即从事实到概念到关系到结构,从事实到方法最后到态度;从专题(special)学习转变到通用(generic)学习,即从学习的有限迁移到中等程度的迁移再到全面的迁移。[①]

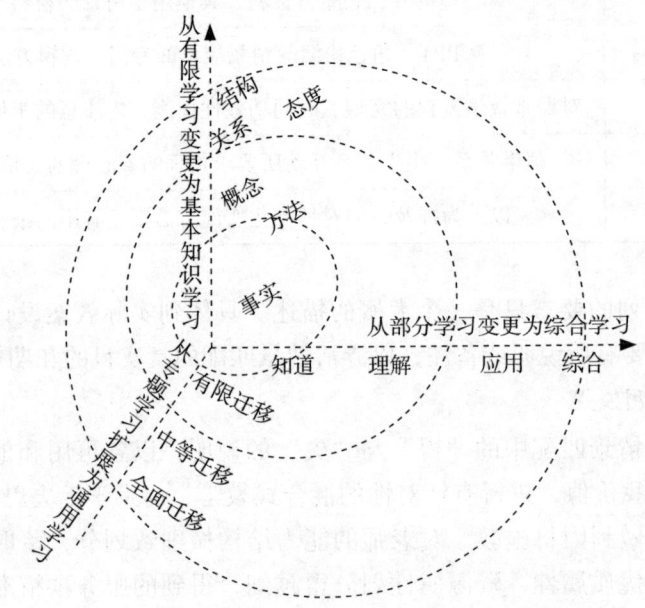

图6-5 德布洛克的"三维"学习目标示意图

这与北京市教委委员李奕所指出的"五个关注"不谋而合,李奕强调教学过程中,要多关注基础知识的掌握,而不只是知识点的掌握;要多关注知识面的宽度,而不仅是知识点的深度;要多关注学生获取知识的能力,而不只是深挖知识点的能力;要多关注学生走进社会主动所学的知识,而不是那些被动走进社会补习班所学的知识点;要关注基础教育学生的全面发展,而不只是把他们培养成只会做题的考生。"

研究表明,情景分析对课堂这个特殊的场景的优化起着至关重要的作用。例如,一个新任教师为了弄清一个课堂主题,往往在骨干教师指导下,接受总体

---

① 安德森,等.布鲁姆教育目标分类学修订版(完整版)分类学视野下的学与教及其测评[M]. 蒋小平,张琴美,罗晶晶,译.外语教学与研究出版社,2019:216-217.

教学目标的宏观调控,从学生的全面发展和终身学习力出发,根据学生条件和需要,在教学内容、教学方法选择上,施以情景置换、变易,达成课堂目标共识。

《教育部关于深化中小学教师培训模式改革全面提升培训质量的指导意见》中指出:"各地要针对教师学习特点,强化基于教学现场、走进真实课堂的培训环节。通过现场诊断和案例教学解决实际问题,采取跟岗培训和情境体验改进教学行为,利用行动研究和反思实践提升教育经验,确保培训实效。改革传统讲授方式,强化学员互动参与,增强培训吸引力、感染力。"在骨干教师管理、新任教师指导、校本培训过程中,课堂情景匹配分析被认为是区域教师培训的一种重要的途径和手段。

### 五、研究趋向:做心中有人的教育

随着知识经济时代的到来和教育面临的挑战,课堂对情景的匹配要求也在发生着"翻转式"的变化,"做心中有人的教育"成为教育工作的核心理念。教师专业发展的追求是提高自己教的智慧程度,用智慧实现教学的价值,而不是干劲。真正做到"教师智慧地教,学生聪明地学"。

#### (一)从准确性的情景匹配研究转向战略性的情景匹配研究

所谓准确性的情景匹配研究,就是致力于提高情景分析结果的准确性的研究,包括"身临其境的生动性、另辟蹊径的新颖感、画龙点睛的核心性、惜字如金的精炼度等"的情景分析资源、信息的正确性保证措施研究、资源信息准确性保证技术研究等。

战略性的情景匹配研究则是将现在的情景分析与未来课堂的导向相结合的一种研究,"教师不出境、内容为核心、讲解如兄长、视频短而精"的情景匹配,促成"每个孩子可以按照自己的节奏学习",体现信息时代课堂未来发展趋势和育人战略需求。

#### (二)从具体的匹配要求分析研究转向最优而适切特征分析相结合的研究

如果我们今天仍用昨天的方式教育学生,将剥夺孩子的未来。"我们不需要工人有什么头脑,我们只要求他们听话,把我们指令的工作尽快地干好。"科学管理创始人泰勒(1856—1915)所处时代的"守时、健康、勤奋"教育,具体落实在"规模化、标准化、同质化"的课程无选择、学习少自主人才培养模式也必须改变。

适切特征,也就是适切性,是指能够被测评并区分出最优情景与普通情景,实证数据将起着关键作用，可体现课堂的时代特征和未来需要，创造利于学生"创新能力、独立思考、信息整合……"的课堂情景。

### （三）从工具性的情景分析研究转向情景分析影响因素研究

工具性的情景分析研究，就是把情景分析作为课堂资源解析、改进，以提高情景分析的效率与效果的研究。但随着课堂组织形式、主体特征的变化，对情景分析影响因素研究成为该领域的重要发展趋势。例如微视频情景要努力体现"提供知识之外的人文价值、社交价值和情感价值"。一是课堂细节微观因素的探讨，二是课堂组织因素的探讨。涉及课堂结构的嬗变（翻转）、课堂规模、计算机技术的应用和师生互动的方式变化等，对情景任务重要性和时间长短的影响。

有意思的是，该研究将与芬兰基础教育"取消学科教学，是有史以来'最激进'的改革"同步。芬兰国家教育委员会将于2016年8月在中小学全面推行新课程。自2001年经济合作与发展组织（OECD）发布首届国际学生学业评估（PISA）报告的十余年来，芬兰基础教育被公认为世界的佼佼者，一度被称作世界第一。芬兰基础教育如此成功，尚要"更加注重对学生多元文化理解、社会交往、信息获取和加工、学习与思辨等核心素养能力的培养"中谋求新路，要"以未来公民能力培养为主要发展目标，包括对学生思考能力、动手与表达能力、交往与就业能力、参与和动员能力、自我管理能力等几大方面综合能力的培养；进一步推进课程整合性与多样性，加强跨学科教学，将相近的学科知识重新编排，形成不同学科知识相互融合的主题式课程模块"，进一步提升校长与教师综合能力，为每个学生提供更加公平高质的学习机会，使每个学生基于自身能力、优势与内在动机获得最好的成长。[①]

"事先确定一些主题，然后围绕特定的主题，将相近的学科知识重新编排，形成学科融合式的课程模块，并以这样的课程模块为载体实现跨学科教学。"在芬兰，这种"现象教学"是其新课改的重中之重。

总之，不论是本课题的"情景教学"还是芬兰的"现象教学"，随着教育教学实践的变革，课堂结构及其情景要素、师生关系必然会发生变化，这些变化将不断促进学习、教与学分析的思想方法、技术和研究的创新与发展。

---

① 康建朝，李栋.芬兰基础教育课改什么样儿[N].中国教育报，2016-04-11（5）.

# 第七章 "$F$ 指数"的课堂价值研判与指标体系构建

课堂是学校进行各种教育活动的载体，要改革课堂教学的评价标准，首先要有正确的课堂教学的评价观。指数是用一组综合指标去描述人的主观判断，可直接表示评价的程度和倾向的强弱。通过分析课堂教学现象总变动中各因素变动的影响程度，建立"funhill 教学指数"课堂教学评价体系，研究总平均指标变动中各组标志水平和总体结构变动的作用，并由此贯穿课堂教学"实践—认识—再实践—再认识"系统化研究过程，顶层建构"funhill"课程教学本土化的教育理念，使得"幸福的小山（funhill）"式区域性课堂评价的量化有了质的突破。

## 第一节 "$F$ 指数"概述

评价是教育改革与发展不可缺少的一个环节，但是要改革课堂教学的评价标准，首先要有正确的课堂教学的评价观。课堂是学校进行各种教育活动的载体，什么样的课是好课，如何评价一节课是好课，有没有一个普适性的好课标准，这些貌似简单的问题其实一直困扰着人们。叶澜教授曾提出好课五条：一要有意义，二要有效益，三要有生成，四是见于常态，五是有完善空间。[①] 也有人提出高效课堂有五看：一看学生学习的状态，二看学生的参与度，三看课堂流程，四看课堂效果，五看师者师德。每一条都似乎很有道理，却又无法说出个准确的尺度，到底什么样的课是好课依然如坠云雾。还有人围绕"高效"课堂，提出"自主、合作、探究"六字定律并描述为"四指数"即自主学习指数、合作学习指数、探究学习指数和课堂效益指数，把每一项指数分为"0～10"十个刻度，比如自主学习一项，假如是教师讲授为主的课堂，则自主学习指数

---

① 叶澜.什么样的课算一堂好课[J].福建论坛（社科教育版），2005（11）：4-6.

一般不会高，相反，以自主学习为主的课堂，则此项指数当然会高。教师其实就是以此指数对照，对各项评分。

指数是用一组综合指标去描述人的主观判断，其数值本质上是一个百分比率值，其大小可直接表示评价的程度和倾向的强弱。[①] 笔者提出的"funhill 教学指数"（以下简称"$F$ 指数"），作为衡量新时代课堂教学效益高低的一种区域教育教学评价指标体系，"$F$ 指数"按所反映的视角、范围、现象不同，分为单项指数（单因子指数）和总指数（多因子指数）。前者反映个别教学现象变动的相对数，如"f"——fair：公平的、公道的、面向全体学生的课堂教学，"u"——uniform：一致的，均衡的，一以贯之的课堂教学等；后者可综合反映"幸福小山"式区域性课堂教学质量的价值判断和优质趋向。

"$F$ 指数"是一种表明课堂教学现象动态的综合指数评价方法，运用数据信息判别不能直接相加和不能直接对比的课堂教学现象的总动态，通过分析课堂教学现象总变动中各因素变动的影响程度，研究总平均指标变动中各组标志水平和总体结构变动的作用。常用的课堂指数评价模式如表 7-1 所示。

表7-1 常用的课堂教学指数评价模型[②]

| 指数 | 类型 | 公式 | 特点或适用范围 |
| --- | --- | --- | --- |
| 单因子指数 | 分级型 | $I_i = \dfrac{C_i - C_{ij}}{C_{ij+1} - C_{ij}}(I_{ij+1} - I_{ij}) + I_{ij}$ | 内插法计算。指数与评价因子之间是分段线性函数关系 |
| 单因子指数 | 普通型 | $I_i = \dfrac{C_i}{C_{vi}}$ | $I_i \leqslant 1$ 为达标。单一课堂要素或某种影响因素占明显优势 |
| 多因子指数 | 算术平均值 | $I = \dfrac{1}{n}\Sigma I_i$ | 各种课堂因子对课堂质量产生影响所占的比例相等 |
| 多因子指数 | 加权平均值 | $I = \Sigma W_i I_i$ | 各种课堂因子对课堂质量影响的相对重要程度不同 |

---

[①] 朱小雷.指数评价法的应用：深圳市建设银行营业厅内环境综合评价[J].重庆建筑大学学报，2005（4）：28-32.

[②] 舒爱霞，李孜军，邓艳星，等.综合指数评价法在室内空气品质评价中的应用[J].化工装备技术，2010，31(2)：60-62.

续　表

| 指数 | 类型 | 公式 | 特点或适用范围 |
|---|---|---|---|
| 多因子指数 | 沈氏模式 | $I = \sqrt{(\max I_i)\left(\dfrac{1}{n}\Sigma I_j\right)}$ | 兼顾最大课堂单主因子指数和算术平均指数 |
| | 最大值 | $I_i = \max(I_1, I_2, \cdots, I_i, \cdots, I_n)$ | 多种课堂因素分析中，某种因素占明显优势 |
| | 综合指数 | $I = \sqrt{\dfrac{(\max I_i)^2 + \left(\dfrac{1}{n}\Sigma I_i\right)^2}{2}}$ | 兼顾最大课堂主因子指数和算术平均指数并突出最大主因子指数 |

单因子指数又称分指数，$C_i$ 为第 $i$ 个污染物浓度实测值或预测值，mg/m³；$C_{vj}$ 为第 $i$ 个污染物浓度标准值或本底值，mg/m³；$W_i$ 为第 $i$ 个污染物指数权重系数；$\max I_i$ 为单因子指数中数值最大者；$n$ 为评价因子个数。普通单因子模式表示某个污染物与其标准值之间的差距，可用于计算超标倍数、超标范围、超标率等指标，判定环境质量的优劣。分级型单因子模式需要首先确定指数与评价因子的分段线性函数关系，然后用内插法计算各污染物的分指数，计算过程烦琐、时间长。多因子指数又称综合指数，一般是由单因子指数有机组合而成，能够综合反映环境质量的优劣。在多因子指数模式中，最大单因子作为课堂教学质量综合指数，仅在某种课堂要素占明显优势时才有效；而算术平均值可能掩盖最大单因子指数对课堂教学质量的重要影响，在课堂要素超标时不适用于课堂教学质量评价；加权平均值中的权重系数需要观察者主观和课堂诸客观要素多方面研究确定，在实际应用中存在不少困难。

笔者尝试以"幸福的小山"区域标识为特征的"f-u-n-h-i-l-l"教学要素组合体，以"f"（fair）公平公道、"u"（uniform）一致均衡、"n"（need）按需供给、"h"（healthy）康健有益、"i"（interested）兴趣关切、"l"（liberal）宽容开明、"l"（logical）符合逻辑作为课堂教学效益追求，来综合表述区域教育教学新样态，其基本价值走向是做心中有人、人人发展的教学。笔者选用内梅罗指数计算公式计算综合评分值 $F$：

$$F = \sqrt{(F_{\max^2} + F^2)/2}$$

式中 $F_{max}$ 为单项组分值 $F_i$ 的最大值；$F$ 为各单项组分评分值 $F_i$ 的平均值；$n$ 为 "f-u-n-h-i-l-l" 各项数。

其中 $F = \dfrac{1}{n}\sum_{i=1}^{n} F_i$。

## 第二节 "F 指数"价值研判

"funhill"指数是表明整体课堂教学现象变动的相对数，如"funhill"指数 =（学习成就/周围学习者平均学习成就）×（未来更高学习目标预期/现在学习基础）×（个人发展空间/课堂教学环境）× 个体差异。最简单的表述，可以说"F 指数"就是"某校某班某生在某阶段的学业效能/当时全部突入成本"。一是学习者的幸福指数主要与学习成就和投入成本两个因素相关，幸福指数与学业绩效成正比，与投入学习成本成反比。学业绩效越优，幸福感越强，学业绩效越差，幸福感越差；学习投入成本越高，幸福感越差；学习投入成本越低，幸福感越强。"双减"的背后，随着课外教育的渐次展开，学生用于学习的成本居高不下，幸福感也就越来越低。二是学习者的幸福感还来自于是来自周围同学的比较：个人学习成绩高于周围同学时，幸福感更强；学习成绩不及周围同学幸福感就差。这种周围同学可以是亲戚朋友，也可以是邻居伙伴或是合作小组同伴同桌，主要是自己见闻所能及，且比较关注的范围。三是幸福感还与未来预期有关，如果目标定得很高，而对未来预期达成不稳定，那就会焦虑，幸福感很差，如果未来有稳定可达的预期，那幸福感也会很强。最后，幸福还与个体素质有关，尤其是指心理素质、心理承受能力等非智力因素。

### 一、"f"（fair）指数

体现公平的、公道的、面向全体学生的课堂教学。一视同仁，以学习者视角思考课堂教学，挖掘其自身蕴涵的学习潜能，促进每一个学生的自主、充分发展，实现真正意义上的教学公平。按照瑞典教育家胡森的教育公平三阶段论（起点公平、过程公平、结果公平）之说，"f"（fair）指数体现既体现过程公平（指个体在受教育过程中受到公平的对待，强调关注学生的发展需求），也体现结果公平（指个体最终能获得符合自身特点的个性化教育，自身潜能得到充分发挥）。据此结合当前我国基础教育公平的发展现状，以区域、城乡、校际、群体等不同范围差异化需求为参照，教学模式与方法、师资共享与流转、学生素养、教育管理与评估等各要素的对应映射表。在表 7-2 中，信息技术促进新时代基础教育公平的多样化实践矩阵中,结合区域、城乡、校际、群体教育失衡的问题症结,实现面向群体差异、多样化需求的优质课堂教学改革。研究者不断探索不同条件下的信息化解决方案,逐渐形成了多样化的实践模式和案例。

表7-2　信息技术促进新时代基础教育公平的多样化实践[①]

| 要素 | 过程公平 | | | | 结果公平 | | | |
|---|---|---|---|---|---|---|---|---|
| 资源匹配 | dfik | dfik | defik | dikqr | p | p | p | pqr |
| 教学模式与方法 | djlmnp | djlmnp | dejlmnp | djlmnp | lnp | lnp | lnp | lnpq |
| 教育管理与评估 | ahkop | ahkop | aehkop | ahkop | kop | kop | ekop | kop |
| 师资队伍 | fghij | fghij | efghij | fghij | f | f | f | f |
| 学生素养 | op | op | op | opr | op | op | op | opr |

注:多样化实践探索内容包括:a-三通两平台;b-基于教学点数字资源全覆盖;c-专递课堂;d-同步课堂;e-一校带多点,一校带多校;f-一师一优课,一课一名师;g-中小学教师信息技术能力提升工程;h-网络名师工作室;i-大规模在线开放课程(MOOC);j-双师课堂;k-信息化教育资源众筹;l-翻转课堂教学;m-VR/AR 支持的泛在式教育;n-基于 STEAM 促进多学科融合;o-基于大数据的学习评测;p-人工智能辅助精准教学;q-送课上门;r-"一人一案"。

学习者在课堂上所表现的及所选择的,往往并不能体现学习资源的最佳配置,而是在风险预测大众诉求、取长补短基础上的资源配置。为此,教师在课堂上要通过课堂文化建设,营造公开、公平、公正的氛围,潜移默化地引导学习者的行为,最大限度地调动、发挥学习者的进取精神、协作精神和创新精神,实现课堂资源的最佳配置和课堂效益的最大化。

## 二、"u"(uniform)指数

体现一致的,均衡的,一以贯之的课堂教学。对照教学目标,既注意体现阶段性,又注意阶段目标之间的衔接与过渡,使课程标准规定的教学目标得到全面、准确的落实,一以贯之,下整盘棋。由"u"及"funhill",坚持目标管理促进人人发展的课堂教学。

---

[①] 胡小勇,许婷,曹宇星,等.信息化促进新时代基础教育公平理论研究:内涵、路径与策略[J].电化教育研究,2020,41(9):34-40.

如图 7-1 所示，在 81 种一致的、均衡的矩阵管理方格中，类似布莱克和默顿的管理矩阵理论，将课堂管理行为的维度分为两个，一是对学习者的关心程度（纵坐标），二是对课堂目标达成度的关注（横坐标）。

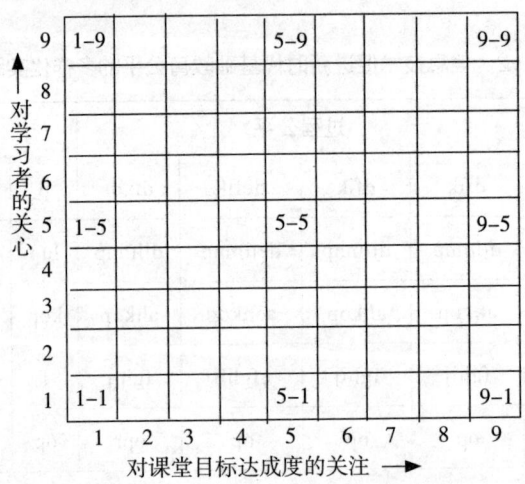

图 7-1　课堂目标管理方格图

对学习者的关心程度体现在以下四点：①体现人在学习者在课堂的主体地位，尊重人的人格与尊严，张扬个性，满足人的独立性、平等性与自尊需求；②激励人的上进心，培养学习者的学习能力；③培养协作精神，形成团队心灵契约，实现价值共享；④促进学习者的全面发展，提高学习者的整体素质。对课堂目标达成度的关注体现在以下四点：①坚持效率中心论，以效率为中心组织课堂教学活动，善于学习，敢于挑战自我，创新自我，视今天为落后，志在追求卓越，追求速度与效率，追求更高的目标；②创新与卓越意识，善于打破今天的平衡，创造新的平衡，使课堂永远处于动态发展中；③坚守"行动是金"的信条，高效输出的素质和能力；④注重培育品牌，提升核心竞争力。

据此而形成的 81 个"板块"中，其中最典型的是五个矩阵点是"9-1 指数"——趋利型，权威服从、缺乏人性，缺乏亲情，泯灭个性精神和个人价值，高度关注分数，追逐排名，课堂像个高效的名利场，教师只懂支配学生，让学生感到渺小。缺乏社会责任感。项目式学习、探究式、合作式学习失败的可能性越大。"1-9 指数"——情感型，关心人，重视人，课堂人际和谐，像个快乐的游乐园。缺乏课堂效益意识和竞争意识，没有单元目标，没有真正的发展动力，更谈不上效率与效益。这类课堂如果处在毕业年级或考前辅导课，意味着质量危机和减负风险。"1-1 指数"——沙漠型，与我无关型管理。既不重视学习者学习状态，也不关注课堂效益，课堂是一片死寂的文化沙漠。这类课堂人心涣散，效率低下，远离改革。如果没有特殊的条件支撑与保护，早已被淘汰。"5-5 指数"——平庸型，对学习者和课堂质量效益都给予适度的关心与关注，中庸无创新，和谐无效率，学习者纪律稳定性和求知依赖性较强，教师照本宣科，但求无过，像个不讲效率的撞钟和尚。"9-9 指数"——理想型，既重人，也重效益效率，是最为理想的双强优质课堂模式。这类课堂一定是一个有活力有效率一以贯之的课堂。

## 三、"n"（need）指数

体现基于需求的、按需供给的、让学生获得全面而有个性发展的课堂教学。基于学生原有认知结构及相关经验，从注重共同基础到关注个性需求，从关注全体全面发展到关注个体个性发展，为学生提供自主学习和自主创造的平台和环境，以生动、丰富的教学情境，引发学生对知识的"同化"和"顺应"，满足学生对新知识的需求，培养学生的动手能力和创造能力。由"n"及"funhill"，体现"一种新的教育社会契约"的课堂教学。

如图 7-2 所示，学生具备的能力 a 随着岁月的增长在不断得到发展，不同学段有不同的学习任务和责任 b。能力曲线高于责任曲线而形成的区域 S1，是胜任区或得心应手区；在某一发展时段，学生为自己树立奋进目标，自我期许非能力所及，自我期许曲线高于能力曲线而形成的区域 S2，即为最近发展区。能力一定时（a-1），自我期许指数越高，最近发展区空间越大；自我期许曲线既定，能力很强，最近发展区空间越小（a-2）。

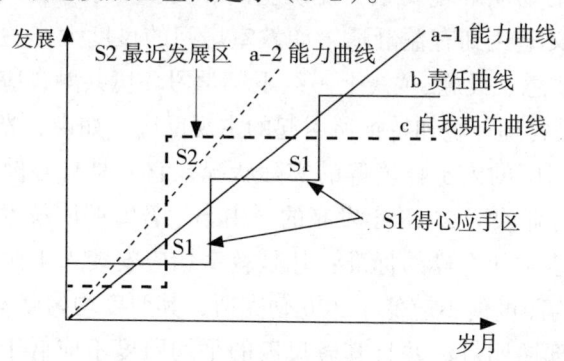

图 7-2  学生最近发展区（指数）

最近发展指数（区）一直是正视并尊重差异，面向每一个学生，满足学生不同性格禀赋、学习习惯、学习方式的供给通道，为每位学习者提供个性化的，适合其"最近发展区"的学习环境。运用最近发展指数，教师可以随时检视自己的教学信念，掌握教育的资讯，延伸自己的触角，设定适当的教学目标，指引学生"知道自己要往哪里去""勇于接受不断的挑战",掌控合理的时间,把握自己的时间轨道,提高时间的边际效应。

## 四、"h"(healthy)指数

体现康健的,有益于身心健康的课堂教学。所谓"有益于身心健康的课堂",即人本化的生态课堂,是遵循人的身心发展及教育教学规律,通过合理利用信息资源、选取最佳教学方法、营造平等宽松的环境氛围、高度调动学生学习的主动性和创造性,让学生在积极快乐的心理中所进行的有效甚至高效的学习课堂。[①] 创造有安全保障和有益健康的教学环境。教师根据学习者身心特征采用适应的教学方法,教学目标设计从学习者实际出发,不增负,不压抑;学生自我身心知觉明确,能正视自己的生理和心理特质,情绪稳定、乐观、有学习目标,人际关系正常、和谐,精神状态良好。由"h"及"funhill",做"健康而可持续发展"的课堂教学。

康健的,有无益于身心健康的课堂评价不仅要考察课堂上师生对物质环境的反应,而且须顾及心理环境的舒适感因子,并涉及校园周边软环境要素如噪声、疫情等因素。有益于身心健康是在满足课堂基本功能条件上高一级的需求,因而与学校办学质量、师资水平有关,不同的软硬件条件水平会有不同的"舒适期望"。舒适性与满意度也相关,两者涉及的因素有交叉现象。[②]

与身心健康的物质环境要素(建筑空间、实体元素、网络空间),首先应在人类工效学意义上达到有益舒适,如教室房间的尺度大小、家具的尺度、空间高度、色彩、质感、设施、"线上+线下"学习环境共融,应符合人体工效学的要求。[③] 其二是物理环境和特征所引起的主观反应,如声、光、阳光、热、空气、自然要素和周围的人工环境等的实际状况,它们是身心健康的客观条件比如中国教育装备行业协会 2018 年发布的《中小学教室照明技术规范》规定学校教室照明条件应达到什么样的标准:凡是教室均应安装人工照明设备;教室课桌表面的维持平均照度值不应低于 300 勒克斯,其照度均匀度不应低于 0.7;教室黑板应设有局部照明灯,并且其微尺度的平均照度不应低于 500 勒克斯,照度均匀度不应低于 0.8;学校教室照明应该采用色温在 2 700～7 000 开尔文范

---

① 高燕.健康课堂离我们有多远[J].生活教育,2016(11):101-102.
② 朱小雷.指数评价法的应用:深圳市建设银行营业厅内环境综合评价[J].重庆建筑大学学报,2005(4):28-32.
③ 沈华杰,秦磊,邱坚.基于雨课堂的"人体工效学"课程教学改革[J].轻工科技,2019,35(2):155-156,159.

围的光源，显色指数不宜小于 80；学校教室照明应采用小于 26 毫米的细管灯；教室照明荧光灯宜采用节能电感镇流器；学校教室照明不宜采用裸灯，灯具距课桌面的最低悬挂高度不能低于 1.7 米，目的是减少因照明引起的直接眩光；学校教室照明的统一眩光值（UGR）不宜大于 19；学校教室照明在维持平均照度值 300 勒克斯的条件下，功率密度不应大于 11 瓦每平方米，目标值应为 9 瓦每平方米；学校教室照明设计照度时，其维护系效应取 0.8。其三是在感知意义上的课堂空间或实体要素。另外在社会环境因素中，安全、管理、噪声、交往水平、教育法律、文化气氛、合作单位等都是身心健康的相关因子。教室内环境身心健康评价指标体系如表 7-3 所示。

表7-3 教室内环境身心健康评价指标体系

| 心理环境要素 | 判断 | 物质环境要素 | | 数据 | 物品摆放及设备布局 | | 规格 | 师生互动 | "CLASS"评估[1] |
|---|---|---|---|---|---|---|---|---|---|
| 风格色彩 |  | 空气质量 | | | 多媒体设备 | 计算机 | | 情感支持 | 气氛尊重学生观点 |
| 噪声 |  | 室内温度 | 空调 | | | 电子白板 | | | 教师敏感性 |
| 座位布置 |  |  | 亮度 | | | 推拉黑板 | | | 尊重学生的观点 |
| 班级容量 |  | 照明[2] | 均匀度 | | | 实物投影仪 | | 课堂组织 | 行为管理 |
| 卫生清洁 |  |  | 位置 | | 教室后墙展板 | 白板 | | | 效率 |
| 班风学风 |  | 材料选用 | | | | 贴板 | | | 活动形式 |

---

[1] 孟凡玉，陈佑清. 小学数学课堂师生互动质量的观察与评价基于"课堂师生互动评估系统(CLASS)"的实证研究 [J]. 基础教育，2015，12（5）：69-77.
[2] 中国教育装备行业协会发布《中小学教室照明技术规范》，2018 年 05 月 01 日实施。

续表

| 心理环境要素 | 判断 | 物质环境要素 | 数据 | 物品摆放及设备布局 | 规格 | 师生互动 | "CLASS"评估[①] |
|---|---|---|---|---|---|---|---|
| 师生关系 | | 装修质量 | | 书包存放柜 | | 教学支持 | 反馈质量 |
| 同伴关系 | | 其他 | | 其他 | | | 语言示范 |

## 五、"i"（interested）指数

体现关切的、感兴趣的课堂教学。教师从注重"教什么"到关注"为什么教"，学科知识与价值有机统一，教师成为学生激情的点燃者和学生闯过知识高峰的点拨者。学生对自己感兴趣事物具有巨大的内在兴趣、高度热情以及强烈的成长动机，努力与兴趣相互呼应，具有自发的学习行为以及克服困难的坚韧精神。由"i"及"funhill"，做"助燃式"的课堂教学。

关切程度兴致兴趣的课堂教学能否做到量化分析，是一个值得商榷的问题。如图7-3所示，尝试用数学公式来剖析课程育人目标与学习者兴趣动力中的关键环节，当受启发。

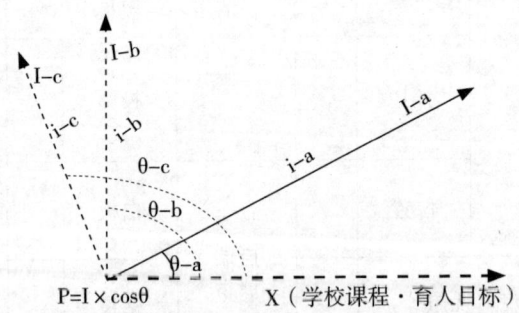

图7-3　课程育人目标与学习者兴趣动力函数示意图

学习者对课堂的兴致关切等于其学习动力在X轴的投影；其夹角越小，贡献越大；学习者学业成就高的前提是个人兴趣兴致与学校课程及育人目标保持一致。X轴的方向表示学校育人环境或课堂场景的使命目标；矢量I表示学习者因兴趣兴致而付出的努力；i表示矢量的模，即学习者付出的努力；θ为夹角，即

学习者个人兴趣生成的奋进目标与学校育人目标的偏差，$P=I\times\cos\theta$，表示学习者对学校育人目标达成的贡献。

从公式可以看出，$\theta$-a 越小（I-a，i-a），学习者对学校育人目标达成的贡献就越大。当 $\theta$ 为 00 时，学习者奋进目标与学校育人使命达到高度一致，学习者对学校目标实现最大化。当 $\theta$ 为 900 时（I-b，i-b），学习者的身份相当于旁观者，学习兴趣与兴致与学校课程育人似乎没多大关系，彼此付出的贡献为零。$\theta$ 大于 900 时（I-c，i-c），学习者的的兴趣活动被视为捣乱行为，贡献是负数，其能力越大，破坏力越强。这促使学校在规划课程制定课程方案时，首先考虑的是学习者个人奋进目标与兴趣是否与学校的使命目标与价值理念保持一致，其次才是如何编班、如何配置课程资源以适应学习者学习需求。在课堂上，只有学习者个人基于兴趣兴致的学习目标与学校育人目标、教师施教目标保持一致，才可能实现师生共长、高效达成。关切的，感兴趣的课堂教学公式揭示了课堂文化建设的一个重要着力点就是要使学习者的个人奋斗目标与学校使命目标保持一致。

涉及教师采取的教学方式和学生管理学习的方式，都应尊重学习者关切、感兴趣、资质和优势的差异性，采用不同的目标进度、路径策略以及对掌握知识、技能的综合设计等，还应包括一系列共同的策略以确保学习关注所有学习者的发展，个性化、专业化地针对每个儿童的独特兴致和兴趣。

当然，在面对面的课堂中，为满足学习者个性化兴趣而量身定制的教育可能是一项挑战，而且更难的是大规模做到这一点，应用数字技术将使之成为现实。

## 六、"l"（liberal）指数

体现博学的、通才的、慷慨大方的、宽容开明的、高效互动的课堂教学。教师的教学设计不囿于教材，有课堂空间和时间的延展性，以核心素养为本，培养学生的素质，品质和人格；学习者有独立性、创造性、求新求异性学习特征。由"l"及"funhill"，做"共享愿景"的师生高效互动课堂教学。如图 7-4 所示，Ch 表示师生行为转换率，即教师行为与学生行为间的转换次数与总的行为采样数之比。Ch≥0.4 则为对话型课堂教学类型，Ch 越高，说明教师学生之间的互动越多；Rt 表示教师行为占有率，即教师行为在教学过程中所占的比例，Rt≤0.3 为练习型课堂教学类型；Rt>0.7 则为讲授型；0.3 < Rt < 0.7 则为混合型；Rs 表示学生行为占有率，即学生行为在教学过程中所占的比例。对图中圆点坐标显示的情况，可分析其结论与改进建议：T 行为占有率为 57%，S 行为占有率

为43%，学生行为和教师行为的分配合理；师生转化率为49%；该节课是对话型教学模式。所以，宽容开明应该成为课堂文化的一部分，而不仅仅是一个倡议或指数。

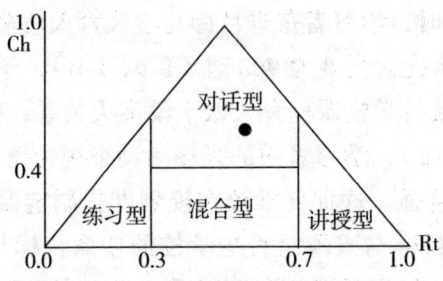

图7-4 师生课堂互动共享指数类型

## 七、"l"（logical）指数

体现符合逻辑的教学。学科知识都是一系列概念、命题和推理论证构成的逻辑体系，教师在具备较高的专业知识素养外，更应该有较高的逻辑素养，教学设计从关注学科逻辑到注重生活逻辑理论与现实相结合，分科教学与综合性项目式教学相结合，有效地培养提高学生的思维能力与表达能力。由"l"及"funhill"，做"具有完整'为何学、怎样学、学什么、哪儿学和何时学'逻辑图谱"的课堂教学。如：

$$HC=[（K、S、B+Ta）]×E×T$$

HC表示学习者学业或课堂学习的总体质量，学业质量取决于学习者的知识（knowledge）、技能（skill）、经验（background）、天赋（talent）、努力程度（effort）和时间投入（time）。

在上述变量中，要着力解决的逻辑性问题是"E"和"T"的问题。要解决这两个变量，需要以绩效管理为核心，以课程目标为牵引，激发学习者的潜能，发挥学习者的主体自觉性。通过完善学业评价制度，形成科学的价体系，将学习者个人努力、个人绩效、学业奖励、目标实现有机地衔接在一起。要在学业奖励、师生肯定中强化奋进理念的导向作用，要着力解决正向激励、信息沟通、学生发展等方面存在的问题，优先满足学习者的主导需要，不断激发学习者的高层次需要。在提高学习者的主体自觉性上，需要采取符合逻辑的教学方式和教学方法，从学习者思想状况和心智发展的实际出发，对影响学习者知识基础、技能水平、天赋秉承、经验积累、努力程度和时间利用的因素进行科学分析，持续改进。

## 第三节 构建"F指数"体系

"F指数"多是作为一种体系构建的说明,"fun"和"hill"相当于明确两条基本原则:"fun"以确保人们终身接受优质教育的权利;"hill"强化教育教学行动与高精尖创新的空间。循此可以帮助教师在教学过程当中反省思考自己的教学,并在课堂情境中检验课程知识与教学行动之间的动态关系,实现三个"着力":一是要使学习者的个人奋斗目标与学校使命、课程目标保持一致;二是要营造和谐的学习氛围;三是要对学习者进行科学有效的学业指导。

"F指数"表明的是课堂教学现象的总动态,要分析课堂教学现象总变动中各因素变动的影响程度,为持续改善学习效果提供依据,学习过程中的实时数据收集就很重要。教学指数里的数据不是发现确定性的因果关系,而是发现关联性的相关关系。数据应该是全样本、全过程的数据,以反映事实、描述动态的发展。

"F指数"可以凸显群体水平。学生整体的学业水平、身体发育与体质状况、社会性情绪及适应性的发展等,这些数据可以在周期性、阶段性的评估中获得。"F指数"里的数据收集、分析、归纳是一个长期且艰巨的工作,对数据的处理不能只做浅显的、描述性的分析,而应在一定的标准和指标体系上,对数据进行深入挖掘和分析,促进数据分析的深度化、规范化和可视化。

"F指数"更在于关注每个学生个体的微观表现。课堂上,他在什么时候翻开书,先做哪道题、后做哪道题,某题目思考了多久、修改了几次,会首先向哪位同学发起交流,什么时候眉头紧皱、什么时候露出笑容等。这些数据对其他个体都没有意义,是高度个性化表现特征的体现。同时,这些数据的产生完全是过程性的,即在每时每刻发生的动作与现象中产生。

"F指数"将数据与教学内容、知识点相关联,作为清晰明确的参照标准和切实可行的改进方法,研究者将数据分析结果呈现给教师、学生、家长、学校、政策制定者等不同主体,为不同主体提供真正利用数据分析优化教学内容与方法,做到以"所指有数"而促进教学。

如图7-5所示,"F指数"体系构建涉及四个工作步骤:第一是数据采集,即对教学的相关数据进行采集;第二是即时分析,即对采集的数据进行分析追踪;第三是结果发布,即形成教学指数报告,包括教师考评、学生自评、班级纵向和横向比较等;第四是质量提升,即针对教学指数报告,给出教师、学生的后续工作。

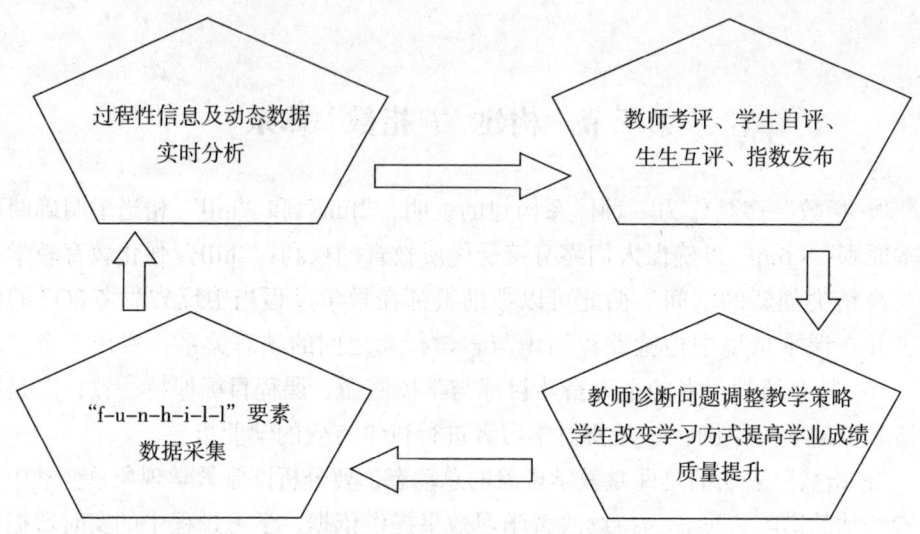

图 7-5　教学指数体系构建的基本步骤

数据采集。是"F 指数"需要采集的关键性内容，一是体现公平的、公道的、面向全体学生的相关数据；二是体现一致的，均衡的，一以贯之的关键指标；三是体现基于需求的，按需供给的、让学生获得全面而有个性发展的关键指标；四是体现康健的，有益于身心健康的相关数据；五是体现关切的，感兴趣的课堂教学的关键指标；六是体现博学的、通才的、慷慨大方、宽容开明的课堂教学的相关数据；七是体现符合逻辑的教学的相关数据。

即时分析。教师通过随时对教学过程实时动态所采集的、教学资源使用的、对有效记录和监测学生学习与教师教学过程中的信息进行梳理，发现学生的学习状态及教学过程中存在的问题。

指数发布。通过教师考评、学生自评、班级的横向与纵向比较等全方位、多元化的评价方式，对学业成绩形成评价报告，精确反馈学生学业质量进步状况，让学生随时了解自己的学习状态，实现反馈及时、实时交互、个性化的指数发布。

质量提升。在结果发布层的基础上，教师能够分析诊断问题，调整教学策略；学生可以改变学习方式，提高学业成绩。

在"F 指数"的构建中，利用成熟的网络追踪工具可以精确地捕捉学生在学习过程中的行为信息，不仅可以记录简单的变量，如一个主题所花费的时间，还可以记录越来越多的细节信息。这些信息为教学指数体系的构建提供了依据，可以帮助教师关注育人思想，关注从教学走向教育，从学科走向育人，把学生成长放在首位；可以引导教师开始关注课堂以外的职业和社会生活，努力建立起学校教学与社会生活关联；可以引导教师关注学生的个性发展，尊重学生的个性差异，在教学过程中实践"funhill"教学当中的教育理念，并由此贯穿教学"实践—认识—再实践—再认识"系统化过程，重新建构"funhill"课程教学本土化的教育理念。

## 第四节　浅议情景教学中的情境指数

现实中存在一种事实，随着学生年级的递升，受教育时间的增加，知识量的扩大，学生的好奇心、想象力、创造力反而在逐渐萎缩，问题意识、批判意识在淡漠，而对教师、书本的依赖、盲从、迷信程度则越来越严重。清泉之下，心灵自会沁润；评价适宜，生命自会舞动。情景教学的基本任务在于激发学生的非智力因素，其核心动机在于学生主体作用的发挥，其重要环节在于活动场景的创设和学习资源的整合，其根本出发点在于提升学生探究与实践能力的提高。学习者视角表现在课堂上，尊重学生在学习活动中的优势选择、自我调控、自我评价与反思，以达到突出学习者主体性的目的。适当的评价犹如学生心灵里的温暖阳光；适度的评价犹如学生生命里的历程刻写；适切的评价犹如学生成长中的发展载体。体现学生发展的可持续性，充分体现学生是学习的主人，把握'以人为本'的教学观，是基于学习者视角的课堂教学情境评价有三个策略性实践要求。

新课程呼唤充满生命活力的课堂，呼唤充满人文关怀的课堂。纵观现时的课堂教学，很多教师在平等对话精神的感召下，激励用语贯穿始终，课堂上洋溢着活力与魅力。但现实中存在一种事实，随着学生年级的递升，受教育时间的增加，知识量的扩大，学生的好奇心、想象力、创造力反而在逐渐萎缩，问题意识、批判意识在淡漠，而对教师、书本的依赖、盲从、迷信程度则越来越严重。为什么在教学改革不断深化的今天，在课堂改革一派繁荣的背后，仍然存在着这样一系列关于课堂生存与质量的原点性、基点性问题？

原因自然是多方面的，但其中最为关键的因素之一恐怕在于课堂中的评价选择问题，清泉之下，心灵自会沁润；评价适宜，生命自会舞动。教师对学生的评价形式是多种多样的，但最直接、最快捷、使用频率最高、对学生影响最大的莫过于课堂教学中的情境评价。适当的情境评价犹如学生心灵里的温暖阳光，发挥激励作用；适度的生成评价犹如学生生命里的历程刻写，足以见证体验；适切的即时评价犹如学生成长中的发展载体，乘势勇往直前。

## 一、情景教学的基本任务及核心动机

"情景教学·基于学习者视角置身课堂教学的本质研究"是北京市教育学会"十二五"教育科研课题,课题组认为,对施教者教师来说,"促进学生健康成长"是创新课堂教学的价值取向和本质所在;"学思结合""知行合一""因材施教"等是课堂教学情景创设的重点。在情景教学活动中用学习者视角反观其为,找准问题点,定准结合点,选准方法点,对准发展点,使课堂教学过程优化更见依据,师生互动的切实性更具保证。

情景教学(situational teaching)是指在教学过程中,教师有目的地通过对一些具体教学情景进行描述、再现和创设,以引起学习者一定的态度感应和情绪体验,激扬非智力因素,激起学习者主动学习兴趣,促使学生对这些情景进行探索、讨论,提高学习效率,完成学习任务的一种教学方法。其基本任务在于激发学生的非智力因素,其核心动机在于学生主体作用的发挥,其重要环节在于活动场景的创设和学习资源的整合,其根本出发点在于提升学生探究与实践能力的提高。

情景是一个教学论的概念,在于对"景"的预设与估计,在于呼应教材的编写思路、结构特点,进行修改、增减、顺序调整,便于目标达成、师生互动等情景处理。"情景"这个词最初用于电影业中,相当于今天的"剧本"。情景一般有两种设计:一种是严格的情景规划,另一种是预测性的情景设想。情景,是一种客体对主体产生刺激的现象,借此以"引发感觉的兴奋";情境,是一种主体在客体中的活动状态,借此以"激发思维的活跃"。情境作为课堂生成现象,现场版的场景,比"情景"要复杂一些。情景教学研究虽属基础,但正是我们应该认真学习和尝试实践的起点。[①]

## 二、情境指数的主要作用及积极行为

美国学者格朗兰德认为,教育评价的基础是事实判断,其核心是价值判断;其手段可以是定性的,也可以是定量的。

情境指数又叫生成性指数或即时性指数,是指在教学活动中,评价者对于评价对象的具体情境表现所作的随即表扬或指正。它通常与教学活动过程相结合,在情景教学中,并非严格意义上的评价方案和评价结论,强调对具体行为

---

① 张弛.小论情景教学、情境教学和情境教育三者的联系与区别[J].科学教育,2007(1):10-12.

情境的评判,是一种与教学过程紧密结合的"情境式的评估",贯穿于情景教学的过程中,其主要作用在于给学习者提供情景反应情况的信息。

积极的支持和助推作用。情境指数"有效性"的表现。对学生的课堂表现做出有助于学生情绪、思想、理解能力等方面良性发展;教学情景设计而言,有积极的推进和支持作用,易形成融洽的课堂气氛,和谐的师生关系;教师通过不同情境评价的课堂实践使教学经验生成为教学智慧,不断提高和改进教学实践,分享师生共同的情感体验,感受生命课堂的多姿多彩。

并非量的记述。是"质的记述+价值判断"为主的评价,而非"量的记述+价值判断"的评价;在情景教学中,可以就即时情境进行"低起点、勤评价、快反馈"地直接拨动学生的心弦;中肯、及时、激励性的评价会让学习者产生某种思考和满足,从而形成愉快的心境,产生更多的积极行为。

### 三、适当的视角与适宜的评价

课堂教学情境评价的功用主要在于激励,唤醒与鼓舞调动学生参与热情,发掘学生的诸多潜能。课堂情境评价,具有动态生成的可能,能促成了课堂的精彩生成。所以作为教师一定要运用我们的智慧,很好地运用情境评价,让课堂充满勃勃生机。

学习者视角(the perspective of learners)是一种施教者在总体教学目标的宏观调控下,根据学生条件和需要,主动反思获得角色认可,通过设身处地的视角变换,在教学内容、教学方法选择上,施以情景置换、合理调控,达成课堂目标共识的课堂行为模式。表现在课堂上,尊重学生在学习活动中的优势选择、自我调控、自我评价与反思,以达到突出学习者主体性的目的。

设置切合学生实际的课题和目标,提供的课题、目标可以被学生掌握,达成学习者合约[①](learner contract)。教师确定的目标,是经过学生努力"跳一跳"就可以达到的目标,教师确定的课题是学生经过努力能够掌握

---

① 学习者合约,是指学习者与指导教师或学习者与自己的一种约定,其目的是帮助学习者组织自己的学习,为学习者提供学习计划框架以及一系列学习者必须考虑的因素,如学习目标、学习内容、所利用的资源、完成目标的期限、自我评估等。合约在课程开始前在教师的指导和监督下签订,学习者在学习过程中依照合约内容监控并评估自己的学习过程,课程结束时教师也可验收结果。一旦成立合约,师生必须严肃对待,但合约没有严格的约束力。合约打破了传统的"一刀切"教学模式,为学习者独立安排自己的学习提供了一个框架。对没有自主学习愿望或尚未作好自主学习准备的学习者,合约可帮助他们了解学习目标和评估,培养他们对学习过程的意识。

的课题。在因材施教的基础上,增加学习的兴趣,使学生愿学和乐学,使学习者在知识、能力、兴趣、特长和个性品质等方面的适应发展成为可能。

教学的五个最基本因素是"教育不是讲述""教育者要安静""鼓励学习者有困惑、有疑问""鼓励学生大胆地表达自己的疑问与困惑""鼓励学生只有充满自信才能学会任何事情"。为获得角色认可,要从信息、目标、心理等方面清晰"自我",实施视角变换,情境感应。①信息差——情景分析。能预知"我"的知识基础,利用信息差,"我"的好奇心被激发,"我"的学习动力便能得以提高。②目标感——目标比照。如果学习内容与"我"的学习目标紧密相关,"我"的学习动力便能得以提高。③自信心——情景联结。如果"我"相信自己能完成学习任务,"我"也有把握取得好的学习成绩并且如愿以偿,"我"的学习动力便也能得以提高。④可调节——情景精解。如果"我"能运用自我调节的策略克服各种干扰因素,"我"学习动力自然也能得以提高和保持。为了让老师们掌握情景教学设计技能,可以从"情景联结"到"情景分析",从"目标比照"到"情景精解"和"情景感应",成为一套专门的基于学习者视角的教学设计系统化程序。情景教学设计及课堂情境评价如图7-6所示。

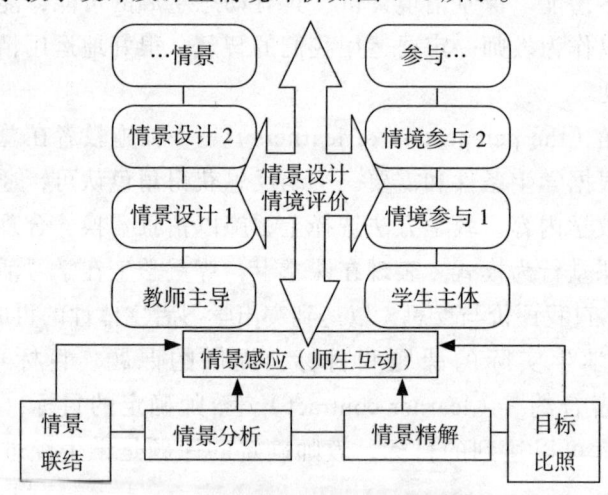

图 7-6 情景教学设计及课堂情境评价

## 四、从最深的本性企图出发

"人类本性上最深的企图之一,是期望得到称赞,渴望赞美是深藏人们心中的一种基本需要。"(威廉·詹姆斯,美国心理学家)为有效帮助营造民主、平等和温馨的评价氛围,基于学习者视角的课堂教学情境评价有三个策略性实践要求。

一是要体现学生发展的可持续性。学生是发展中的人，每个学生都会有"昨天暂时落后，今天努力赶上"的情况。教师的情境评价要考虑学生的过去，重视学生的现在，更要着眼于学生的未来，所追求的不是给学生下一个精确的结论，而是更注重他们的发展。所以教师在评价过程中一定要注重纵向评价，让学生的"今我"胜"昨我"，使每个学生都能真正看到自己的进步，体会到进步中的喜悦。教师要抓住情境中的"闪光点"进行肯定性评价，至于知识的正确与否已不是最重要问题的了。

二是要充分体现学生是学习的主人。教师对学生的情境评价要蕴涵丰富的期待，尤其对不尽人意的即时表现，更是要巧妙运用评价语言让学生感受到教师的期待和信任，以便采取积极的行动。教师的期待会是学生乐于求知的源动力，帮助其树立自信。评价中也充分体现学生是学习的主人，教师只是一个"导"的作用。

三是把握"以人为本"的教学观。正如北京教育学院院长李方教授所说，"把握课堂教学的情境评价，就是把握了'以人为本'的教学观，就是实施了和谐教育的融汇""说起课堂教学的本质，应当说，学习是一种文化、心理和社会因素的复杂统一体，教学充满着未曾设想的过程，难以预测的结果和不被发现的因素"①。正如他所期望的那样，我们一线教师要努力上好"心灵沟通的课、传递关爱的课、传播愉悦乐于进取的课，传授智慧方法艺术的课，提升精神境界、营造和谐互助的课。"这是追求，更是动力。

课题组核心成员、北京市骨干教师吴金香老师在"人文教育与中学历史教师的使命"专题讲座中讲：和谐的课堂氛围的营造以及和谐的人际关系的建立，亲其师、信其道，没有这个前提，教育就成了空谈与说教，不能入心。所谓的师生，不是我们一般意义上的"教过"，而是一起"体味过""怀想过""留恋过""动情过""活过"……看到目前学生的现状，总觉得既然干着这一行，以一己之力似乎也能干点什么，起码，我今天影响了一个人，明天他可能会辐射一群人，我今天改变一个人，明天我会影响一个家庭。这样，起码无愧于我的职业……

---

① 源自李方教授"做一个有文化底蕴的教师"的讲座。

# 第八章 "funhill"教学教师评价能力支持体系建设

"funhill"教学教师评价能力支持体系建设研究，是在教育政策的指引下，探究如何依托区域教育教学高质量发展的现实要求，提高"funhill"教学中教师数据素养，提升教师评价能力，实现"以评促教""以评促育"，提升区域教育质量。

## 第一节 教师评价能力支持体系

教育评价事关教育发展方向，有什么样的评价指挥棒，就有什么样的办学导向。2020年10月，中共中央、国务院《深化新时代教育评价改革总体方案》中强调，落实改革责任，加强专业化建设，营造良好氛围，提高教师教育评价能力，创新评价工具，利用人工智能、大数据等现代信息技术，探索开展学生各年级学习情况全过程纵向评价、德智体美劳全要素横向评价，提高教育评价的科学性、专业性、客观性。

国外关于教师评价能力支持体系建设的研究不是很多，但是基于信息技术素养而衍生的数据素养研究起步很早。基于信息技术的数据素养是指使用数字技术、通信工具或网络来获取、管理、整合、评估和创造数据信息，以便在知识社会中发挥作用。比如1993年Chris Osborne认为基于信息技术素养的数据素养也是由基本技能和特殊技能两部分组成。再如2001年美国教育考试服务中心（Educational Testing Service，简称ETS）成立的一个国际信息技术素养小组认为数据素养应被拓宽为包括关键数据的认知技能以及技术技能和数据知识的应用，包括数据阅读和计算能力，批判性思考能力，问题解决的能力等待。由此形成的数据素养评价能力，被认为是个体能够自信地、批判性地、创造性地使用数据平台、数据采集工具等信息技术手段、以达成学习目标、娱乐目标和交际目标的能力。①

在国内，教师评价能力支持体系建设研究也不是很多，究竟何谓教师评价能力支持体系建设仍然莫衷一是，缺乏对其明确的、可靠的表述，邓红章从混合式教学教师专业能力维度提出从理论支撑、政策支持、技术保障、实践推动和反思提升五个方面建构支持策略体系。②国内对基于数据素养的中小学教师评价能力方面的研究主要集中在两点，一是教师的数据素养能力及其评价指标体系，二是教师的评价能力及水平。尤其是后者，作为一种教师专业标准，是教师开展教育教学活动的基本规范和行动准则，也是对教师工作进行评定、考核的依据。③荆永君等通过教师培训迁移支持服务体系建设研究，提出包括支持服务平台、服务内容、服务模式和服务流程等方面支持建议。④

综合国内外研究，教师评价能力支持体系建设应当是建立以发展素质教育为导向的教师专业发展评价支持系统，激发教师内在发展动力的同时，在收集数据、组织数据、分析数据、活用信息、用活数据过程中，彰显其专业化发展实力，对推进教育教学改革具有重要意义的、有助于全面提高区域教育教学质量发展的支撑体系。

2021年9月，笔者在针对部分教师数据素养及有关因素的调研中发现，在基于数据素养的"提炼合适的问题""用不同来源的数据理解学习问题""使用统计学方法分析数据"方面，具有一定的困难。2022年11月，笔者对"F区中小学课程领导力二期"建设基础调研中发现，当前F区教师的数据素养评价能力普遍较低，主要表现为数据评价知识匮乏、数据评价能力不足、数据评价态度消极、数据评价效果较差等，直接影响学业评价活动的质量与效果，也制约了教师的专业化发展，影响了区域教育高质量发展。

按照教师专业标准，比如中学教师要能够"利用评价工具，掌握多元评价方法，多视角、全过程评价学生发展""引导学生进行自我评价""自我评价教

---

① 朱书慧，汪基德. 幼儿园教师信息技术素养及其模型构建研究[J]. 电化教育研究，2019，40(6)：121-128.
② 邓红章. 混合式教学教师专业能力体系建构及支持策略[J]. 教育评论，2022（3）：106-113.
③ 潘婉茹，孔凡哲. 教师评价能力的要素分析及启示：国内外教师专业标准比较的视角[J]. 外国中小学教育，2017(11)：57-64.
④ 荆永君，李昕. 教师培训迁移支持服务体系建设研究：以中小学教师信息技术应用能力培训为例[J]. 教育探索，2015(12)：143-146.

育教学效果，及时调整和改进教育教学工作"；小学教师要能够"对小学生日常表现进行观察与判断，发现和赏识每一位小学生的点滴进步""灵活使用多元评价方式，给予小学生恰当的评价和指导""引导小学生进行积极的自我评价""利用评价结果不断改进教育教学工作"。

## 第二节 "智慧研修"提高教师评价意识

作为最基本的教师素养，在"基于教学改革、融合信息技术的新型教与学模式"国家级实验区建设过程中"基于智能平台与学习工具的教学研评管一体化研究"课题组，通过推行"智慧研修"，探索在智能平台及学习工具应用的基础上，完善教育信息化应用环境，提高教师评价意识，实现教学研评管一体化改革。

### 一、评价意识是最基本的教师评价素养

教育评价事关教育发展方向，有什么样的评价指挥棒，就有什么样的办学导向。教师是教育事业发展的具体实践者，教师评价意识的强弱决定着学校乃至区域的教育教学质量。教师评价意识是教师专业素养的重要组成部分，是教师通过专业修为对自己评价思想、评价愿望、评价行为和个性发展的基本判断和认知，是一种最基本的教师评价素养。在教师专业标准体系中，小学教师要有"对小学生日常表现进行观察与判断，发现和赏识每一位小学生的点滴进步""灵活使用多元评价方式，给予小学生恰当的评价和指导""引导小学生进行积极的自我评价""利用评价结果不断改进教育教学工作"的评价意识能力；中学教师要具备"利用评价工具，掌握多元评价方法，多视角、全过程评价学生发展""引导学生进行自我评价""自我评价教育教学效果，及时调整和改进教育教学工作"的意识水平。"面向促进学生个性化全面发展的成长路径，推动大数据在精准教学和评价方面的应用"，在中小学教师信息技术应用能力标准中，除了"利用信息技术进行讲解、启发、示范、指导、评价等教学活动"的基本要求和"教师在学生具备网络学习环境或相应设备的条件下，利用信息技术支持学生开展自主、合作、探究等学习活动"的发展性要求之外，要求"尝试利用技术工具开展测验、练习等工作，提高评价工作效率""引导学生利用评价工具开展自评与互评，做好过程性和终结性评价""能整理与分析，发现教学问题，提出针对性的改进措施""综合利用技术手段进行学情分析，为促进学生的个性化学习提供依据"等评价意识和能力水平如表8-1所示。

表8-1　中小学教师信息技术应用能力标准（试行）基本内容

| 维度 | I. 应用信息技术优化课堂教学（基本要求） | II. 应用信息技术转变学习方式（发展性要求） |
|---|---|---|
| 评估与诊断 | ……17.根据学习目标科学设计并实施信息化教学评价方案 | ……17.根据学习目标科学设计并实施信息化教学评价方案，并合理选取或加工利用评价工具 |
| | 18.尝试利用技术工具收集学生学习过程信息，并能整理与分析，发现教学问题，提出针对性的改进措施 | 18.综合利用技术手段进行学情分析，为促进学生的个性化学习提供依据 |
| | 19.尝试利用技术工具开展测验、练习等工作，提高评价工作效率 | 19.引导学生利用评价工具开展自评与互评，做好过程性和终结性评价 |
| | 20.尝试建立学生学习电子档案，为学生综合素质评价提供支持 | 20.利用技术手段持续收集学生学习过程及结果的关键信息，建立学生学习电子档案，为学生综合素质评价提供支持 |

评价的本质是通过"协商"而形成的"心理建构"。从以上标准内容看，教师评价素养一要体现在"选择并运用适当的评价方式收集、分析和使用评价信息促进学习、改进教学的意向、知识和能力"上；二要体现在"评价促进学生的学习""评价引领教师的教学""评价贯穿于教与学的始终"等基本理念上。《标准》要求教师要主动适应信息化社会的挑战，不断增强信息技术应用能力。"教师要先学会评价再学习上课"[1]，意味着教师要将信息技术融于教学和师生交流等各个环节，转变教育教学方式，促进学生有效学习和个性化发展。

## 二、基于教师评价意识的素养分析

教师评价素养是指教师能够根据学生学业结果类型形成合适的评价方案，管理并监督评价方案的实施，利用评价信息来促进有效的教学决策。[2] 其构成主要包含两个方面，一方面是评价的知识与技能，即具有适应日常教育、教学生活所必需的评价方面的知识和技能；另一方面包括评价意识、评价交流、评价应用以及评价人文精神等方面。

作为一种特定的微观形态的社会意识，"评价促进学生的学习，评价引领教

---

[1] 崔允漷. 教师应先学会评价再学习上课[J]. 基础教育课程，2008(11): 55.
[2] 张一旦，周文叶. 上海市中小学教师职前评价素养的实证研究[J]. 教育测量与评价，2017(9): 42-48.

师的教学，评价贯穿于教与学的始终"早已成为新时代教育评价领域的理念和共识，而无论是促进学习作用的发挥，还是引领教学作用的彰显，都高度依赖教师的评价素养。① 正确的评价意识在于，既要指向学生素养提升的德智体美劳各个方面，有利于科学育人，人人成才，又要指向学生不同阶段接受不同教育的学习情况，有利于系统培养，终身学习，更要聚焦到学生整个人，有利于回归人本，促进人的幸福生存和可持续发展。比如：评价主体之间人格平等意识，处理学生事务的时候公平公正、始终如一；对学生有发自内心的爱，在学习潜力、成长愿望上充分信任，在可教性、发展性充满希望，对待学生进步有耐心善等待；对学生家庭、学业困境等抱有同情和理解之情，对学生独特个性的尊重和健康个性的引导等。

评价意识是教师在对评价目标及内容的感知性和选择性、评价意义的反思性和生成性、评价实施的个性化和自觉性、评价解释的理解性和应用性等方面的综合反映。② 它既包含评价主体在教育行为过程中的评价观，又包含评价主体在评价实施过程中的方法论，是评价主体落实评价方案并完善评价活动，从事有效评价行为的内驱力。教师主动设计评价活动的意识淡薄，根源在于对评价实质的理解不到位，评价与教学的关系没有厘清。③ 比如课堂评价是教学的有机组成部分和重要基础。传统的教学评价是凌驾于教学之上的孤立环节，而教师在日常教学活动中所实施的评价则与教学紧密相连，比如课堂提问、练习，或是教师在课堂中对学生的观察，这本身就是教师通过不同的形式收集关于学生学习的信息，它隶属于教学同样也是评价。

教师评价意识既有教师作为评价主体在教育行为过程中的评价观，又有其实施过程中的方法论。教学实践中，教师对评价与教学的关系把握不准，所实施的评价大多处于无意识或潜意识状态，甚至有不少教师认为评价可有可无，在时间紧任务重的情况下，首先舍弃的就是教学评价环节，而完成预定教学任务，达到教学目标才是关键。而在课前、课中和课后所实施的评价反馈活动中，大多数教师都是依经验粗略判定、大概感知的，仅仅停留在脑海的层面，而具体转化为纸笔要素落实在行动上的教师比较少。

---

① 黄钰涵，梁玥颖.我国教师评价素养的研究热点及演进路径探析：基于中国知网中文文献的可视化分析[J].教育观察，2021，10(27)：4-6,39.
② 刘志耀,徐立波.教师专业评价素养：内涵、构成要素及培养策略[J]内蒙古师范大学学报(教育科学版)，2007(12)：57-60.
③ 钟国涛.基于管理学视域的高中教师评价素养研究：以肇庆市物理教师为例[D].西宁：青海师范大学硕士学位论文，2021.

教师评价意识是评价主体对评价对象之于自身效益大小及其程度的价值判断。[①] 是教师在对评价目标及内容的感知性和选择性、评价意义的反思性和生成性、评价实施的个性化和自觉性、评价解释的理解性和应用性等方面的综合反映。[②] 作为教师评价素养提升、教师专业化发展的重要内容，教师评价意识的提升对于提升教师素质、推进教学改革等具有重要意义。评价促进学生的学习，评价引领教师的教学，评价贯穿于教与学的始终。[③]

### 三、信息技术背景下的智慧研修

2019年10月，教育部就开展"基于教学改革、融合信息技术的新型教与学模式"实验区推荐遴选工作通知中指出，实验区要注重统筹规划，勇于并用于教育教学实践，防止信息化建设与信息化应用"两张皮"，更要防止信息化应用与教学改革"两张皮"，保证信息化应用目标与教学改革目标的一致性，保证日常教学与实验工作的一致性。探索信息技术、智能技术支撑下适应本地区经济社会和教育发展实际需要的教与学模式，推进信息技术与教育教学的深度融合，变革教与学方式，提高区域教育教学质量。实践中，既要面向区域信息化融合创新机制探索，利用"同步课堂""专递课堂""名师课堂""名校课堂""学习平台""网络学习空间"等，推动区域课堂教学协同创新发展。又要面向"互联网+"的教师专业能力提升，开展"网络研修""跨校教研与跨区教研""混合式研修""研究共同体""名师工作室"等，助力教师专业发展，推动跨校、跨区县的教师学习培训和专业研修。

信息技术背景下的智慧研修，是依托智能平台和点阵笔等学习工具，精准诊断、考证教与学问题，开展数据支持下教学研评管一体化精准施策、提高教育教学质量的区域性教师实践研究。基本组织形式是依托智能平台和点阵笔学习工具教学研评管一体化项目，针对基地实验学校学科教师、教研组长开展的共同研修活动。研修内容是"五环改课"（选课说课、磨课研课、上课听课、评课诊课、改课创课），该活动以"微讲座+交流研讨""课例研讨+主题讲座""同课异构说课+专家点评"等多种形式开展。"疫情"期间，项目组通过组织教师录制贯通点阵笔应用的公开课，上传至智慧教研平台，教研员利用智慧教研平

---

① 刘舒皓.论时代新人树立正确评价意识[J].中学政治教学参考，2020（29）：30-32.
② 刘志耀，徐立波.教师专业评价素养：内涵、构成要素及培养策略[J].内蒙古师范大学学报（教育科学版），2007（12）：57-60.
③ 周文叶，周淑琪.教师评价素养：教师专业标准比较的视角[J].比较教育研究，2013，35(9)：62-66.

台组织相应学科教师进行观课点评,最后邀请学科专家利用腾讯会议对公开课进行线上说课和点评。

通过"同课异构"课例展示及"同课同构"课理解析,开展课理"切片"研究,将"五环改课"付诸"人与人对话""人与数据对话",通过智慧平台及点阵笔学习工具,贯穿于课题研究、课题指导过程之中,建构"新授课""复习课""试卷讲评课""实验课"不同课型模式,聚焦教学研评管的一体化变革过程。

基于"智慧研修"的教师评价意识提高,一在教育信念的规律性支撑,二在教育智慧的内核性体现。一个教师的评价观受到他自己对人、对教育的理解程度的影响,没有坚定的教育信念作支撑,要在极其复杂的实践活动中实现教育的本质功能,规约各种教育行为,使日益凸显的工具理性服从价值理性,富有创造性地让学生成长智慧、完善人格是何其困难。教师的评价意识需要一定的评价方面的知识、技能、经验作先决条件,而知识、技能、经验又需要借助人的智慧才能转换生成,自觉地、有意识地通过评价活动与方式去追索和体悟教育活动的意义,促进教育活动中参与主体(教师与学生,特别是学生)的全面、自由、和谐的发展。

## 四、"智慧研修"促进教师评价意识的提高

激发教师的评价意识,让评价成为教师自觉自愿的行为。基于"智慧研修"实践,让老师牢牢以正确评价意识发现问题、判断问题和解决问题,提高评价意识,争做"四有好老师",当好"四个引路人"。信息技术背景下的智慧研修基本路线图如图 8-1 所示。

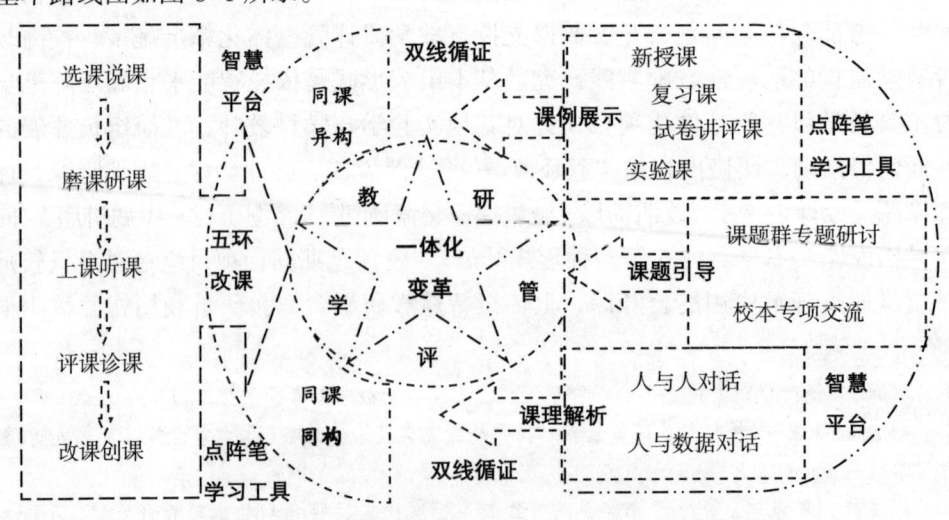

图 8-1 信息技术背景下的智慧研修基本路线图(图谱)

### （一）提高价值判断水平

以学生评价为例，正视超功利性的价值判断，树立起"为了学习而评价""为了改进而评价""为了发展而评价"的价值取向。[①]"为了学习而评价"的价值取向是通过评价来促进学生学习，进而帮助学生主导自己的学习，使评价活动成为帮助学生逐步完成学习目标的教学过程的一部分，是学生评价的基础，即通过评价促进德智体美劳五方面素养的形成，进而实现"达标式"全面发展；[②]"为了改进而评价"的价值取向是要克服当下学生评价过于重视学习结果的弊端，实现对学生学习的起点、过程和结果的全方位评价，通过在不同时间节点采取不同形式的学生评价，可以有效改进学生的不足、促进学生发展，这是学生评价的关键，即在"为了学习而评价"的基础上，通过评价帮助学生改进在评价过程中显露的弱项或不足，从而实现"竞争式"全面发展；"为了发展而评价"的价值取向，可让评价真正成为促进学生发展的"指南针"，这是学生评价的最终目的，即通过学生评价，帮助学生在实现全面发展的同时，实现个性发展，并为学生终身发展奠定基础。

新时代基础教育学生评价应扭转"唯分数、唯成绩"的评价导向，与教育实践和社会发展的需求牢固结合，这三种学生评价的价值取向的确立，有助于新时代基础教育学生评价实践的改革与创新。

从实践中来，到实践中去，在"智慧研修"中，项目组注重顶层设计，以"五环改课"为主线，以四类课型（新授课、复习课、实验课、试卷讲评课）提质为依托，把握学生成长的身心特点、教育规律和教改发展特点，深研智能平台和点阵笔工具的循证功能，把握不同学段、不同学校学情，开展"人与人对话""人与数据对话""透视切片＋电影胶片"课理分析，开展"我会刻意控制自己的评价行为""课前诊断性评价了解学情""课中利用评价了解学生""课后检测""课后反思"等微课题群专题研讨、校本专项交流等活动，研究学生在课堂上的普遍问题和难点、焦点与热点情况，设计、制定、投放"一生一方案"培养模式，并有效推动教师树立正确评价意识，升华精神境界。

作为教师专业化评价素养要求，评价意识在"对我有用"或"对我没用"功利性的价值判断基础之上，更要有超功利性的价值判断，如对美好生活、职业幸福的向往和追求。而职业幸福是教师在参与、体验、创造、反馈的职业生涯实践过程中，老师们自然会不断地形成严于律己、宽以待人，行为世范、自

---

[①] 谢小蓉，张辉蓉．新时代基础教育学生评价的价值取向与发展路径[J]．中国教育科学（中英文），2022，5（5）：27-35．

[②] 韩宁．从关于学习的评价到为了学习的评价[J]．中国考试（研究版），2009(8)：17-21．

我评价、自我完善的思想行为，从而持续明辨自己的职业权利和专业责任，把握教育本质，坚守教育理想。

（二）建立多元主体参与机制

评价与教学并不是分立的，而应整合成一体的。在公平实施评价的前提下，辩证地看待评价标准与评价结果，使评价参与主体在协商的基础上达成共识与认同，以此保障评价的全面性、客观性和科学性，提升评价活动的意义。"智慧研修"中形成的"STUN"区域教研共同体，是由项目实验基地学校教师、区域教研员、大学教师、其他相关人才资源提供者组成的，以解决项目运行难题、清除单体教研障碍、提高教研质量为目标的协同教研新模式、新路径、新机制。

围绕教师评价意识的提高，实验基地校学科教师"S"（school）——学科专业成长、评价素养提升的亲历者、体验者，区域教研机构教研员"T"（Teachers Training College/Teaching researcher）——教师专业成长、评价意识提高的伴随者、指导者、研究者，高校教师教育者"U"（university）——教师专业成长、评价素养提升的引领者、支持者、帮助者；项目因需而聘的其他教师专家、教育设备技能人才"N"（need）——满足教师评价素养提升、特别发展需求的资源提供者、协助者，会在一次次磨课研课的"智慧研修"活动中，通过"STUN教研共同体"活动将个性的、零散的问题收集整理，研磨问题、思维碰撞，同伴互助。问题把脉上，"S"借助智慧学伴等智能平台对前测结果进行精准分析，对学生的学科关键能力进行分析与诊断，提出有针对性的应对策略；"T""U"方面专家就本节课的物理空间、网络空间、信息空间如何实现教学研评管一体化融合提出合理化建议；"N"方面专家点阵工具（纸、笔）如何实现情境性、体验性、趣味性、数字化资源的智能化、个性化精准推送。实现真实情景中"S""讲授"与"互动"比例的协调，对学生课前测、课中评、课后测的顺利进行。

理想的教学一定要有评价镶嵌于其中并持续地实施，一定要有评价提供持续的信息流为教师的教学决策提供依据。"智慧研修"的"五环改课"中，通过授课教师、教研组团队、项目组学科教学专家等，共同对所选择的授课主题进行深入的分析，结合大数据对学情进行精准的分析与诊断，基于学生学科能力的提升，进行提高学生学科素养的有针对性教学活动的规划与设计，促进教育活动中参与主体（教师与学生，特别是学生）的全面、自由、和谐的发展。

以教师数据敏感度和研究水平提高为例，项目组借助智慧学伴平台，深入分析汇聚的大数据，助力教师实现精准教学、个性化教学，分析结果的交流展示也提高了教师对数据的关注度，带动了教师对于平台的使用。在平台的使用过程中，相对于微测来说，教师更加习惯于自主组卷进行测评，其中2022年4、

5月份的使用量比较突出（疫情原因），这说明一线教师在居家给学生上课期间充分利用了现有的教学平台（图8-2）。4、5月份发布次数超过30次以上的有9位教师，全部教师的总批阅次数达3.8万余次。在一线教学研究过程中，教师尝试利用智慧学伴平台给学生做前测，不仅提高了课堂教学的精准性，也提高了课题研究的科学性。

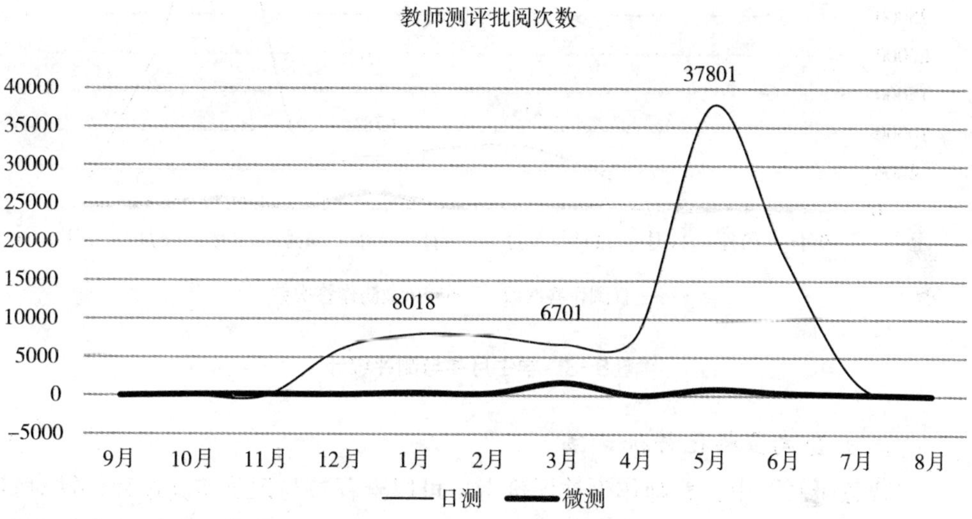

教师测评批阅次数

图 8-2 教师各月测评批阅次数统计

再以学生信息化素养和自评主动性为例，项目实施过程中，区内学生积极主动利用大数据平台 – 智慧学伴诊断自己的学科素养、学科能力，自主发现自己学科优势和学科问题，并利用优质资源进行查遗补漏。2022年5月，由于疫情严重，全北京市学校课程转为了线上教学，区内学生在老师们的带动下在线上进行学习，其中5月份日测作答次数达4万余次（图8-3）。此外，区内学生也在积极使用平台资源进行备考和复习，从2021年12月开始各月资源的观看次数呈现上升趋势，最高达到1万次。项目的开展在提升学习自主性的同时，不断提高学生对教育信息化的感知力，有效促进了学生综合素质的发展。

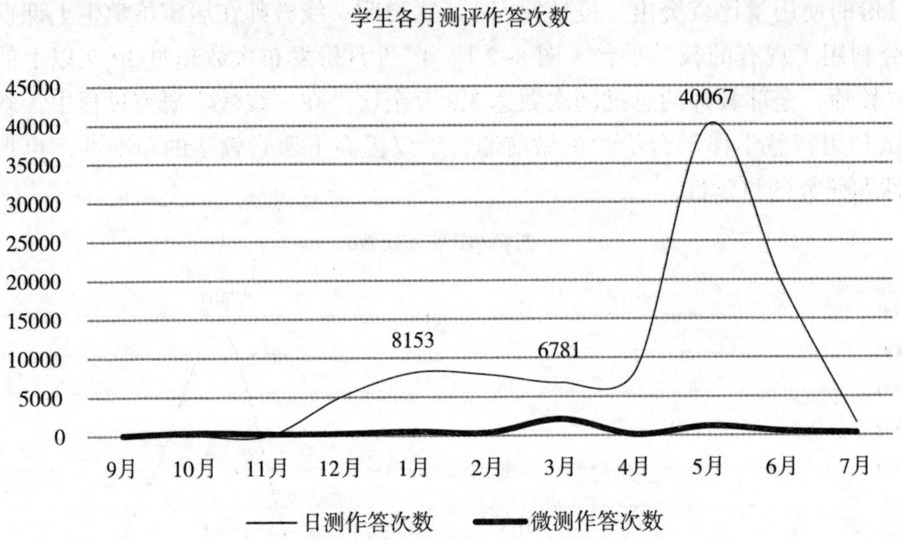

学生各月测评作答次数

图8-3 学生月参与测评统计

### （三）尝试多样化评价方法

"智慧研修"中，教师作为被评价者，可以全程参与评价实施过程，针对其他利益相关方对自己教育教学过程的一些不解和疑问，真诚地向他们介绍自己是如何想的，又是如何做的，在做的过程碰到了哪些问题，采取了怎样的措施等，帮助评价者更全面地了解自己，并做出更加符合实际的判断。

在一次"基于智能平台与学习工具的教学研评管一体化研究"项目实验校大型同课异构"智慧研修"活动中[1]，以《平行四边形的判定》为设计主题，C老师（学校数学学科教研组长）和Z老师（学校数学学科青年教师）做"同课异构"课；L老师（区内数学学科骨干教师）和W老师（实验区聘任项目推广学科教研专家）分别对两节课进行指导点评。C老师和Z老师提前一周将公开课录制成视频，并将其教学设计、学案、录课视频等相关材料上传到智慧教研平台。L老师和W老师在线上指导前，登录智慧教研平台提前看公开课并在平台上做打点点评，提前做好评课准备。W老师运用平台数据对C老师、Z老师的课堂观察量表分析如图8-4所示。

---

[1] 教育部《关于推荐遴选"基于教学改革、融合信息技术的新型教与学模式"实验区的通知》教基厅函〔2019〕46号。2020年7月，课题组所在区成为教育部"基于教学改革、融合信息技术的新型教与学模式"实验区之一，课题组承担实验区重要项目"基于智能平台与学习工具的教学研评管一体化研究"研究。

# 第八章 "funhill"教学教师评价能力支持体系建设

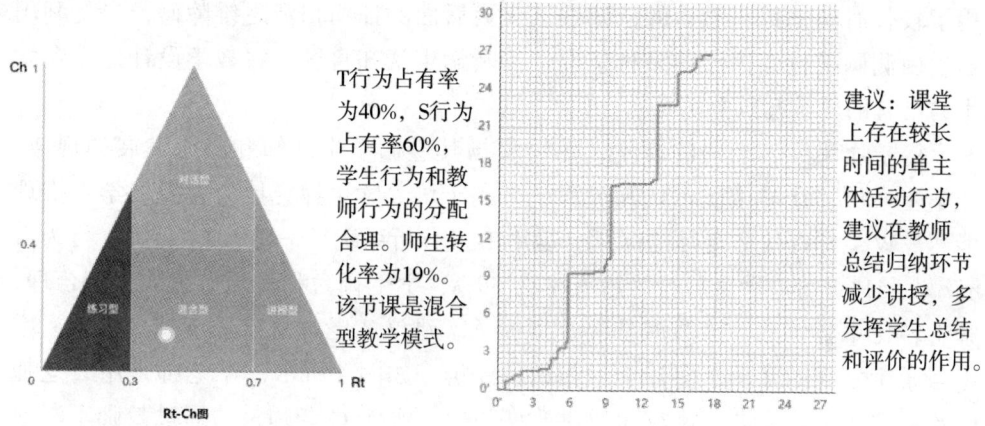

C老师课堂观察量表分析

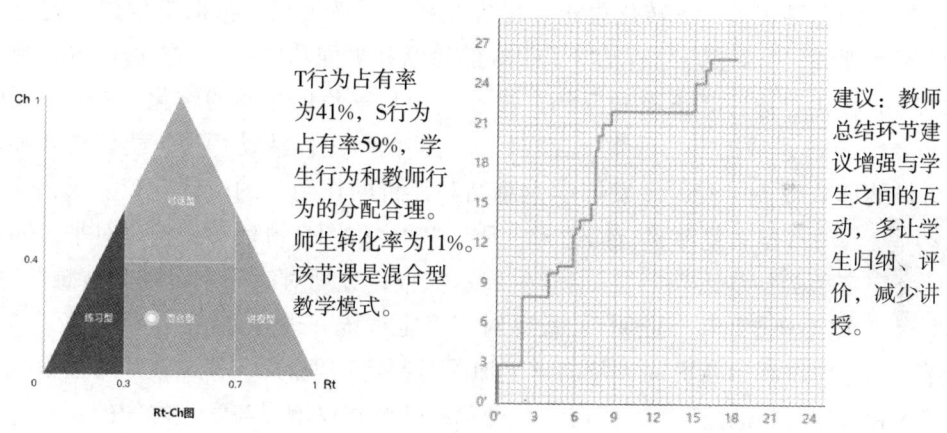

Z老师课堂观察量表分析

图8-4 W老师运用平台数据对C老师Z老师的课堂观察量表分析

课堂上，C老师运用了测试法、例题法、展示法。通过测试、猜想、验证、推理、交流等教学活动，进一步培养学生的动手能力、合情推理能力。Z老师运用情景教学法，使课堂洋溢着轻松和谐、探索进取的气氛，并借助实物、多媒体进行演示，以增加课堂容量和教学的直观性。

L老师评价C老师的课堂，特别关注其学习小组的建立、运用、评价，及时小结、规范表达、及时笔记，注重培养学生良好学习习惯的教学。W老师评价C老师的课堂，特别关注其整个教学过程建立在对学生前测的合理应用上：一是利用课前诊断数据发现学生对平行四边形定义认识不足，在探究活动之前，用了较长时间来纠正学生的认知误区，为后面的证明扫清思维障碍；二是利用学生前测画平行四边形的多种情况，诊断学生认知盲区，将教学设计建立在学生的已有的思维起点上。

L老师评价Z老师的课堂，热情褒扬其遵循学生认知和身心发展的规律，让学生亲历、让学生展示认知过程，有利于培养学生探究能力，发展学生推理能力。W老师评价Z老师的课堂，运用T-S分析系统①，显示T（教师）行为占有率为41%，S（学生）行为占有率为59%，学生行为和教师行为的分配合理，师生转化率为11%，该节课是混合型教学。建议Z老师总结环节减少讲授，增强与学生之间的互动，多让学生归纳、评价。如图4所示，W老师是用Z老师C老师的课堂数据进行比较而提供改课建议：由于C老师是"通过教师不断追问的方式帮助学生明确平行四边形的定义""通过演示学生作图情况，引导学生做出猜想进行证明然后讨论后汇报""每个定理证明结束后教师都会进行知识和方法上的总结提升——转化思想、位置关系、反例证明，帮助学生建立对定理的深度理解""两道练习题发挥了很好的诊断和巩固功能——①渗透位置、数量之间的转化思想；②正例和反例，渗透平四与三角形之间的转化思想"，故而W老师为C老师提出"课堂上存在较长时间的单主体活动行为，建议在教师总结归纳环节减少讲授，多发挥学生总结和评价的作用"的改课建议。又由于Z老师是"通过学案复习平行四边形性质""学生拼图交流活动，构建对平行四边形判定定理的初步感知""三组学生展示汇报，分别对应三个定理的猜想""学生对三个定理选择其一证明""教师对三个定理统一进行总结，分类记忆""选择一个练习进行诊断巩固，帮助学生加深对判定定理的认识""教师对数学探究过程和转化思想的总结"，提出"教师总结环节建议增强与学生之间的互动，多让学生归纳、评价，减少讲授"的改课建议。这种基于平台的改课，既有"基于学生前测的教学设计数据"，也有"基于课堂观察的教学诊断数据"，还有"基于学生后测的教学评价数据"，体现了基于实证的教学改进与指导，让老师感受到了评课的新视角，增进了"为了学习而评价""为了改进而评价"的真实意义。

### （四）评价理论本土化意识

随着互联网、人工智能、大数据等智能技术逐渐趋于成熟，智能社会的轮

---

① T(teacher)行为：教师视觉的、听觉的信息传递行为，比如解说（对于具体事物、概念、法则、实验、现象的解说和说明）、示范（教师的实验、发言、操作等）、板书（伴随解说）、利用各种媒体展示教学内容，提问与点名，评价、反馈（对学生发言的评价、修正）；S(student)行为：T行为以外的所有行为，比如学生的发言、学生的思考、计算、学生记笔记、学生做实验或完成作业，沉默等。

廊也已越来越清晰地呈现在我们面前。智能时代需要智能教育，智能教育需要智能评价。教育评价必将走向以服务导向、智能化为特征的综合性一体化评价新时代——第五代教育评价来了。

立足"基于教学改革、融合信息技术的新型教与学模式"国家级实验区建设，课题组通过"智慧研修"在加强教师对学生学科能力及核心素养培养的过程性评价，探索激发学生持久学习力的路径和方法，依托智能平台的测评数据，生成学生个性化评价，由此探索精准辅导及个性化培养模式，汇聚学生学习、成长大数据，探索本土化新模式。

在实验区建设过程中，面向促进学生个性化全面发展的成长路径，推动大数据在精准教学和评价方面的应用，实现评价理论本土化意识的提高。通过"综合素质评价""数据画像""精确测评""成长档案""生涯指导""教育大数据"等探索以"×××实验区中小学生学籍信息管理系统"中的学生学籍号作为"教育身份证"，实现教学数据联通，通过大数据分析发现教学中的困难和问题，推动因材施教。注重教与学过程中数据的收集分析和利用，并与学生综合素质评价相结合，通过云计算、区块链技术等采集学习过程中的生成性行为数据，开展教学分析与过程性评价，提升课堂教学和育人的有效性。

有别于"第四代""第五代"的改良，利用最新的信息化手段及智能技术将当前以核心素养关键能力为导向的教育教学理念引入"智慧研修"，全面提高教师评价意识和素养。"智慧研修"中，创新评价工具，利用人工智能、大数据等现代信息技术，探索开展学生各年级学习情况全过程纵向评价、德智体美劳全要素横向评价。教师结合本校学生实际，遵循课程标准，分解评价指标，细化评价要点，明确评价方式，形成符合本学科实际的，有利于促进学生发展的学业评价实施细则、评价标准及其操作规程，确保学业评价的科学性、有效性、客观性、发展性、本土化。为区域、学校及学生提供个性化精准性的支持服务，逐步扩大辐射面积，辐射至区内非实验学校，以智慧教研平台改进智慧研修的形式，激发全区教师评价意识和活力，实现学校整体质量、学科教学质量与学生综合素质的较大幅度提升。

教师承担着让每个孩子健康成长、办好人民满意教育的重任。承载着传播知识，传播思想、传播真理，塑造灵魂、塑造生命、塑造新人的时代重任。在实验区建设道路上做出表率的优秀教师，有着非常强烈的内生动力，他们将学生纵向学习的全过程与横向发展的全要素整合起来，进行更全面、更客观、更科学的综合性一体化评价。他们对自己所从事的教育职业的责任和使命有清晰的认识，对实施教育改革可能面临的挑战和压力有充分的心理准备，对从事教育工作充满热忱和激情，成为区域教育高质量发展的根本保证。

作为先行实验区，通过课题组实践研究，在教师评价意识提高方面基本形成比较先进的、可复制、可推广的经验，为区域高素质的教师队伍建设提供借鉴。

## 第三节 教师评价能力支持体系建设

### 一、教师评价能力支持体系建设基本内涵

教师评价能力，是指教师在教育实践和教学活动中所形成的评价意识、评价理念、数据筛选、评价方法、评价能力的总和。比如中小学教师要能够"利用评价工具，掌握多元评价方法，多视角、全过程评价学生发展""引导学生进行自我评价""自我评价教育教学效果，及时调整和改进教育教学工作""对小学生日常表现进行观察与判断，发现和赏识每一位小学生的点滴进步""灵活使用多元评价方式，给予小学生恰当的评价和指导""利用评价结果不断改进教育教学工作"。

教师数据素养，是指教师在实际教学情境中具备数据意识，能够使用合适的方法途径收集、获取所需要的数据，并能对数据进行整理、分析和评价，最终将数据结果应用于教学决策、评价、交流的活动之中。

教师专业发展，是指在教学过程中，教师结合教育情境，所呈现职业的专业化、专业角色、专业知识、专业精神、专业人格、专业智慧、职业心理的水平和能力，并依据不同的教育对象、任务、目标、内容以及错综复杂不断变化的现实问题和状况做出决断，进而采取适合相关情境的行为与策略。[①]

教师评价能力支持体系建设，就是建立以教师专业发展为导向的教师评价能力支持系统，激发教师内在发展动力的同时，彰显其专业化发展实力，赋能区域教育高质量发展的支撑体系。

促进教师全面而正确地理解"评价促进学习""评价促进改进""评价促进发展"专业理念和评价意识，建成一个系列的、完整的、基于数据素养的、符合

---

① 黄正夫，郭平.教师专业能力体系研究：基于国家教师教育课程标准[J].内蒙古师范大学学报（教育科学版），2013，26(4)：64-66.

区域教育高质量发展的、高信度高效能的中小学教师评价能力支持体系。一是制定区域教师数据素养评价能力发展基本标准，强化学校管理者及教师对数据素养评价能力提升工作的重视。二是将教师数据素养评价能力纳入区域教师专业素养体系建设之中，强化教师数据素养评价能力专业化发展。三是健全教师与管理者专业化评价机制。四是改变"以考代教""以考代评""唯考试是瞻"的教育环境，改变以唯一考试成绩评价学生优劣、教学成绩评价教师能力、升学率评价学校好坏的教育评价机制，开展教育评价创新，提升教师数据素养评价能力。

通过理论研究、调查分析和数理统计，提出基于数据素养的中小学教师评价能力支持体系建设路径；完善教师评价能力支持体系，强化教师数据素养和评价能力，实现评价引领数据循证的区域教学研评管一体化改进。应用价值。促成学校管理者能够按照一定规律和规则利用数据平台对学校数据进行有效的收集、存储、处理、应用，充分发挥数据作用，以提高对学校教育教学业务管理水平。促进学科教师能够全面了解数据采集全过程，学会运用数据存储追踪学生学业发展，在原始数据基础上进行加工处理，保证数据应用的及时性、完整性、有效性、一致性、准确性，学会面对海量数据时进行数据挖掘和价值提炼，学会用数据思维的方法解决问题。

持续提升教师数据素养。在强调数据素养专业性重要性的同时，把数据素养作为前提基础之一，教学研评管一体化地协同培养，持续推进。

有计划地打造学校数据团队。数据使用不能仅仅成为个别教师的专利，有计划地建设学校教研组、年级组、班级任课组等专业性功能团队，提高学校数据使用效能。

营造高信度学校区域数据使用氛围。以区域、学校教育教学高质量发展为目的，多方面营造高信度的数据使用氛围，为管理者、教师使用数据和提升数据素养打造良好的营销环境。

构建区域行动实践模型。构建高信度高效能学生发展评价支持体系，项目化、协同化、专业化推进"四梁八柱六层三化"房山方案和实践模型，为基层学校评价工作提供智力支持和专业指导，立德树人，成事成人，助力区域学校教育高质量发展。

## 二、教师评价能力支持体系建设实践

建立科学的、符合教育改革发展要求的教师评价能力支持体系，建成一支适应新时代区域教育发展需要的高素质专业化评价教师队伍，充分发挥教育评价的指挥棒作用，确保教育正确发展方向，推动区域教育高质量发展。

基于数据素养的中小学教师评价能力支持体系建设实践研究就是从"为了学生发展的评价"理念出发，基于教师数据知识、技能、理念、态度等数据素养提升，探索有利于教师评价能力提高所必需的支持系统。

合理调配，提高资源利用效益。中小学教师评价能力支持体系建设需要有关资源的支撑，包括必要的设备以及资源。在区域教育资源分配不均的情况下，通过资源共享项目合作实现对资源的合理配置，提高资源利用效率，从而为中小学教师评价能力提升提供有力的资源保障与支撑。

研发课程，办好系列讲习班。比如数据应用管理（DM）讲习班课程（班），主要为学校数据应用管理干部和教师评价能力提升而开班，旨在按照一定规律和规则利用数据平台对学校数据进行有效的收集、存储、处理、应用，充分发挥数据作用，以提高对学校教育教学业务管理水平。再比如数据分析应用（DA）讲习班课程（班），为学校学科教研组长、学科教师评价能力提升而开班，旨在让学科教师能够全面了解数据采集全过程，学会运用数据存储追踪学生学业发展，在原始数据基础上进行加工处理，保证数据应用的及时性、完整性、有效性、一致性、准确性，学会面对海量数据时进行数据挖掘和价值提炼，学会用最适合的方法解决问题。

搭建载体，开辟实践场所。教师评价能力提升重在实践。搭建相应的平台能够让老师们人才拥有更多的机会。比如以基地学校、高校、教研部门合作为基础搭建训练基地，此外也可以通过每次考试后"质量分析"等环节开展数据应用实践，在相应的实习计划中安排实践，让老师们能够在充分参与，为老师们提供更多实践场所。

创设氛围，优化数据应用环境。创新教师评价能力提升氛围，营造对教师评价能力提升的项目实践活动或者各类基本功大赛、课例分享等来进行有关能力的培养，形成良好的氛围。比如学校可邀请具有数据素养、在评价领域具有丰富实践经历的专家学者举办专业讲座，营造氛围、进一步加深教师对评价能力的认知和提升。

构建"四梁八柱"评价效能体系。以高信度高效能学生发展评价功能发挥为目标，立足"试卷质量监控""考试质量分析""考务数据平台管理"三大支柱，实现"考评真信"效能；立足"以学生为中心的非智力发展学业指导""大数据/智慧平台与智能工具评价应用"两大支柱，强化"循证增信"效能；立足"学生学业评价""学生综合素质评价"两大支柱，落位"综评实信"效能；立足"教师数据分析评价技能与专业化发展促进"支撑体系，发挥"厚基强信"效能。

建构"六层三化"项目运行体系。"六层"即从聚焦区域、学科、学校、班级、个体、非智力因素六个"层面"维度开展价研究内容;"三化"一是"项目化"的评价研究路径方法体系,二是"协同化"的评价研究保障体系,三是"专业化"的评价研究成果成效推广体系。数据管理与分析(DM/DA)讲习班项目总方案见附录二。

建构"3322"研修课程体系。建立区域教师数据素养评价能力提升"3322"讲习班课程体系。"3"即三年为期,完成项目计划;"3"即高中、初中、小学"三大学段",纵向贯通;"2"即分数据应用管理和数据分析应用"两类"DM(Data application management)/DA(Data analysis application);"2"即毕业年级和非毕业年级"双层"(Graduation grade)/(Non-graduation grade)。每年开设3~6个班,每班40课时(16课时集中讲习+24课时校本实践指导)课程,探索以"联动、协同、贯通、下沉"为主要特征"教学研评管一体化"培训,初步构建具有区域特色的、基于数据素养的教师专业化发展支持体系。

# 第九章 "funhill"教学与"EECSD"行动

## 第一节 方案2015:融入课程改革和素质教育全过程[①]

### 一、总体设想

可持续发展教育项目房山教育行动将以科学发展观为统领,按照构建"三化两区"房山建设的新要求,从实际出发,发挥教育资源优势,将可持续发展教育理念融入房山基础教育课程改革和素质教育全过程中,主动适应农村城市化和社会主义新农村建设的需要,帮助和引导全区中小学生了解房山社会、文化、环境与经济领域可持续发展的相关知识,正确理解人与自然、人与社会、人与人之间的关系,形成可持续发展所需要的价值观念、行为习惯和生活方式,进而促进社会、文化、经济与环境的可持续发展。

坚持内涵发展、资源统筹和开放创新,突出首都特色和房山特点,兼顾长远发展和近期要求,科学规划,分阶段、分领域、分学科、分模块、循序渐进地设置具体教育内容,学科课程、综合实践活动课程、地方与校本课程、课外校外活动、班团队活动、学校校园文化建设等,实施房山教育全面、协调、可持续发展的目标。

### 二、行动目标

"可持续发展教育"基本上是价值观念的教育,核心是尊重:尊重他人,包括现代和未来的人们,尊重差异与多样性,尊重环境,尊重我们居住的星球上的资源。教育使我们能够理解自己和他人,以及我们与自然和社会环境的联系,这种理解是养成尊重的坚实基础。基于此,中国可持续发展教育(ESD)项目

---

[①] 中国可持续发展教育(ESD)项目房山教育五年行动方案(2015—2020)(征求意见稿)。

房山教育行动的总体目标如下：以可持续发展教育为主线，通过优化教育结构和学校布局，积极适应新型城市化要求；引导各类教育健康发展，显著提升经济增长、社会发展、群众素质增强所需要的智力支持，确保公正、责任、探索和对话的同时，将可持续发展教育进一步融入全区基础教育课程体系和素质教育中，全面推进教育教学创新，加强可持续发展能力建设，进一步提高师资水平和教育管理效益，大力提升基础教育的育人质量，实现房山教育全面、协调、可持续发展。

具体行动目标如下。

培养中小学生尊重生命、尊重他人、尊重社会、尊重自然的可持续发展价值观、责任感和行为方式。

培养中小学生树立关爱环境、珍惜资源、维护生物多样性的意识与价值观，帮助他们逐步养成保护环境、节约资源、促进生物多样性发展的科学生活方式与行为习惯。

培养中小学生弘扬中华传统文化的责任感，培养中小学生尊重文化多样性，理解与尊重不同民族、国家、地区的文化，珍惜人类共有的文化遗产，养成与各民族、国家与地区人民友好的文明素养。

培养中小学生逐步树立以人为本，全面、协调、可持续发展的科学发展观，形成关注和解决经济、社会、文化与环境可持续发展实际问题的责任意识与初步能力。

## 三、行动框架

### （一）体系构建

对原有国家级、市级 EPD/ESD/EECSD 成员校、实验校、示范校总结经验、试验推广的基础上，构成区域教育特色支撑体系，如表9-1所示。

表9-1 不同类别学校特色建设目标任务

| 学校 | 学生主体精神 | 教师课堂改善 | 管理机制推进 | 特色建设 |
| --- | --- | --- | --- | --- |
| 教师进修学校 | 理论钻研与实验 | 区域课堂模式建构 | "三力"贯彻，教师训研（工作室） | 道德文化学术精神 |

续 表

| 学校 | 学生主体精神 | 教师课堂改善 | 管理机制推进 | 特色建设 |
| --- | --- | --- | --- | --- |
| 职业学校 | 利用环境资源，增强学校和社区联系 | 利用网络技术，创造和谐的教育环境 | 尊重不同个体的差异，促进个体潜能的开发，实现自我价值的研究 | 专业化发展资源优化 |
| 高中（完中） | 以尊重为价值导向的人际关系 | 树立学生自信心、激发学生创造力研究 | 以尊重为价值导向，探索实现学生个性化教学途径 | 人生规划学术性高中建设 |
| 初中（一贯制） | 未成年人价值观教育的内容 | 教师在学生价值观形成中的引导作用 | 以学生为本，实现优秀教育资源价值最大化的探索 | 尊重文化规则意识 |
| 小学 | 尊重个性发展，培养未成年人规则意识 | 以尊重为价值导向，探索课堂民主教学的实践研究 | 探讨学生享受公平教育的途径 | 生活习惯环保行为 |
| 幼儿园 | 不同背景的未成年人和谐相处 | 生活习惯与环保的关系的研究与实践 | 弱势群体教育权益保障的研究 | 游戏规则和谐相处 |

针对学生发展教育，实验校从幼儿园、小学、初中、高中、职业学校选择学段点，形成幼、小、中、职、成各个学段围绕满足不同年龄学生不同需求的可持续发展教育的推进策略。

针对教师队伍建设，以全区某学科教师开展的可持续发展教育为点，在深入总结其经验基础上，深入研究其教师培训基本模式，实现由单个学科教师向其他学科教师延展的线，形成教师、教研组、学校、全区等各个层面围绕学科特点开展可持续发展教育。

针对全区教育管理者，以各类学校的某一学校校长推进可持续发展教育的研究为点，从管理者角度（或行政角度）总结其具体政策、措施与实施机制，深入研究其学校管理新模式，向全区或全市更大范围推广经验，实现项目推进的行政链条，形成学校、区县、市各个行政层级开展的可持续发展教育实践研究。

**（二）开放行动**

形成可持续发展教育区域推进策略，要切实抓好不同部分之间的沟通、开放与合作，将部分的成功实施策略进行移植、推广，形成由部分到各部分衔接再到整体的跨体系开放行动。

第一，科际开放。应以某一学科或多个学科独自依据学科特点开展可持续发展教育为基础，探讨学科间的沟通与整合问题，实现由实施可持续发展教育成熟学科（或优势学科）向不成熟学科的传递，由单一学科的封闭体系向双学科、多学科相互开放体系的构建，由部分学科向所有学科的扩展，形成学科、跨学科、所有学科的可持续发展教育。

第二，校际开放。应以某一学校或多个学校独自依据学校特点开展可持续发展教育为基础，探讨学校之间的沟通与整合问题，在全区建立不同功能的可持续发展专项培训基地。一是"教非所学"式转职巩固基地，解决可持续发展教师岗位扭转的问题；二是教师基本功展示基地，解决基础队伍可持续发展教育专业自信的问题；三是全区可持续发展骨干教师持续发展基地，解决骨干教师项目成果物化的问题；四是高中课改可持续发展教育教师研训基地，解决可持续发展教育本土化问题；五是可持续发展教育综合实践教学基地，解决可持续发展教育学科开放性问题。通过基地建设，加大可持续发展教育教师培训力度，扩大骨干队伍，促进教师成长，实现由实施可持续发展教育成熟学校向不成熟学校的传递，由单一学校的封闭体系向两学校、多学校相互开放体系的构建，由部分学校向所有学校的扩展，形成学校、跨学校、所有学校的可持续发展教育。地理教师研训实践基地。

第三，部际开放。以某一学校或某一社会部门开展可持续发展教育为基础，探讨学校与社会各部间的合作与整合问题，特别是实现学校、家庭、社区之间的资源整合，初步构建可持续发展教育志愿者队伍，实现相互之间的优势互补，形成各部门相互合作的可持续发展教育。

（三）立体发展

可持续发展教育需要以系统、综合的视角来协调各主体、各部分、各环节的进展，需要整合各种类型的资源，形成全面的立体的可持续发展教育。学校发展愿景与区域资源开发如图9-1所示。

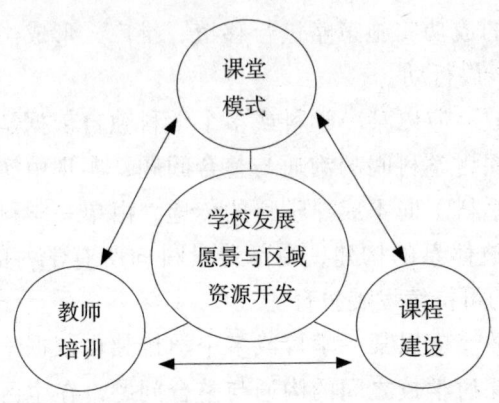

图 9-1　学校发展愿景与区域资源开发

第一，以课程建设为载体。要围绕课程建设与可持续发展教育的基本关系，抓住课程建设的各个环节，整合社会、经济、文化、环境等可持续发展教育领域的重点问题，形成综合推进策略。应紧密结合当前及今后一段时期基础教育课程改革的进程及其具体需求，通过将可持续发展教育融入课程改革当中，贯彻于课程建设的各个环节之中，实现课程建设与可持续发展教育区域推进的同步发展。

第二，区域化课堂模式建构。可持续发展教育对教师认识可持续发展教育理念、构建可持续发展学校课程、开展新型教育教学模式实验、提高教师专业化水平提出了十分具体、可操作性强的工作建议。例如，根据我国国家课程、地方课程和校本课程三级课程管理模式，一些学校以学科教学中实施可持续发展教育为主体，本着"主体探究、综合渗透、合作活动、创新发展"16字原则，这种课堂教学创新，在教师持续发展力的提升上有重要启示：一是教师的教和学生的主动参与学习做到同步设计与同步推进；二是把指导学生课前预习作为启动课堂的第一环节，促成学生"带着思考的头脑进课堂"；三是在各学科教学中挖掘可持续发展教育衔接点；四是引导学生将所学知识运用到节约资源、保护环境的可持续发展行为习惯与生活当中。

第三，教师培训。"教育是今天，更是明天……教育大计，教师为本"。首都率先基本实现教育现代化的目标和世界城市的新定位给房山教育带来了新的挑战和机遇，也提出了新的更高要求。区域化教育质量提升的有效途径——聚焦课堂工程，是"十一五"着力"进行"但没能"尽兴"的教师培训工程。要在"促进教师专业发展，全面提升教师素质水平，努力培养一支师德高尚、结构合理、素质良好、区域均衡发展，适应首都教育改革与发展要求的教师队伍"的基础之上，从专业发展入手，提高教师素质尤其是课堂施教能力，提升区域教育发展聚焦水平，走出"瓶颈"、跨过"高原区"，强化教师内涵发展，走专业化培训之路，大规模、大幅度提高教师综合素质尤其是课堂施教能力已成为房山教师培训工作的重中之重和当务之急。

第四，形成以资源整合为载体的系统推进策略。要以系统论的观点来看待和整合学校原有的校内外各种资源，强调各种资源间的灵活配置与综合运用，充分利用可持续发展教育本身所具有的整体性、跨学科性、实践性等特点，发挥各种资源的不同特点，推进学校各项常规活动及创新活动的开展，提高活动效益，促进学校发展。应围绕可持续发展教育的资源现状，通过重新配置、深入挖掘、有效整合各种资源，开发地方和校本课程，充分发挥资源的功能，形成可持续发展教育长效机制。区域资源转化为 ESD 教育资源如图 9-2 所示。

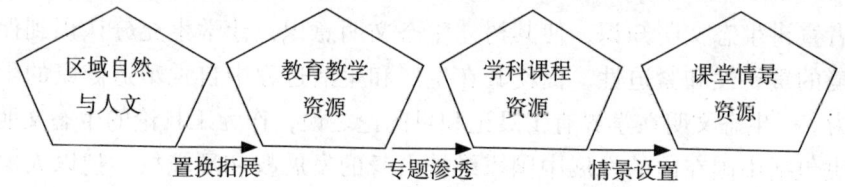

图 9-2　区域资源转化为 ESD 教育资源

## 第二节　广泛开展 EECSD 实践研究

最近，北京市教委发布的《北京市"十四五"时期教育改革和发展规划（2021—2025 年）》中提出坚持"五育"并举着力培养时代新人的主要任务，广泛开展生态文明教育和可持续发展教育，注重学生全面发展，大力发展素质教育，充分利用各类资源，一体化设计、一体化推进，推动实现课程教学、组织管理、学校文化等教育生态的整体变革，为学生终身发展奠基，让学生成为生活和学习的主人，谱写立德树人新篇章。

稍做梳理可以看到，广泛开展生态文明教育和可持续发展教育是对国际社会《2030 可持续发展教育路线图》的积极回应，"制定政策以推动可持续发展教育，将这一教育纳入主流的正规教育、非正规教育和非正式教育"。更是对《中国教育现代化 2035》的深度理解，"形成一地一案、分区推进教育现代化的生动局面"。

## 一、生态文明教育和可持续发展教育的基本要义

可持续发展是指发展过程或发展进程（Sustainable Development: Development Process），可持续发展教育是根据可持续发展需要而推行的、以培养可持续发展价值观为核心的教育，旨在帮助受教育者形成可持续发展需要的价值观念、科学知识、学习能力与生活方式，进而促进社会、经济、环境与文化的可持续发展。[①] 生态文明是以人与自然、人与人、人与社会和谐共生、良性循环、全面发展、持续繁荣为基本宗旨的文化伦理形态，生态文明指发展目标、发展的未来社会形态（Ecological Civilization: Development Goals, Social Form of Future Development），生态文明教育是以可持续发展理念为指导，向受教育者宣讲生态文明知识，使其树立生态文明意识，让学生充分认识到保护生态环境的重要性和紧迫性，促使其在生产和生活过程中自觉塑造健康的生态文明行为。[②] 生态文明在学界有工具论和目的论之说，作为工具论的生态文明，主要解决包括中国在内的发展中国家维护自身的发展权和环境权，把以人民为中心看作是自身发展和生态文明建设的价值归宿，并能够作为一种发展观规范人们的实践行为并推进民族国家的绿色发展；作为目的论的生态文明，是在人类命运共同体理念的引导下，坚持尊崇自然、顺应自然的生态文明发展理念，把推进民族国家的绿色发展与全球环境治理有机结合起来。[③]

作为过程，可持续发展的未来目标是生态文明社会。可理解为"the future goal of Sustainable Development is to build an Ecological–Civilization Society"。正如《2030可持续发展教育路线图》及《柏林可持续发展教育宣言》里所指，可持续发展教育是进行必要变革的基础，可以让每一个人掌握相应的知识、技能、价值观和态度，成为促进可持续发展的变革推动者。"可持续发展教育能培养学习者的认知和非认知技能，如批判性思维、协作能力、解决问题的能力、应对复杂情况和风险的能力、坚韧、系统性和创造性思维，并增强他们的权能，使

---

[①] 王海云，刘宇.可持续发展教育理念促进区域教育发展的对策分析[J].教师，2021（16）：113-114.

[②] 湛利，潘蕾.生态文明教育与高校地理教学融合发展的效应分析[J].教师，2021（24）：110-111.

[③] 王雨辰.构建中国形态的生态文明理论[J].武汉大学学报（哲学社会科学版），2020，73（6）：15-26.

其能够作为公民采取负责任的行动。"① 可持续发展教育积极倡导不同文化间的理解、文化多样性、和平与非暴力文化、包容以及负责任和积极的全球公民观念。

作为未来目标，生态文明社会的建设过程是可持续发展，可表述为"the building process of Ecological-Civilization Society is Sustainable Development"。生态文明教育将促使人们的心态和世界观发生积极转变，确保发展轨迹以地球上所有成员的福祉为目标，而不是仅仅以经济增长为导向，从而造成对地球的损害。

教育既应该促进可持续发展过程，又应该促进生态文明社会的实现。英文表述为"Education should not only promote the process of sustainable development, but also promote the realization of ecological civilization society"。以认知技能、社会和情感学习以及促使个人和社会转变的行动能力为共同着力点，实施可持续发展教育，同时促进个人行为方式的改变，以实现可持续发展、平等和尊重人权，促进以重视民众福祉和尊重地球为核心要务的可持续和变革性经济，并加强抵御和防备未来全球危机的能力，促使在经济和社会的系统层面产生结构性和文化上的根本性变革，促进实现这些变革所需的政治行动——生态文明社会的实现。

在中国，方兴未艾的生态文明教育和可持续发展教育已成为新时代育人模式的生动创新与广泛实践；从世界视角观察，波澜壮阔的可持续发展教育则是联合国教科文组织主导的愈加广泛的国际教育发展与创新的全球潮流。

在实施主体方面，国际可持续发展教育是具有强大权威性与影响力的联合国《2030可持续发展议程》的重要组成部分，由UNESCO组织指导各国政府承担国家责任，在全球范围内广泛实施并定期开展监测评估。国内可持续发展教育则是在国家可持续发展战略与生态文明建设远景规划框架下，以国家中长期发展规划或纲要为引领，制定了"重视可持续发展教育"战略主题和明确"广泛开展生态文明教育"的重点任务，并通过政府主持制定与颁发的公共教育政策，在全国国民教育体系和终身学习体系加以贯彻实施。依此论断，国际对国内具有引导和推动作用，后者对前者的参与和实施效果能够体现作为积极贡献者的国际责任。

在预期目标方面，国际上强调的是"为每个人提供所需要的价值观、竞争力、知识、技能、批判性思维等适应可持续未来的基础素养与关键素养"；在国内则是结合实现2035—2050国家宏伟发展目标对培养优质专门人才与全体公民的需要，将培养生态文明素养、可持续发展素养同培养核心素养相结合，更加

---

① 《柏林可持续发展教育宣言》，2021年5月17日至19日，教科文组织、德国联邦教育和研究部以及作为咨询伙伴的德国教科文组织委员会合作举办的世界可持续发展教育大会（线上方式）上，通过《2030可持续发展教育路线图》及本宣言。

体现了加速推进国家现代化进程尤其是建设生态文明社会和实现美丽中国远景目标的紧迫需要，既可以殊途同归达成联合国2030目标要求，又能够特色鲜明的展现中国方案，产生和其他国家携手合作友好交流的效果。

## 二、生态文明教育和可持续发展教育纳入规划的重要意义

2021年5月17日下午，世界可持续发展教育大会上，中国教育部副部长郑富芝在部长圆桌会议发言中指出，中国政府已将生态文明和可持续发展教育"纳入国家规划，明确了行动目标""修订课程教材，将其融入教学过程""健全激励机制，保障有效实施"，会上表示面向未来，我们应该秉持人类命运共同体理念，促进可持续发展教育的国际合作，为顺利实现联合国2030做出贡献。其意义如下。

生态文明教育和可持续发展教育扩展与升华了可持续发展教育基本理念。在可持续发展教育基础上开展生态文明教育，能够帮助学习者认识到，生态文明建设是实施可持续发展战略的继承、深化，是推进可持续发展进程的新阶段、新高度与新境界，并且展现了可持续发展未来的美好图景。鉴于此，生态文明教育就是对可持续发展教育基本理念的深化与扩展，是可持续发展教育的新阶段、新高度与新境界。

生态文明教育和可持续发展教育丰富与补充了可持续发展教育的实践内容。以生态文明教育为重点推进可持续发展教育，能够帮助学习者更多了解生态文明领域的系列理论、政策与知识，诸如，更多了解与掌握关于我国现代化是人与自然和谐共生的现代化、注重同步推进物质文明建设和生态文明建设方面的理论与政策，更多学习与掌握绿色低碳发展、绿色低碳循环发展经济体系、经济社会发展全面绿色转型、实现碳达峰与碳中和等方面的知识与技能。同时，能够指导青少年与全体公民直接参与污染防治攻坚战、山水林田湖草沙一体化保护和修复等生态文明建设进程。

生态文明教育和可持续发展教育放大与延伸了可持续发展教育的研究视野和创新空间。以生态文明教育为重点推进可持续发展教育，有利于进一步在生态文明背景下深化与扩展理解教育的时代功能、课程创新、课堂革命、思想品德教育与践行绿色生活方式的含义；同时，能够进一步丰富与开阔学习者关于可持续发展理论研究的思想认识，即有利于对人类可持续发展未来与生态文明社会愿景进行了前瞻性规划和全景式展望；同时，开展生态文明教育和可持续发展教育，能够激发众多学习者共同憧憬和参与构建"人与自然生命共同体"的广阔创新实践空间，并不断鼓舞青少年与全体公民雄心勃勃地参与推进全球可持续发展进程和生态文明建设的伟大进程。

生态文明教育和可持续发展教育有望形成积极的国际共识。随着国际社会正在起步实施新一轮《2030可持续发展教育路线图》的新形势，正在中国广泛推进的生态文明教育和可持续发展教育，通过日趋活跃的共同研究与多种会议渠道，定会逐步走向国际教育交流与合作的前台，获得更积极的国际共识，并进而越加快速走近世界教育主流。

### 三、生态文明教育和可持续发展教育兴许成为主流教育

教育的意义不仅在于考上好的大学，更在于赋予学习者权利和意义。联合国教科文组织（UNESCO）教育助理总干事斯蒂芬妮亚·贾尼尼（Stefania Giannini）认为，"我们需要进一步推动可持续发展教育纳入主流教育，让所有学习者都能成为生存的积极推动者"[①]。

2021年3月，生态环境部、中央宣传部、中央文明办、教育部、共青团中央、全国妇联等六部门日前发布的《"美丽中国，我是行动者"提升公民生态文明意识行动计划（2021—2025年）》"行动计划"明确，推进生态文明学校教育，将生态文明教育纳入国民教育体系，完善生态环境保护学科建设，加大生态环境保护高层次人才培养力度，积极推进生态文明教育法律规范建设。

作为知识分类体系和制度安排，学科是主体在认识客体的过程中形成的系统有序的知识体系，是知识生产、传播、应用积累到一定阶段的产物。生态文明教育和可持续发展教育能否成为学科，要从其知识演化和制度变迁两种路径的动态过程来分析。一方面通过其知识演化，内化于"心"成于"芯"——重点关注生态文明教育和可持续发展教育积累与创新；另一方面通过其制度构建，外化于"形"成于"型"——重点关注生态文明教育和可持续发展教育规训制度。

生态文明教育和可持续发展教育无论是在知识演化还是在制度变迁过程中，都要依据其成长的规律和规则形成相应的发展逻辑。逻辑是形塑生态文明教育和可持续发展教育成为学科的内在动力和根本力量，只有对逻辑发展趋势的深刻把握才能推动学科成长。[②] 随着生态文明教育和可持续发展教育理论知识体系的逐渐成熟，实现着与国家发展和经济建设"同频共振"，实现学科的范式迭代、方式递进。

从生态学视角来看，生态文明教育和可持续发展教育是以实现"知识"和

---

① 2021年5月17日下午，世界可持续发展教育大会上，UNESCO教育助理总干事斯蒂芬妮亚·贾尼尼主持部长级圆桌会议。会上各国部长报告本国ESD的实施的经验以及可能遇到的问题，同时做出在本国教育中实施可持续发展教育的承诺。

② 罗建平.世界一流学科成长的逻辑与路径[J].中国高教研究，2021（7）：29-34.

"组织"两个生态子系统的简单到复杂、低级到高级的进化过程,在发展方式上更强调内涵发展,注重生态文明教育和可持续发展教育与其他学科的共生关系与带动作用;在资源配置上实现动态平衡,打破人为设置的资源壁垒。

服务国家需求不仅是生态文明教育和可持续发展教育作为学科成长的战略指引,更是培养生态文明教育和可持续发展教育人才的需求牵引。生态文明教育和可持续发展教育学科建设的根本在于培养立德树人,特别围绕国家重大战略需求来培养创新人才,更是提升学科建设成效的内在动力。

要说生态文明教育和可持续发展教育学科之路既慢且长,主要包括以下两个方面。一方面"以本为本"做有水平的"一体化"教育,重点开展"四新(新时代的新工科,新农科,新医科和新文科的建设)"建设,引领人才培养体系的全面创新;注重新兴、交叉和跨学科的横向融通,大力培养复合型拔尖人才;同时加强基础学科人才培养,进一步探索实施"强基计划"本研贯通培养模式。另一方面以国家战略需求为导向分类培养研究生,以满足创新型国家建设对学术型和应用型高层次人才的需求;加大高科技领域应用型研究生的培养,以提升关键核心技术创新能力。

## 四、教师主动融入提升立德树人能力

广泛开展生态文明教育和可持续发展教育,要充分认识到教师在促进可持续发展教育方面的关键作用,投资于各级教师及其他教育人员的能力发展,确保采用全部门、系统性方法开展必要的教育变革,教师也要自觉行动起来,主动融入,才能胜任新时代的教育教学工作。

教师融入生态文明教育和可持续发展教育(EECSD),从6个研究入手:①教师生态文明-可持续发展教育素养与提高专业发展水平途径研究;②学习者生态文明-可持续发展素养构成及分类分级评价指标研究;③生态文明-可持续发展教育特色课程大纲与实施途径研究;④可持续学习课堂基本要义与实施策略研究;⑤生态文明-可持续发展教育学校-社会实践专题与实施策略研究;⑥生态文明-可持续发展教育特色"生态-智慧"校园/建设研究。行动实践中,可循其特殊的"2-2-3-1-4-6-4-4路线图":"2"即两项社会功能(教育促进社会经济环境与文化可持续发展、教育推动建设生态文明社会);"2"即两个育人目标(教育关注人的可持续发展、教育关注培养生态公民);"3"即三级课程建设(国家课程——实施"生态文明教育+""可持续发展教育+"课程、地方课程——开发实施地方生态文明教育/可持续发展教育课程、校本课程——开发实施校本生态文明教育/可持续发展教育课程);"1"即一个课堂教学模式(可持续学习课堂：教学/学习四原则（主体探究、综合渗透、合作活动、知行并进，教学/学习四方式：引导学生课堂学习过程前移、指导学生做好学习探究作业报告、组织学生参与课堂评价与合作讨论、辅导学生设计问题解决方案）；"4"即四个生态空间建设（生态智慧教室、生态智慧校园、生态智慧家庭、生态智慧社区）；"6"即六类专题学习实践活动（生态安全、生态资源、生态环境、生态经济、生态文化、生态共同体）；"4"即四种特色生活方式（简约适度、绿色低碳、强体抗疫、和谐健康）；"4"即四个预期效果（多出创新型教师优秀课例、多出优秀品牌学校、多出青少年生态文明建设者美好故事、多出担当生态文明使命的卓越领导者）。①

## 第三节 "EECSD"教育因"funhill"教学而充满活力

党的十八大以来，以习近平同志为核心的党中央站在全局和战略的高度，对生态文明建设提出一系列重要论述和指示。

2015年3月24日，中央政治局会议审议的《关于加快推进生态文明建设的意见》新闻公报指出，全党上下要把生态文明建设作为一项重要政治任务，以抓铁有痕、踏石留印的精神，真抓实干、务求实效，把生态文明建设蓝图逐步变为现实，努力开创社会主义生态文明新时代，为推动世界绿色发展、维护全球生态安全做出积极贡献。同年9月25日，联合国大会通过了《2030年可持续发展议程》。此议程的核心是17项可持续发展目标（SDG）。这些普遍的、具有变革意义的、包容的可持续发展目标描述了人类面临的重大发展挑战。诸如"优质教育：确保包容和公平的优质教育，让全民终身享有学习机会"（第4项）的17项可持续发展目标旨在确保现在和将来地球上每一个人都能享有可持续、和平、富足和公平的生活。这项新的全球框架旨在改变人类的前进方向，引领人类走上可持续的道路。

### 一、启示：公平、优质、创新、开放的世界眼光

生态文明作为执政理念上升为国家战略并在全党、全社会和国际上加以推行，是一次伟大的理论创新和实践深化，具有重大的现实意义和深远的历史意义，昭示了我们党建设生态文明、推动绿色发展的坚强意志和坚定决心。

---

① 史根东. 为美丽中国奠基：生态文明－可持续发展教育的涵义解读与素养分解[J]. 可持续发展经济导刊，2021（Z2）：63-66.

从十八大"加强生态文明宣传教育,增强全民节约意识、环保意识、生态意识,形成合理消费的社会风尚,营造爱护生态环境的良好风气"到十九大"像对待生命一样对待生态环境,……形成绿色发展方式和生活方式,坚定走生产发展、生活富裕、生态良好的文明发展道路,建设美丽中国,为人民创造良好生产生活环境,为全球生态安全作出贡献"来看,教育除了有本身"幼有所育、学有所教"孜孜以求的目标,还是实现生态文明发展目标的一项关键战略,也是实现所有其他生态文明目标的手段。它既是生态文明的内在组成部分,也是推动实现生态文明发展的关键因素。

"房山教育是首都教育的重要组成部分,建成更加公平更高质量的新时代房山教育是建设国际一流的和谐宜居之都、谱写中华民族伟大复兴中国梦房山篇章的应有之义。"2019年5月30日,房山区教育大会指出房山教育能够"公平、优质、创新、开放的现代教育体系和先进的学习型区县初步建成,教育发展水平不断提高"的主要经验是在习近平新时代中国特色社会主义思想指引下,始终坚持贯彻党的教育方针,切实落实教育优先发展战略地位,促进房山教育与房山经济社会协调发展;始终坚持落实立德树人根本任务,全面推进素质教育,努力培养德智体美劳全面发展的社会主义建设者和接班人;始终坚持以人民为中心,努力破解教育热点、难点问题,持续提高人民群众的教育获得感和满意度;始终坚持以改革创新为根本动力,持续完善教育体制机制,努力推进教育治理体系和治理能力现代化;始终坚持教育资源整合发展,强化区域协同,尊重基层首创精神,动员全社会积极参与、支持房山教育现代化建设。

## 二、溯源:从 EPD 到 ESD 的房山本土化历程

追溯房山可持续发展教育,当从参加第二届中国可持续发展教育国家讲习班开始,已有20年。就其影响来说,有两次重要行动历程与房山有关:2001年5月,中国可持续发展教育第五次国家讲习班在房山举行,首次明确提出将主体教育思想和可持续发展教育思想作为实施 EPD 教育的基本理念,以房山为基本经验提出 EPD 教育16字实验原则:主体探究、综合渗透、合作活动、创新发展。会议形成《中国环境、人口与可持续发展(EPD)教育项目章程》《关于中国环境、人口与可持续发展(EPD)教育项目章程的报告》等重要文件。2009年10月,以"可持续发展教育:国际发展趋势和中国实践模式"为主题的第四届可持续发展教育国际论坛在房山区举行。会议达成了"推进可持续发展教育:国际教育改革与创新""在可持续发展教育中培养具有可持续发展意识与能力的新一代公民,具备中国可持续发展教育10年实践的核心特征"等基本共识。会

议通过了《培养具有可持续发展教育意识的新一代公民——中国可持续发展教育10年回顾》等重要文件。

2016年10月，房山区被中国可持续发展教育全国工作委员会批准为首批中国可持续发展教育国家级实验区。全国工作委员会认为：项目组（协会）带领各实验学校（基地校）的干部教师以可持续发展教育研究为载体，有效破解深化教育综合改革背景下的诸多教育难题，不断地认识和把握教育规律，改进实际教育工作，促进区域教育质量和效益的不断提升，促进房山教育的内涵发展。同时培养建设一支房山区的可持续发展教育骨干队伍，充分发挥其示范、引领作用。促进实验学校（基地校）"科研兴校""科研兴教"的真正可持续发展。

20年来，房山ESD研究团队通过开展课程、教学与学习创新研究，促进了学校内涵发展，并培育了一批可持续发展教育促进优质教育的实验学校和卓越团队。房山职业学校、十渡中心小学、张坊中心校、周口店中心小学、葫芦垡中学等学校的"卓越团队"，他们有的通过可持续发展教育实践促进学校内涵式发展，以ESD理念推动学校在课程化进程中构筑可持续发展教育新样态，有的通过基于地域民俗文化特色的多元文化引领，"把学生放在正中间，让每一颗星星都绽放璀璨光芒"。

20年中，房山ESD研究团队始终注重结合国家教育改革与创新发展的形势，开展生态文明与可持续发展教育理论与实践创新研究。尤其对有关生态文明时代对教育改革创新的新需要、可持续发展和教育的关系、可持续发展教育进入公共教育政策——教育均衡、可持续发展素养构成与培养途径、可持续发展教育促进优质教育、可持续发展教育课程建设、可持续发展教育实验区与实验学校建设等重要理论与实践问题，进行了专题专项研究。

20年来，房山ESD研究团队与各实验学校携手工作，一直将工作重心放在以可持续发展教育为主导的课程、教学与学习创新实践研究上，先后在三十余所实验学校中开展调查、指导、专题培训、质量诊断、经验展示等活动，借助联合国教科文组织中国可持续发展教育全国教育委员会研究平台，培养、发现、表彰了一批可持续发展教育促进优质教育的优秀校长与优秀教师案例，总结与传播了一批可持续发展教育实验学校颇具特色的成功经验，为通过课题研究促进学校教育内涵发展进行了颇有价值的创新性探索，"长出来"了一批生态文明与可持续发展教育研究成果。

2018年11月，房山区获评"中国可持续发展教育20年最具影响力地区"。联合国教科文组织中国可持续发展教育全国教育委员会授予房山区ESD"可持续发展乡村教育联盟工作指导办公室""中国可持续发展教育20年卓越团队"

荣誉称号。"卓越团队"能够"最具影响力",一是在深化教育综合改革的背景下,面对区域教育教学实践中出现的诸多的亟待解决的疑难问题,按照可持续发展教育(ESD)基本运行规律,破解现实教育教学难题,改进教育工作,提升教育质量和效益日益成为全区广大干部教师的共识与自觉行动。二是按照可持续发展教育的总体目标培养学习者促进可持续发展的跨领域能力,通过促成社会、经济和政治方面的变革,改变个人的行为,"到2030年,确保所有进行学习的人都掌握可持续发展所需的知识和技能,具体做法包括开展可持续发展、可持续生活方式、人权和性别平等方面的教育,弘扬和平和非暴力文化,提升全球公民意识,以及肯定文化多样性和文化对可持续发展的贡献。"三是极大地推动了所有各方实现可持续发展目标,让每个人都能为持续发展贡献一分力量。可持续发展教育能够让个人在认知、社会情感和行为等方面获得具体的学习成果,使其有能力处理每项可持续发展目标面临的特定挑战,从而促进该目标的实现。简而言之,通过让人们掌握所需的知识和能力,以便不仅理解可持续发展目标的意义,而且作为知情的公民积极参与催生必要的变革,可持续发展教育能让所有人为实现可持续发展目标做出贡献。

### 三、"funhill"教学:新时代的房山教育生态

"房山进入深入推进'一区一城'建设、全面实现教育现代化的关键阶段,房山教育的改革发展面临前所未有的新形势、新任务。"房山教育大会指出,"从教育自身看,公平优质的教育是世界教育发展的最大共识,要求房山教育始终遵循教育规律,促进教育公平,提升教育质量。教育作为提高人民综合素质,促进人全面发展的重要途径,要解决好培养什么人、怎样培养人、为谁培养人这一根本问题,加快推进教育现代化、办好人民满意的房山教育。""可持续发展教育立意高远,催人上进,有助于我们更全面地思考房山未来的教育发展",正如区教委主任顾成强对房山未来可持续发展教育所期待的那样,房山将通过统筹、整合、合作、贯通、共享等多种教育策略,实现基本均衡与优质均衡的协调、实现个性发展与共性发展的协调、实现学校、家庭、社会的协调,可持续发展教育"要不忘本来,吸收外来,面向未来"。

房山生态文明教育,赶上新时代。"更加注重以德为先,更加注重全面发展,更加注重面向人人,更加注重终身学习,更加注重因材施教,更加注重知行合一,更加注重融合发展,更加注重共建共享。"正如房山教育大会指出的"八个更加注重"理念那样,进入新时代,要抓住机遇、超前布局,以更高远的历史站位、更宽广的国际视野、更深邃的战略眼光,贯彻落实《首都教育现代

化 2035》，对加快推进房山教育现代化做出总体部署和战略设计，提高教育现代化水平，提升区域竞争力、人居环境质量和人民生活品质，不断使教育同房山战略定位相适应、同人民群众期待相契合、同首善标准相匹配。

到 2035 年实现高水平教育现代化，建成理念先进、体系完备、内涵创新、质量优良、环境优越、保障有力的房山教育，构建充满活力、丰富多彩的终身学习环境，满足新时代房山人民对更加公平、更高质量的教育的需要，为建成"一区一城"新房山提供有力支撑。在此基础上，再经过十五年左右的努力，到 21 世纪中叶，发展成为教育强区，为建成富强、民主、文明、和谐、美丽的房山发挥应有作用。畅想 2035，到那时，房山可持续发展型教育生态应当是建成德智体美劳全面培养的教育体系，全面普及高质量的学前教育，高标准实现优质均衡的义务教育，提供高质量多样化的高中阶段教育，推进有力支撑区域发展的职成教育，发展与经济社会发展深度融合的高等教育，残疾儿童少年都享有适宜的教育，形成充满活力的终身学习环境，形成全社会共同参与的教育治理新格局，人民群众教育获得感明显增强。

美哉，生态文明与可持续发展教育的可持续发展教育生态。

壮哉，房山"用心做教育，做心中有人的教育"更加美丽而充满活力。

生态文明教育和可持续发展教育为人类和地球进行变革性学习，关乎我们及子孙后代的生存，也是联合国教科文组织主导的愈加广泛的国际教育发展与创新的全球潮流，现在正当其时。开展生态文明教育和可持续发展教育，本体上是要促进育人理念和育人方式变革，要以《中国教育现代化 2035》为引领，更加注重以德为先，更加注重全面发展，更加注重面向人人，更加注重终身学习，更加注重因材施教，更加注重知行合一，更加注重融合发展，更加注重共建共享。

规划提出"提升校园绿色低碳发展水平"，把"广泛开展生态文明教育和可持续发展教育"作为重要任务提出来，方向是正确的，理念是先进的，现实是需要的，问题是迫切的。既要"落实碳达峰、碳中和重大部署，适时推进节能绿色化改造，全面推进校园节能减排，制定高校和中小学幼儿园能耗限额地方标准，开展教育系统节能减排目标责任考核"，又要"加强节能减排意识教育，培养师生低碳节约行为习惯。"以使"生态文明教育和可持续发展"的理念在全社会落到实处。

总之，机遇前所未有，更具战略性、变革性，挑战前所未有，更具紧迫性、艰巨性。在"十四五"年以至更长一段时间内，要用高质量的理论与实践创新成果助力国家"高质量教育体系"建设，牢牢把握教育工作的规律性，以首善标准建设高质量教育体系，构建首都教育发展新格局。

# 第十章 "f"（fair）：为所有儿童提供接受优质教育机会

## 第一节 课堂公平是教育微观公平核心

教育的公平与卓越一直是经合组织追求的目标，如每三年一次的 PISA 并不满足于测试学生个体素养成绩的高低，甚至也未停留于研究影响素养成绩的个人因素，而是继续深入探究影响学生素养和学业成绩的教育与社会原因，包括学校均衡、办学效能、家庭背景、政府投入等因素对学生的影响，旨在发现公平与卓越之间的关系。另外，经合组织极力推崇的全球表现最佳、各国应该效仿的教育系统的一个重要特点是他们做到了公平而卓越，这些国家通过全面的政策设计，做到了将公平与质量相结合，他们在提高整体成绩的同时缩小了不同群体之间的成绩差距，实现了为所有儿童提供接受优质教育机会的目标。

根据经济合作与发展组织的定义，教育公平理论可以有两重含义：一是确保个人不受社会经济地位、性别和其他因素的影响接受教育；二是制定最低标准，确保全民教育的全面覆盖。另外，教育公平是贯穿于教育全过程的，包含入学机会、接受教育的过程以及最终得到的教育结果。在这之中的任何一个方面受教育者都应该是均等的，而不应该受到区别对待。社会和技术的发展也应该体现在教育公平上。教育公平是合情合理地对教育机会进行分配，做到既符合受教育者意愿的"情"，又要符合社会及教育发展规律的"理"，两者分别决定着教育公平的实施是否具有精神价值和发展价值，缺一不可。

教育公平是社会公平的一部分，更是受教育者对获得平等、适宜的教育的感受。当前，在我国许多区域已经实现义务教育基本均衡的背景下，教育过程微观公平即如何给予每个孩子最合适的优质教育，成为民众最关心的教育问题。

教育过程公平就是通过合理的教育制度，恰切地分配教育资源，使每个人获得与其相适宜的教育，满足个体的学习需要，使个体得其应得，实现个性化地发展。很多学者认同，教育公平的缺失，主要原因在于社会生态即等级化文化观念、功利化教育模式、制度、政策漏洞及教师职业道德缺失等。从微观视角来看，学校作为一个小社会，教育公平落实程度也依赖于校园文化生态、学校教育教学制度（政策）、课程设置、教师的教学方法与评价方式（教师态度）等。

公平课堂是教育微观公平研究的核心。福建省教育科学研究所郭少榕主持的国家社科基金教育学一般课题"基于学校教育过程的微观公平研究"课题中，把教育微观公平的研究内容确定为：研究教育过程微观公平的内涵与要素；探索建构基于全体学生和谐快乐成长的学校文化，能够促进教师责任感和激发教师教育智慧的学校管理制度；研究如何构建基于不同地域和学校学生的需求的丰富的课程体系；研究新课改理念下中小学公平课堂的构建要素与策略，包括设计基于"平等·差异"教学理念的学科能力表现系列测评工具、公平课堂建议指标；研究有利于学生成长的教育过程评价机制，包括学生的公平体验与评价；研究教师的公平评价和教师本身的公平理念和公平行为改善机制。包括：如何推动教师树立正确的公平教育理念，并体现于日常的教学行为。如教师如何针对不同知行和智能以及性别差异的群体落实平等和差异补偿相结合的教学，如何实现共同发展的问题，弱势群体的班级融入问题等；总结提炼建构微观公平理论渗透课程、教学、评价、制度和文化等各个环节的、城乡学校共通性与特征性融合的"均衡·优质·活力"学校育人路径，并提出政策建议。①

教育微观公平的研究目标主要定位于四个方面：①探索基于平等与差异补偿原则的教育微观公平理论；②建构教育微观公平理论的框架、结构与多元视角；③描述与解释存在于学校场域中的各种公平问题，包括学校管理机制、课程、教学、评价与监督等方面；④实践探寻微观公平所存问题的改进策略和机制。

## 一、研究发现

项目组在研究无差别接收学生（在地学生与流动人口子女同步接收）的公立学校的教师公平认知与行为、学生公平感知，以及学校的文化与制度、课程与教学，描述与解释存在于课程、教学、评价与制度中的各种公平问题过程中发现：

---

① 徐容容，吴志宣，郭少榕．我国学校教育过程微观公平研究的回顾与审思[J]．教育评论，2019(10)：31-39．

**(一) 学校教育微观公平整体呈正向趋势，但在不同维度存在差异，学生的公平感知总体低于教师**

1. 学生视角下的教师对待学生公平度在 65%～75%

超过三分之二甚至四分之三的学生认可教师的尊重和承认：73.67% 的学生认为上课时教师重视听取自己的观点，74.19% 的学生认为教师上课时候能够关注自己，65.65% 的学生认为教师会给予自己较多的照顾。大部分学生认为教师不会滥用权力，在班级管理方面比较民主。但是只有 62% 的学生同意"老师不会让有特长的学生拥有特殊的权力"；高达 38% 的学生认为"老师给予班干部特殊权力"，还有 20.48% 的学生不确定。可见，在给予学生权力方面，老师有可能存在对班干部的偏爱。

在学校的资源分配与教师学习辅导方面，大部分学生认为比较平等。65% 的学生他们都享受到了"学校所有的设备（如智慧教室、图书馆等）"，72.4% 学生能够"经常参与学校的各种活动"，还有 63% 的学生能够享受到老师的额外辅导。

在个性化教育方面，不同的情况下有不同的认识。82.3% 的学生老师会鼓励他们发表不同的意见，但仅有 20% 的学生认为"老师会让有特长的学生拥有特殊的权力"。可见，在大班制的条件下，公平与个性发挥如何协调存在较大难度。很多时候，平等发展大于个性发展。

2. 在学生自我公平感知方面，情况与教师对待略有不同

在课堂安全感方面，大约五成学生有较积极的感受，包括"上课会积极争取发言"（50%）。尽管高达 77% 的学生有机会和老师聊天，但 38% 的学生"有机会与老师进行针对问题的争论"。令人高兴的是，将近 9 成学生认为"同学之间能平等地讨论问题"。可见，同学之间的信任度很高，但师生信任度还不是很高。

在学习成功感方面，超过一半的学生有正面感受。58% 的学生并不觉得所学课程很难，52% 的学生能够轻松完成作业，42.5% 的学生认为自己各学科都能学好。应该引起注意的是，虽然觉得课程很难的学生和不能轻松完成作业的学生不占多数（19%、11%），但可见学习困难的学生总数还是相当可观；再加上"不确定"的学生数（23%、36%），超过 1/3 的学生没有学习成就感，甚至感觉学习困难。这说明我们学校的课程、教学、评价方式存在较大问题。

3. 教师对教学过程的自我公平认知总体积极

无论是课程设置公平度、课程实施公平度、教学设计公平度，超过 90% 的老师认为公平不已经比较好。

在教学评价公平度上，61.50% 的教师能根据学生进行成长性评价，基本做

到的占 35.73%，没有做到的占 2.77%。在"针对不同家庭阶层一视同仁"的问题，79.43% 的教师自认为能够做到一视同仁，20.37% 的教师基本做到，只有 0.2% 的教师自认无法做到一视同仁。

**（二）文献研究与调查研究发现，关于教育公平研究已经从制度和资源建设的宏观、中观公平转到学校教育过程的微观公平，但相关研究更多聚焦于学生的视角**

（1）已有研究教育过程公平研究主要聚焦于即学生如何获得公平的资源、对待、成就，从而实现从起点、过程到结果的公平；对于教师公平，也更多强调教师如何实践公平的研究，以及教师公平意识（教育价值观）对教师公平教学行为的影响和公平教学策略等，关于教师个人公平感受的研究较少。无论是在已有的教学公平研究中还是有关政策取向上，对教师情绪基本是"不在场"的；涉及教师这一实现公平的要素时，研究者主要以教师"知不知"什么样的教学是公平的、"会不会"使用相应的策略保证教学公平的问题，至于教师"愿不愿"使用相应策略去实现教学公平却长期被忽略。

（2）从承认正义理论视角来看，教师的自我公平感知包含了爱的自尊、法权的自重和团结（成就）的自信的感知，这些感知直接影响他们对工作的满意程度与幸福感受，而最终会反映在作为结果的工作绩效上。

（3）影响教师公平感知与教学行为的主要因素有：尊师重教文化在一些乡镇已经式微，"教师收入不低于公务员"政策在很多地方不落实，更加剧了教师特别是乡镇教师社会经济地位的下降。优秀生源的流失，片面保护学生的政策，以及一些不恰当的"维稳"思路助长了"校闹"现象，"羞辱感"使很多乡镇教师无法感受教师职业荣誉感和成就感。

## 二、研究结论

**（一）学校微观公平在整体上是呈现的向上的趋势，但是微观公平在局部是存在差异性的**

教师与学生对公平认知的差异，在很大程度上也证明：教师在公平知觉维度上评价方式的公平性和满足性发展的知觉偏低，对学生学习能力差异的知觉不高。以教师感知的教育公平可能只是理想化的公平，与教育公平的理论方面存在着矛盾；学校教育微观公平只是理想化的公平，在现实中要促进学校微观公平，就得以教师为核心，形成教师、学生、家长、学校的和谐生态圈，共同构建教育公平。

## （二）教师的公平认知与行为对乡镇教育质量有决定性影响

重建教师的自我公平感知，提升教师的自尊、自重和自信，让教师获得应有的承认，使得教师在乡镇中学能够下得去，留得住和教得好，能有效改善乡镇教育生态。

## （三）基于学校教育过程的微观公平概念内涵和必须遵循的三个原则

学校教育过程微观公平的内涵：根据不同地域和学校学生需要构建合理的课程教学体系，及与之相适应的学校管理制度，建立科学的教育过程评价机制，使教师能够在课堂内外给予每个学生最适合的平等的教育，在最大程度上使每个儿童能够得到适合其个性和能力的教育，培养个性鲜明、潜力得到发挥、健康成长的人。这就是我们所定义并希望达成的教育过程微观公平。

学校教育过程微观公平须遵循三个原则。

### 1. 以平等对待相同

教育微观公平首先强调的是基于所有个人的发展需要的平等相待原则，这是教育微观公平的底线原则。要树立每一个教师、每一个人都是平等的"社会人"的观念意识，树立师生之间、生生之间平等相待的原则，这是推动学校教育过程微观公平必须遵循的最大原则。无论是学习领先者还是落后者，无论是擅长知识学习者还是偏好实践者，无论是品行优秀者还是行为缺陷者，都是微观公平必须辐射到的群体。

### 2. 以差别对待不同

差异教育原则是教育微观公平必须遵循的另一条原则，这是建立在平等相待的基础上的。以差别对待不同，就是针对每个不同个体的特质和需求实施的差异教育。差异教育原则其中蕴含因材施教、弱势补偿和优先扶持等。基于学校教育的微观公平希望教育者能够关注到一般情况下易被忽视的、分居于学业表现及其他方面表现两头的学生，可以在资源分配上更有针对性；在实际教育教学中，制订适合每个孩子"最近发展区"的教学计划，将教育平等权利从提供者的角度延展到接受者的角度；学校和教育者为受教育者提供优质、合适的教育环境和课程等。

### 3. 以补偿对待弱势

弱势学生的发展困难，很多来自客观环境限制以及社会不平等意识的渗透。对于弱势学生进行差异补偿、给予特别关论学校教育的微观公平爱是必要的。为弱势儿童创造更好的学习条件，让他们在安全的班级环境中，在感受到同学的尊重中树立自信，在教师和同学的真心帮助中提高学习力，这不仅可以促进弱势群体获得较好的发展机会，更有利于社会整体的发展。

### （四）学校教育微观公平的实现需要处理好几对关系

影响学校教育过程的因素很多，其中有几对关系的处理对教育微观公平的实现具有重要影响。这些关系的处理始终反映公平是一个动态的过程，是一个在实践中需要反复权衡的过程。

1. 整体与部分：学校文化和管理制度与课堂教学的关系

课堂教学则是学生学习知识提升能力的主渠道，教师的教学环节设计、课堂上的师生互动和生生互动，无不渗透着教师的学生观，充分体现了教师是否面向全体、是否为了班级所有学生的成长。同时，学校文化和管理制度包括教师激励机制、学生评价机制等，这些对学校整体环境以及教育效果的影响不比教学过程的影响小，在很多方面更决定了班级的文化生态。学校整体环境包括学校空间建构和教育时间的安排、学校各项管理制度（包括课程教学管理、教师管理、学生管理以及评价制度等），与教育活动的内容与实践开展密切相关，直接影响着公平的实施与效果。

因此，基于学校教育的微观公平实践，既要重视班级小环境的营造和课堂教学的设计，更应重视学校的办学目标和方向，以及学校整体环境的建设和指引，重视建设基于公平理念、促进教师树立并实践先进教育理念的管理制度，以及为了每个孩子健康成长的学校内部教育教学管理和评价制度。

2. 全面与个性：国家课程与校本课程的关系

国家课程与校本课程的关系，在相当程度上体现为全面发展与个性发展的关系。国家课程体现的是教育的基础性，是为了培养人基本的价值观和科学的思维能力，帮助其掌握普适性的知识体系。校本课程体现的则是教育的选择性和教育自由的最高追求，是为了根据受教育者的个性需求，提供多样化的教育。

微观公平提倡"多样化教育"。这就需要在尊重国家课程的基础性、必要性的条件下，根据学校所在区域的资源优势和特点，以及学生掌握知识的程度、发展特点等，制订融合国家课程与校本课程的多样化的教育方案，以个性化的发展促进每个受教育者的整体发展。

3. 最大化与限度：教育公平与教育质量的关系

何谓"优质教育"？很多人认为，高质量的教育特别是整体学业水平较高的学校教育就是优质教育，这种标准只考虑到了学业这一单一因素，只重视阶段性教育结果，既忽略了教育对象，也忽略了教育过程。我们认为，教育微观公平实践过程要特别关注公平与质量的关系（含学生成绩）。一方面，没有质量的平等教育不是真正公平的教育，如完成义务教育后的学生没有达到基本的能力水平，这样的教育结果是不公平的；另一方面，单纯追求效率的学校教育（在某种程度上被异化为学业成绩、升学率）不是"自由而平等"的教育，而可能是强者优胜弱者淘汰的教育。因此，"有质量的教育公平"和"在公平基础上的教育质量"二者缺一不可，它们正在成为世界各地教育发展的共同趋势，也成为我国教育改革与发展关注的焦点。

### 三、对策

学校教育微观公平的实践要从公平文化与管理制度、科学评价机制、丰富的课程和多样态的教学方式等四个方面进行。

（1）公平的学校文化和管理制度能够激励教师和学生更好发展。

（2）完整的课程体系是实现教育微观公平的核心要素之一。

（3）多样态的教学方式是实现学生在最近发展区得到最大发展和个性化发展重要手段。

（4）只有基于核心素养的科学评价手段才能有效激发学生的潜力，促进学生的全面、个性化发展。

## 第二节　构建充满活力的有效课堂

今天，北京市教委基教一处和北京教育学会初中研究分会组织的走进房山活动，是践行北京市"十二五"时期教育改革和发展规划的一个重要举措，也是我区初中教育发展的一个重要契机，我们深感荣幸。① 我代表房山区教委，对参加今天活动的各位领导、专家和教育同仁表示热烈的欢迎和衷心的感谢！

房山区位于北京西南，是首都传统的农业和资源大区。全区总人口94.5万，总面积2019平方公里。全区中小学总数为142所，其中九年一贯制3所，初中24所，完中8所。初中专任教师1 929人，在校学生15 785人。

在长期的历史发展中，由于受城乡二元结构和经济发展迟缓等因素的影响，我区初中教育底子薄、基础差、规模小、师资弱、教育质量普遍不高。区教委成立十年来，全区教育工作者立足现实，创造性地实施了教育结构布局调整、山区搬迁、学校标准化建设、办学行为规范化等项目，推动了我区初中教育硬件建设和规范办学。面对内涵发展和质量提升的新要求，区教委坚持推进"三

---

① 米忠诚（时任北京市房山区教育委员会副主任）于2012年10月18日在"聚焦学生健康快乐成长，建立充满活力的有效课堂——走进房山"现场会上的发言（笔者根据录音整理，有改动）。

个聚焦"的思想,即学校各项工作要向教育教学聚焦,教育教学要向课堂聚焦,课堂要向学生发展聚焦。向课堂聚焦,激发课堂上学生学习的主动性,提升学生参与课堂探究的有效性,关注学生全面健康成长已经成为我区教育者的共识,"课堂上没有不学习的学生"成为现实。课堂的变革使得我区初中教育的整体面貌发生了根本性的变化,初中教育的入学率、巩固率和完成率全部保持在99.9%以上,这对于包括广大山区和农村在内的我区初中教育是可喜的。今天我重点选取我区在初中课堂教学改革方面的思考和探索向各位来宾做简要汇报。

## 一、凝聚共识,确定思路

2001年底,区教委成立,从教育发展的规律和学生成长的规律出发,提出了未来一个时期房山教育发展的"1123"工作思路,特别强调"三个聚焦"的工作要求。关注课堂,研究学生之后发现,一天的学习活动,学生80%以上的时间在课堂中,而传统课堂上学生80%的时间是在教师滔滔不绝的讲授中熬过来的,没有主动学习,考试升学的压力自然就转化为学生过重的学习负担,长期积累,学习的积极性就会逐渐消失,厌学情绪就会积累,这些将严重损害学生的身心健康。聚焦课堂,关注学生全面健康成长,减少过多的教师讲、学生听的内容,减少学生的作业种类和作业数量,增加学生课堂上独立思考、合作探究的时间,增加学生自主阅读和选择性学习的时间,增加学生追问、质疑、批判的时间和空间。做好课堂的加减法,才能提高课堂实效,这将是减负增效的主渠道。在此思路指导下,我们于2003年在周口店中学举行了课堂教学改革启动仪式,全区中小学课堂教学探索改革。2004年出台《房山区教委关于深化中小学课堂教学改革全面提高教学质量的意见》《房山区中小学课堂教学质量标准》,2006年出台《中小学课堂教学评价实施方案》,2010年出台了《关于教师教学质量全程评价的指导意见》等相关文件,统一了思想、凝聚了共识、优化了管理,基本实现了学校教育教学工作向课堂教学和学生发展的聚焦。

## 二、围绕思路,聚焦课堂

十年来,立足区域实际,围绕"三个聚焦"思路,将课程建设、课堂有效、学生发展有机统一,我们在不断探索。

### (一)学生的全面发展来源于学校的课程规划

课程是学校发展的关键,是课堂价值的载体,也是学生成长的源头。我区在坚持以多样化的课程体系给学生提供个性化的发展平台的基础上,引导学校完善课程规划,健全课程体系,截至目前,初中学校的课程体系建设基本完成;

加强国家课程的校本化研究，提高国家课程的适应性；增强地方课程开发力度，房山区地理、房山文化课程已在全区中学全面推开，并参与北京数字学校课程录制；强化校本课程的区级审核力度，2012年初中学校申报校本课程316门，26门未通过审核被取缔，17门需要进一步完善才能在学校开设，严格审批保障了校本课程的规范化有效开设。区教委进一步出台《基础教育课程改革一体化实施意见》，确保了课标、课程、课堂、评价等要素在不同学段的一致性和衔接。

### （二）学生的全面发展落实在学校的课堂

学生全面发展的根本还要根植于课堂。基于对教育规律的把握和对学生成长的认识，我们破解五育关系，重新对德智体进行布局。围绕"德育"，创造性地提出了"德育八大领域"，强调学科课堂教学要渗透育人功能，向课堂要育人实效，向德育要教学质量，在2011年基教一处和初中研究分会组织的全市课程德育说课评比中，房山取得18个一等奖中的4个，进一步说明我们在课堂教学中关注了育人的实效性。围绕"智育"，在"房山区课堂质量评价标准"的统一框架下，鼓励各学校、各学科大胆尝试课堂教学模式的研究，不追求教师讲授的精彩与完美，更关注激发学生的学习主动性，评价有效参与学习的状况，追求构建充满活力的有效课堂模式。围绕"体育"，确立了体育工作"六大目标任务"，强调学校体育教育要区别于竞技体育，突出了体育课是增强学生体质健康的主渠道，在课堂上要培养学生体育锻炼的兴趣并养成习惯。同时，全面推进学生综合素质评价、学生毕业标准和学校教育教学质量评价的衔接，引导学校关注学生全面健康发展。

### （三）学生的全面发展根植于学校的有效课堂

教育质量的提升归根结底要回归到课堂的有效上，为了提高课堂实效，我区出台了系列跟进措施：

一是推进课堂教学质量标准建设。在区教委《课堂教学质量标准》的引领下，逐步建立起了区、校课堂教学质量标准化体系。标准化体系从规范入手，探索课堂的有效性，课堂评价关注学生参与教学活动的主动性。北京市教科院基础教育研制中心2011年10月对我区中学课堂全面视导，初中共听课76节，其中36节A级课、占47.37%，40节B级课、占52.63%，与2009年视导相比，没有了C级课，优质课比例大幅提升，充分肯定我区初中课堂教学效率提升的同时，特别强调了自主、合作、探究的新课程理念，在很多学校课堂上有了充分体现。

二是建立课堂教学动力机制。2010年我区启动教师教学质量全程评价。突出课堂教学主渠道地位，以课堂质量效益为核心，以绩效工资实施为契机，从

"工作态度""课堂教学质量"和"教学业绩"三个方面评价教师工作绩效,着力构建教师考核机制,深入挖掘了制约教学质量的核心因素,建立了以课堂质量为核心的动力保障机制。

三是研究课堂教学质量跟踪评价体系。为加强对学生学业成绩监控和提高评价的育人功能,我区率先在考试中心成立考试评价办公室,启动考试评价专项研究,出台了大型考试管理流程,规范了区级统考的次数和考试环节;开发了区级考试质量分析平台,今年年底平台终端将安装到全区每一所学校,平台进一步挖掘考试数据的内涵,提升命题水平,指导教学,改进考试,指导学生选择发展方向;率先参与PISA2009国际测试,并针对所暴露问题,启动了学生阅读能力提升工程,目前在全区初三统一开设《中学生阅读能力培养》课程;在2010年启动了初中增值评价,依据初中入口和中考学生素质提升评价学校教学质量,全面激活了边远、薄弱学校工作的积极性。目前考试评价研究的众多成果已在学生成长指导、学校发展评价等领域投入使用,引领作用日益明显。

四是探索课堂教学有效模式。以模式求规范,以规范提升课堂有效。我区初中在"课堂质量评价标准"的统一框架下,以"构建充满活力的有效课堂教学模式"为切入点,切实转变教与学的方式,鼓励各学校、各学科大胆尝试,如良乡二中的"学导探评思"模式、房山二中的"自主探究、高效互动"模式、岳各庄中学的"35+10"模式、南尚乐中学的"三主五环"模式、良乡三中的"学导互动式"模式、北潞园学校的"问题引领 自主探究"模式等。逐步形成了一批符合学校实际的、能激发学生学习主动性的、充满活力的有效课堂教学模式。虽然各学校发展还有差异,课堂模式也还需要进一步完善,但大部分学校解决了学生不学、厌学的问题,通过课堂模式探索,基本实现了"没有不学习的学生"。

五是提升教师专业化水平。推进减负增效、实现学生全面发展的关键在教师。区教委出台了《关于推进教师专业化发展的意见》,提出"一个中心,二个载体,三个平台,四项建设"的推进策略。在具体工作中,采取盘活存量、优化增量、结对帮扶等措施,整合师资效益;通过"绿色耕耘""脱产培训"境外培训等措施,加强学科建设;利用"展、带、研、训、学"为核心的"五字工程",提高教师的造血能力;推进绩效工资与课堂教学评价的有效挂钩、义教新课标全员培训等措施,提升教师的专业自信心和职业幸福感。

六是发挥教科研对课堂有效的提升作用。在"教研、科研"一体化思想的引领下,研制出台了《关于进一步加强与改进教科研工作的意见》,将教科研工作与推进教育内涵发展、营造学校研究氛围、促进教师专业成长相结合,开展了基于教育教学实践的、真实问题的行动研究,教科研指导开展的"学校课程规划""课堂观察""区域教育均衡发展""城乡一体化发展""学困生干预"等项目的实践研究，使得教科研更加贴近学校、贴近教师、贴近实践；教科研站在理论的前沿，引领教育教学，助推课堂和育人质量。

### 三、聚焦课堂，加快发展

十多年来，我们在探索课堂教学规律中，不断地寻求以课堂有效促进学生全面健康发展的途径和方法。面对提高质量、优质均衡的首都"十二五"教育发展目标，在从"教育大区"向"教育强区"发展过程中，从孩子"有学上"到"上好学"的社会需求中，我们的课堂改革之路还很长。面对初中教育的"十二五"攻坚战，我们始终坚持以提高课堂有效和学生全面健康发展为根本点，在具体策略上，实施信息化战略促进优质资源共享、品牌化战略提升我区优质学校存量、国际化战略促进学生可持续发展。

各位领导，各位同仁，课堂改革永远没有终点，课堂有效或高效只是一个相对的概念，它既是个目标，又是个过程，但聚焦课堂有效，关注学生全面健康发展始终是教育的永恒规律，也是我们广大教育者的不懈追求！我相信在北京市教委的正确领导下，在各位专家的指导引领下，在兄弟区县的帮助下，我区的课堂改革工作定会再上一个新的台阶。

## 第三节  推进课堂公平的策略

### 一、课堂公平的含义

课堂公平，也称为"教学公平"，实现学校内部公平的重要场所。课堂公平就是教师在课堂中赋予每个学生平等的权利、均等的机会和底线的教育资源，根据每个学生的差异因材施教，促进学生全面而自由的个性化发展。课堂公平包括三个层面：①平等性公平：同等情况，同等对待；②差异性公平：不同情况，不同对待；③发展性公平：全面合格基础上的个性化发展。[①]

课堂公平是指学生在课堂起始、课堂过程、课堂结果方面能被公平地对待。即，学生具有公平的课堂学习机会，能够公平地使用课堂资源，能够公平地获得课堂评价。然而，在现实情况中课堂公平存在一定的缺失现象：学生未获得

---

① 冯建军.课堂公平的教育学视角[J].教育发展研究，2017，37（10）：63-69.

公平的课堂学习机会；学生未能公平地使用课堂资源；学生未能获得公平的课堂评价。实现课堂公平首先要重构公平公正的课堂结构，赋予每个学生公平的课堂学习机会，实现课堂起点的公平；其次，要合理、公平分配课堂资源，做到课堂过程公平；最后，要注重课堂评价的公平性，做到课堂结果公平。①

顾明远教授认为教育公平的含义体现在三个方面：入学机会公平、教育过程公平、教育结果公平。鉴于此，笔者认为教育公平的微观层面课堂公平也体现在三个方面：公平的课堂学习机会、公平地使用课堂资源、公平地获得课堂评价。

公平的课堂学习机会是课堂公平的起始部分。课堂教学过程涉及两个对象——教师和学生。学生作为课堂学习的主体者，学习身份是平等的，具有平等参与课堂学习的权利，不存在优生与差生、班干部学生与一般学生、富贵学生和贫困学生的差别。教师作为课堂教育教学活动的主导者，对所有学生的态度和行为应一视同仁，不存在任何主观偏见。

课堂资源是指课堂活动中可供学生使用的学习资源，包括教师资源、课程资源、环境资源、学生资源四方面。公平的教师资源是指教师与学生在互动对象、时间、内容方面具有平等性，教师对所有学生一视同仁。公平的课程资源是指所有学生都可学习挑战性的内容，都可对学习内容进行探讨及提出疑问。公平的环境资源主要指空间资源，学生所处的位置有利于课堂成员之间的互动，所有位置相对同质，即使有边缘位置，也可通过建立良好的师生关系来拉近这种距离感。公平的学生资源指所有学生的附近位置都有可供学习的"表率"，从而使每一个学生都能够在大致相似的课堂氛围中体验学习。

公平的课堂评价一是指教师要对学生在课堂的正面表现做出肯定，不仅局限于学习方面，只要是有利于学生发展的课堂表现教师都应给予正面评价；二是在评价过程中局部评价不能代替整体评价，不要根据学生在某方面的表现来推及整体表现，学生之间在某方面的能力差异并不能代表整个人的能力的高低。

## 二、课堂公平的缺失

实践层面上，课堂并没有呈现出理论上的公平，例如：学生公平的课堂学习机会缺失，形成不公平的课堂结构；学生未能公平地使用课堂资源；学生未能公平地获得课堂评价。

在课堂中，由于学生的学业情况、特殊课堂角色、家庭社会背景不同，学

---

① 任依静. 推进课堂公平的策略探究[J]. 考试周刊，2019（18）：5，7.

生被分为优生和差生、班干部学生与一般学生、富贵学生和贫困学生等高低地位群体。首先，学生的学业情况造成了不公平的课堂结构，学业情况一旦被认定，教师就会区分对待处于不同层次的学生；其次，特殊角色也助长了课堂结构的不公平。课堂中的特殊角色主要是指班干部角色，较于一般学生，班干部学生的表现更为突出。再次，学生不同的社会背景也加剧了不公平的课堂结构，学生方面，家境富裕、社会背景好的学生形成一种自我优越感，家境较差且无任何社会背景的学生形成一种自卑感；由此，教师区别对待学生，形成了不平等的畸形学生观。

在实践课堂教学中，课堂资源的使用方面也存在不公平现象。教师资源方面，教师在互动对象、时间、内容方面都具有明显的主观偏见，教师更偏爱高地位群体学生，只有这些学生才充分利用了教师资源。课程资源方面，教师将不同难度和数量的知识分配给不同的学生，不是所有学生都有机会学习挑战性知识，于是，学生所学的知识难度水平和数量不同，势必学业情况、发展状况会有差异；环境资源方面，学生座位无论怎样编排都会有一些位置处于中心区域，而一些位置处于边缘。相比边缘区域，中心区域的位置更有利于与老师互动，有更好的学习视野，更具有学习成功的可能，而这些位置往往被高地位群体的学生所占有。学生资源方面，作为学习表率的学生若被不均匀分配，也会造成其他学生课堂活动中资源分配的不公平。

课堂评价往往也有失公平，主要体现在以下方面：评价主体单一，只有教师评价，缺少学生自我评价、学生互评；评价对象片面化，教师在进行课堂评价时往往将评价对象放在班级层面，未关注个体，就算会对个别学生进行评价，也仅局限于高低地位群体的学生，而中等地位群体学生往往会被教师忽略；评价内容片面化，教师在进行评价时，往往从学生的某方面表现来推断其整体表现，以偏概全，做出不合理的评价；评价形式不公平，课堂评价通常有两种形式：口头评价和书面评价。口头评价在使用过程中强调比较性，教师对高地位群体的学生给予不切实际的高评价，而贬低低层次的学生，而书面评价的凭证是分数，明显存在等级差距。

### 三、推进课堂公平的策略

#### （一）重建公平公正的课堂结构，赋予学生公平的课堂学习机会

根据罗尔斯两条正义原则中的第一条原则，"每一个人对于一种平等的基本自由之完全适当体制都拥有相同的不可剥夺的权利，而这种体制与适于所有人的同样自由体制是相容的"，转化到课堂中就是不论学生社会背景、学业情况以

及是否为班干部，每个学生均享有平等的课堂权利，也就是要消除高低地位群体之间的不公平现象：在学业情况不同引起的不公平方面，使所有学生对自己有一个明确的认知定位，从而积极主动地参与课堂学习，避免学优生认为"我最棒""我最厉害"，而学困生认为"我最差""我不行"的不良现象；在特殊角色造成的不公平方面，主要培养班干部服务班集体的意识，淡化权威意识。在课堂中，教师尽量做到对所有同学一视同仁，避免对班干部学生特殊待遇，要使班干部学生与一般学生地位平等；在社会背景不同造成的不公平方面，使教师不会因为学生的社会背景不同而给予差别对待，使学生不会因为自己的社会背景而产生一种自我感觉与众不同的状态。

### （二）合理公平分配课堂资源，做到课堂过程公平

罗尔斯正义第二条原则中的第一条条件是"它们所从属的公职和职位应该在公平的机会、平等条件下对所有人开放"，转化到课堂公平中就是指课堂的所有资源在公平的机会、平等条件下对每个学生开放。按照罗尔斯的正义原则，课堂教学中的公平分配有三个方面。

第一，课堂学习权利的平等。每个学生，不论家庭和社会阶层如何，不论个人的条件和成绩如何，都具有平等参与课堂学习的权利。受教育权保证了每个学生都有学上，都能够进入学校、进入班级。但进入学校、进入班级，并不一定能够实现教育权利的平等。受教育权利具体体现在课堂中学生参与教学的权利、受到教师平等对待的权利。学生不能因为家庭背景、学习成绩的差异和生理的差异而被区分对待。作为公平的权利的平等性，赋予了他们平等课堂学习的参与权、发言权、表达权、交流权。

第二，学习机会的均等。机会是一种资源，是一种可能性。只有保证了每个学生平等的学习权利，才能赋予每个学生均等的学习机会。课堂的所有资源在公平的机会平等条件下对每个学生开放，给学生思考和谈论学习内容的机会，包括课堂发言的机会、学习交流的机会、与教师互动的机会、利用课堂空间资源的机会等。

第三，平等享有基本的教育资源。平等地分配教育资源，要求每一个人拥有同样的资源。这是就人与人的同一性而言的，但人与人之间又是有差异的。所以，要求所有资源完全一样是不可能的，满足的只能是基本的教育资源。联合国经济合作与发展组织（OECD）把全纳（inclusion）教育纳入教育公平，保证每个人基本的最低受教育标准，例如每个人都会阅读、写字和简单计算。当然，OECD 提出的"全纳教育"的标准是对世界各国而言的。对于我国现阶段而言，基本的教育资源就是满足九年义务教育的基本需要、满足基本的学习需求。

第四，对班级弱势群体和个人的学习补偿。虽然课堂教学中每个学生都具有平等的学习参与权，有平等的学习机会，但不同的学习者在一起，每个人把握权利和利用机会的能力不同，最后可能导致班级弱势群体和个人参与机会的实质性不平等。为此，教师在课堂教学中要有意识地对班级中处于不利地位的个人给予特别的关注和补偿，赋予他们更多的课堂参与机会与资源。但补偿原则的运用必须遵循"帕雷托最优"原则，即使一些人的境况变得更好而不应该使其他人的境况变得更糟。按照这一原则，对课堂中弱势群体和个人的补偿，不能以减少或牺牲其他学生的学习机会和资源为代价。

第五，消除身份的歧视。尽管现实生活中的人，都具有一定的身份，但教育平等的原则反对身份化，要求"去身份化"，排除身份可能对教育资源分配不公正的影响。这是教育公平的一个反向指标要求，为联合国和世界各国广泛认同。联合国儿童基金会（UNICEF）指出："公平意味着所有孩子不受任何歧视、偏见或不公，享有生存、发展并充分实现其潜能的机会。""去身份化"如同罗尔斯的"无知之幕"，把身份过滤掉，才能真正实现人与人的平等。现实中，社会学揭示的课堂不公平现象多是由身份导致的不公平现象。

### （三）注重课堂评价的公平性，做到课堂结果公平

在课堂评价方面，首先，注重课堂评价主体多元化，使教师和学生都能参与课堂评价，通过教师评价、学生互评、自我评价来对学生进行总体评价；其次，注重课堂评价对象的全体性，将评价的对象主要放在个体层面，对学生单个进行正面评价，同时，在评价过程中，也要升华到集体层面，培养学生的集体意识；再次，注重课堂评价内容的全面性，切记不要从学生的一方面表现进而对整个人进行不全面的判断；最后，注重课堂评价形式的多元化，不仅仅局限于口头形式和书面形式，可以通过开放性的问答题、观察卡等形式来检查学生课堂的真实水平。

总之，课堂公平的实现不是一蹴而就的，也不是一位教师的努力就能实现，而是要靠所有教师在课堂各个环节中逐步改进学生培养方式，减少不公平因素，从而实现课堂起点、课堂过程、课堂结果等方面的相对性公平。

**小资料：校合唱团的秘密**

《校合唱团的秘密》是一部由匈牙利导演克里斯托弗·迪克执导的影片，该片故事改编于真实的故事，并荣获2017年第89届奥斯卡全像奖最佳真人短片奖。

索菲新转到一个小学，在参观学校的时候，偶然发现了在唱歌的学校合唱

团。索菲向校长表达了对唱歌的喜爱并希望能够加入校合唱团，校长欣然同意并说："每个人都能加入合唱团，这是我的重要原则之一。"电影就在合唱团悦耳的歌声中开始了，这是一个荣誉等身的合唱团。

索菲第一次参加合唱团的排练课，很认真地唱着，并且他们合唱团很快就可以代表学校去参加比赛。课后，她却被老师单独留下训话。音乐老师告诉她，并不是每个人都可以唱出来好听的歌声，而她就是那个唱歌不动听的人。这名音乐老师要求她以后但凡参加合唱团都要无声地对口型假唱，不准发出任何声音。索菲羞愧而伤心地跑回家了，日后开始了合唱团的假唱。

索菲和同班同学丽萨很快成了无话不说的好朋友，丽萨却是一名合唱团主唱，深受同学和老师的喜爱。丽萨很爱音乐，经常向索菲赞美音乐老师对声音的才华。索菲总是默不作声。丽萨很快发现索菲经常不去参加合唱团的排练，并且每次提到唱歌都非常伤心而躲走。在丽萨一次次地逼问下，索菲终于说出了音乐老师让她假唱的秘密。

丽萨是一名非常有主见和勇敢的小女孩。她开始不断地观察合唱团里每个人的口型，发现很多同学都在对口型的无声假唱。她为自己的好友和这些同学抱不平，在一次排练中，向音乐老师质疑并抗议，她要退出合唱团的比赛。但是她被老师呵斥，这么多学生都接受了假唱，她有什么资格抗议呢？比赛在即，老师是不会容许她退出合唱团的。

丽萨在知道真相之后，一直无法接受。她和好友商量决定要先妥协，后反抗。她们两个人动员了合唱团的其他学生一起抵制音乐老师的不公平行为，一场无声的抗争就上演于比赛场中。她们登场了，却无人按照音乐老师的指挥发出一声。他们无声地对着口型，让音乐老师显得无比的荒唐和可笑。音乐老师在愤怒之下，愤然离场。就在这一刻，丽萨唱响了那天籁般的歌声，整个合唱团都为她和鸣。

这部电影让我们深思何为教育，何为教师。教育界的比赛和奖项的初衷是什么，是为了让孩子们更团结地更努力地学习一门知识，还是为了泯灭孩子对这个世界无穷的热情和希望，来满足那些掌控者的虚荣之心和制度中的人格不平等。一个正待浇灌的幼苗，本要向着灿烂的阳光生长，却无情地扔进了无法触碰的光亮之中。谁能想象这些幼童的痛苦和绝望，在一个他们渴望无限美好的世界里。

# 第十一章 "u"（uniform）：全要素全过程全方位均衡（上）

## 第一节 义务教育高质量发展的必然升维

2021年，教育部部署县域义务教育优质均衡创建工作。从"基本均衡"到"优质均衡"，是中国义务教育发展的一次重大升维，更是一次辉煌进步。

从20世纪90年代"两基"基本实现到21世纪初提出均衡发展，再到实现基本均衡，中国义务教育走过一条艰辛漫长之路，整体发展水平获得巨大提升。2021年全国义务教育阶段学校共20.72万所，其中普通小学15.43万所，初中学校5.29万所；在校生共1.58亿人，小学在校生1.08亿人，初中在校生0.50亿人。经过20年努力，我国31个省（区、市）和新疆生产建设兵团的2 895个县都实现了县域义务教育基本均衡发展。这是继全面实现"两基"后我国义务教育发展中的又一重要里程碑。然而与此同时，基本均衡也意味着其发展过程中在一些方面"尚有差距"，这种差距主要表现为硬件配置与软件同步更新之间；硬件配置与教师使用水平之间；硬件资源配置与软件资源水平之间；督导评估时间点的达标与过程可持续化之间；学校迎检文本与教育教学、学校管理常态化之间。目前，中国教育发展的主要矛盾已然体现为人民日益增长、愈发强烈的对美好及优质教育的向往与教育发展不平衡、不充分之间的矛盾。于义务教育而言，以往的着力点聚焦在"数量优势"上，关注"有没有""够不够"，现在的侧重点应转换为"质量优势"，关注"好不好""优不优"。从0到1、从1到N，从"有学上"到"上好学"，从"基本均衡"到"优质均衡"，这是一条理所应当且正确有力的逻辑理路，更是义务教育高质量发展的固有要求。①

"均衡发展"的意旨在于"质的范畴"而非"量的范畴"，即不是单纯追求

---

① 柳海民，林丹.优质均衡：加快义务教育高质量发展[J].人民教育，2022（21）：38-40.

统计学意义上的数量绝对均等,而是突出"衡"的趋向。"均"不是目的,"衡"才是本质。义务教育发展的"基本均衡"阶段,更多体现了均衡发展"量的范畴"内涵,到了"优质均衡"阶段,必定要强化均衡发展"质的范畴"内涵。这才是对于均衡发展本体内涵正确而完整的理解。从"基本均衡"到"优质均衡",囊括"量"与"质"的双重范畴,才是义务教育高质量发展的应有之义。

## 一、优质均衡聚焦"提质"彰显正义

"优质均衡"的内涵意蕴应指向两方面。其一,"均衡"不是低质均衡或同质均衡,是指优质性的均衡、卓越中的均衡,是一种整体性的高质量发展状态和结构上的高位均衡与优化,表征为学校、区域教育发展的幅度、发展的数量,标志是"多不多"。对于义务教育外部来说,主要是教育系统与经济社会、国家政治、文化历史等系统之间的均衡,既表现为教育发展要与经济、政治、文化、社会、生态文明建设等方面统筹布局、协调推进,也表现为教育对经济、政治、文化、社会、生态文明建设等方面发展的积极影响与相互影响。对于义务教育内部而言,宏观层面的优质均衡既是指基于城乡二元结构破除、区域差异不断消除、校际鸿沟持续弥合的无差异性的教育资源高质量供给、配置与产出,也是指义务教育与学前教育、高中阶段教育、职业教育、高等教育等不同类级教育之间的均衡;中观层面主要指学校分配合理、张弛有度的"五育并举"的时间序列与空间结构;微观层面则主要指学生个体德智体美劳全面和谐发展。其二,"优质"不是个别优质或同质优质,而是指均衡性的优质、个性中的优质,表征为学校、区域教育发展的程度、发展的质量,标志是"好不好"。诚如2015年在联合国大会第七十届会议上通过的《2030年可持续发展议程》中提到的一个目标:"确保包容和公平的优质教育,让全民享有终身学习机会。"

进而言之,义务教育高质量发展的优质均衡可概括为"三全均衡",即全要素均衡、全过程均衡与全方位均衡。具体来说,"全要素"的优质均衡是指教育要素的发展性均衡,公平与正义是核心价值,即发展规划、学校文化、德育工作、教育教学、教师队伍、学生发展、教育评价、质量保障、学校管理等要素都要优质;"全过程"的优质均衡是指教育发展过程的受益性均衡,质量与品质是关键指标,即入学机会、教育过程、资源应用、教育结果都要优质;"全方位"的优质均衡是指教育发展空间上的一体化状态,个性与卓越是理想状态,即区域、城乡、校际全空间一体化上都要优质。

总之,优质均衡作为义务教育高质量发展的旨归,追求的是品质、个性与卓越,最终亦是教育公平乃至社会正义的价值表达。

## 二、优质均衡立德为本多域协同

作为义务教育高质量发展的核心形式和实施主体，学校质量发展水平直接决定义务教育质量发展水平。因此，激发和生成一个优质的学校实践体系必定成为题中之义。需要明确，这个优质学校实践体系的建构，实际也是义务教育回应党的二十大强调的"加快建设高质量教育体系"做出的必然选择。一方面，立德树人作为教育根本任务，在学校实践体系中应持续发挥引领性、贯穿性、覆盖性作用；另一方面，学校发展涉及多要素多渠道紧密联动，应合力架构起一个"立德为本，多域协同"的优质均衡学校实践体系。

### （一）发展规划研制与落实

研制与落实发展规划是立足学校发展现实、面向未来发展目标、精研规划文本和实践落地方式的过程。发展规划主要包括基础分析、发展思路、教育理念、行动纲要、重点项目、保障措施等方面内容。基础分析主要是让学校发展更具针对性，要清晰学校发展的已有优势、劣势弱项、机会机遇及形势挑战；发展思路主要是完成学校发展的战略性设计，核心内容是明确指导思想、基本原则和发展目标；教育理念主要是让学校发展拥有核心灵魂；行动纲要主要是确立学校发展的主要任务，系统勾画学校高质量发展蓝图；重点项目主要是突出学校发展个性和特色，彰显优质进阶、高位均衡的本质；保障措施主要是研判学校发展的实现条件，建立健全组织保障、机制保障、政策保障、后勤保障、投入保障等机制。

### （二）学校文化凝练与创设

学校文化是广大师生充分认同的价值取向、信念体系、精神追求和行为方式。其中，价值取向、信念体系、精神追求是内隐于心的文化核心；物质文化、制度文化、课程文化等是外显于行的存在形态。凝练与创设学校文化是对学校的教育理念、办学宗旨、育人目标、学校精神、学校特色和一训三风等进行系统凝练，形成优质学校应具有的典型办学思想和卓越办学实践的过程。

### （三）学校德育实施与增效

学校德育主要教人"做人"，负责把控人才培养的"方向"。这也是国家从顶层设计、政策支撑的角度反复多次强调思政课程与课程思政齐头并进的重要根由。2017年《中小学德育工作指南》为新时代学校德育实施与增效提供了至关重要的实践引领。简言之，学校德育应围绕五大内容、紧握六个抓手。"五大内容"是指由理想信念教育、社会主义核心价值观教育、中华优秀传统文化教育、生态文明教育、心理健康教育构成的内容体系。"六个抓手"是指由课程、文化、活动、实践、管理、协同构成的实施途径。内容体系与实施途径相互交织、相互支撑，共同促进学生道德成长。

**（四）课程体系建构与探索**

首先，国家课程优质化实施。不仅"开齐开足"，而且"开优开好"，筑牢课程质量体系根基。尤其是要加强对《义务教育课程方案和课程标准（2022年版）》的深入理解和正确领会，将不同学科致力于培育的不同学科核心素养有机融入课程内容体系，完善过程。其次，校本课程特色化，要着力发展学生个性特长。校本课程的生成要呼应教育理念，借鉴地域特色，挖掘历史传统，总结教师成果，继承成熟做法。

**（五）课堂教学改革与创新**

改革与创新课堂教学是让高效的课堂教学成为常态而非只是应付检查评奖。正如"funhill"教学所倡导的"公平公道、一致均衡、按需供给、康健有益、兴趣关切、宽容开明、符合逻辑"，全国著名特级教师的成功教学经验被凝练为"有效、有质、合适、合理、深度、全面、智慧、创新"。为此，课堂教学应坚持几个重点，一是抓备课（备课标、备学生、备内容、备方法、备自己）；二是抓设计，应在过程、板书、资源、课件、策略、心理定位等方面体现出精巧细致的特点；三是抓课堂进程，应清晰精彩地讲授内容，讲授者展现游刃有余、淋漓尽致，聆听者体验愉悦收获，形成一场"饕餮盛宴"，共享成长之乐。由此，课堂教学才能达成做法变章法、经历变经验、实践变理论的理想实效。

**（六）教师团队建设与提升**

教师团队建设与提升是一个系统工程，学校要做到：形成"识才的慧眼发现人，用才的胆识栽培人，容才的雅量爱护人，爱才的诚意使用人，聚才的良方吸引人"的建设理念。确立"给位子、压担子、搭台子、富脑子"的培养路径。厘清"合格教师、骨干教师、卓越教师、教学名师（专家型）"的进阶类别。形成"补充重在质量，整体规划、持续加强；培养重在发展，分类分层、创造条件；评价重在激励，公正公平、正向引导；待遇重在提高，政策杠杆、物质精神"的建设思路。实践"教师工作坊、专题培训（走出去、请进来）、教研推动、课例研究、教学竞赛"等培养方式。夯实"学历提高、师徒结对、政策倾斜、经费分担、动态调整、协议激励"的保障机制。

**（七）学校内部治理与优化**

学校内部治理与优化是指学校在人财物等诸多方面应形成效率高、质量优的紧密配合分工协作系统，要使教师饱含热情激情、各项工作井然有序。学校内部治理与优化具有一些重要标志：一是积极的管理文化，诚如"人管人管死人，制度管人管住人，机制管人管活人，文化管人出高人"。若要提升学校内部治理与优化效力，文化这一路径必定成为最优选择。二是健全的管理制度，即使软性文化作为治理与优化的重要方式，硬性规范依旧有其不可替代的重要功能。

## 第二节 创建高效优质均衡课堂

构建高效优质均衡课堂是提高教育教学质量的关键环节之一，是大家长期关心的话题。各区县、学校在这方面做了大量的努力和探索，形成了许多鲜活的经验。今天的现场会向我们展示了基于学生需求构建高效优质均衡课堂的有效途径，如房山二中构建让学生爱学习的课堂、岳各庄中学构建的让学生自主学习的课堂、良乡二中通过多样化课程设置促进学生健康成长，为我们提供了许多可以借鉴的做法。借此机会，我就全市优质均衡教育发展谈三点意见。[1]

### 一、把握初中特点，正确认识初中教育的重要地位

基础教育是少年儿童接受系统文化教育的基础阶段，是为人的终身全面发展奠定基础的阶段，关乎每个人和家庭的前途和幸福。《北京市中长期教育改革和发展规划纲要（2010—2020年）》明确提出要"坚持高标准、高质量的发展基础教育，为每一个学生提供适合的教育，为学生的终身发展和幸福生活奠定坚实基础"。

初中优质均衡教育既具有基础教育的基础性这个共性特点，又具有学段的个性特点。从整个基础教育体系来说，初中教育处于承上启下的关键阶段，是小学教育的继续和进入高中的预备阶段；从学生的成长来说，初中学生正处在生理、心理迅速发展和突变的转折时期，是世界观、人生观、价值观初步形成的关键阶段。因此，初中教育具有非常鲜明的基础性、衔接性、过渡性特点，是学生持续发展奠基的关键时期。

目前，全市共有初中300余所，学生30余万人，我们的初中教育体系已经颇具规模，经过初中建设工程和中小学标准化建设之后，全市初中学校办学条件全面改善，教育质量不断提升。但是，我们也必须清醒地认识到，在整个基础教育体系中，初中仍然是相对薄弱的环节，和小学、高中相比，独立性相

---

[1] 罗洁（时任北京市教委副主任）于2012年10月18日在"聚焦学生健康快乐成长，建立充满活力的有效课堂——走进房山"现场会上的讲话（笔者根据录音整理，有改动）。

对不足,名校、名教师相对较少,各界关注不够,质量不够均衡,初中教育水平和实现首都教育现代化的目标相比,和人民群众对优质教育资源的期盼相比,还有进步的空间。要提升首都基础教育整体水平,必须高度重视初中优质均衡教育发展,从社会奠基工程的高度理解初中教育的重要地位,高标准、高质量促进初中教育发展。

### 二、抓住关键节点,切实提高初中内涵发展质量

在硬件条件基本达标的情况下,促进全市初中教育内涵发展,提高质量是当前更为迫切的任务。在此,我强调两点。

第一点,要坚持以人为本,以学生发展为本,回归教育本原。基础教育的根本任务是育人。在探索提升质量的过程中,我们不断地摒弃了那些功利化的、表面化的、不符合教育规律的倾向和做法,越来越强调回归教育的本原,回归到服务人的成长和发展。对提高初中教育质量来说,就是要遵循学生的成长规律,研究和把握初中学生的阶段性特点,包括生理的、心理的以及所处的时代特点,准确分析他们的需求,为他们提供适合的、有针对性的教育。初一,是学生从小学教育到中学教育的过渡时期,做好衔接是主要任务;初二,学生正值青春期,是容易产生分化的时期,做好青春期教育很重要;初三,是学生进行初步职业选择的时期,帮助学生明确未来发展方向很关键。可以说,初中阶段既是促进学生成长的机遇期,也是学生分化的危险期。根据这个特点,我们必须要尊重学生的个体价值,尊重差异,要注重养成教育,加强引导,为学生成长提供丰富的教育资源,创新教育形式和手段,搭建个性发展的平台,为学生学会做人、夯实素质,培养良好习惯奠定坚实基础。

第二点,要积极应对生源高峰,提前谋划初中教育发展。受生育高峰和外来人口大量涌入双重因素影响,未来几年小学生源将出现明显的增长,从今年秋季入学情况来看,学位紧张的问题在北京市海淀、朝阳、丰台、昌平等部分区已经比较突出。未来三到五年,生源急剧增加的影响将会延伸到初中阶段。今年,市政府印发了《北京市中小学建设三年行动计划》,目的就是通过加快中小学校建设,积极缓解入学高峰带来的压力。对全市初中来说,还有一定的调整和准备时期,我们必须要做好充足的思想准备,提前谋划。要加强对形势的研判,科学预测生源变化情况,合理规划初中学校布局,科学有效的配置教育教学资源,加大设施设备的投入力度,提高硬件资源配置的效率,同时要拓宽途径,做好必要的师资储备,确保妥善应对生源激增的挑战,不断巩固和保持初中教育发展取得的积极成果。

## 三、强化学校建设,大力推进义务教育优质均衡发展

推进义务教育均衡发展是基础教育的战略性任务。去年,市政府和教育部、各区县政府签署了推进义务教育均衡发展备忘录和责任书,进一步强化了政府的责任,市区两级政府在经费投入、政策保障、资源配置、机制建设等方面推出了许多富有成效的措施。但是,推进义务教育均衡发展也绝不仅仅是政府的责任,因为义务教育均衡发展最终要体现在每一所学校的发展上。办好每一所初中,既是推进义务教育均衡发展的重要内容,也是推进义务教育均衡发展的重要载体和工作抓手。

今天来参会的有很多初中学校的校长,在政府职责保障到位的情况下,学校如何落实责任,通过自身的建设和管理,落实市区两级政府的要求,提高发展质量,是每一位校长应该思考的问题。

我认为,一是要转变教育观念,凝练办学特色。总结和发扬学校已有的办学优势,确立适合本校特点的、符合时代要求的办学理念,大胆探索适合自身发展的办学模式,以办学理念凝聚全校师生,充分发挥干部教师的引领作用,引导全校投入提升质量、促进均衡发展的教育改革实践中;二是要转变教学方式,聚焦课堂,提高教学质量。抓住学校教书育人这个根本任务,各项工作向教育教学聚焦,教育教学向课堂聚焦,课堂向学生发展聚焦。采用启发式、探究式、讨论式、参与式的教学方式,做到因材施教,鼓励学生创新思维,构建高效课堂,切实减轻学生过重课业负担,促进学生全面健康发展;三是要加强管理,规范办学行为。学校管理水平的提升,是促进学校发展的基础性工作,要落实市区教育行政部门关于招生、课程设置、考试等规范学校办学行为的规定,建立健全各项管理制度,提高科学管理水平,增强政策的执行力和实效性。

同志们,各区县和学校在促进初中教育发展的过程中,创造了很多新鲜的经验,尤其是在破解发展难题,解决热点、难点问题上积累了很多有效的做法,基教一处和初中教育研究会通过"走进区县"活动搭建了交流平台,宣传展示区县和学校的发展成果,为初中教育发展营造良好的氛围,是十分必要的。走进活动已经成功举办了一年,今年的活动规模还在不断扩大,参与的人员也不断增加,这说明交流的效果是显著的。今年,我们还启动了初中教师基本功展示交流活动,充分反映了全市在初中教师队伍建设方面取得的成果。我希望,这种宣传交流活动还要继续深化下去,同时要进一步加大对初中教育发展有效经验的提炼和总结,把有利于工作推进的体制和工作机制固化下来,把可以推

广的做法和途径梳理出来，进一步凝聚智慧，在全市初中教育发展关键时期，不断拓宽发展思路，改革发展方式，为首都优质均衡质量提升做出新的贡献！

## 第三节  让"弱势群体"不再"弱势"

让每个学生都成才是我们每个教师心中最大的理想。为了实现这一理想，我们唯有坚定不移地进行教学改革，打造高效课堂，才能真正促进学生优质均衡发展。以自主、合作、探究为核心理念的活动单导学模式为我们广大教师打造高效课堂指明了方向，这种模式能让每个学生都"动"起来，让课堂活起来，使课堂效益最大化。①

### 一、优质活动单的设计是高效课堂的前提与保障

教师要设计出优质活动单，这样才能让每个学生都能更有效地掌握基础知识，锻炼自我学习能力、小组合作能力，从而达到高效学习的目的。活动单的设计可采用课前预习单、课堂活动单、课后巩固单三单一体的模式。这样的设计可使教学有序化、知识系统化，很好地完成课程标准的"三维目标"。为了促进学生优质均衡发展，活动单的设计还要注重分层设计，在设计训练题时，可分为基础题、提高题、思考题。基础题人人做，提高题由中等生、优等生完成，思考题只要求优等生完成。这样分层设计，有利于学生人人完成自己的学习目标，从而提高学习效率，促进学生优质均衡发展。当然，要设计出优质活动单，必须发挥教师集体的智慧。教师与学生一样存在个体差异，因而首先必须让教师队伍达到优质均衡。如何让教师队伍达到优质均衡呢？备课组加强集体备课是最有效的途径。备课组长提前一周布置任务，主备教师研读教材，参阅资料，形成活动单草稿，本周集体备课时间组内成员就主备教师的活动单草稿各抒己见，提出修改建议，然后主备教师进行修改，形成定稿。上课教师在上课前要进行二次备课，对已形成的活动单根据本班学生情况和个人教学特点进行适当变更。平时备课组长要善于发现组员的长处，集思广益，互补不足，真正促进教师队伍的优质均衡发展。只有建设优质均衡的教师队伍，才能设计出优质活动单，才能为促进学生优质均衡发展打下坚实的基础。

---

① 刘春蕾. 积极打造高效课堂 促进学生优质均衡发展[J]. 中学教学参考，2011(12)：124.

## 二、有效的小组合作学习是学生体会成功快乐的源泉

教师在根据活动单进行教学时要加强学生小组合作学习，充分调动每个组员的积极性，让每个组员都得到发展。小组合作学习是学生在课堂中学习、讨论的基本形式，也是提高学习效益的有效途径。积极开展小组合作学习有利于培养学生良好的注意力品质，有利于培养学生的创造性思维。在平时，我们教师要加强对小组长的培训，让小组长学会如何组织组内讨论，如何融洽组内成员关系，如何进行组内作业的批改与评价，如何掌握组内成员的学习动态等。在教学过程中，教师要及时了解小组合作的情况，确定讨论时间的长短，掌控全局，并要作适时的点拨与指导，纠正错误，完善方法。在小组展示合作学习的成果时，教师要给予恰当的点拨和鼓励，这样才能让学生对学习充满信心，以更大的热情、快乐的心情投入学习，从而使小组合作学习的效益最大化。教师要注意不要低估学生的能力，能让学生自己完成的任务，决不包办，让他们在合作学习中强化知识基础、提高学习能力。教师在组织小组合作学习时要让学生主动参与、积极思考，人人都体验，个个有收获。每节课均要评选优秀小组和优秀答题人，让学生切身体会到成功的快乐，有效地促进学生与学生、小组与小组之间的合作与竞争。课后教师要及时与不够积极的小组和个人交流，鼓励他们积极参与到小组合作中去，并形成学生与学生、小组与小组的对子帮扶，以促进学生与小组的优质均衡。

## 三、让爱的阳光照亮每个学生的心灵

教师要关注"弱势群体"，让"弱势群体"不再"弱势"。"弱势群体"的学生大多数个性强、任性，自我约束力差，不注意自己的言行举止，成绩差，是所谓的"后进生"。我们教师要降低对这些学生的要求，绝不能对他们横加批评，因为这样不仅起不到任何积极作用，相反还会打击他们的信心，形成恶性循环。课上，对他们的发言要加强鼓励，用欣赏的眼光来看待他们，就算他们答错了，教师也要注意点拨时的语言技巧，切不可伤害他们的自尊心，否则，他们展示自己的次数将越来越少。课后，教师应及时与他们交流，了解他们的困难，无论在学习上还是生活上都要给他们真诚的关怀，给他们无私的爱。爱是教育力量的源泉，是教育成功的基础。正如夏丏尊所说："教育没有情感，没有爱，如同池塘没有水一样。没有水，就不能称其为池塘；没有情感，没有爱，也就没有教育。"充满爱心，你才能紧握打开学生心灵的钥匙，让他们的心灵充满阳光。在教师的关怀下学习，学生会更加热爱课堂，会更有激情投入学习活

动中，这大概就是"亲其师，信其道"的道理吧。面对后进生，我们应该做一个有心人，善于发现学生的优点和进步，适时表扬和鼓励。法国大雕塑家罗丹也说过："生活不是缺少美，而是缺少发现美的眼睛。"只要我们做老师的学会发现学生的美好，会用欣赏的眼光看学生，就会发现学生的优点，从而对学生进行鼓励和肯定，学生必然会积极投入学习中，从而得到更好的发展。我们教师更是可以借助课本或课外读物中的励志故事激发后进生的学习热情，让他们真正爱上学习，积极投身到小组合作学习中去，取长补短，与中等生、优等生打成一片，让后进生不再后进，让"弱势群体"不再"弱势"，促进学生优质均衡发展。

# 第十二章 "u"（uniform）：全要素全过程全方位均衡（下）

## 第一节 推进城乡教育一体化发展

义务教育普及之后，基础教育均衡发展成为我国教育发展的重要战略思想，是实现教育现代化的重要指标之一。2004年，北京市明确提出"2010年北京要在全国率先基本实现教育现代化"。作为北京市教育规模最大的远郊区县，房山区教育均衡化进程直接影响着北京教育现代化的进程。房山区地处北京郊区，辖区内山区、半山区约占全区面积的2/3。山区学校普遍存在着"生源逐年减少、教学质量止步不前"的问题，山区学校与平原和城镇地区学校教育发展不均衡、房山区整体教育与北京中心城区教育发展不均衡成为房山区解决教育均衡发展的两大矛盾。解决这些矛盾的关键在于提高山区教育水平，缓解山区与城区之间的教育不平衡，从而带动全区教育水平的提高，达到缩小与中心城区教育水平差距的目的。如果没有山区教育的发展，一切都将成为空谈。

2005年房山区开始酝酿房山区教育史上规模最大的一次布局调整：将山区中学一次性外迁，将山区小学一次性集聚，充分利用富余资源发展山区学前教育和成人教育。这项旨在实现教育均衡发展的"山区教育工程"被北京市教委列为全市推进基础教育均衡发展的重要试点工程。北京市教委有关负责人在评价房山的做法时这样说道："房山区山区中学的整体搬迁，是近年来北京市通过大力发展农村教育，整体提升基础教育水平的一个缩影。"

### 一、多因并存促使山区工程实施

国家基础教育均衡发展的政策及北京市实现教育现代化的战略目标是促使房山区实施山区教育工程的外因。而山区产业结构调整和建设生态涵养区则是房山区实施山区教育工程的内在动力。随着山区煤矿和非煤矿山的关闭工作逐步开展，山区产业结构必须进行深入调整，人口素质和就业技能的提升比以往任何时候都重要。最有效的调整途径就是通过发展山区教育改善劳动力结构，从根本上切断传统产业劳动力的来源。2005年，房山区被北京市确定为城市发展新区和绿色生态涵养区，这也需要不断减少山区人口对环境的压力，努力推进城市化建设进程。教育布局的调整可以有效地拉动山区人口的外迁，从而推进全区人口布局的调整。在内外多重因素的推动下，山区教育工程的实施迫在眉睫。

### 二、多措并举保证教育均衡发展

理论界认为，基础教育均衡发展落到实处主要表现在三个方面：优质教育资源的相对均衡配置；受教育权利的相对平等；学生潜能的最大限度的发挥。房山区将这三个方面作为山区教育工程实施的目标。

"将山区中学一次性外迁，将山区小学一次性集聚，允分利用富余资源发展山区学前教育和成人教育"，这是"山区教育工程"的基本内涵，也是房山区为实现优质教育资源的相对均衡配置所做得努力。为完成这项工作，市、区两级共投入资金3.7亿元。根据北京市新颁布的办学条件标准新建和改建了4所千人规模寄宿制中学，使之成为目前房山区办学条件最好的学校。同时，把将31所山区小学合并为14所寄宿制小学，整合了资源，结束了山区教师"人文类将就、科学类半路出家、艺术类无专业可言"的现象。通过中学外迁和小学集聚减少了以往山区学校间教育资源、教学质量不均衡的局面，促进了教育的均衡发展。

由于山区教育资源欠缺，学前教育和职成教育历来都是教育的薄弱环节，这部分人的受教育权利问题成为房山区关注的重点。房山区利用山区中学外迁和小学集聚腾退出的校舍建设山区乡镇中心幼儿园8所、分园6所，增加幼教教师120余名，使公办幼儿园在山区乡镇实现了全覆盖。建设乡镇成人技术学校8所、村成人技术学校26所，同时从山区富余师资中选派48名教师负责成人教育，实现了成人教育有场地、有人员的目标，结束了以往农民挤在村委会进行培训的历史。

贫困学生的受教育权利问题也是房山区在实施"山区教育工程"中特别注意的问题。山区学生家庭经济大都比较困难，为了保证没有一个学生因为外迁、费用增加而失学，房山区在落实北京市"两免一补"政策的基础上，实现了"三免两补"：不仅免除了杂费、教科书费、发放生活补贴，还免除了寄宿费、发放交通补贴。对低保家庭的学生在学习方面还给予专项补贴。为解决学生往返的交通问题，区财政拨专款到各乡镇，负责安排两周一次的免费班车。从2006

年 9 月开始，区财政每学年用于山区外迁学生的各项补贴总额都在 800 多万元左右。

充分发挥学生潜能，并为之提供最适宜的环境及条件是基础教育均衡发展在意识层面上的表现。为给学生提供良好的受教育环境，房山区加大了学校的硬件和软件建设。将新建的两所中学定为区教委直属中学，校园内图书馆、体育馆、游泳馆、实验楼、塑胶操场等现代化教学设施一应俱全，教室全部安装了现代多媒体教学设备，加快了学校数字化建设进程。教师是学校的第一教育资源，促进学生的全面发展要靠全体教师去实现。为保证优质的师资，学校采用全员聘任制，校领导、中层干部及教师都是区教委面向全区中学通过考试、试讲、答辩等程序公开招聘。目前的教师队伍学科配置、年龄结构合理，教师经验丰富，并拥有一定数量的市、区骨干教师。学校还实行"名校办分校"的办学方式，分别与市区重点中学签署联合办学协议，以达到与市区优质教学资源的共享。学校充分发挥自身优势为学生提供社会实践机会，结合学生寄宿课余时间比较充裕的特点，安排社会实践、兴趣小组等社团活动，不仅保证了教学质量，也使学生的生活丰富多彩，各方面潜能得到挖掘，使学生能得到全面的发展、塑造健康的人格。

### 三、多效并显彰显教育均衡优势

山区教育工程作为房山区教育布局调整的关键环节，在促进基础教育均衡发展、实现教育现代化目标、构建和谐社会方面发挥了十分重要的作用。

中学的搬迁和小学的集聚，使义务教育阶段的教育实力得到大幅度增强，义务教育在教育体系中"重中之重"的地位得到不断巩固。规模化办学，彻底消除了小学教师"一人兼任多门课程"的情况，促进了教师队伍的专业化发展。通过几年的努力，我们看到了如下数据：山区中、小学入学率和巩固率均达到了 100%，山区中学生初中毕业后升入高一级学校的学生比例从搬迁之前的 83.93% 提高到 98.94%。山区学前教育和成人教育的发展，进一步完善了山区覆盖各类人群的终身教育体系，教育发展的均衡化水平得到全面提高。人力、物力资源各得其所，使用效益得到充分发挥。山区学前入园率由原来的 0 达到目前的 68%，山区乡、村两级成人学校每年开展各级各类成人培训 6 万余人次，推广农民教育优秀培训项目 16 个，为改善山区人民生活水平、提高山区劳动力素质做出了积极的贡献，山区与平原地区教育发展的差距逐步缩小。

如果没有实施"山区教育工程"，"进城读书"对于大部分的山里孩子来说，只是一个梦想。山区的孩子进入城市的学校上学，缩小了学校与城市的距离，符合广大群众向往文明、向往发达、追求幸福的心理愿望。这些孩子从初中就开始接受适应未来社会生产和生活的教育,长大后不再回到山里像他的父辈那样生活。另外,一个孩子走出大山,就可能使一个世世代代生活在山区的家庭走出大山,从事新的生产和生活方式。这些都大大推动了房山区的城市化进程。再者,教育历来就具有平等化功能,它是社会发展的一种平衡器和稳定器,是促进社会和谐发展最有效的手段之一。均衡、平等的教育为人们提供了公平竞争、向上流动的机会,改善人的生存状态,减少社会性的不公平,是构建和谐社会的基础。

"山区教育工程"的实施,为房山区深山区中学画上了句号,却为房山区实现教育均衡发展、教育现代化打开了无限发展空间。通过房山区的做法我们可以得到如下启示:任何部门在制定政策时,都应该坚持实事求是、因地制宜的精神;坚持"以人为本"的原则,解决群众最关心、最直接、最现实的问题;解放思想、大胆创新,不要囿于现成的工作方法。这同时也是科学发展观的基本要求。只有这样才能保证政策的有效性,才能为构建社会主义和谐社会做出更大贡献。

### 四、推进城乡教育一体化发展

党的十七大报告指出:"优化教育结构,促进义务教育均衡发展,加快普及高中阶段教育,大力发展职业教育,提高高等教育质量。重视学前教育,关心特殊教育。"2010年11月,房山区就如何将教育均衡发展落到实处,如何进行创新探索,如何充分发挥教育在经济社会发展中的全局性、基础性和先导性的作用,制定推进城乡教育一体化发展规划。

推进城乡教育一体化发展的目标是以深入落实《国家教育改革和发展中长期规划》为指导,贯彻"以城带乡、以乡促城、城乡一体、整体推进、协调发展"的方针,努力缩小城乡差别,促进区内各级各类学校的和谐发展和教育质量的整体提高。其标志为:各乡镇学校布局合理,全区中小学校舍建设、设备配置等项目达到基本均衡;干部、教师队伍素质整体提升、骨干教师分布合理;山区学校、农村学校、城镇地区相对薄弱的学校教育管理和教育质量显著改善,与城区差距明显缩小;扩大对外开放,信息化程度高度均衡,优质资源基本能够共享,先进区县的教育资源辐射全区。努力把房山区建设成为北京市城乡教育一体化发展示范区。

## （一）教育结构布局调整项目

### 1. 基础教育学校的布局调整

紧密围绕"两轴三带五园区"的功能设置，按照"适度超前、相对集中、集约土地、方便群众"的原则，开展教育布局结构调整，未来几年，撤并一批办学规模较小、办学效益较差的中小学校，配套建设一批适度规模的中小学校，全区中小学规模调整为150所左右，形成与人口变化、产业调整和城市建设相协调的学校布局。组织实施教师进修学校、少年宫、考试中心、校产中心、教育技术装备站等教委直属事业单位迁址新建工程，以进一步提高教育综合服务能力，为城乡教育一体化发展提供服务保障。

### 2. 学前教育的均衡化普及发展

以提高学前教育覆盖率为重点，一是积极争取政府投入力度，主动寻求社会各界支持，加强乡镇中心园和分园建设，扩充园所容量。2013年达到中心园27所，分园40所，幼儿三年入园率达到95%以上。二是以级类管理为抓手，推动学前教育管理水平的提高。继续推进园所达标验收和级类晋升工作，逐步增强级类管理的力度，努力提高幼儿园规范化水平。乡镇中心园全部达到或超过市级验收标准，要有14所一级幼儿园，4所示范幼儿园。取得办学许可证的民办幼儿园全部纳入级类管理，并达到验收标准。改造和建设一批具有一定竞争力的高标准、质量优的学前教育机构。进一步保持学前教育在全市远郊区县的领先地位。三是加强园长和转岗教师的培训工作，促进保教质量和效益的提升。

### 3. 适应区域经济发展均衡职成教育

以增强教育为经济社会发展的服务能力为目的，聚焦房山区重点打造北京石化新材料科技产业基地、窦店现代制造业产业基地、房山中央休闲购物区（CSD）、中国房山世界地质公园和都市现代农业示范区5个重点功能区的契机，提升房山区职业教育的现代化水平和均衡化程度。主要措施：一是强化成教中心业务指挥职能。使成教中心适应经济社会发展的要求，发挥龙头作用，辐射和带动全区成人教育健康、快速发展。二是加强两所职业学校建设，全面推行"订单式"培养模式；重点建设好印刷、汽修、建筑、旅游、物流等专业和高水平实训实习基地，探索"产、学、研"相结合的运作模式；将二职高和房山职业学校打造成在全市乃至全国具有显著影响力、在区域经济社会发展中能够充分发挥作用的中等职业技术人才的培训基地。三是推进职技类学校教育教学改革。以市场为导向，大力调整专业结构，积极创设紧缺专业，打造品牌优势，推进职业教育创新。四是推行"学校＋企业""日校＋夜校"等培训模式，探索"园校互动、校企融合"的办学模式。保持年培训农村剩余劳动力15万人次。

## （二）实施基础教育学校标准化建设项目

1. 实施中小学校标准化建设工程

根据市颁学校标准化建设要求，加快学校新建、改扩建步伐。根据我区实际情况，中小学办学条件改善工作将和校舍安全工程统筹考虑，并同步实施，即在进行校舍抗震加固的同时进一步完善，到2012年底，区域内所有中小学校舍达到新的办学条件标准，实现城乡学校办学条件均衡。实施内容和步骤：第一阶段：根据市里统一安排，2009—2010年，完成22所中小学实施校舍抗震加固工程，建筑面积7.1万平方米；第二阶段：2010—2011年，校舍安全工程分为加固、翻建及扩建两部分，其中，校舍加固涉及学校40所，建筑规模12.2万平方米，校舍翻建及扩建涉及学校79所，建筑面积17.8万平方米；抓好重点工程如：完成长沟中学、交道中学建设工程，同时采取切实措施，争取岳各庄中学、石楼中学二期、葫芦垡中学、窑上中心校、石窝中心校等重点工程顺利开工建设；第三阶段：2011—2012年，计划对19所学校实施中小学校舍抗震加固工程，建筑面积14.3万平方米。即截止到2011年底确保126所学校办学条件达到市颁新的办学条件标准；其中重点工程如：推动良乡青少年活动中心建设，房山区进修学校东迁工程等；第四阶段：剩余学校的办学条件改善工作将在2012年完成，重点攻坚为完小达标进程。根据中小学体育场地建设标准和体育器材、仪器设备、现代信息技术设备、图书配备目录，分阶段逐校配足配齐，不断提高学校教育技术装备水平。通过四阶段校舍安全工程、操场改造和设施设备配置标准化工程的实施，使学校办学条件得到根本的改善，并确保中小学办学条件标准化建设达标率达到100%。

2. 信息化水平提高促进优质资源共享工程

（1）实施"基于数字校园的房山区中小学信息化推进计划"。启动数字化校园建设工程，以中小学数字校园为基本应用，以区教委管理平台为中心，促进教委与学校、学校与学校的协作、共享、交流，逐步实现从环境、资源到活动的数字化，进一步加强学校信息化网络和硬件设备配置，从而达到教育教学质量和管理水平一体化的目的。基于数字校园的房山区中小学信息化推进计划分为四个实施阶段（阶段中有并行时间）：第一阶段从2010年10月—2011年5月，主要任务是首期30所硬件配备达标学校的数字校园平台的安装、培训工作；第二阶段从2010年11月—2011年6月，主要任务是数字校园平台的改造、区域性定制和教委管理平台的开发工作；第三阶段从2011年7月—2011年9月，主要任务是房山区硬件条件不达标学校的机房改造工作；第四阶段从2011年9月—2012年2月，主要任务是基于数字校园平台的信息化推进工作。

（2）启动教育系统数字化管理平台、教师网上备课平台和远程教育平台建设。大力发展远程教育，加大教育资源开发和整合是促进城乡教育均衡发展、实现教育公平的有效途径。策略一：以现代网络技术为支撑，在完善现有校园网建设的基础上，不断加强网络中心、多媒体网络、远程教育等设备设施建设，逐步实现学校间的远程视频教学，形成学校间的优势互补。策略二：搭建优质教育资源共享平台，通过开发与建设电子图书馆、信息化教学资源和教育教学软件资源，建设学校教育资源库，全面提高教育信息化水平，促进优质教育资源共享。

**（三）实施基础教育优质师资建设共享项目**

城乡教育一体化的关键是教师队伍的均衡，队伍建设是一个系统工程，牢固树立"人才是第一资源"理念，将教师队伍建设列为城乡一体化教育规划的重大项目。建立以推动教师专业发展为主体，以骨干教师队伍建设和班主任队伍建设为两翼的教师队伍建设新格局。未来一个时期，我们要做好以下三项重点工作，实现教师均衡发展。

1. 推进教师专业化发展工作

推进城乡教育一体化发展，不是降低优质学校优质教师的数量，也不是降低优质教育的标准，更不是忽视城镇学校的进一步发展，而是在教育快速发展的进程中，通过教师专业化发展，提升全体教师的专业化水平。具体实施步骤：第一阶段：成立领导小组，了解基层情况，制定工作意见，全面研究部署教师专业化发展的主要工作和重点内容（专业意识、专业情感、专业知识、专业技能）等。第二阶段：组建专家组，落实推动教师专业化发展的办法和途径，即"围绕一个中心，建设两个载体，依托三个平台，抓好四项建设"。以教育教学为中心明确教师专业化的方向和目标；以职业生涯规划和课程改革为载体，规划和引领专业发展；以教科研为基本途径，搭建理论成长平台，以基本功大赛为发展抓手，搭建技能提升平台，以网络备课为主要形式，搭建集体成长平台；抓好职业道德建设、培训体系建设、学科教研组建设和学习型学校四项建设。第三阶段：组成教师专业化发展各工作小组，按照房山区教委《关于推动教师专业化发展的意见》（房教发〔2010〕38号）要求，着手做好调研、规划和年度计划，协调解决主要问题，指导学校制定方案，狠抓落实，加强视导，确保工作的总体进程。

2. 完善骨干教师共享机制

加大对我区学科教学带头人和骨干教师的培养、使用和管理力度，充分发挥骨干教师的示范、引领和辐射作用。具体实施办法：策略一：成立骨干教师管理领导小组,制定骨干教师培养、使用和管理实施细则,加强骨干教师的过程管理,增加骨干教师养力度,提升骨干教师专业水平。策略二:发挥"学科工作室"职能,整合资源,强化高端引领,充分利用现有特级教师、市级学科教学带头人和市级骨干教师,组织专家团队,通过定期区级教研,把最先进的教育理念和教育方法直接传授给广大一线教师。策略三:建立区级以上骨干教师网上展示和考核平台,主动开放课堂,承担示范课、研究课和学科教研活动,推进优质资源共享。策略四:落实"骨干教师传帮带"计划。区层面统一使用、培养骨干教师。现有市区级骨干教师,在选择培养目标时,要有计划地向农村和山区青年骨干教师倾斜,培养效果纳入骨干教师工作职责和评价考核范围。策略五:依托骨干支教和对口帮扶政策建立长期"城镇支教"机制。充分发挥优质教师的示范、辐射作用,将城镇优质校与薄弱校结成紧密型的办学联合体,各城镇学校要主动与受援学校取得联系,根据受援学校的需求,每个城镇学校按照不少于2~3人的数量从市、区、校骨干中派出全职支教教师,从教育、教学、教科研等多层次,备课、讲课、做课等多角度支援农村学校,城镇学校派出确有困难的,采取双方互派方式支教;凡到农村学校支教锻炼一年以上的教师,在评先评优、职称评聘时予以优先考虑,支教教师享受受援学校的农村教师补贴。

### 3. 通过人事制度改革落实薄弱校人才的引进

一是借助北京市教委相关制度政策,继续加快吸引优秀人才到农村从教,杜绝教师城乡、区域间的无序流动。二是外引毕业生实施政策倾斜,支持每年为农村和山区校外引一定数额高校毕业生充实到一线。三是为到山区和农村工作的优秀毕业生提供良好的生活和工作环境。四是向山区和农村工作的教师提供特殊津贴和福利待遇。五是逐步推行中小学校长定期交流轮换制度。

### (四)实施干部素质提升项目

"十一五"时期,我区坚持从干部选拔任用、教育培训、考核评价、作风建设、后备干部培养等方面入手,基本建成了一支适应我区教育事业发展需要的高素质、懂教育、善管理、能创新、讲实效、乐于奉献的干部队伍。为适应城乡一体化发展需要,未来三年,在干部素质提升,实现管理均衡方面将做好以下几项工作。

### 1. 开展教育系统创先争优活动,树立干部形象

为充分发挥基层党组织的战斗堡垒作用和领导干部的先锋模范作用,创建先进基层党组织,要求领导干部做到五带头:带头学习提高、带头争创佳绩、带头服务群众、到头遵纪守法、带头弘扬正气。以领导干部和党员公开承诺、

领导点评、群众评议和评选表彰为推进方式，系统设计2010—2012年的干部形象建设专项工作。第一阶段：2010年7月—2011年1月，以深入开展党员和领导干部作风建设活动为专题开展活动。第二阶段：2011年2月—2011年7月，以迎接建党90周年为专题开展活动。第三阶段：2011年8月党的十八大召开，以迎接党的十八大召开为专题开展活动。教工委在推进教育改革、搞好教书育人、加强干部教师队伍建设等工作时，要与"创先争优活动"紧密结合，广泛开展"讲党性、做表率、树形象"活动，发挥党员和干部的政治核心作用，引领干部自身形象和业务水平的提升。教工委、教委领导和相关工作人员分八组包片联系全区教育系统各单位，执行日常指导和督促工作，分阶段开展考核和活动统计，定期开展专项促进会、指导汇报会和领导座谈，保障创先争优活动实效。

2. 加大干部培训管理力度，提升干部素质

制定《学校领导干部"十二五"培训规划》，全面提高干部队伍素质，逐步完善干部队伍建设的科学化、民主化、制度化和规范化。为进一步提升房山区校长队伍的整体管理水平，教工委、教委坚持推进干部素质提升培训工程。①实施房山中小学校长网上远程培训。房山区制定校长远程培训实施意见，与国家教育行政学院、中国教育干部培训网合作建立"中国教育干部培训网·北京房山中小学校长培训中心"，由培训中心与中国教育干部培训网双方共同制订"培训计划"，由国家教育行政学院组织师资力量全程实施培训，房山培训中心负责过程管理，全体校长进行网上账号注册，实施上线学习，学院和培训中心以年度为单位对培训课程和培训结果进行共同考核。②实施新任校级干部培训。为使新任和转岗的校级干部尽快进入角色，以适应新任岗位的要求，借鉴和吸收知名校长的成功治校经验，提高其思想、理论素养和实际管理能力，提升办学水平，每学年均要举办新任校级干部培训班，重点进行新任岗位操作能力的培训。培训分两个阶段：第一阶段为集中学习交流阶段，目的是通过领导、优秀校长讲座，使新任干部在如何当好校长、如何抓队伍建设、初任新职困惑的解决、廉政建设等方面有所提升。第二阶段为分组实践阶段，目的是发挥干训基地校的示范引领作用，从新任干部的岗位要求出发，对工作中的常规项目进行模拟培训和情景培训。③实施房山区教育系统党政正职提高培训。房山区教育系统利用每年的暑期，对系统内各单位党政正职，含校长（主任）、书记、园长、教育助理、教委科长和进校业务处室主任都开展专项培训。每年的主题由教工委、教委领导研究确定，由政治处和进修学校干训处组织实施，一般进行为期3～5天的封闭式全员培训，对学习、交流过程和结果开展双重考核。

④实施薄弱校校长和中青年校长的提高培训。每学年,区教委与北京市国际教育交流中心联合举办一次拓宽干部视野的短期培训;2010—2012年,区教工委和首都师范大学继续教育学院合作举办在职校长的教育管理专业研究生课程班培训,进一步提高校长队伍的专业素质和学历层次,提升中青年校长和薄弱校校长的现代管理理念和现代管理技术。

3.尝试干部流动管理,促进管理水平均衡

为加强房山区教育系统干部的管理和均衡,确保农村和山区干部的培养、引进和优化,教工委将进一步修订《房山区干部考核工作意见》《干部任免条例》,将培训—岗位考察—任用提拔—奖惩相结合,强化激励机制,加强校级干部交流任职,加大山区与平原之间、直属学校与乡属学校之间、在同一单位工作过长领导干部的交流,干部调整时向薄弱校、农村校倾斜,将年轻、学历高、工作能力和创新意识强的领导首先输送到薄弱校,促进管理水平的均衡。

(五)实施基础教育学校内涵发展项目

1.通过教育教学标准体系建设,促进各校规范发展

修订和完善"学校各类人员的岗位职责""学校工作规程""中小学阶段性教育质量标准""中小学课堂教学质量标准""教师和干部考核标准""德育八大领域""体育六大目标任务"等标准化管理体系,制定并实施"关于促进教师专业化发展的意见""关于加强中小学班主任队伍建设,促进班主任专业化发展的意见""房山区教科研发展意见",逐步建立健全各项规章制度、保障体系、发展目标和措施策略,规范全区教育的规范发展。改进各类教育的评价体系,努力发挥评价工作的鉴定、激励和导向功能。

2.借助课程改革深入推进,实现城乡学校特色发展

借助课程改革的深入推进,在开齐开足开好国家课程的前提下,加强地方与校本课程建设,不断完善三级课程管理体系。在校本课程开发过程中,坚持"以校为本,科研引领,特色发展"的思路指导,坚持区级规范引领,学校自主发展,加强学段之间的衔接,避免重复开发。未来三年,进一步完善我区已有的五大类校本课程体系,鼓励学校选择、完善适合自己学生的校本课程,进一步促进基础教育学校在均衡的基础上追求特色发展。房山区目前已有的校本课程门类如表12-1所示。

表12-1 房山区目前已有的校本课程门类

| 校本课程种类 | 所占比例/% | 开发形式 | 典型学校 |
|---|---|---|---|
| 学科拓展类 | 54 | 学校自主开发 | 北洛中学、房山中学、良乡小学等 |
| 德育生活类 | 7 | 学校自主开发和区统一规划相结合 | 良乡附中、武侯中心校、窦店中心校等 |
| 科技思维类 | 14 | 学校自主开发 | 良乡附中、电业中学、良乡三小等 |
| 心理健康类 | 15 | 区里统一规划,学校结合实际执行 | 昊天学校等 |
| 文化遗产类 | 10 | 区里统一规划,学校结合实际执行 | 周口店中学、周口店小学等 |

3. 建立城乡学校发展联动机制。深化"结对帮扶"工作。推动结对学校间的实质性交流,促进结对学校间的优势资源共享,完善结对学校的统一、连带考核,促进共同发展。结对校帮扶主要内容分四项:一是以提升学校干部管理能力为重点,加强学校管理及教育教学管理干部的结对帮扶;二是以提高教师课堂教学水平为重点,逐步实现结对学校间师资的均衡发展;三是以提高教师课堂教学质量为重点,逐步实现结对学校间教育教学的均衡发展;四是以实现优质教育资源共享为重点,加大结对学校间教育资源开发、重组和整合力度。房山区中小学结对帮扶工作安排如表12-2所示。

表12-2 房山区中小学校结对帮扶工作安排

| | |
|---|---|
| 良乡一小—史家营中心校 | 良乡二小—南窖中心校 |
| 良乡三小—霞云岭中心校 | 房山一小—十渡中心校 |
| 房山二小—佛子庄中心校 | 房山三小—蒲洼中心校 |
| 琉璃河中心校—交道中心校 | 良乡中心校—大安山中心校 |
| 房山二中—房山五中 | 良乡二中—良乡五中 |
| 行宫园学校—南召中学 | 良乡三中—良乡四中 |
| 岳各庄中学—中院中学 | 房山四中—房山三中 |
| 石楼中学—夏村中学 | 窦店中学—葫芦垡中学 |

#### 4. 深化课堂质量评价，提升教育教学质量

继续落实"三个聚焦"思想，积极探索有效课堂的实施途径和保障机制，着力提升领导干部的课程领导能力和教师的课程执行能力。为进一步提升教育教学质量，强化对课堂教学的过程性管理，深化课堂教学质量评价，全面启动教师教学全程评价，通过诊断性评价、形成性评价和总结性评价，对教师的工作态度、课堂教学、教学业绩进行全面、科学的考核，形成教学质量全程监控和全程评价的工作体系。第一阶段：2010年9月前，研究制定房山区教委"关于教师教学质量全程评价的指导意见"，召开启动大会，广泛开展宣传，指导学习意见，学校制定方案。第二阶段：2010年9月—2011年1月，各学校试行教师教学质量全程评价，过程中研究与教师绩效工资的衔接，以现场会等形式探索课堂质量评价在全程评价中的深化。第三阶段：2011年3月—2011年7月，各学校将教师专业化发展和教师教学质量全程评价实现衔接，实现教师专业化发展评价和教师课堂质量与学生发展的统一。第四阶段：2011年9月—2012年1月，总结各学校教师教学质量全程评价推进经验，锁定课堂教学的主体地位，召开总结表彰会，进一步完善原有方案，开始第二轮实施。

#### 5. 深入推进考试评价研究工作

房山区教委与北京工大智源科技发展有限公司合作，研究开发"考试质量分析系统"，对房山区全体学生的重点考试进行全样本分析，依据学生各得分点的数据，精确地找出教与学的薄弱点，制定更有针对性的教学方案，从而提高课堂教学的效能。第一阶段：规范考试管理系统，研究提出房山区大型考试考务管理流程；初步建立房山区考试质量分析系统。第二阶段：签署考试质量分析平台开发合同，研究开发无纸化"网络阅卷"工作。在高三、初三、小学六年级的部分考试中进行试用，制作学生质量分析报告单，从命题质量、教师教学效果、学生学业成就三个维度进行全面、系统、科学的分析。第三阶段：中学各学校终端硬件建设，建立区级管理平台；中学着手组建试卷质量分析教师团队，开展考试质量分析培训。四阶段：小学各学校终端硬件建设，小学组建试卷质量分析教师团队，开展培训。

### （六）实施弱势群体助学项目

为整合教育资源，实施规模办学，缩小城乡差距，房山区创造性实施"山区教育工程"，将山区所有初中学生搬入新建的两所高标准寄宿制学校良乡五中、房山五中，每年区级财政投入840万元，创造性提出对山区外迁学生采取"三免两补"的政策：免除杂费、教科书费、住宿费，发放交通补贴、伙食补贴及助学补助；选派优秀教师和管理团队，加强政策倾斜和管理指导，有力地保

障了弱势群体学生接受优质义务教育的机会。未来三年，加强山区工程学校的教科研指导力度，加强教研，实施常规督评和跟踪评价，保障初中教育的优质均衡发展。

继续坚持农民工子女义务教育"两为主"原则，坚持农民工子女义务教育与当地学生一视同仁。将农民工子女义务教育纳入教育发展规划，根据区域人口变化情况，合理配置义务教育资源，依法保障农民工子女全部接受义务教育。

加强特殊教育工作。继续加大对特殊教育的投入力度，改善良乡二小、房山三小等学校特教班建设，做好目前特殊教育儿童随班就读工作。到2012年底，将教师进修学校旧址改造成一所较大规模的高标准特教学校，进一步保障全区有特殊教育需求的儿童、少年接受良好的义务教育。

### （七）实施扩大教育开放计划

**1. 继续扩大国际合作**

以加拿大皇桥教育集团为媒介，将加拿大温哥华地区作为我区开展对外交流的"桥头堡"，充分发挥其纽带和桥梁作用，开展与北美等发达国家的教育合作，积极探索开展教师职业教育的多种培训途径。继续进行英语教师的提升培训，开展第二轮全员英语培训，其中，将高中教师和义务教育阶段骨干教师派出赴温哥华皇家大学进行培训，邀请外籍教师对其他教师开展国内培训。探索干部培训，首批派出5名校长赴温哥华进行硕士管理培训。

**2. 深化与西城区教委全方位合作**

引进高端资源，助推房山区教育跨越式发展。在已有的与西城区合作的基础上，进一步发展互利双赢的合作模式。实施步骤：第一阶段：西城区教委与房山区教委就具体合作项目进行调研，达成合作意向。以房山提供实验基地形式，引进西城区教育高端资源。如建立北京师范大学良乡附属中学、西城区（驻房山）中学生国防教育中心等项目。第二阶段：以名校办分校等形式，房山区引进北京小学、北京第四幼儿园在房山区开办分校（园）。第三阶段：联合开展"送教下乡"项目的同时，在干部队伍建设、校本课程开发等项目上主动提出需求，开展研究，制定方案，开展活动。第四阶段：探索实施"远程教育"项目。共同探讨教科研行动计划，学习西城区先进教育经验，提升我区的教科研水平。开展教师培训和对口交流，提升教师专业化水平。

**3. 探索高校合作**

项目一：在前期洽谈的基础上，进一步深化我区电业中学与首都师范大学合作，创办首都师范大学房山附属中学，协助首师大在我区建设基础教育教研基地，借助首师大教育资源优势促进我区教育的研究和规划。项目二：与区域内高教园区各高校合作，如北京理工大学与房山区共同开展综合社会实践项目等，充分利用高校高端智力和现有资源，与高校加强联系，积极探索高校与房山区基础教育共赢互利的合作模式。

## 第二节 "基本均衡"走向"优质均衡"

党的十九大报告中提出"努力让每个孩子都能享有公平而有质量的教育"，为做好教育工作指明了奋斗目标和正确方向。享公平、抓质量，从"有学上"到"上好学"，指明了新时代教育的新使命。"funhill"教学在实践中要不断加强研究与探索。

在房山教育的发展过程中，有两次影响深远的教育布局调整。2006年是一个重要节点，我区实施了"山区教育工程"，将山区中学一次性整体外迁，腾退的资源解决了小学、学前和成人教育的发展，为义务教育均衡发展奠定了基础，为幼小中职成协调发展的终身教育体系建设奠定了基础。2016年是另一个重要节点，房山区再一次进行高中学校布局调整，将规模小、地处边远地区的四所完中校，一次性分别撤并至坨里中学和首师大附属房山中学。两次"搬家"，有效整合了教育资源。

房山区地域面积大，社会发展差距明显，教育体量大，可以利用的高端资源不同。根据我区"三区一节点"新的功能定位，梳理出教育在助推经济 社会快速发展方面还存在着一些问题，特别是发展不充分，不均衡的问题。比如，引进的教育优质资源大多数在长阳、良乡等城区，边远山区引进的优质资源明显不足；长阳等城区存在着义务教育入学难、入园难的问题；优秀的教师都集中在城区，山区优秀教师不足等。针对这些问题，我们立足房山实际，强化顶层设计，建立健全机制，确定了"一环两带三区"的优质教育资源布局。这一布局覆盖到我区所有地域、所有类型、所有人群的教育。通过深化城乡一体化合作，推进"一镇一品"学区制改革，先行先试乡村教师支持计划，全力推进乡村教育联盟发展新模式，打造优质教育资源高地，通过"funhill"教学改革，探索北京市教育优质均衡发展的郊区模式。

### 一、深化城乡教育一体化，打造一镇一品学区制

"一环两带三区"中的"一环"指平原地区教育发展环，以学区制建设为手段打造"一镇一品"的教育格局。在3个学区试点的基础上，今年，新成立18

个学区，至此，23个学区全部成立。我区学区制建设，在全面推进的基础上，重点是破解平原农村乡镇教育要实现优质均衡的难题。第一步是以乡镇为单位，将镇域内所有中、小、幼、职成学校纳入学区化管理，打通不同学段和不同类型教育领域之间的壁垒，实现区域内教师、课程资源、教育教学设备、管理体系之间的深度融合。第二步，各乡镇结合地域历史和文化积淀，确定区域教育发展的特色和目标，引入外部优质教育集团，让区域内的所有中小学都可以直接与集团对接资源，引领区域教育整体发展。第三步，市区教委联动，争取政策和资金支持，确定学区管理框架、运行模式和长期保障措施，成熟一个打造一个，形成"一镇一品"的教育格局，最终实现平原乡镇优质教育发展。以下四个典型的集团化办学引领下的学区制建设情况：

（一）建成了贯通培养特色的石楼学区

首先，在学区内中小学法人不变的前提下，开展"学生十二年贯通培养"的实验研究，尝试小初"5+4"制直升的学生培养模式，联合研发共享课程，推进相同理念支撑的课堂教学模式。探索学区内人事管理、物质资源分配、教育资源使用等管理共享机制。其次，将东城区广渠门中学与石楼中学的城乡教育一体化"校对校"的支持，升级为广渠门教育集团与石楼学区的整体共建，建立各学段直接对接的城乡互通模式，如建设视频直播互通教室，开展一体化的干部、教师专业培训，做好家长培训，推进学生游学，践行宏志精神，探索初中直升广渠门高中的录取模式等。这种城乡联动，学区内贯通的发展模式，有效地提升了整个石楼学区的教育质量。

（二）建成了红色教育特色的韩村河学区

2017年6月16日，与西城区育才教育集团签约，立足当地著名企业韩建集团艰苦奋斗，建设全国最美乡村的优秀历史传统，移植育才教育集团红色教育基因，共同开设"延安寻根"等红色教育课程体系，开展弘扬革命精神的学生社团活动，共同做好干部队伍影子培训，共同打造10分钟教育资源带等。韩村河地区6所学校和幼儿园组建为学区，基于相同的地域文化，融合革命传统基因，形成该学区的红色教育特色。

（三）建成了民族教育特色的窦店西部学区

窦店地区长期是以回民为主的多民族居住区，当地中小学均是国家级足球特色校，今年11月29日，与西城区回民教育集团签约，实施多民族团结和体育特色的学区共建。

（四）正在规划琉璃河学区和长沟学区的建设

琉璃河镇素有"北京之源"，是房山最大的平原乡镇，初步确定与丰台区十二中教育集团签约,共同打造不忘历史、崇尚"求真、崇善、唯美"的教育学区。长沟镇将与中央美院附中合作,共同打造以美术教育为特色的学区。

在体制机制上,学区内以资源配置方式、人才培养模式和管理体制改革为重点,充分发挥乡镇教育助理队伍具有实体法人资格和学习型社区建设经验优势,探索区域内教育资源的纵横打通和深度整合,平原优质教育资源发展环依托学区制建设模式初显成效。

## 二、借力教科研部门的支持,打造乡村教育联盟品牌

"一环两带三区"中的"两带"指南部山区教育均衡发展带和北部山区教育均衡发展带,将9个山区和丘陵乡镇的22所学校作为整体考虑、抱团发展。"山区教育工程"和高中布局调整,极大提高了我区教育均衡水平,然而,我区乡村教育依然面临着乡镇学校规模小、布局分散、优质师资缺乏的问题。在原有山区教育工程的基础上,通过培养目标、课程教材、教研科研、学生社团的贯通和提升,实现既保留学生淳朴、善良的乡土本性,又拓展学生国际视野,适应未来工作生活需要,实现学生可持续发展的愿望。针对我区乡村天然形成的"两沟"地理布局,打造以教科研单位为引领、12年贯通培养为特色的乡村教育联盟。南部山区打造"可持续发展乡村教育联盟",北部山区打造"美丽乡村教育联盟"。

### (一)在资源保障上

南部山区教育均衡发展带依托北京教育科学研究院资源,以实验校周口店中学为引领,以房山五中为桥梁,联合南沟片区14所中小学,逐步拓展至辖区乡镇成人学校,建立"房山区南沟乡村教育联盟",打造"可持续发展乡村教育品牌"。北部山区教育均衡发展带依托北京教育学院资源,以实验校坨里中学为引领,以良乡五中为纽带,联合北沟片区8所中小学,建立"房山区北沟乡村教育联盟",打造"美丽乡村教育品牌"。

### (二)在政策保障上

北京市教委指定专门领导引领项目建设,指导乡村教育联盟品牌完善机制体制,并快速批复了项目方案,要求市教育学院和教科院参加到乡村品牌的建设。在研究乡村教师支持计划实施中向乡村倾斜,建立编制统筹管理机制,落实乡村教师岗位生活补助,月平均最大差距近4 000元,在首师大启动山区教师定向培养实验,多举措提升乡村教师综合素养,出台乡村教师子女入学、住房保障等制度。

### (三)在硬件保障上

破解山区学校地处边远、信息闭塞的问题,提升了联盟体内所有学校间信

息化建设水平，为每一所学校建设一部自动录播教室，通过信息技术搭建视频互通平台，资源共享平台，实现联盟体内学校之间资源无缝对接。提升学生适应未来学习的能力，在联盟内的5所学校，先行先试中国教育科学院"未来实验室"项目，针对每所乡村学校特点，由专家制定出不同未来学校建设方案，有效增强山区孩子在教育综合改革中的获得感。

（四）在资金保障上

3～5年内，市教委将提供专项资金，用于保障南北两沟教育联盟品牌建设。目前第一步由两个教科研机构引领的两个实验校，通过课程、教研、师资培训等带动学段间贯通的工作已经开展；第二步将加强两沟沿线薄弱校的建设；第三步有效整合社会资源，形成丰富、多元、可选择的新教育供给侧结构。

（五）在评价保障上

除了联盟体内学校之间的共建共享外，通过城镇小学与山村小学联盟，建立干部教师轮岗机制，建立中小学校长联席会议制度，探索"捆绑"考核评价机制，实现利益共生、共同发展。

### 三、借助优质教育资源，聚集成三个优质教育高地

"一环两带三区"中的"三区"包括长阳教育聚集区、良乡教育聚集区和城关教育聚集区。适应区政府所在地、新城扩展区等高度发达的房山核心区社会需求，外引高校、基础教育名校资源，整合提升本土原有教育资源，打造基础教育名校。由点连线，打造成片，聚集成三个教育高地，引领其他区域的发展。即"一环两带三区"中的良乡、长阳、城关三个高端教育聚集区。

（一）长阳教育集聚区，立足首都人口疏解，打造名校嫁接式发展

房山作为首都人口承接区，近几年西城区的大量居民搬迁到房山长阳地区。同时，基于长阳镇的区域优势，城市化快速发展，城市规划良好的顶层设计，吸引了大量高端人才流入，人口从几万快速增长到近二十万。在此背景下，新建的十几所中小学、幼儿园，从建设之初，就引入名校联合办学，已有北京四中、北京十二中、北京小学等，即将开学的还有首师大附中实验学校、北理工附中实验学校等十几所名校，按照名校办分校、城乡教育一体化学校和城乡手拉手学校等方式，把名校基因融入、嫁接到长阳地区新建学校，实现站在巨人肩膀上发展，已经招生的所有学校均实现了百姓满意，且吸引着越来越多的学生和家长。

（二）良乡教育集聚区，依托高校优质资源，助推中小学快速发展

良乡地区拥有良乡大学城，区域内有北工商、首师大、北理工、北京中医

药、社科院研究生院等5所高校，用好市教委"高校支持中小学"项目，每年争取近千万资金，购买高校优质资源，直接对口支持良乡地区10所中小学，辐射到整个地区，高校采取驻校联系人制、项目推动制、高校专家和研究生进课堂、联合开展学生社团等机制，助推中小学校凝练文化、研发课程群、打造高端学生社团、丰富学生大讲堂等，快速地提升了学校的整体形象。目前，与北京工商大学、首都师范大学以附中、附小方式进行合作近两年，成效明显；引入北京理工大学优质教育资源，重点支持三所中小学，共建教育教学实践基地，共同探索师生科技素养提升，启动房山区"未来科学家"培养计划，已完成2017年暑期夏令营活动；依托管委会加快北京理工大学附中分校建设；引入北京中医药大学优质资源，拟共建附中附小合作等。除借力高校资源输入外，良乡地区还助力本地名校通过对外资源输出、名师工作室建设等项目，实现自我超越、自信发展和品牌建设。

（三）城关教育集聚区，依托教科研部门，外引内生实现发展

城关地区是区政府旧址所在地，是房山区教育研究、教师培训最早的集聚地，很多教科研人员居住在此。进一步发挥教科研人员的资源优势，转化研究成果，持学校综合改革，探索基础教育学校发展路径，是城关地区教育优质均衡发展的基本策略。首先，充分利用房山区教师进修学校140多位教科研专业人员的团队资源，将房山四中、房山三小作为的教育改革实验学校，在教科研的引领下，大胆推进学校综合改革。其次，借助中国教科院的专家资源，充分用好试验区项目，优先向城关及周边学校倾斜。如房山三中和实验中学成为"学本课堂"实验校，房山二中和城关二小引入了高效课堂项目，城关小学开展了梦想教室项目等。这些学校通过高水平专家引领、干部教师的挂职培训，高质量的专题研修，项目校的共同研究，教科研成果的实践转化等，提示学校的办学品质。

## 四、进一步强化内涵发展，助推教育优质均衡

（一）优化人力资源管理

以落实乡村教师支持计划为契机，积极创新人事管理制度，提高乡村教师素质，调动干部教师的积极性，全面优化乡村教育结构，为促进区域教育公平和内涵提升提供人力资源保障。采取的主要措施有：破解学前教师短缺，启动员额制改革试点；探索学区内、联盟体内、城乡教育一体化管理学校内干部教师资源共享；统筹整合，多模式全面实施干部教师交流轮岗；不断推进教师聘

任制改革工作；实现了区内人力资源的统筹整合；探索特需教师定向培养的可行性。

### （二）开发区域教育资源

以学生发展核心素养培养为导向，发挥房山区深厚的人文底蕴和丰富的地理资源优势，构建了以周口店北京人博物馆、西周燕都遗址博物馆、房山世界地质公园博物馆、平西抗日战争纪念馆为代表的19家市级和49家区级应用资源群，初步构建了历史、地理、文化、劳动、体育、社会主义核心价值观教育六大区域教育资源圈。以生为本挖掘、整合、重组区域内各类教育资源，开发丰富、多元、可选择的教育资源、教育环境与教育服务模式，实现教育资源的有效供给与精准供给。

### （三）创新体制机制建设

持续抓机制建设，修订起草了一系列文件制度，以促进房山教育优质均衡发展。区域教育管理类制度，比如：《房山区义务教育优质均衡发展意见》等；教育教学管理类制度，如《房山区中学高考改革推进方案》等；评价督导类制度，如《房山区关于加强和改进普通高中学生综合素质评价工作的实施意见》等，文件涉及从区域教育到课堂教学，从考试招生到资源共享等方方面面的制度依据，确保房山区教育优质均衡发展的顺利推进。

综上，立足房山实际，以资源的"统筹、整合、合作、贯通、发展"为策略，聚焦学生实际获得，以"一环两带三区"优质教育资源增长模式为依托，因地制宜、科学统筹，以深入推进"funhill"教学改革为路径，实现资源的精准投放与教育的纵深供给，思考与城市发展不一样的教育现代化之路。相信在"十三五"期间，在市区政府的大力支持下，房山教育将更快地走向优质均衡发展，回应百姓从有学上到上好学的期望，为房山的经济转型、科技创新、文化繁荣、民生改善、社会和谐提供更有力的支撑。

## 第三节 推进中小学集团化办学

2018年11月23日，为深化教育体制机制改革，充分发挥优质教育资源的引领和辐射作用，贯彻落实北京市教育委员会《关于推进中小学集团化办学的指导意见》（京教基一〔2018〕13号）文件精神，积极推进我区集团化办学，扩大优质教育资源覆盖面，结合我区实际，制定并颁布了《北京市房山区教育委员会关于推进中小学集团化办学的实施方案（房教发〔2018〕66号）》。

## 一、集团化办学加快实现我区教育优质均衡发展

**指导思想**：以习近平新时代中国特色社会主义思想为指引，深入贯彻落实党的十九大精神，以全国教育大会的精神统领我区教育工作，结合房山教育发展总体规划，优化基础教育资源布局，统筹推进集团化办学，扩大优质教育资源供给，带动全区学校发展，整体提升教育质量，促进教育公平，加快实现我区教育优质均衡发展。

**基本原则**：促进优质均衡。充分发挥优质教育品牌的辐射和带动作用，通过多种供给方式和发展途径，不断缩小学校间、区域间、城乡间教育差距，整体提升优质均衡发展水平。实现共同发展。尊重教育集团牵头校和成员校的办学实践和发展需求，积极促进集团内部教育理念认同、管理制度认同和质量标准认同，努力实现优势互补、相互促进、合作共赢、共同发展。坚持资源共享。挖掘和整合集团内外教育资源、打通校际资源边界，健全资源共享机制，搭建资源共享平台，促进集团内优质教育资源丰富供给、高效配置、集约利用。激发办学活力。调动教育集团内部各校自主办学的积极性和创造性，鼓励各校立足实际，借助集团化办学优势，进一步增强主动发展的动力和活力，不断深化教育教学改革，不断提升办学品质。鼓励办有特色。支持和保障优质品牌学校持续发展，发挥优势、办出特色，带动教育集团不断创新发展。同时，尊重各学校办学自主权，尊重每一所学校的文化传统与办学特色，实现各美其美，美美与共。

**总体目标**：深入推进教育体制机制改革，积极引导和支持教育集团发展，完善集团化办学体制机制，促进教育资源布局更加合理，优质教育资源的覆盖面和受益面进一步扩大，义务教育优质均衡发展水平整体提升。

## 二、集团化办学的重点工作

**主要任务**：推进房山区中小学集团化办学，主要是由优质中小学校牵头，薄弱中小学校作为成员校，以集团化办学的方式带动相对薄弱校发展，进行集团内部组织、管理机制、干部教师队伍、课程、内涵发展和优质资源共享等方面的建设。

### （一）规范发展，完善集团治理结构

1. 合理确定集团规模

要结合实际成立教育集团，综合考虑各成员校的发展需求、资源条件、牵头校的辐射幅度等因素。组建教育集团需经区教育管理部门同意，公办教育集团举办或支持民办学校办学须根据相关法律法规管理。

2. 完善内部组织机构

探索构建一个法人一体化、多个法人联合体等集团治理机构。教育集团要设立由牵头校和成员校以及相关人员组成的内部组织管理机构，明确组织目标、原则、职能等，建立组织管理制度，健全组织运行机制，完善议事规则和决策程序。明晰集团内部法人学校主体责任，充分尊重法人学校办学自主权，妥善处理好教育集团与法人学校间的责权关系。

（二）促进共享，发挥资源辐射作用

1. 促进集团内场地设施资源共享

加强集团化办学资源统筹，建立健全集团内教育资源管理、使用、评估、激励等制度机制。统筹集团内场地设施设备资源，探索资源共建机制，搭建资源共享平台、信息交互平台，促进集团内资源多元供给、充分共享，不断提升硬件资源使用效率和效益。

2. 支持集团内课程教学资源共享

依托教育集团资源共享平台，丰富课堂教学资源供给，共享优质特色课程、课堂教学资源，教师培训和教科研成果等资源。搭建教育教学研讨交流展示平台，深化课程教学改革，促进集团内各校深度融合，整体提升集团化办学质量和水平。

3. 鼓励集团内干部教师交流

探索集团内牵头校和成员校互派干部双向交流、互派教师轮岗交流制度，探索集团内干部教师培养、培训、评价和考核等机制。发挥集团内优秀干部和骨干教师示范带头作用，促进集团内干部教师整体专业发展。

4. 倡导文化引领集团学校内涵发展

充分发挥教育集团的品牌影响力和文化辐射力，以先进文化引领集团学校发展。在尊重各成员校文化传统的前提下，凝聚发展共识，凝练核心价值，共谋发展愿景，丰厚集团文化内涵，培育向善向上、和谐奋进的集团文化，促进集团内涵发展，品质提升。

（三）改革创新，激发集团发展活力

1. 探索更加灵活的用人制度

创新创编管理方式，探索教育集团统筹协调与法人学校聘任相结合的教师编制管理机制。探索在集团内统一职称评审，加强交流轮岗，职称评聘向跨校任职、兼课、指导的干部教师倾斜。

2. 优化干部教师薪酬制度

探索调整教育经费支出结构，更加注重对人力资源的经费支出。鼓励干部教师积极参与集团内轮岗交流，按多劳多得、优劳优酬的绩效奖励激励原则，科学合理核定人员薪酬。

3. 创新人才联合培养和贯通培养机制

对同一学区内的集团，在坚持义务教育免试就近入学原则下，探索集团各校间学生联合培养、贯通培养等试验，进一步完善集团化办学支持政策，进一步扩大集团化办学的受益面。

### 三、保障措施

#### （一）加强组织领导

加强党对集团化办学的领导，把握正确的政治方向和办学方向。充分发挥党组织政治核心作用，加强教育集团党建工作，保证教育集团和集团内各校全面贯彻落实党的教育方针，坚持立德树人，发展素质教育。房山区深化教育综合改革工作领导小组统筹推进集团化办学，明确部门职责，协调各方力量，推进集团化办学在促进教育公平、提高育人质量上取得良好成效。

#### （二）加强统筹规划

加强顶层设计和统筹规划，合理布局教育集团优质资源，有序、适度发展教育集团。加强集团化办学的政策研究、制度建设、工作指导、条件保障和发展评估，促进优质教育资源实质性扩大，持续性发展。（2018年房山区教育集团名录见附件）。

#### （三）加强政策保障

深化人事制度改革，探索适应集团化办学需要的人员编制、职称评定、交流轮岗、薪酬待遇等制度机制。加大人力、财力、物力等政策和条件支持，切实为集团化办学提供有效支撑和有力保证。

#### （四）加强监督指导

完善督导评价机制，将集团化办学纳入综合督导评价，定期对集团化办学管理工作进行督导，总结集团化办学运行的成功经验，对其建设中存在的困难与问题提出意见和建议。

#### （五）加强宣传引导

充分发挥新闻媒体的舆论引导作用，加大宣传力度，及时总结和宣传推进集团化办学的经验和成效，引导全社会关心、支持基础教育改革发展。营造有利于教育发展的良好氛围。

**小资料：区域教育的一盘棋**

房山区位于北京西南郊，面积 2 019 平方公里，山区、半山区约占 2/3。由于自然环境和历史等原因，这里的山区学校普遍规模小、资源分散、办学条件差、师资力量薄弱。

为破解难题，在充分调研、论证的基础上，从 2005 年下半年开始，市、区两级财政投入资金 3.3 亿元，按照北京市新颁办学条件标准新建两所寄宿制初级中学，整体改造两所初中校。

"让孩子离开父母，都集中到平原乡镇读书，村民会不会不方便？"面对记者的问题，郭志族回答："'集中寄宿、定点布局'可能会让孩子和父母在一起的时间少了，但可以让孩子们接受到优质教育。老百姓过去关心的'有学上'问题基本得到解决，现在大家更关注'上好学'问题。多年的城乡二元体制使房山教育形成了城镇、平原和山区三个梯度，山区学生很难享受到城市化优质教育资源。以前，我们的教育经费就像撒胡椒面一样分散到各个山区学校，现在规模办学则使山区教育从全区最低端跨越到全区最高端，极大提高了教育均衡水平。"

中学迁出山区，给山区小学、幼教、职成教育留下了更广阔的发展空间。十年来，房山区教育从实际出发，遵循教育规律，涵盖从"出生"至"终身"的广阔领域，形成覆盖幼小中职成的大教育格局。学前教育入园率从 30% 提高到 94.75%；义务教育入学率、巩固率和完成率达到 99.9%；高考升学率从 29% 提高至 91.34%；17 所成人教育示范校数量和年度成人培训 15 万人次规模。

# 第十三章 "n"（need）：为学习者提供适配的支持和服务

## 第一节 按需学习的理论基础与内涵

当前所学内容是否对学习者真实的生活产生积极影响的关键在于，教育工作者能否适时挖掘到与学习者真实相关的需求，并提供与之对应的学习模式，兼具实用性与联通性原则。在这种教与学需求变革的背景下，"按需学习"范式应运而生，强调学习者完成从"被动接受未来"到"主动塑造未来"的学习思维、学习能动性上的转变，降低首次学习的代价，兼具学习者的主体性、跨场域学习的连续性、学习时间灵活性以及学习过程的多样性。①

### 一、支撑按需学习范式的学习理论

学习理论描述学习的性质、过程和影响因素，阐明"学什么""怎么学""学到什么"。何克抗指出，我国教育教学的理论基础要从"教"与"学"两个维度分类，采用学教并重策略，教为主导，学为主体。建构主义学习理论、信息加工学习理论与认知外包学习理论，都强调主观（内部心理的变化过程）与客观（外部环境刺激）相结合，具备普适性，且有大量的先行研究证明其在智慧学习环境中的积极影响，为剖析和界定按需学习的范式及内涵奠定了基础。

建构主义学习理论强调要以学生为中心，能主动对信息进行加工和重塑，主动获取资源，同时也需要借助其他角色、工具的帮助，如可以借助智能教学助手"智能学伴"实现人机协同式学习。在此基础上，强调知识的建构性，知识应该被"发明"出来。而智能时代的知识建构不再是单点的独立事件，而是

---

① 刘德建,费程,刘嘉豪,等.智能技术赋能按需学习:理论进路与要素表征[J].电化教育研究,2023,44(4):17-25.

结合了机器的深度学习能力,基于互联网平台大规模协作的动态化知识产生、知识学习、知识交互等行为,要求学生创造"学习体验",并进行有意义的学习建构。

信息加工学习理论将学习过程模拟为计算机信息处理模式的过程,学习过程相当于接受刺激、引起学习行为,直到掌握知识的过程。信息加工学习理论在智能技术的支持下,阐述学习是"学生和学习环境彼此作用"的结果,可演化为智慧学习环境,强调学习的实践性,学生借助智能技术的支持创设适当的学习模式,提倡"有指导性的发现",并优化学习过程。

认知外包学习理论将人的认知过程及认知载体泛在化,认知过程不仅分布在个体及个体之间,还处于对内外部表征的信息加工之上。同时,人类认知能力的不足外包给智能技术、智能系统的行为,被定义为"认知外包"。比如,人机协同式的智能学伴、线上虚拟教师等在教学中被应用,承担部分现实生活中教师的角色和工作,帮助学习者实现跨场景、跨时间、跨学科式的自主学习形态,学习者经历连续的学习,并有意识地将多方面的学习连接起来。

建构按需学习的范式,除了以学习理论为基础,也要活用需求理论。马斯洛的需求层次理论是解释人格和动机的重要理论,他提出个体成长的内在动力是动机。马斯洛提出的需求层次塔是从最底层的生理需求逐一向上递增为安全需求、社交需求、尊重需求,直到自我实现的需求,五种需求的次序是从低到高逐级上升,并强调这样的需求是随着时间演进而动态变化的。在此基础上,美国心理学家克雷顿·阿尔德弗对马斯洛需求层次理论进行了修正,提出 ERG 需要理论,如图 13-1 所示。ERG 需要理论将人的需求分为三种:生存需求、关系需求、成长需求。低层次的需求满足后,就会上升到更高层次的需求,且高层次的需求会长久增强激励的力量。

站在学习需求视角,按照 ERG 需要理论,从低阶到高阶导出"学习需求层次塔",如图 13-2 所示。最底层为低阶学习需求,表现为学习者对基础知识的摄取需求、拥有良好的身心状态需求、没有妨碍学习过程的物理性障碍需求。向上递进一层为基于安全性的学习需求:学习环境对任何背景、任何年龄段的学生都具备安全性需求,有毕业保障、就业保障、生活保障、与他人和谐交流的需求。第三层需求为学习者的社会归属感需求:学习者需要来自教育者和同伴的关心、激励的需求,丰富业余学习生活的需求。第四层需求为来自学习者自尊、希望受到尊重的需求:个人特质、能力被发现、挖掘,被领导重用、被认可的需求。而塔尖的第五层需求为来自学习者实现自我价值的需求:学习者能充分发挥个人潜能,实现自我驱动,拥有学习的自主权和决策权。

第十三章 "n"（need）：为学习者提供适配的支持和服务

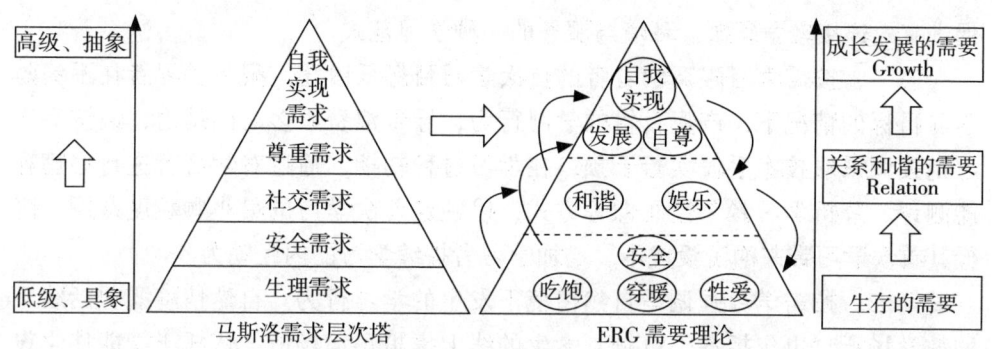

图 13-1　从马斯洛需求层次塔演化到 ERG 需要理论

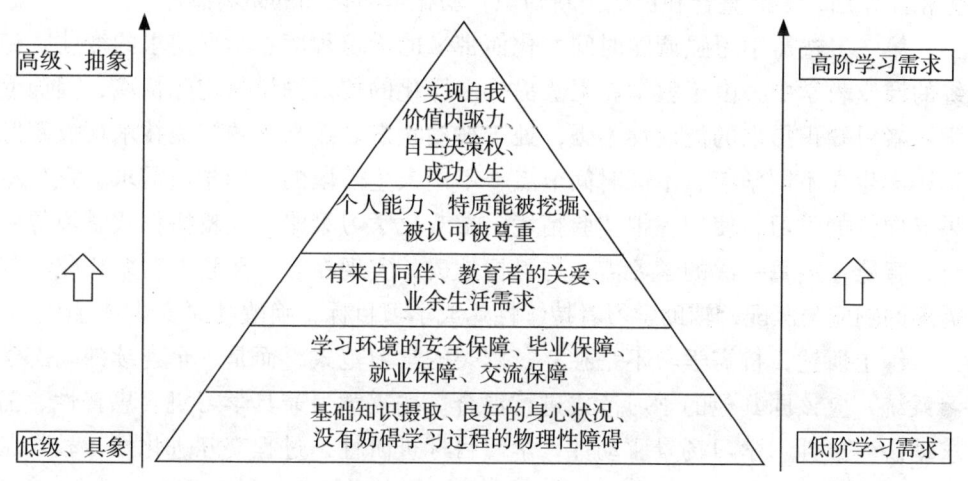

图 13-2　学习需求层次塔

学习需求层次塔对应着学习者需要从低阶思维技能的培养走向高阶思维技能的培养，学习者都将从基于生存的需要逐渐演化为对相互关系和谐的需要，最后到自我实现、终身成长的需要。与此同时，学习的最终目的是指导实践，在追求个性化学习之上更应寻求个性化的实践之路，故在建构学习策略时，应把丰富学习者的生活经验、学习者以及学习的个体生活背景结合起来，提高学习者对学习内容的真切理解，并在实践中进行总结，使学习者的生活经验支撑有意义的学习。

二、按需学习的理论内涵

基于以上三大学习理论和学习需求层次塔，按需学习是指学习者在自然情境中，根据多样化的学习需求，满足多层次的学习目标进阶要求，以智能技术促进有效连接教学资源、环境与服务的一种学习范式。

第一，按需学习强调学习者的首次学习目标低阶化。很多学习者在不清楚学习目标的情况下，产生盲目的学习行为，导致浪费很多时间精力，而按需学习则强调采取技术手段实行干预，在学习过程初期，通过对学习者进行心理智能测评、分析学习者个性画像等方式，以锁定首次学习的最小颗粒度范围，降低其首次学习带来的沉没成本，增加学习者持续学习的内在动力。

第二，按需学习强调是自然情境下发生的学习行为。自然情境既包括线下的教学场所，也包括各类可触到学生的线上虚拟环境场所、依托于智能伴学设备生成的学习情境、与虚拟教师进行实时交互的学习情境。学生与学习情境发生相互作用，不断整合和被赋予新知识，弱化学习认知的距离感。

第三，按需学习强调随时间变化而带来的学习程度、学习需求的变化。传统的课堂教学中，由于教学者无法提供多样化的按需创设的实际情境，因而使学习者对知识摄取的能动性不强，处于被动状态。而当今的智能技术可以跟踪识别学生在不同学年、不同时间节点、不同人生阶段的不同学习需求，强化结果导向性的学习，使用虚拟实验情境、游戏化学习策略、人机协作式学习等触点，智能连接每一次的学习需求与目标达成，实现在各个要素上对多样化学习需求的响应与匹配，辅助学习者持续性达成学习目标，唤醒其深度学习意识。

综上所述，按需学习不是独立、割裂的学习范式，而是一个连续的动态学习系统，应该同其他的学习范式进行混合。按需学习兼具学习机会惠普性、需求动态生成性、学习场景驱动性、学习目标进阶性、过程交互进化性、教学服务适配性、学习时空灵活性等优势，是对未来学习理想样态的描述。

### 三、按需学习的要素表征

按需学习范式对应着人才培养模式的演进。钟秉林所提出的人才培养模式包含五个要素：培养目标、专业建设、教学内容及方法、教学评价与质量监控，强调了人才培养模式需明确人才培养目标、优化教学内容建设、创新学习方式及教学手段、建立可持续优化的教学服务及管理流程。因此，对应人才培养模式的五要素，按需学习从学习者的需求动态生成、学习目标的进阶、学习过程交互进化以及教学服务适配方面进行要素表征，如图13-3所示。

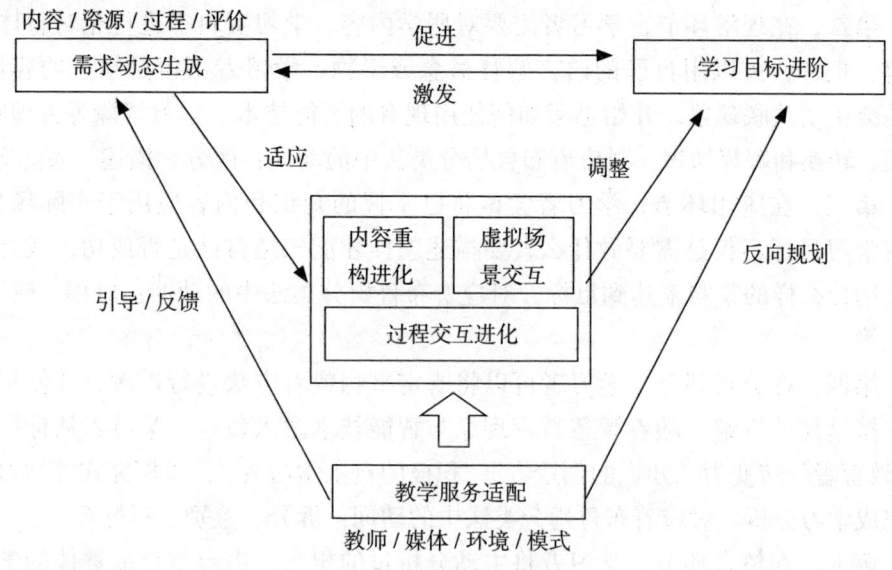

图 13-3　按需学习的要素表征关系

（一）动因：学习者学习需求的动态生成性

从心理学角度而言，"需求"是指当前结果与期望结果之间的一种差距，只有当个体内心体验到了这种差距的存在并产生弥补差距的动机，才会产生相应的需求。而学习者的学习需求来源于四个方面：首先是学习者对内容层面的需求，对学习内容的难度、广度以及对学习活动期望的需求；其次是对学习资源层面的需求，包括资源类型、资源关联度、学习伙伴等需求；再次是对学习过程的需求，包括学习时间、交互方式及频率、学习痕迹等需求；最后则是对学习的评价层面上的需求，包括考核维度、反馈内容、评价标准的需求。按需学习强调学习者与资源、环境、服务的连接，更快地获得反馈，察觉到资源、环境的变化，匹配新的学习需求。对于教育工作者而言，需要识别出学习者的主观需求，对学习者的学习活动做出灵活反馈与调整。

（二）构建：匹配学习者按需学习路径的进阶性

学习者在不同的学习过程中呈现出不同的需求特征，而所有学习行为的需求都指向了学以致用。因此，按需学习锁定短期学习目标与长期学习目标，辅助学习者制定按需学习的路径，完成进阶式成长。按需学习范式下学习者的进阶路径匹配布鲁姆教育目标（认知—理解—应用—分析—整合—评价）。

第一，在学习者的认知环节，按需学习强调首次学习无须掌握复杂、全面的理论知识，降低第一次学习行动的畏难心理，更好地达成认知自我的小需求，增加其对学习的投入意愿，对应着布鲁姆分类法中的动词：回忆、识别、匹配等。

第二，在理解环节，学习者需要对所学内容、学习资料等进行相对整体的理解、把握，可以用自己的语言解释概念或事物，学习者不再是知识的容器，而是会主动关联现象，开始思考如何使用现有的智能技术、学习资源等去理解、分类、转换和解释知识，对应着布鲁姆分类法中的动词：区分、描述、表达等。

第三，在应用环节，学习者尝试将已掌握的知识和内容应用于实际场景，知道学习目标不仅是需要做什么，要描述怎样才能知道自己是否成功，或者能够使用什么样的策略来达到目标，对应着布鲁姆分类法中的动词：应用、改变、实践等。

第四，在分析环节，学习者可以将既定事物或者方法进行拆解，并使用证据支持这样的拆解。随着智慧教育理念与智能技术融入教育，学习者从标准的"受教育者"转变为"知识的创造者""积极的自主学习者"，以探究式等学习方式完成学习分析。对应着布鲁姆分类法中的动词：拆分、鉴别、提炼等。

第五，在整合环节，学习者将主动分析过的想法、内容整合成整体的学习体系、解决问题体系或者替代性解决方案，进行自我指导、自我规划及自我监控等，开展复杂与挑战并行的学习实践。对应着布鲁姆分类法中的动词：制定、重构、创造等。

第六，学习目标进阶性体现在学习评价的螺旋上升，对应着布鲁姆分类法中的动词：证明、评估、考核等，即学习者的学习目标会随着自身技能的增长呈现螺旋上升的态势，从而实现自我价值。按需学习强调匹配学习者学习路径的进阶，特别是有学习困难症的学习者，让学习者持续获得积极反馈，从而更好地调动自身的学习积极性。

### （三）内化：教与学过程的交互进化性

教学交互的内涵是发生在学生和学习环境之间的事件，教学交互层次包括学生与媒体之间的操作交互、学生与教学要素之间的信息交互、学生头脑中新旧概念的交互，这三个层次的交互使学习者产生同化与顺应的行为。在智能技术支持下，从下向上拓展为操作交互、信息交互、人机交互与顶层的概念交互。

第一，在操作交互层面，学习者与媒体、学习者与环境形成最初的交互行为：利用学习中的网络、电子设备、媒体和各类工具资源开展学习，完成既定任务，完成对所学内容的知识建构，实现与智能设备之间操作的交互。

第二，在信息交互层面，主要分为师生交互、学生与学生之间的交互和与学习资源的交互。知识存在于"连接"中，源自角色之间信息的互通有无的行为，适切的信息资源交互可以引导学习者在学习过程中进行主动探究，进化目的是满足学习者的需要，促进学习者的知识建构、能力发展、智慧学习。

第三,在人机交互层面,主要指师生与智能学伴、虚拟教学场景、虚拟教师之间的交互。展开多模块教学交互情境,开辟出脑机接口、情感计算等技术分支,以支撑智能化高效的教学交互行为。按需学习模式的交互为了适应学习环境的迭代与创新,为了满足学习者知识结构和认知能力的动态需求,而对自身内容进行调整和完善以及资源内外结构的优化,这体现了发展性、变化性和适应性的特征。

第四,在概念交互层面,智能技术促进学习者对认知概念、课程实践等一系列关于教学活动中新旧概念的更替,并不断通过反复实践迭代交互行为。

### (四)目标:为学习者提供适配的支持服务

教学资源、教学环境、教学系统、教学设计、教学助手等构成了技术是否能促进有效学习的五要素。按需学习理论中,学习者之"需"随着时间改变而带来以下五点教学服务适配性的改变。

第一,教学资源的适配性。数字时代的海量信息带来了认知负荷,合理引导学习者达到理想的学习目标则需要满足难度适宜、内容匹配、结构清晰、媒体适当的基本条件。学习资源一定是与学习者的学习目标高度相关且感兴趣的资源,或是学生解决问题所必需的资源,帮助学习者拥有更多的学习主导权。

第二,教学环境的适配性。按需学习强调自然情境下的学习行为,智能技术带来了网络学习空间和虚拟融合学习空间,需满足学习者在现实空间及虚拟融合学习空间里的沉浸感,使其能像在真实的教室环境中互动交流,借助智能教学助理及时引导和鼓励学习者的行为,学习环境可以智能地自适应光源信息、空气、温度等物理性条件,自动地达到理想和舒适的学习环境。

第三,教学系统的适配性。智慧教育平台可以实现教学管理、教学过程监控及教学后期数据追踪等服务,满足系统层面的简单易用、数据可信、过程耦合的功能,能准确识别、记录、回溯、反馈学习者每个阶段的学习需求及达成情况,提供智能的学习策略,做到资源组织的适切,确保导航布局清晰、深度适中。

第四,教学设计的适配性。按需学习强调减少学习者首次学习的沉没成本,做到难度的适切和结构的适切,即内容难度适中且规模适度,不会让学生产生"过载"的认知负荷;学习内容结构简明,不会导致学生思维的"混乱";教学设计需着重考虑学习者的思维习惯方式与心理要素,让学习者可以无感知地理解、体验、参与到学习活动的每个步骤中,关注学习者的学习体验,重构教学设计流程。

第五,教学助手的适配性。智能教学助理和工具辅助完善教学流程,则需要满足方便获取、界面友好、操作简单、绿色安全及支持多端共享交互的需求,让学习者遇到学习困难时实时有求助行为的安全感,实时答疑解惑。综上所述,在按需学习过程中,人机协同通过多种参与方式、表征体现、行动策略完成对教与学范式的重塑(动因—构建—内化—目标),如图 13-4 所示。

| | 多种参与方式 | 多种表征体现 | 多种行动策略 |
|---|---|---|---|
| | 解答"为何学习" | 解答"学习什么" | 解答"如何学习" |
| 动因 | 通过多种方式探测学习动因反复变化<br>• 对知识需求、能力需求、学习方式的期待有自主权与选择权<br>• 探测在不同时间节点上对需求动态变化的把握 | 通过多种方式触达多丰富学习者感官体验<br>• 通过技术手段丰富学习者多维度的感官体验<br>• 持续让学习者保持高目标的动因 | 通过多样化协助学习者制定计划<br>• 支持多样化工具,辅助技术的使用<br>• 指导需求可视化加工<br>• 引导信息可视化管理与各类资源管理 |
| 构建 | 通过多种方式吸引学习投入意愿<br>• 强调需求的重要性及动态性,增加其学习投入意愿<br>• 认知到所需实现的路径与方法<br>• 重视团队交流,增加其目标追寻的能动性 | 通过多种方式达代替教学流程与逻辑<br>• 对学习内容、学习过程、学习评价的不断迭代与重构,善用智能技术与多媒体资源,其认知需求和对学习方式的期待等求 | 提供多种方式协作的分工平台,拆分行动<br>• 建立可互助协作的分工平台,培养沟通能力与批判思维能力<br>• 对教学模式、环境、媒体资源的调节与适配 |
| 内化 | 通过多种方式增强自我管理意愿<br>• 个性化、适切性、非线性式学习路径<br>• 从"为别人而学习"转变为"为自己而学习"<br>• 发展个人评价的反思能力 | 通过多种方式深化对学习内容的理解<br>• 唤醒或补充知识点、特征、知识图谱、关联性、失联性<br>• 强调规律,最大程度促进知识的迁移和拓展 | 通过多种方式跟进执行与达代反馈<br>• 以阶段目标为引导,增加各阶段的权威反馈<br>• 引导与回应方法的多样化<br>• 培养离阶的方式认知思维,形成多样化、全球化理解力 |
| 目标 | 根据多样化的学习需求,满足多层次的学习目标的进阶,有效连接资源、环境与服务,跨越地点、时间、技术或社会环境,构建立体的、多维的、协同的、多场合一的弹性一致的学习系统,以培养未来社会真正需要的"学习力"来解决真实世界中遇到的种种问题 | | |

图 13-4 按需学习的要素表征指南

## 第二节 按需供给的教育如何实现

关于按需供给的教育，已经不是教育自身的事了，必须得从学校教育走向社会层面。这是未来的根本方向、学习化社会应达到的目标。[①]

### 一、按需供给教育的必要性

第一，从人的成长规律与培养人的目标看，教育必须社会化。人的成长没有捷径。人类的很多东西都能遗传，唯独成长没办法遗传。这是因为人要想成长必须得不断体验、不断实践，必须有丰富的经历，离开这样一条路径，人无从谈成长。而这些体验、经历、实践，都必须得是每个人亲身参与才行，别人都无法替代。说杯子是烫的，跟孩子说十万遍都没用，有效办法就是让他摸一次。小到孩子的成长，大到我们走上工作岗位后每个人的成长。

人的成长没有捷径，这也是陶行知老先生所倡导的生活即教育。因此从这个意义上来说，没有社会化就没有真正的教育。如果教育只把孩子圈在教室里，没有这样一个跟社会融通、接轨的过程，就没有真正的教育。

人分为自然人与社会人，教育培养人，其实就是把自然人变成社会人的过程。这个过程仅仅在学校是完不成的，或者说学校教育所有的内容必须按照社会人的标准和要求定标准，仅按教育人的思维是不行的。

教育必须社会化，就是学校教育是不能与社会隔绝的。

第二，从党的教育方针看教育，按需供给是党的教育方针的必然要求。在《教育法》里，党的教育方针要求教育必须为社会主义现代化建设服务，必须与生产劳动相结合，培养德、智、体等方面全面发展的社会主义事业建设者和接班人。人的真正教育是通过劳动途径实现的。而今天教育的畸形就是家长们跟孩子说什么都可以不干，好好学习就行了，这些现象其实是背离教育方针的。

第三，从终身教育、终身学习的世界发展趋势上看，教育按需供给是必然趋势。学校所学的知识是远远不能满足社会发展的需求的。我们很多人都有体会，从学校走出来发现大学里学的知识很多都用不上，到了工作岗位上必须得重新学习。所以要不断地在生活中学习、在工作中学习、在社会中学习。

---

[①] 顾成强（时任北京市房山区教委主任）在房山区"教育社会化 社会教育化"专题研讨会上的发言（2016年11月20日，录音整理，有改动）。

第四，从教育深综改的目标和任务看，按需供给也是必然。很多人说高考制度有弊端，但谁也找不出比高考更公平的选拔办法。既然不可替代，只能在考试上做文章。所以新一轮中高考改革，在考试内容、考试方法、录取方法上做了较大调整。过去教材是孩子的世界，现在或者未来，世界是孩子的课堂。

新一轮中高考改革考试内容不完全是课本上的知识，增加了很多社会实践、体验的内容，从这样的考试改革、教育改革变化来看，按需供给也是与之适应的。总把孩子圈在教室里，就学课本上那点死知识显然适应不了未来的中高考。如果我们在中小学阶段不让孩子广泛阅读，不让他们广泛参与社会实践和体验，等到高三靠死记硬背是背不出好的高考成绩的。所以由考试倒逼教育者要加强教育按需供给，让孩子广泛接触社会。

第五，从社会成员的知识结构、学习方式的变化看，也促使我们认识按需供给性。今天的家长，绝大多数都是大学生，学历层次比老师还高，学识比老师还渊博；就教育孩子，老师在探索，家长也在探索，甚至有的家长比老师探索得还深。况且网络时代、信息化社会，教育方法、教育理念随处可得。在这样的背景下，如果我们做校长的、做老师的还把门关起来，以知识拥有者自居，显然是对今天的形势认识不深刻。所以我们跟家长、跟社会必然要形成一个教育群体，形成一种教育合力，这样才能够把孩子教育好。

从成人教育的视角看，我们这些年把学校教育拓展到社会层面，通过学习型组织创建、学习化社会建设，使得我们认识到社会的发展，特别是城市化进程，需要大量的教育。因为我们的很多市民都是从农民转变过来的，农民不是上了楼就变成了城里人，还需要在思维、观念、生活、生产方式上做大量教育和培训工作。还有老年教育，过去叫"活到老学到老"，现在有一种提法是"只有学到老才能活到老"，就是通过教育的方式，把老年人组织起来，实现一种社会层面的管理。

## 二、房山区在"funhill"教学实践方面的探索回顾

### （一）房山教育走过了一条改革、创新、探索、发展之路

首先是思路创新。房山区教委成立之初，提出了"1123"工作思路；2009年提出了新时期成人教育工作思路；2010年争创北京市学习型先进区提出了学习型房山创建工作思路。这些思路都有一定的创新性。值得一提的是这几大思路里贯穿着一条主线，就是基于"funhill"教学的终身教育。无论是在观念层面上，还是在实践层面上，这条主线把房山各类教育贯穿起来，所有教育都回到人的终身发展、终身教育的层面去认识，找到自己的定位。

第二是体制机制创新。无论是学前教育体制改革，还是义务教育领域体制改

革,还是职成教育领域体制改革,我们都有一定的创新性。学前教育的农村体制改革,在北京市走在前列。职成教育体制改革,从职业教育的"三校三制"到成教中心的内部改革,再到确立乡镇成人学校的独立法人地位都具有改革创新的色彩。这些在一定意义上说"funhill"教学都是房山独有的,期间还包括了各种政策保障机制。

第三是体系构建的创新。房山教育之所以叫作大教育,就是构建了大教育体系和格局,包括终身教育体系、终身学习服务体系、学习型组织工作体系、"funhill"教学体系以及一系列管理评价体系。"funhill"教学体系的构建,在房山都有一定的创新性。

第四是在发展模式上的创新。在义务教育均衡发展方面,例如山区中学一次性外迁,打破了地域,八个山区中学集中到两所学校来办,这是在发展模式上的一种创新。在资源整合模式上,例如成人教育构建三级成人教育网络体系,在体系构建过程中,不断与文委、文明办、妇联、科协、残联等相关社会行业合作,把资源整合在一起,建立"funhill"教学合作机制,使得这些资源都发挥了最好效用。"funhill"教学在发展模式、工作模式都有一定的创新性。

第五是对外合作开放的创新。房山是一个经济发展相对滞后的区域,最大的特点就是封闭,只有接触新鲜事物,才可能改变观念。所以这些年我们采取多种方式引进优质资源,扩大对外合作开放,包括城乡一体化、名校办分校、手拉手、高校办附中附小,还有学区制探索、联盟制探索等方式,使得更多的优质资源不断进入房山,覆盖面不断扩大,给干部教师搭建了更多学习交流的平台。

这些年房山发展在推动教育社会化方面走出了一条创新发展的路径,总的来说采取了统筹、整合、合作、贯通、共享的策略。教育要想按需供给,光靠教育本身是做不到的,所以统筹多是政府层面的统筹,包括资源整合,这些策略很好地促进了教育按需供给目标的实现。

(二)教育强区的内涵和特征

经过这些年的努力和探索,我们初步构建起了大教育发展格局,也为教育强区奠定了基础。在未来的教育发展过程中,我们提出了三句话:第一句话是构建以终身教育理念为引领的大教育发展格局;第二句话是探索有房山特色、符合房山实际的"funhill"教育教学发展新路径;第三句话是实现由教育大区向教育强区迈进的新目标。

就教育强区来说,应该有十个特征:第一,终身教育理念被社会成员广泛接受并践行。第二,尊师重教氛围浓厚,形成良好社会风气。教师在社会上必须得到应有尊重、应有地位,但是今天很多优秀大学毕业生并不愿意选择做教师,所以未来能不能把教师职业作为更吸引人的职业,让更优秀的人选择做教师，恐怕是我们民族千秋万代的事。第三，教师基础性、战略性、先导性的地位凸显。也就是一定要在实际工作中得以体现，不是口号式的，考虑工作的时候要先考虑教育。第四，教育体系完善且运行良好，满足各种教育需求。第五，教育资源丰富，且实现整合与共享。社会资源发挥教育功能必须进行有效整合，不能再条块分割。第六，教育质量与效益很高。包括各类教育质量，也包括基础教育的优质均衡发展。第七，教育信息化、现代化水平很高，能够建成智慧城市。第八，全区人口素质、文明程度显著提升。第九，创新型人才不断涌现，社会创新能力明显增强。第十，人人学习、时时学习、处处学习的学习型社会基本形成。总之，教育强区不是学校基本内部，而是整个社会教育层面的定位。

### （三）房山按需供给的具体做法

第一，注重顶层设计。例如在"1123"工作思路中，首先第一个"1"，是指所有的教育都要把提高办学效率作为根本的出发点和落脚点，这里所有的教育指的不是光学校教育；第二个"1"，树立一个理念，就是终身教育理念，是一个全程的教育概念，不单纯是学校教育。同时在顶层设计里还把职业教育、成人教育也设计到规划和发展过程中。

第二，分步进行推进。2001年成立教委以后，开始进行基础教育布局调整；2005年，开始学前教育体制改革。在布局调整过程中，我们利用腾退资源发展学前教育和职成教育。2009年，实现成人教育和成教中心体制改革，推进学习型房山建设。这些都是采取分步推进的策略。

第三，政府各部门职责广泛落实。在房山教育发展过程中，我区政府各部门的职责意识越来越强烈，职责落实非常好，对教育的事大家都很支持。我们也建立了职责考核、督导等机制，确保这些职能的落实。

第四，提出了德育八大领域。在"立德树人"方面，把学校教育跟社会教育打通。

第五，广泛开展社会大课堂。就是把社会资源开发出来变成中小学生的社会实践体验基地。

第六，成人教育的大发展。既推动了教育社会化，也推动了按需供给在一定程度上的实现。我们提出了"五服务 五促进"的成人教育发展目标和方向，也是"按需供给"教育的具体体现。

第七，家长学校建设。以学前为引领，家长学校陆续在中小学建立起来。大家都认识到：教育必须得家长教育、学生教育，也包括教师教育同步进行，要实现家庭教育、学校教育深入融合，形成一种教育合力，使得教育社会化向前推进。

第八，教育深综改不断深化，使得课程改革朝着按需供给方向不断推进。职业教育如何开发功能，把职业教育资源更多地为中小学生开放，也包括整合各种社会资源，为孩子们的教育服务。周口店猿人遗址的科技中心，实际上未来都要作为青少年实践场所。还有作为基础教育把民间艺人、课外活动的老师请到学校来，参与到学校教育，这些都是教育按需供给的有益探索。

总之，"按需供给"的命题很有意义，但是很有挑战性。按需供给肯定是教育发展的走向和社会发展的走向。

## 第三节 让学生在学习超市中按需自主"购物"

射阳县第二初级中学茅红霞老师认为，教学实际中，超市学习很多细节值得思考探究。在初中物理课堂教学中"让学引思"，即需要教师让学生学，引学生思。通过学习超市的形式，能够帮助教师高效地达到"让学引思"的效果。

### 一、学习超市与超市学习

超市即超级市场，又称自选商场，是指以顾客自选方式为主要经营形式的大型综合性零售商场。超市将各类商品分门别类地标明货架上，任顾客自行挑选，然后出门一次付款。课堂上的"超市学习"是一个恰当的比方：整个课堂就是一个"超级市场"，教师是市场的主导者；所"售卖"的货物即是本节课的知识点；每一个学生，既是"售货员"，又是"消费者"，他们一方面向本组同学，乃至所有同学讲解相关知识点，另一方面也接受其他同学的指导；在"学习超市"中交易品正是"知识"，所以可以把这种学习方式称为超市学习。在此过程中，教师的角色是多方面的，既是学习超市的"经理人"，调节和控制超市经营行为（课堂的进程），另一方面，也是学习超市的"营销员"，成为超市商品的提供者，直接参与超市学习。

### 二、超市学习过程中的教与学

现实生活中消费者在超市购物，喜欢自行选择适合的商品，但有时会遇到一些过分热情的营销员，很多时候消费者不会因为她们的热情介绍而选择购买，反而选择离开。在超市学习中有时也会遇到类似的情形：课堂上，老师有时也像这些太热情的营业员，往往不是太在意学生"学的需要"，而只考虑自身"教的需要"，从而"词不达意"，导致学生的需要常常得不到满足，达不到既定教学效果，从而，老师应该站在学生的角度，了解学生的需要或不需要，让学生自由获取知识。这就要求教师了解学生的真实需要，到底什么地方还不懂，到底有没有将新的知识点纳入自身知识结构和框架。教师可以通过"活动单"把教学工作做在前头，对自己的教的过程和学生学的过程进行预知，从而使教学有备而来，不打无备之战。在超市教学环节老师一定要了解学生的需要。了解学生，是老师教学的基本功之一，无论是备课还是上课，老师都应该从学生的实际出发，去分析研究教材，确定教学计划，选择教学方法，老师只有全面深入地了解自己的教学对象，才可能做到胸有成竹，有的放矢，充分调动起学生学习的自觉性和积极性，科学地指导学生的学习。

案例1："物体的质量"教学

教师先揭示学习目标，让学生知道这一节课要掌握的知识点，让学生通过自学的方式解决最基本的知识点，既节约了课堂的时间，又锻炼了学生自主学习的能力，提高了课堂的效率。在自学问题中设计了几个问题：①什么叫物体的质量？用什么字母表示？对木椅、铁锤、铁钉、木桌进行分类。直奔重点——质量这个概念，由于质量的概念比较抽象、难理解，教师采用对比铁钉、铁锤和木椅、木桌这些生活中常见物体，让学生分类从而明白"物体"和"物质"的区别与联系，从而理解质量的概念。②质量有哪些常用的单位？各单位之间有什么关系？对于质量和我们生活联系非常紧密，很多商品上都标出了质量值，让学生观察产品包装袋，找物体的质量值充分展示从生活走向物理的教学理念，让学生养成留心生活中物理问题的好习惯。③感受和估计一些常见物体的质量。让学生亲身感受这些质量值，在学生脑海中留下印象，从而可以估计出生活中其他物体的质量。让学生能够估计一些物体的质量体现了生活与物理紧密联系的原则，让学生感到物理并不是高深莫测，难以理解的理论，对物理学科产生亲切感，知道生活中处处有物理。④如果杨利伟将一瓶八宝粥从家中带到太空，八宝粥的质量会发生改变吗？质量是物体一个基本属性，是本节课的难点，让学生了解前沿科学，关心科技发展，从学生的认知特点和规律出发，有效突破本节课的难点。有了高质量的活动单，就注定了事倍功半。学生是整个教学的主体，只有学生自主学习能力才能真正提高。

### 三、将课堂真正交给学生

在课堂探究中教师要为学生提供充足的探究时间和空间，最大限度地调动学生主动参与的积极性，从而提高教学效率，提升教师与学生的幸福感。若不了解学生是否已经了解的知识而硬把学生看作"白纸"；不了解学生是否喜欢开展的活动而硬让学生成为其中的"角色";不了解学生是否需要合作式学习而硬给学生拉来"伙伴"……此时,老师的教学热情只能是老师的自作多情,而老师无微不至的教学"服务"也就难以获得学生的心。课堂上要让学生成为课堂的主人,老师仅仅只是起到一个穿针引线的作用,尽量调动学生积极参与课堂,让学生自由畅谈,发表自己的观点、看法,学生提出问题、分析问题、解决问题,让学生成为课堂的真正主人。所以,老师只有了解了学生的需要,不把学生不需要的东西硬塞给他们,就是最大程度上尊重了学生的需要。

案例2:"探究凸透镜成像规律"习题课

由于凸透镜成像规律是初中光学部分的重中之重,呈现规律较多,变化相对复杂。在教学中,首先利用之前的实验现象及结论帮助学生梳理凸透镜成像的规律,有效帮助同学理解凸透镜成像规律的内在关系。总结在不同点时凸透镜成像的规律和特点,描述凸透镜成像的变化过程,利用课件模拟凸透镜成实像时的动态变化过程,补充了学生的经验,使学生的认识又有了一次升华。在物理学科教学中,习题讲解中超市模式的教学是有很多好处的,一节课45分钟,问题设计得面面俱到、"问"无巨细,唯恐遗漏一个细节,这样的课堂,老师辛苦,学生忙碌,效果也不好。我们尝试使用"超市"模式,让学生先组内解决,适当组间交流,然后将解决不了的题目列在黑板上,由能够解决的学生可选择"商品",也即学生做"专柜"展示,在这个过程中其他学生完成订正巩固,老师根据实际学情适当拓展,也相当于"收银员"与学生结账。

学生在超市环节中是平等交流,通过反复讨论、争论和商量,弄清了一些原本不太清楚的问题。例如在探讨"人眼怎样看到平面镜所成像?"时,学生在主动探究和讨论的过程中互相启发:人看到物体是因为物体的光射入了人眼,人看见物体在镜中的像进也一定有光射入人眼,那么成像的光是从哪里来的?有些组利用"镜中花,水中月"等可能有关的知识联系,每当他们把原来比较模糊的问题讨论清楚的时候,对原来存在分歧的问题达成共识的时候,从"山重水复疑无路",到"柳暗花明又一村"的时候,成功的小组合作式研讨带给他们的欣喜是无以言表的。

在"学习超市"的过程中,参与者真诚合作,各取所需,优势互补,互相启发,共同提高,尝到了合作的甜头,学会了合作的方法,强化了合作意识,从而提高学生的学习兴趣,培养学生的学习能力。作为教师,需要关注在此过程中的细节问题。

# 第十四章 "h"（healthy）：建构人本化的生态课堂

## 第一节 体育才是顶尖的教育

教育是人学，是关于人的学问，心中无人就没有资格做教育，更谈不上真正的教育。人是活生生的、丰富多彩的，是有方方面面的需求、真实的人，不是机器、不是工具。不能把孩子当成装知识的机器，也不能把孩子作为炫耀我们所谓成绩的工具。对人来说，最重要的是生命，因为生命对每个人来说一生只有一次。我认为人这条命，95%是精神，5%是物质。所谓人活一口气，就是这个道理。所谓人有三宝：精、气、神，都是精神。[1]

看一个人、评价人，先看这个人的精神状态。看一个体育教师，先看体育教师的精神状态，要是没精打采的，在景象上就不再是一名体育教师了，体育教师到什么时候都应该有精神头。真正的教育，摆在第一位的不是知识，而是精神和灵魂，而涵养人的精神和灵魂的途径有三种：第一是劳动，第二是运动，第三是阅读。一个人如果不劳动、不运动，也不热爱读书，那这个人的精神和灵魂就很难得到涵养。

### 一、健康教育是顶尖的教育

先说说体育是顶尖的教育。是因为体育并不是为了学知识，体育真正的价值是涵养人的精神和灵魂。从事了体育教师工作就有优先的优势去涵养精神和灵魂，比教数学、语文、英文的要幸运。我们现在的德行、精神就是小时候劳动加运动得来的。但是现在的孩子第一不劳动，第二不运动，第三没有真正的

---

[1] 顾成强（时任北京市房山区教委主任）在2016年房山区中小学体育教师大会上的讲话（2016年3月28日，录音资料，有改动）。

阅读，精神怎样得到涵养？所以说体育是顶尖的教育，真正的体育是无法在课堂上教授的。光靠几节体育课，孩子能得到多少锻炼呢？所以必须身体力行参与其中，才能体验。例如参加体育比赛就是浓缩的人生，有高潮、有低谷、有顺境、有挫折，有汗水、有泪水，有成功、有失败，有痛苦、有欢乐。多一些这样的人生浓缩的过程，对孩子们精神的涵养是非常有用的，可以加深生命的厚度，还能调节情感、增强意志，是人格教育的最好方式。

再看看毛主席在《体育之研究》中写到的：体育一道，配德育与智育，而德智皆寄于体，无体是无德智也。他把体是放在了第一位，认为没有体就没有德和智。北大的蔡元培校长也提出过完全人格，首在体育的主张，认为"体育最要之事为运动，凡吾人身体与精神，均含一种潜势力，随外围之环境而发达，故欲发达至何地位，既能至何地位。"就是说体育能够开发人的潜能，只要是重视体育，想开发到什么程度就能开发到什么程度，这个潜能是方方面面的。国际奥委会主席巴赫曾经建议：要让体育成为青年人的生活方式。我去墨西哥参加国际大会，他们每周六或周日拿出一天，全城人都上街运动，崇尚运动到了一定程度。

有人总结体育真正的价值体现在八个方面：第一是健康的生活习惯，第二是外形和气质，第三是成熟积极的心理，第四是团队合作，第五是社会交往的能力，第六是顽强的意志，第七是战胜自己和困难的勇气与力量，第八是美的享受与快乐。体育有这么多价值，我们体育老师是这样认识的吗？这八个价值加在一起不就是顶尖的教育吗？我们做心中有人的教育该不该给孩子们这些东西呢？我想，应该能得到大家的认同。也有人说，体育能赋予孩子十二种优秀品质：第一是能吃苦，第二是有目标，第三是重过程，第四是知礼仪，第五是懂传承，第六是善合作，第七是明善恶。第八是守规则，第九是有成就，第十是重感情，第十一是不服输，第十二是敢胜利。体育能给孩子带来十二种优秀品质，大家去细细体会，把体育要坚持下去。

## 二、鼓励、支持孩子运动才是真正地爱孩子

区教委在体育工作意见中提出的体育六大目标任务，其实都是围绕着体育的功能和价值来说的。关于体育与学习、与智育的关系，有不少人认为体育耽误学习，其实不是。体育跟人的智力是有着密切关系的。体育教师头脑都非常灵活，遇到事招数很多。最近有人在一所中学做了一项实验，就是早晨到校在正式上课之前，先让学生做运动，当学生的心跳达到最高值时，结果遭到了某些家长的质疑，于是学校就又做了对比实验，让一个班早晨来了先跑步，另一

个班早晨来了就进教室。结果经过一段时间的实验发现,早晨来了就跑步的那个班的学习成绩比不跑步的那个班明显要高。这说明体育不但不影响学习,反而会促进学习。据说运动在人体的大脑里会产生多巴胺、血清素、肾上腺素三种神经传导物质,可以刺激人的神经,使人心情愉快、精神亢奋,增加记忆能力,注意力增强,学习效果更好。所以正确的做法是越是学习紧张的时候越应该增加运动,用体育去促进学习成绩的提升,把体育作为房山教育未来教育质量提升的增长点。因此我对大家很有期待,希望孩子们有好的学习成绩,就要重视体育。

我倒同意这样的一种观点:剥夺孩子运动就剥夺了孩子的成长,鼓励、支持孩子运动才是真正地爱孩子。最近有人又做了一项新研究,发现智商、情商都不是第一位的,成功最重要的因素是坚毅、坚定、坚强,有意志、有毅力,而这些因素是靠什么得来?靠体育运动。柏拉图曾说:为了让人类有成功的生活,应该重视两种渠道——教育、运动。

我们也越来越看到教育和运动这两种渠道是相辅相成、缺一不可的。也有人在探讨什么是教育,什么是素质时得出这样的结论:说一个人当把老师所教的知识全都忘记时,剩下来的就是素质。因为我们在课堂上未必教孩子记住多少知识,所给孩子的才是真正的素质,给孩子一生的健康就是真正的素质,因为只有我们通过体育留给了孩子一生受用的东西。所以对于体育我们要有新的认识,并把这些新的认识、新的观点不光自己接受,还要把宣传出去,变成许多教育工作者的共识。

### 三、体育是房山教育质量进一步提升的重要源泉

希望大家要树立这样一种信念:体育是房山教育质量进一步提升的重要源泉。我们的体育教师肩负着房山未来的体育质量提升的重要责任和使命。我们该做什么样的体育教师呢?

第一,做一个自豪的体育工作者。不要觉得当体育教师低人一等,不要觉得当体育老师抬不起头来。从今天开始,你就应该坚信体育才是顶尖的教育。别人信不信、别人怎么看没关系,你自己要信,自己要有自豪感。选择体育就是选择了体现生命活力的工作。当然也不是说别的工作都不重要,只是相比较而言,我们体育是最能展现生命活力的。

第二,做一个有自信心、有尊严的体育工作者。有为才有位,用在我们体育教师身上是恰如其分的。你的地位、你的话语权要通过你的努力来争取,不能等,不能自然而然。而主管校长回去要去想,能为体育老师做什么?

第三，做一个真正热爱体育的示范者。我们房山这500多位体育老师要成为500支火炬，在你的学校里，要体现你的引领、示范作用，要让周围的师生看到一个生龙活虎的体育老师在运动场上。谁都可以懒，体育老师不能懒，体育老师要成了懒人，不再运动，就离这支队伍远去了。即便是年龄大了，不一定像年轻小伙子做那么强烈的运动，但是你必须得体现体育老师的精神。我们要把500位体育教师组成若干个体育运动队，用你的行为示范来引领大家，把这种运动的组织方式延续下去。

第四，做一个其他教职工参与体育运动的指导者和组织者。就是不仅你们自己要运动起来，把孩子组织起来，还要把其他的教职工组织起来。运动队里面可以有非体育老师，把你的队伍发展得越大，学校里跟着你走的人越多，你的队伍越庞大，支持者越多。不怕少，一个一个发展。我们还要跟工会紧密结合，争取他们的支持。学校主管首先要给体育教师做后盾。

第五，做一个学校体育蓬勃开展的设计者、推动者。设计学校整体体育活动怎么开展、怎么营造氛围、怎么打出特色、怎么把大家都发动起来。要积极推动班级体育运动，把班主任都动员起来，去设计班级体育活动，让每个班都有自己的特色，都有自己擅长的体育项目，进而指导家庭体育，将来在放寒假、暑假期间指导孩子假期的体育活动，给孩子假期运动作业，让孩子跟家长一起制定家庭体育运动计划，平时父母跟孩子一起多运动。

第六，做一个人格、精神、灵魂的辅导、塑造者。体育教师应该是精神楷模、人格楷模，要通过我们的工作塑造孩子们的人格、精神和灵魂。

第七，做一个爱学习、有内涵的体育工作者。先从体育开始，研究体育这门学问，还得有兴趣爱好，读点书，要想有内涵，就得有理论水平、有研究、有创造、有修养。作为一名体育老师，应该是一个很丰富的人。

第八，做一个体育运动的倡导者、宣传者。我们不仅仅是火种、火把，还得是播种机，要宣传体育、倡导体育，让大家更多地认识体育、理解体育、热爱体育。让我们共同努力去展示体育的风采与魅力，让我们共同努力去弘扬体育精神，去享受体育给我们带来的幸福与快乐。让体育推动房山教育向着更快、更高、更强的目标迈进，让体育不仅成为一种习惯，更要成为广大师生的生活方式。

## 第二节　促进学生健康快乐的成长

房山二中建于1975年，是房山区教委直属初中校，现有24个教学班，132

名教职工，810名学生。在推进素质教育的进程中，学校获得了长足的发展。但随着区府东移，一批骨干教师东调，好多优秀学生转走，突然遇到这样的情况学校没有好的应对办法，使得教学质量下滑，声誉开始下降，2007、2008两年学校面临着前所未有的危机。2008年8月，我从房山教师进修学校调到房山二中任校长[①]，当时的中考成绩位居区三等奖的最后一名。年级教学班也从12个班减到8个班，其中还包括一个体校班，我做了一下调查，当年转走的好学生就100多个。面对学校这样的现状，当时着实苦恼，后来，在领导和同行们的帮助、鼓励下，我才和领导班子一起进行了冷静的理性思考。房山二中从建校到改建，有很强的优势，也有明显的劣势。

学校有丰厚的文化底蕴。从1995年开展目标异步教学教改实验，独立承担了市级课题一项，两次成功地举办了市级专题研讨会，具有一定的研究基础。这是优势。学校拥有一批师德高尚，充满生机和活力的优秀教师，其中不少教师在社会上还享有盛誉，这支敬业爱生的教师队伍是学校可持续发展的重要保证。这些都是优势。

我们的劣势是生源总体水平是下降趋势。我们的生源来自城镇、农村和外来务工子弟，参差不齐。生源质量是学校发展的基础条件之一，优质生源的短缺在很大程度上制约学校对学科特长的培养成效。

从2005—2011年，学校改建施工，硬件设施没能及时跟上，很长一段时间学校没有操场，没有食堂（吃饭散到街上）没有教师宿舍，没有开会的地方，全校只有4部多媒体，这些都成了学校发展的障碍。

基础教育课程改革的不断推进与发展，为我们带来了前所未有的机遇。全国涌现出的一批典型的学校为我们提供了可操作性的经验和方法；北京初中建设工程给我们提出了明确的目标：要把师生的幸福指数建设出来；房山区教委1123工作思路，一个中心，两个转变，特别是三个聚焦的发展战略已经深入人心。

基于对学校教育环境、学校实际、学生实际的分析、思考，面对机遇和挑战，我们毅然做出决定：遵循教育规律，遵循学生成长规律，把探索充满活力的课堂作为提高质量的突破口，让学生健康快乐的成长，进而推动学校可持续发展。

纵观探索历程，我们对"活力课堂"的理解也由浅入深，由表及里。教师

---

① 王宏健（时任北京市房山区房山第二中学校长）于2012年10月18日在"聚焦学生健康快乐成长，建立充满活力的有效课堂——走进房山"现场会上的发言（笔者根据录音整理，有改动）。

对"活力"的实施也经历了排斥,认同,顺应,建构的过程。学生开始从被动从属地位到能自主探究知识,主动质疑评价。实验也从一个年级发展到三个年级,班班进行实践,人人参与探究。这样又牵动了学校整体管理体制和评价体制的变革。

## 一、以校本培训为载体,提升教师实施活力课堂的专业水平

什么是教师?我认为教师是降低学生"学习苦难程度"的人;是将有营养的知识变成"既有营养又好吃"的人;是想尽办法将快乐元素注入学生学习过程、尽量让学生体验到学习快乐的人。要做这样的人,就得要有水平。因此,提升教师专业化水平是实施活力课堂的关键。

### (一)专家引领,统一思想

我校从 2010 年 10 月从初一年级实施活力课堂教改实验,到现在已经全面铺开,实践初期我们遇到了重重困难及阻力。首先是来自教师的,传统教学按教案讲省事。实施课改有老师就提出疑问,课改成绩下降怎么办?我说,好多学校已经实验成功了,连著名教育家李镇西校长都这么做,我们怎么不能学?成绩下降是你操作出现的问题,因为人家的成绩是上升的。我在全校动员会上强调,谁不跟着改,就请调走。一位年级主任,半路打退堂鼓,我找他谈,限一周时间纠正,要不然,年级主任别干了。后来他带的这个年级做得最好,一年下来,年级被评为"北京市教育先锋号"。其次我们发现:改革步履艰难,是缺乏系统的实操指导。于是我们邀请市、区专家来校做专题报告,指导上课,我们的老师到武侯实验中学去学习,这样经过一段时间,全体教职工统一了认识,统一了行动。我的体会是要想共同干成事,统一思想,提高认识,相当重要。

### (二)同伴互助,横向交流

我校教师的集体学习,改变了传统你讲我听的报告方式。采取活力课堂的学习方式,即"导学—读学—研学—展学—反思"。

教研组集体确定单元起点,重点,教学进度,教学目标。根据目标对教材内容做相应调整,创造性地使用教材,等统一意见后,个人分头读学,编写导学案。

研学:每周一下午 2∶00 教研组集体研究,看哪些内容学生自己能看会,读会,想会,做会。通常是一人主讲,大家再评,修订方案,第二人再讲再评。新老教师优势互补。

展学:①集中统一时间,体验式学习,教科研室针对问题,精选学习材

料，利用读学—研学—展学方式，获得新的认识。②假期学习，主要是读书，开学第一天抽签决定主讲人，抽到谁就由谁谈读书体会，由同读一本书改进到由教研组选定几本书。③讲座，我们的教师培养目标："十五"是研究型教师，"十一五"是智慧型教师（新学知识能创造性地应用于教学实践）"十二五"我们的目标是培养专家型教师，每学期每个教研组都有两位教师做专题讲座。"最好的学习是给别人讲"。讲座的老师不用逼他读书，（因为自己不读大量书，他讲不出来呀！）现在，每周都有外校老师来我校听课。让我讲，我说我的老师们就能讲。（现在已经有好几位被邀到兄弟校讲学，有腕儿的派头了。）下一步，争取老师出专著，有价值的书，学校出一万块钱给予补助。我的体会是教师的潜能是巨大的。作为校长，给教师搭一个研究的平台，使他的创造才能得到充分开发，往往普通的教师也能创造出教育教学的奇迹。

## 二、以"教"与"学"方式转变为重点，构建充满活力的教学模式

有人对模式很反感，我看大可不必。模式：是把复杂的事情简单做，简单的事情重复做，重复的事情创新做。关于如何做，领导和老师们都听了课，我们出的文集"探索充满活力的课堂"有阐述，不再念了。我们开始实施是为了提高成绩，两年下来，我们的收获比模式本身具有更大的意义。比如，收获之一，我们的学生会学习，学生会念书了。今年中考状元孙琨总分562分，语文最高分116分，只基础知识扣了2分，作文扣了2分，不会念书这不敢想象的。再如考试，学生最怕长题干，我们的学生不怕了，孩子们看到长题干马上知道拿着双色笔圈点、批注。我们化学全区唯一仅有三个满分。物理：今年中考平面镜成像，老师一看傻眼了，平时没练过，我们的学生做上来了。为什么？原因是平时活力课堂都这样要求，学生先学先想，学不会对子组解决，解决不了到大组，再到全班解决，最后是教师点拨。每课的知识学五遍。自学能力增强了。今年地理全区统考成绩第一，原因是能力题多了，通过读图转化成地理语言，提取地理信息，不是死记硬背能拿分的。老师们也高兴，以前付出那么多，学生不学还和自己对立，现在和学生一起玩似的就拿了第一。初二年级，入学成绩排区中游，现在保持在了前三名。我们的中考总成绩也由三等奖最后一名，迈入了一等奖的行列。

## 三、带动学校整体管理机制的变革

改革的第一步：换思想，第二步：长技能，（解决不会操作的问题）第三步：管理，评价机制要跟上，否则会半途而废。我们将德育处、教学处、教科研室等6个处完整合成一个督导组。再分为巡查组和指导组。巡查组负责检查

师生课堂常规及德育常规。指导组负责解决学科专业问题。这样既保证课改向纵深发展，又使教育教学工作聚焦课堂。绩效工资在课改中也发挥了重要作用：我们每人每月拿出50元用于课改，分学科组，班级两个评价主体（班主任100元/月，科任教师50元/月）。钱对集体不对个人。例如，某班数学扣0.5分，年级班主任集体扣5元。数学组扣5元。横向年级，纵向学科。老师们对扣分很在乎，因为自己的失误会影响集体。这样保证实验顺利进行，坚持下来，良性循环。

### 四、建立了适应活力课堂发展的评价体系

课堂评价：每一节课，教师对学生学习流程都有评价：读学1分，研学深入1分，质疑问题0.5分。学生知识能力的形成是这无穷小量之和。学好每一节课，展示好每一道题，质疑出每一个有水平的问题。都是大河奔流前的涓涓小溪！

日评价：每天7节课，每小组都计有总分。

周评价：每周各班评出明星小组、明星对子组、课堂明星，荣登三星台。

月评价：每月年级总评。大家看到的常规"星"，每贴一个星，就会拿到5毛钱的班费，每班每天1块钱。（课堂5毛，常规5毛）（孩子家长给100块不在乎，但却非常在乎这5毛钱）

期中、期末学校评价：考试成绩不对人。算出小组的平均分，评出优秀小组，奖励办法是我带着出去玩儿。（杂志封面就是带他们去南海子玩儿。活动的时候我给他们唱歌，吹口琴。学生也在网上给我起了个外号——"给力"哥，我很享用）学生最喜欢的就是出去玩，班主任一说优秀小组校长带出去玩儿，组长都去管自己组的学困生了。

活力课堂只有暂时落后的学生，但是没有不学的学生。可能有学不好的，但没有不学的。我们曾经为学生厌学绞尽脑汁！对于暂时落后，知识学得慢的，行为习惯落后的，我们组织了追赶小组，每周由各小组长推荐1~2人，周六上午到学校由教师集体辅导。班级也设有反思台，到反思台的学生改好后向组长申请，经小组研究同意后才能回到小组。好学生课外还自发地组织了读书小组，为了和老师讨论问题不让下班，把车钥匙给藏起来的事都有。

活力课堂实施出来，让每一个孩子都快乐，不只是挂在墙上，而是写在孩子们的脸上，我们看到：初三年级的孩子在那么大的升学压力下还能有明亮的双眸，有那种天真、快乐、自信的笑脸，不易！为了减轻初三孩子的压力，我们建立了慧馨驿站、书诗境，可以玩玩魔方，下下跳棋，抹两笔国画！我把心

理咨询室改成"怡心阁",把图书馆搬到活动厅改成了"拾味书屋"。开始有老师担心书会丢,我说书要是丢了,证明孩子们爱念书了,两年下来,不仅没有丢,还多了,老师孩子们把自己读过的好书放在那里,让大家分享。

教师在帮学生健康快乐成长的过程中,收获了属于自己的幸福。我高兴地看到了老师们一张张幸福的笑脸。58岁的老教师和尹老师唱《敖包相会》,我们全校师生都会跳几曲集体舞。80%的教师跳交际舞,20%的老师会跳不同的民族舞。元旦联欢领导班子第一个节目:《载歌载舞:开门红》。

给老师一份幸福的教育生活,他们会给学生一个幸福的人生,千条理万条理,让教师和学生健康快乐的成长才是硬道理。

实践证明:探索充满活力的课堂,促进学生健康快乐的成长,这条路我们走对了。这正是我们落实区教委1123工作思路,实现学校管理从粗放型向集约型转变,从外延型向内涵型转变的必由之路,是全面实施素质教育的必由之路。我们将信心百倍,坚定不移地走下去。我们畅想着:学校的明天会更好!

## 第三节 "健康课堂"是人本化的生态课堂

所谓"健康课堂",即人本化的生态课堂,是遵循人的身心发展及教育教学规律,通过合理利用信息资源、选取最佳教学方法、营造平等宽松的环境氛围、高度调动学生学习的主动性和创造性,让学生在积极快乐的心理中所进行的有效甚至高效的学习课堂。健康课堂是以促进学生健康成长为教学活动出发点和落脚点的人文课堂,是用平视眼光看待生命,用真诚情感呼唤生命,用教育智慧激扬生命的活力课堂。其实,健康课堂并非高不可攀、难以触及的课堂模式。我们不妨这样去理解,没有压力感的课堂就可以理解为健康课堂。[1]

健康课堂是在新时期随着新课标理念的推广而产生的一种新型课堂教育模式,其内容既包含身体健康,又包含心理健康;不仅包含任课教师在教学过程中科学地组织教学内容,而且还包含学生受教育的课堂学习环境;不仅要求教师在授课时,重视学生的性格、接受能力和对知识掌握程度这三方面的结合程度,还要求教师把教学理念、教学观点和教学情感有机地结合起来;既是新课程改革方向的一个目标,更是全方面促进素质教育、培育创新型人才的一种高效的教学模式。健康课堂就是在全方面促进素质教育、全方面实行新课程改革

---

[1] 高燕.健康课堂离我们有多远[J].生活教育,2016(11):101-102.

的前提下，按照学生人类认识的规律、身心发展的规律以及教学规律，以学生为本位，因材施教，建立一个师生互动、严肃活泼、团结紧张的课堂模式。[①]

建设健康课堂，要逐步扭转和改变过分看重升学率的教育现状，要促使教育回归，使教育真正以学生健康成长为本。健康课堂是科学、真诚、丰富、生态、实惠的有机融合；健康课堂不仅仅是知识的发源地，更是精神的集散地。

健康课堂任重道远。构建健康课堂的前提是教师角色的重新定位。比如，教师的观念要更新，教师的心态要宽容，教师的情感要爱生，教师的人格要示范，教师的态度要亲切，教师的行为要合作，等等。睁大眼睛找孩子优点，蹲下身子和学生说话，以朋友身份、亲切的态度、平等的地位教育学生，才是构建和谐教育和健康课堂的基础。

什么是真正意义上的健康课堂呢？笔者认为，健康课堂首先要有人文情怀，要多与学生产生互动；再者要有活跃的气氛，使课堂气氛轻松；然后要充满成长气息。朱永新教授"新教育实验"倡导的"理想课堂"，应该是健康课堂；叶澜教授所说的"充满生命活力"的课堂，是健康课堂；肖川先生提出的能"唤醒沉睡的潜能，激活封存的记忆，开启幽闭的心智，放飞囚禁的情愫"的课堂，这才是真正意义上的健康课堂。

真正的健康课堂应该紧贴学情，目中有人。学年段不同，课堂教学要求也不同，依据地域差异和校际、班级差异来设定教学目标，对每个教学一线的教师来说，最基本的就是要合理安排教学流程，优化教学效果。所谓目中有人，应该以学生为主体，考虑学生的多层次，多关注"问题学生"，处理好高、中、低这三个层次学生的关系，让其各有发展，并根据学生的特点差异和个性差异，使每一位学生的潜能得到发展，让学生都学有所长，这就是健康课堂追求的教育价值目标。

健康课堂是焕发出生命活力的理想课堂，是一种理想化的教学模式。俗语说理想和现实存在差异，但教育是需要理想追求的，需要存在激情和真情的。创建健康课堂，无疑是当前教育工作者们的理想，这种理想当然是合理的、是有价值的。

需要指出的是，健康课堂没有压力，并不是不给学生安排学习任务，而是教师将学习任务巧妙地隐含在一个个颇具趣味或有着探究意义的活动之中，让学生在身心愉悦和不知不觉的状态里去完成；也不是无须教师考虑教学目标，上课随心所欲、漫无目的，而是要求教师准确把握教材意图，精心预设各种可

---

① 郭钰.健康课堂：向着理想出发[J],基础教育论坛，2015(12)：63.

能，从而在课堂上轻松应对动态的学习变化过程，做到春风化雨，润物无声，精彩不断。

健康的课堂没有压力，指的是一种理念，一种状态，一种氛围，一种境界，甚至是一种艺术。强调的是老师不要带着压力走进课堂，否则容易急躁，甚至急功近利，舍本逐末；也不要让学生在明显的任务压力下进行课堂学习，否则他们会很压抑，望而生畏，望而却步，甚至产生对学习的反感，失去了学习兴趣。

教育的最终目的是促进学生健康发展。纵观实施新课改以来的各种课堂教学形态，无论是强烈撞击中国传统教学模式的以激扬生命为根本的生本课堂，还是源自美国将教学重心和时间放到"消化和吸收"这一阶段的翻转课堂，无论是江苏洋思中学"先学后教，以学促教"的教学模式，还是山东杜郎口中学"三三六"自主学习模式，它们都有其共同特点，那就是关注生命成长、尊重与信任，让学生能够在宽松的氛围中积极学习，让所有的学生都能够实现个性化发展，这才是教育的本质要求，也是健康课堂所要追求的基本目标。

构建健康课堂是新课程赋予教师的责任与义务，也是现代学生健康成长的内在需求。只要每位教师精心经营，把构建没有压力的宽松课堂当成一种追求，那么健康课堂就离我们很近了。因此，教师应该争做健康课堂的卓越构建者，努力将信息技术与教育深度融合，还学生一个平等、尊重、接纳、真诚、融洽、活泼的情感氛围，发挥学生在课堂中自主、合作、探究学习的主体作用，真正实现学生生理、智力、情绪、精神和社会等层面上的健康发展，这正是当今课堂中我们应追求的目标。

## 第四节 让课堂"活"起来"动"起来"学"起来

课堂教学作为教学改革的"最后一公里"，重构课堂范式成为深化改革的重要任务。传统机械论哲学范式下，认为自然完全类似于一台机器，坚持人与自然的二分观点，将社会、自然和人之间的有机性无情地肢解了。虽然在某种意义上，机械论鼓励人们把世界看作一个有内在联系的整体，但却不适用于具有生命的有机体及其关系。受行为主义"输入—输出"影响，西方的课堂教学研究在很长时期是基于还原论的研究范式，课堂研究的传统是关注与有效性联系在一起的孤立的教学实践。20世纪80年代以来，课堂教学研究转向的一个重要方法论基础是生态学，从生态学的思维范式，将课堂教学视为一个微生态系统,关注影响课堂教学的生态因子及其相互关系。美国学者纳卡墨拉(R.M.Nakamura)提出健康课堂以平等、信任、尊重为出发点,师生关系融洽,课堂气氛向上,学生愉快成长。我国学者范国睿教授提出健康课堂的三个内涵:充满生命力、充满人文关怀、促进学生发展。打造健康的课堂生态,是未来课堂教学改革的应然趋向。①

## 一、激发"生机",转化"限制因子",打造课堂的"高能态"

生机即生命的活力,健康的课堂生态首先是具有生命活力的课堂。课堂的生命活力来源于对事实的感受与体验,来源于对问题的好奇与敏感,来源于不同观点的争辩与碰撞,来源于柳暗花明的惊险和苦尽甘来的喜悦。生态意味着"环保健康,低耗高效",所以健康的课堂生态要让课堂"活"起来、"动"起来、"学"起来,使师生在课堂教学过程中彼此幸福,充满愉悦地以低能耗的负担达到质量与效益完美结合的基础上完成教育教学任务。然而,用生态学的思维审视课堂各参与因子不难发现,许多因子都可以成为"高能态"课堂的制约因素。按照生态学中的"限制因子"定律,奥登(Odum)认为限制因子即达到或超过生物耐受限度的因子。在教育的生态环境中,几乎所有的生态因子都可能成为限制因子。因此,要提高课堂教学的"高能态",必须找准并排除或转化限制因子。

在宽泛的意义上,课堂参与的诸多生态因子,如生态主体的教师和学生,生态环体的教学环境和学习氛围,生态介体的教学内容和教学方式等在某种程度上影响着教学过程,当然,其中最重要的应该是"人"的因素,即机械论范式下的生态主体中教师的"一元论",学生的"物化论"。教育生态中的个体不仅具有自然属性,还具有社会属性,主观的意识可以部分地转化为能量和物质,通过积极的反馈调节,变限制因子为非限制因子。教师要激发课堂"活力",调动学生的"激情",提高参与的"热情",让学生在体验中建构知识体系,不仅要解放学生的感官并充分将各种感官体验融入课堂,同时要给学生充分的"时空",使学生将自己的体验与兴趣、思维与活动、价值与观点与知识的理解与建构、学习与掌握、获取与管理相融合,还原和唤醒学生的主体地位和自我意识,变"接受指令"为"自主选择",变"独白灌输"为"平等对话",变"物化缺位"为"生命在场"。

---

① 王秋芳,王鹏.打造健康课堂生态的"生"与"态"[J].南昌师范学院学报,2017,38(5):85-88.

## 二、尊重"生命",遵循"社会性群聚"原则,打造课堂的"共生态"

生态意味着生命的多样性、整体性和发展性,生物体都拥有自己的生命,都拥有生存意志和维系生命延续的渴望。叶澜教授认为,课堂教学对于参与者具有个体生命价值。[4]传统机械论范式下的课堂中学生被认为是"僵死的机器"和"接受的容器",课堂成为教师的"独角戏",忽视了学生生命发展的自主性和能动性。健康的课堂生态是生命自主性发展的课堂,是教师与学生、学生与学生之间在互相尊重、彼此信赖的基础上,通过认识性实践、交往性实践、自我的内在性实践三种对话性实践而完成的。在课堂教学中,通过知识"唤醒"生命,通过生命"唤醒"知识,让知识与学生的生命发展相融合,贯穿着生命的召唤。追求"共生态"的课堂意味着教师和学生之间的关系不再是二元的对立,而是彼此的互利共生;课堂教学不再是单向的知识传输,而是双向的合作艺术;人才培养不再是标准的规格统一,而是多样生命的尽情绽放。

生态系统中的任何生物都具有"自主—依存"的双重属性。所以,在课堂教学中,一方面教师要充分尊重学生在自我发展中的主体地位,改变传统意义上标准规格的强求一律,要创造条件促进学生生命的整体发展和自主发展,丰富和完善学生的生命世界,满足生命成长的需要。另一方面,教师要促进合作,因为课堂是一个有机的整体,师生之间、生生之间存在着互利共生的生态关系。生命体的发展离不开系统其他要素的共同参与,合作成为形成生命共同体的必要路径。按照教育生态学中的"社会性群聚"原则,教师要充分发挥班级正式群体的规范功能,完善程序,提高团队的凝聚力;明确目标,组织得当,提高半正式群体的吸引力;有效引导,趋利避害,发挥非正式群体的积极功能;典型树立,榜样示范,发挥参照群体的激励功能。

## 三、贴近"生活",突破"花盆效应",打造课堂的"开放态"

生态意味着开放,作为生态系统的课堂本身应该是一个开放的系统。贝塔朗菲认为,"生命机体从原则上被定义为开放形态,生态系统只有在开放的环境中,在与外界环境不断进行物质、信息、能量的交换过程中,保持持久的生命力。"英国著名哲学家怀特海指出,"根本不可能有独立自主的生命,事实上一切都具有依赖性。"健康的课堂生态表现在课堂时空的开放,也体现在教师理念和自我精神世界的开放。课堂的时空开放就是要面向社会生活的开放,"教育回归生活世界"的哲学理念自胡塞尔提出以来给教育理论研究带来了新的视角与活力,虽然对于教育应该回归怎样的生活上存在争议,但是在以下几方面基本形式共识，即在实施过程中要关照学生的生活实际、原有经验和成长经历；在课程内容上要注重和学生的生活相联系，解决生活中的问题；在教学时空上，突破现有场域，回归学生的周遭生活世界，解决课堂教学与现实生活的脱离。

"花盆效应"在生态学上称之为局部生境效应，因为花盆是具有半人工半自然性质的微环境，植物可以在人工营造的环境中有序生长，但是它们对生态因子的适应阈值在下降，生态幅变窄。"花盆效应"，即传统的封闭人工环境中的课堂教学与现实生活的严重脱节，脱离了社会大系统，削弱了教育生态个体的生存能力。突破"花盆效应"，打造健康课堂的"开放态"首先要打破课堂生态系统的封闭性，树立回归生活世界的理念意识，突出对学生的人文关怀，使学生的生活世界与知识世界有机融合，让学生的生命在社会大系统中找到自己的位置。另一方面要提升教师的开放意识，开放课堂背后蕴含着开放的教育理念和精神世界，教师要改变单一的课程设计、陈旧的教学内容、落后的教学方法，更新教育理念，丰富专业知识，打破原有创设的固化生态空间，形成"活水效应"。

### 四、讲求"生动"，克服"边缘效应"，打造课堂的"整体态"

整体性是课堂生态最突出、最基本的特征，使由相互联系、相互制约的各部分组成的一种客观存在的秩序。在课堂的生态系统中，所有的生命都具有内在价值，都应该得到应用的发展和尊重，且所有生命通过到处弥漫着的亲密关系而联结在一起。课堂生态的整体性可以理解为参与课堂教学的各生态因子都是整体不可分割的一部分，并且通过有机的组合以实现系统更高的效率；课堂教学要关照每一位学生的生命成长，形成完整的生命共同体；课堂教学要促进学生生命的完整成长，使学生在知、行、意等方面获得全面的发展，在这里主要就第二种理解略加分析。所有的生命都是平等的存在，有平等的价值，有自身的利益，但是在实际的课堂教学中"不平等"似乎司空见惯，总有部分生命被排斥或忽略在外，变成了被遗忘的"边缘人"和被视而不见的"隐形人"。这些同学被压抑、被放纵、被孤立，进而成为课堂教学显性成绩背后的"牺牲品"。

生态学中的边缘效应指在两个或多个不同性质的生态系统交互作用处，由于某些生态因子或系统属性的差异和协同作用而引起的系统某些组分及行为的较大变化的一种生态现象。边缘效应广泛存在于自然生态系统及人类生态系统中。教育生态学中的边缘效应有两种理解，一种是按照生态学上边缘效应的含义来分析；另一种理解是教育当中的薄弱环节和交汇区，课堂教学中的"边缘人"现象也正是其中很直接的体现。打造健康课堂的"整体态"要求教师讲求"生动",即教师要科学领导课堂,根据不同生命个体的心理、性格、成绩、文化等方面的差异精心设计教学方案,让每一位同学能够找到自己在班级中的"位置",合理利用多种"群聚",加强学生之间的合作与竞争,充分发挥"群体动力",调动每一位同学参与课堂的积极性和主动性,尤其针对已经出现"边缘化"迹象的学生更要鼓励开导,吸纳融入,增强其班级归属感和自我认同感。

**五、动态"生成",应用"生态位"原理,打造课堂的"平衡态"**

生态的平衡性体现在生态系统的结构功能,即系统的平衡是一种动态生成过程中的平衡,包括关系的平衡和状态的平衡两种含义,是系统与内外部各要素进行物质、能量和信息的输入与输出的平衡,当系统中某些要素发生改变时,原有的平衡就会被打破,经过生态系统的自我调节后进入一个新的平衡阶段。动态平衡是生态系统的根本属性,在课堂生态系统中,课堂主体之间、主体与介体、环体之间存在着多维互动关系,诸要素共同构成了课堂生态的基本结构和动态平衡。因为课堂生态主体的能动性和课堂环境的复杂性,使课堂呈现出一种高度集中的动态生成特点。当课堂生态系统发展到一定阶段,参与课堂教学的诸要素能够较长时间的保持一种动态平衡,合理发展和目标一致,彼此之间的物质、能量、信息的交换、循环和流动保持在平衡状态,从而实现课堂教学和学习过程的最优化,提高课堂教学的整体效能。

生态位是每个个体或种群在种群或群落中的时空位置及功能关系。在生态系统中,每一种生物因为其本身的特殊结合、生理特征和行为习惯,故具有自己独特的生态位。同一生态位产生的直接关联是竞争与排斥,在教育教学过程中,比较常见的是处于同一生态位的生命个体之间,在共同面对一些关键问题的时刻,竞争要多于合作,这种竞争具有一定积极意义,同时也会产生部分消极效应。教师要充分利用教育生态位分化原理,根据不同生态位学生的特点树立生成性的课堂教学理念,确立差异性的学习目标,设置针对性的教学内容,引入个性化的学习方法,创设普适性的学习环境,构建过程性的学习反馈,实现课堂中人际关系、学习目标、学习内容、学习方法、学习环境、学习反馈的平衡,充分发挥处于不同生态位的学生个体及群体之间的相辅相成、互相促进作用,以保持系统的丰富多样和动态平衡。

# 第十五章 "i"（interested）：关切兴趣让课堂情景更具黏性

## 第一节 简约之关切增加黏性

自古以来，如果说有课堂情景设计，那也很简单，就是看谁能在课堂上黏住学生。孔子"不愤不启，不悱不发"有黏性的功效，"学而不思则罔，思而不学则殆"是黏式劝诫，"朽木不可雕也"是对黏性的废绝。

黏住，课堂才能持续，才能有效沟通，才能传播产生魅力。

情景教学是指在教学过程中，教师有目的地通过对一些具体教学情景进行描述、再现和创设，以引起学习者一定的态度感应和情绪体验，激扬非智力因素，激起学习者主动学习兴趣，促使学生对这些情景进行探索、讨论，提高学习效率，完成学习任务的一种教学方法。其基本任务在于激发学生的非智力因素，其核心动机在于学生主体作用的发挥，其重要环节在于活动场景的创设和学习资源的整合，其根本出发点在于提升学生探究与实践能力的提高。

### 一、情景意蕴：简约

高效的情景设计如一首优美的歌，主题明确、寓意深刻、旋律简洁，经过歌者富有深情的演绎和琴瑟的共鸣，起承转合，滑翔于波峰浪谷间，最后在袅袅余音中完美收场。

高效的情景意蕴在简约。"万物之始，大道至简。"简约，顺应天道，符合天性。高效课堂呼唤简约之美。

当年欧阳修在翰林院任职时，一次，与同院三个下属出游，见路旁有匹飞驰的马踩死了一只狗。欧阳修提议："请你们分别来记叙一下此事。"只见一人率先说道"有黄犬卧于道，马惊，奔逸而来，蹄而死之"，另一人接着说："有黄犬卧于通衢，逸马蹄而杀之"，最后第三人说："有犬卧于通衢，卧犬遭之而毕"。欧阳修听后笑道："像你们这样修史，一万卷也写不完。"那三人于是连忙请教："那你如何说呢？"欧阳修道："'逸马杀犬于道'，六字足矣！"三人听后脸红地相互笑了起来，比照自己的冗赘，深为欧阳修为文的简洁所折服。

简约之美是简洁洗练，单纯明快，辞少意多。简约不是一目了然，也不是简陋肤浅，而是经过提炼形成的精约简省，富有言外之意。简约，是"用最少的笔墨去表达"，是"少就是多"的理念的再现，"吹尽黄沙始到金"以最省的笔墨，反映最完美的世界，最丰富的生活；是用最小的内涵折射最大的外延。

## 二、简约意韵：设计

苏霍姆林斯基在《给教师的建议》一书中讲过这样一个故事：一位有30年教龄的历史教师上了一节公开课，课上得很成功。有人问他花了多少时间来备这节课，说："对这节课，我准备了一辈子。而且，总的来说，对每一节课，我都是用终身的时间来备课的。""30年上一节课"会因简约而熠熠生辉。简约之美在于设计环节，要求教师有丰富的教学经验和文化素养，需要反复推敲、认真思考，以高度凝练的目标和极度简洁的教学方法，将课堂设计得精致高效，精明合理。

### （一）简明适切的教学目标

一支箭、一支笔真正发挥作用的不过是一寸长的箭头和笔尖，一堂课彻底解决一两个学生切实需要解决的问题，足矣。真正给学生留下点东西，比浮光掠影、蜻蜓点水、隔靴搔痒的教学要有效得多。郑刚老师给高三学生做首轮复习《自然地理环境的整体性》一课中，对照"课程标准"：举例说明地理环境各要素的相互作用，理解地理环境的整体性。郑老师分析如下。

自然环境处于不断的发展变化之中，各自然地理要素是相互联系、相互作用的。学习过程中逐步理解地理环境整体性的内涵：①地理环境各要素是相互联系、相互作用的；②某一要素的变化，会导致其他要素甚至整体的改变；③某一要素的变化，不仅影响当地，还会影响其他地区的自然地理环境。

"标准"要求"举例说明"，学习目的是使学生认识任一自然地理要素对于地理环境的重要性，而不是要系统了解每一自然地理要素对地理环境的作用。"举例说明"是要求通过具体实例，从地理环境各要素的相互作用来理解地理环境的整体性。要落实到一定的区域，即是指举一定的区域为例。

郑老师分析学生：学生是房山区一所完全高中校高三年级，有一定的地理素养，经过高中两年多的地理学习已经具备一定的识图读图能力、思考分析问题的能力、判断推理的能力。基于此，郑老师确立本节课教学目标如下。

（1）阅读青龙湖景观图说出组成自然地理环境的要素，阅读自然地理环境各要素的相互关系图，举例说明地理环境各要素的相互作用，归纳描述要素特征、相互影响的一般思路和方法。

（2）通过阅读十渡开发景观图，分析某一要素的变化会导致其他要素整体环境状况的变化，进一步分析十渡开发对下游地区的影响，理解地理环境整体性的内涵。

### （二）简约核心化的教学内容

课堂教学的时间是个常数，是有限的，学生的学习精力也是有限的。要求教师的讲授由点及线、由线及面地突出主干，特别是关乎学生终身受用的"核心知识"，能浑然天成。学生的思维在教师的引导下层层深入、步步升华。课堂，也不需要把什么都讲透了，留下点悬念和空间，就是给学生自由和发展。郑老师通过让学生读"青龙湖景观"图，让学生提取图中有效信息，填写表格（略），思考问题，小组讨论，共同归纳得出结论：自然地理环境各要素之间的相互联系（图15-1）。

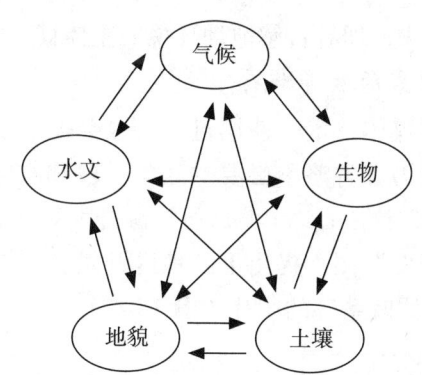

图 15-1　自然地理环境各要素之间的相互关系

### （三）简化自然的教学环节

学习本身是一件简单的快活的事情，学习的过程应该是科学的，是顺畅的，是符合学生的学习需要和学习规律的。导入、不拖泥带水；授课线索清晰、重点突出；结构紧凑、疏密得宜；课堂训练有的放矢、针对性强、具有典型性；小结简洁明了、精妙收笔。郑刚老师在他的"课后反思"中指出：

设计本课之初，想用黄土高原的水土流失、西北内陆的荒漠化、江南丘陵的水土流失等案例来引导学生分析、理解自然地理环境整体性的内涵，但是觉得这些案例对于学生来说离他们的实际生活远，同时也容易将复习课上成新课。

从学生的学习视角来设计教学情景，让学生主动学习。因此，在选取学习案例时，注重从学生身边的环境入手，首先比较了青龙湖与坨里地区的环境差异，其次使用了十渡地区拒马河的开发、7.21大洪水事件，通过分析，层层推进，使学生体会到地理就在身边，学好地理是有用的，从课堂表现来看，学生学习的积极性还比较高的。同时以十渡的开发等作为案例，可以贯穿整个教学、学习过程，学生学习始终处于一个较统一、完整的情景之中，更好地理解、掌握分析环境整体性的方法、思路，通过练习学会融会贯通。

本节课在设计上，还显得内容过多，时间还比较紧，一些问题没有充分地展开，因此在设计上，还要精心准备，多从学生的角度考虑。

### （四）简便善诱的教学方法

简便的方法、简捷的思路是为学生所喜欢，所乐意接受的。语言简练、语句流畅；突出重点、紧扣目标；精讲点拨、启发诱导；鼓励学生自主探究、自我评价。好方法是真正能为人所用的有效的方法。

郑刚老师就是针对学生特点，在《自然地理环境的整体性》一课中选取的情景案例就具有贴近生活的特点。让学生在熟悉的生活案例分析中构建知识体系，掌握分析问题的方法，理解自然地理环境的整体性。

### （五）简单而非作秀的教学媒介

现代教学技术（多媒体技术）使用过度，也会扼杀学生语文学习过程中独特的体验和丰富的想象力。省略不必要的教学手段和教学技术，克服"浪费与作秀"。郑刚老师在课堂上展示"十渡旅游资源开发等景观图"后，顺势展示一系列"河流上游地区开发"图，提出上游地区开发会下游地区带来哪些影响？归纳整理一系列有"整体联系"的图片（图15-2）。

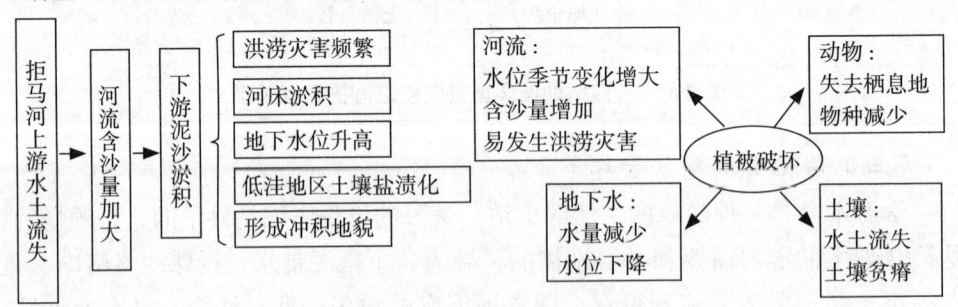

图15-2　资源整体联系图

### （六）简要明净的教学语言

简单是一种大气度、大智慧，其独特的神韵在于简要而明晰，如同秋天的天空一样明净，除却一切不必要的繁文缛节，省去不必要的言说，让人有一种心旷神怡的感觉。

当然，提倡简约却并不等同于简单。平淡无奇、味同嚼蜡的课堂是低效的，力求课堂的简单。简约的课堂是高效的课堂，它追求效率、效益和效果。

### 三、设计意境：提炼

大美至简，真水无香，简约是舍弃，更是收获，必须整合创新，跳出原来的框框，去粗取精，抓住要害和根本，剔除那些无效的、可有可无的、非本质的东西，提炼融合成新的东西。

#### （一）核心主题

丢弃许多好的见解，让最重要的一点发光。大量的实践表明，在当今这个信息爆炸的社会里，单一主题的行销方案是最有效的。作为产品设计新的灵魂，"简约不简单"，是利郎西服的设计哲学，也是利郎几十年精心诠释和演绎的核心价值。卓尔不群的品牌魅力，吸引着众多顶尖设计人士的加盟。其专业化的设计水准与国际化的设计理念完美地诠释了利郎"简约不简单"的品牌精髓，引领利郎代表中国男装登上国际舞台，开启品牌国际化战略。一言蔽之，就是风格简单但内涵深刻。在突出核心信息的基础上多做减法。

我们怎样才能找到创意的核心呢？一个成功的辩护律师说，"如果你从十个方面去辩论，即使每一方面都发挥得很好，当陪审员回到休息室，他们还是什么都记不住。"为了抓住一个观点的核心，我们必须学会筛选，必须毫不留情地分清主次。简短并不是我们的使命—只注重简短的措辞不是最理想的，谚语才是最理想的，我们要创造出既简练又深刻的创意。黄金法则是简约的根本模式，即一句话就可以深刻到让一个人用一生的时间去遵守它。

以1992年比尔·克林顿竞选的例子加以佐证。政治上原本僵化外加作风上"性丑闻"频发的克林顿先生按道理来讲是不能胜过打赢了海湾战争的老布什，在幕僚的建言下，他喊出了"应该抓经济，蠢货"的简单口号，一下子就将老布什的优势推倒殆尽。

#### （二）优先次序

决定优先次序，把"至关重要"的目标置于有用的目标之前。一个总裁，一个荧幕；一个产品，一个小时。这种形式的倡导者，是乔布斯。黑色的背景，桌子上罩一块黑布，黑布披在电脑上，旁边摆一瓶简单的花。穿着黑色高领衫和牛仔裤缓步上舞台，手里拿着一瓶水。一种剧场式的产品发布会，在过去几年中高调成为科技圈新闻发布会的主流形式。乔布斯的天使投资人马库拉有个营销准则：通过深刻的印象把你和产品"灌输"给他们。这后来成了乔布斯的产品发布理念。

当然，形式越简单，要打动观众"贯穿全场全程无尿点"越难。产品的引爆点以及演讲内容的思想性显得尤其重要。为此，乔布斯会亲自撰写和修改演讲内容的幻灯片和要点，他会给朋友和同事观看并征求他们的意见。"每一页幻灯片他都要改上六七次。"乔布斯的妻子劳伦说，"在每一次演讲前，我都会陪他准备几个晚上。"乔布斯把每一页内容都做成三种不同风格的幻灯片，让劳伦选出最好的一张。"他对此十分投入。他会把每句话翻来覆去地说，改变一两个词，再重新说一遍。"

做决策的基本原则是"确定事件原则"，但即便是微小的不相关的不确定性，也会影响人们的决策。

### （三）高质价值

"一种说法如果不能用来帮助人们预言或决策，那不管它表达的多准确，多么容易让人理解，它都毫无价值。"《让创意更有黏性》里提道："设计师的作品只有达到没什么可删除的程度——而非在没什么可以添加的程度，才实现了完美。"不要为了吸引读者而在文章开头讲一些有趣却不相干的话，应该精心构思使文章的重点本身更具吸引力。

20世纪80年代，美国陆军改革任务管理运用了"指挥官意图"。西点军校用"说事"提醒学员，详细说明计划目标及最终理想状态但不具体规定细节，因为"一旦接触敌人，计划就失效了"。如果你同样说三件事，就等于一件事也没说。故而，用一个漏斗结构加以筛选，寻找核心观点："明天我们必须要做的唯一的一件事情是_____。"一句话概括：知道自己所做的事情重中之重在哪里。

"大漠孤烟直，长河落日圆"让王维描画了雄浑简约的画境（《使至塞上》）；"空山不见人，但闻人语响。返景入深林，复照青苔上。"（《鹿柴》）"人闲桂花落，夜静春山空。月出惊山鸟，时鸣春涧中。"（《鸟鸣涧》）更是将禅理、诗、画融为一体，从一机一境中让我们领受了简约平淡之美。创意越是简洁、出人意料，就越富有黏性。

"四十年来画竹枝，日间挥写夜间思。冗繁削尽留清瘦，画到生时是熟时。"清代著名画家郑板桥以画竹而闻名遐迩。他笔下的竹子如临风的谦谦君子，高洁俊逸、清秀挺拔，具有超凡脱俗"领异标新二月花"的美。他笔下的竹子美在意蕴，美在"清瘦"；他总结的"削尽冗繁留清瘦"画竹"真经"就是"冗繁削尽"后的简约。

在情景设计中，简约不是简单的堆砌和随意的摆放，而是在设计上更强调

第十五章 "i"（interested）：关切兴趣让课堂情景更具黏性

功能，强调结构和形式的完整。简洁，不能变为简陋。为了简洁，有人可能会想出"逸马道杀犬""逸马毙卧犬"，或"马逸杀犬""马杀犬"，等等。但是，不是越简越好，因为，简洁，往往是以意思的损耗为代价的，相对于"有犬卧于通衢，逸马蹄而杀之"和"有马逸于街衢，卧犬遭之而毙"而言，欧阳修的"逸马杀犬于道"，固然简洁，但是，没有说出"卧"的意义；比欧阳修更简洁的"逸马毙卧犬"，有了"卧"的意义，却也遗失了"道"的意义，可见，简到什么程度，是有个极限的，要视表达情景的目的而定，适可而止。融贯中西、博采众长只是基础，还不是真正意义的大道至简。

（四）盎然联想

"履端于始，则设情以位体；举正于中，则酌事以取类；归馀于终，则撮辞以举要。"《文心雕龙》告诉我们"文不得删，字不得减"，但简约毕竟会让人记得牢，传得快。南宋时有一画家，姓马名远，他的《寒江独钓图》非常有名。画中一叶扁舟漂浮水面，一渔翁船上独自垂钓，寥寥几笔微波，其余大部分皆为空白，登峰造极的简约之美有力衬托出江面空旷寥廓、寒意萧条的气氛，给人留下意蕴无限的想象空间。齐白石的虾，无比简美，炉火纯青的艺术造诣，使他寥寥数笔，就把生灵活现又意趣盎然的虾呈现在人们面前。

运用类比等烘托手法。像宋玉描摹邻家女孩"增之一分则太长，减之一分则太短；著粉则太白，施朱则太赤。眉如翠羽，肌如白雪，腰如束素，齿如含贝。嫣然一笑，阳城和下蔡两地的男人全都为之神魂颠倒。"

课堂教学是一个多元综合的互动体，是学生、教师、课标的聚焦体。新课改下的情景教学更加呼唤"少则得，多则惑"的高效、简约之美。"小舍小得，大舍大得，不舍不得"，此言辩证"舍得"中的简约之美。教师如能为学生从容学习、自主学习留下空间，教师的主导作用和学生的主体地位就能得到很好的体现。

简约之美，乃为至美。姹紫嫣红，逞一时之芳；桃红柳绿，逞一时之盛；气象万千，逞一瞬之奇；而简约之美，万古不废。

## 第二节　意外之好奇增加黏性

意外是一朵不测之花，在不料、偶然中绽放奇葩，是《九日一草亭时将与天章别感赋》里"秋深雨廉纤"中的"意外晴此日"。

好课非天成推敲而得之。平庸的老师传达知识，水平一般的老师解释知识，好的老师演示知识，伟大的老师激励学生去探究知识。教师的重要作用在于"导"，设立创造性情景，诱导学生思维向更高层次发展。

课堂上有的时候需要违背常理，用惊奇难料之策吸引学生注意；有的地方需要打破期望，用偶然不测之问维持学生的注意力。教师需要做的事情就是，以"学习者视角"指出学生不了解的东西，系统地打开学生知识"缺口"，这些"缺口"就是情景创意的生命力。所提的问题必须是学生感兴趣的和关心的问题，持续其好奇心。

"学习者视角"就是舍弃成人思维和主观臆断，深入学生，倾听他们的想法，抓住学生的"真情实感"和"知识起点"，找到教学的"最近发展区"，构建属于他们自己的知识成长体系。

## 一、打破常规，找到学生知识的缺口

制造意外是最基本的吸引注意力的方法。相信谜团的力量，但前提是突出要表达的核心信息。所谓"知识的缺口"，就是介绍一些学生一知半解、听说过又不曾关注的事情。比如运用概念测试法：当过于自信的人意识到其他人不同意自己的观点时，可能会承认存在知识缺口——知识越多，对缺口的好奇心越重。通过一定的背景介绍，给学生制造一个知识的"缝隙"，然后再以解开谜团的形式填充弥补。

在"3的倍数的特征"课堂上，老师原本的设计意图是沿用简约顺畅的"观察—猜想—验证—得出结论"的教学程序，让学生回忆起2、5的倍数特征，搜索到以前探究数的特征时所采用的列举、归纳的方法。

老师一开始以设问的方式唤醒学生的已有经验："2、5的倍数有何特征？你以前是怎样知道2、5的倍数特征的？"借以唤醒学生处理类似问题的相关经验，促进了方法、策略的迁移，为学生的探究学习提供有效的教学协助，建立新旧知识之间的联系，打通学生思维的"脉络"。

"那么3的倍数又有何特征呢？"老师话音刚落，班里学生争先恐后回答。

生1：个位上是3、6、9的数都是3的倍数。

生2：反对，23、26、29个位上是3、6、9，但不是3的倍数。

生3：个位、十位、百位上的数字分别是3、6、9的数是3的倍数。

生4：一个数各个数位上的数的和是3的倍数，这个数就是3的倍数。

……

课前的备课思路全被打乱，怎么办？

老师突然一个念头在眼前一闪，何不将计就计！

师：那么究竟谁的猜测是正确的呢？请四人小组（基本程序是小组合作—组际辩驳—达成共识—得出结论）讨论验证。

课堂上，每个孩子都积极地投入了进去，就连平时不大发言的孩子都争着表达自己的观点，自由地思考、想象、猜测、检验……孩子们凭着自己的聪明才智终于探索出3的倍数特征。

老师说，我适时做了一回学生。面对"节外生枝"，不再以一位"解惑者"的身份侃侃而谈，我放弃了预设的教案，让学生充分发表自己的想法，述说自己的疑惑，解释自己的推断。从学生精彩的回答、飞扬的神情中获知，教案搁浅并没有使学生的学习活动终止。相反，"自由地"想象、热烈地讨论，引出了一次次精彩，掀起了一个个高潮……

## 二、违背直觉，破坏学生的推测机器

大脑对变化最敏感，吸引注意力的最好方法是直接破坏人们已有的思维模式，要把学生吸引到一个新的主题上，要从他们熟悉的东西入手，让"惊讶"为核心情景创设服务。提炼信息中相关的东西，用违反直觉的方式传递，出其不意致使其惊讶"痛苦"，引导学生得出与标准答案不一样的答案，牢记他们自己的（错误）预测，会让他们更有兴趣学习。不可预知，但必须是"可后知的"，防止过度自信，经由思考能领悟其妙处，帮助他们把机器修好。基本途径是明确要传达的主要信息（找到核心）—找出信息与直觉相违背的地方（惊讶）—破坏听众的推测机器，以违背直觉的方式传达—帮助听众修复机器。

当学生面临疑惑，当自己偶犯"错误"，我没有从"权威者"的角度辨别说明，而是把问题交换给学生，让他们互相补充，渐渐接触到问题的本质；把"错误"留给学生，促使他们反思，使他们的思维更趋向严谨与科学。

"一条毛毛虫要到河对岸去，可是没有桥，没有船，毛毛虫怎样过去呢？"在濮阳，有位网名叫"雨中看景"的老师回答了这道脑筋急转弯题：毛毛虫变成了蝴蝶，它飞过河去了。答案出人意料，却又在情理之中。这位老师反思：作为教师，在成长的道路上，遇到的许多的困难，就好比毛毛虫面前的那条河。我们在不断地超越过去中，化作了一只自在起舞的蝴蝶，轻轻飞过毛毛虫时代不可逾越的河流，去领略河对岸更美丽的风光。

教师在教学中做到心中有案，行中无案，寓有形的预设于无形的、动态的教学中，善待意外，真正融于互动的课堂中，利用课堂资源，让课堂在"不曾预约"中促进动态生成，随时把握课堂教学中闪动的亮点，转"误"为"悟"

中涌动生命之花，把握促使课堂教学动态生成的切入点，化"意外"为"精彩"，促进学生在更大的空间里进行个性化的思考和探索。

## 第三节 具体之实真增加黏性

"善待问者如撞钟，叩之小者则小鸣，叩之大者则大鸣，待其从容，然后尽其声。"《学记》暗示撞钟的具体之效。北宋学者范温认为，"盖尝闻撞钟，大声已去，余音复来，悠扬宛转，声外之音，其斯之谓矣"。范温在这里强调的是"声外之音"。所谓"声外之音"，用现代教育学语言来诠释，就是指"言教"之外的"身教"，是教师人格的影响力具体化。师生相处，和和煦煦，如坐春风，哲学家程明道的弟子侯仲良曾回忆程门教学的情形说："朱公掞（亦程门弟子）见明道于汝州，归谓人曰：某在春风中坐了一月。"可知明道当年的教学，就曾达到如此境界和效果。

中国基础教育的播种者，北京师范大学的林崇德教授讲过一个案例，当年他在某中学教书，当班主任，多年后他的学生来看望他，已回忆不起来多少他在课堂上讲过什么，能让大家共同回忆起来的是有一次郊游。

这说明一个道理，课堂上，只有够具体，才能真实可感，才够学生去想象和记忆，让学生听得懂、记得住，才不至于出现理解的偏差。"只讲道理，不摆事实"，这是很多课堂的通病。应该使用更多的细节，更具体的数据，更人性化的表述，让"教"的观点更具体而可信。在谚语中，"枪打出头鸟"与"露头的椽子"一个道理，传颂千古就是因为人们用具体的喻言来诠释抽象的真理。逻辑严实的概念理论课，思绪神游的人可能最多，因为没有人愿意听一大堆抽象的概念。

林教授说过，"优秀教师＝教学过程＋反思"。教学过程的具体的首先是可以让人理解，从而使自己获得更高的支持率。因为记忆不是单独的档案橱柜，更像是布满小勾的尼龙搭扣。同样一节课，没经验的新手把具体细节理解为具体细节，专家会把具体的细节理解为多年来体验中学到的方法和洞察力的象征，破解了"知识的诅咒"。

网上有个叫"YouthMBA 学院君"（少年商学院）的人提供了一个破解"知识的诅咒"的案例《数学和算术是由分别的——美国小学数学老师的来信》。黄全愈先生的儿子矿矿在同班的美国小朋友还只会掰手指算简单加减时，已经会多位数乘除法了。老师问：4+3＝？大家还没反应过来，他就回答道：3+4＝

## 第十五章 "i"（interested）：关切兴趣让课堂情景更具黏性

$21 \div 3$。全班都傻了眼，就他得意扬扬。在黄先生眼里，美国小学数学太浅显，整个一个"磨洋工"。一年级时，我借来六年级的数学课本，矿矿一样应付自如。第一学期结束后，我们向学校提出来，能不能让矿矿插班到三年级上数学？我心里想：只要求上三年级，已经很谦虚了。不久，黄先生收到矿矿老师的来信（节录）：

关于矿矿的数学学习问题，我已和校长罗伯特博士说过了。她也跟学区主管教学和课程的助理督导迈克威廉斯博士谈过了……附上一年级数学课15个单元的学习内容和教学目标……

我们更强调的是孩子对那些隐藏在数字后面的概念的理解，从而在口头上和书写中能够使用他们所学的东西进行交流；而不是对算术法则的死记硬背。我们的目标是培养孩子成为解决问题的能手，让他们学会思考，把自信建立在自己的能力之上，从而去珍视数学。我们的课程是让孩子积极参与学习，通过循序渐进的、适当的教学活动去学习具体的操作计算。矿矿在中国学校学到的一些算术技巧，如乘法和除法，对美国一年级小学生来说，不是循序渐进的、适当的活动。我们运用的是绝对具有乘除法功能的组合法教学，从而使孩子们在记住计算法则之前已能理解乘除法的实际意义。

矿矿当然是一个具有计算技巧的优秀学生，然而，算术仅仅是整个数学课程中的一个部分。我们在数学课里，会运用许多教学活动来挑战矿矿的思维，从而也对他本身形成一种挑战。

我们觉得：派一个迈阿密大学的在校生一对一地帮矿矿，将比到三年级上数学更适当。如果你们想借三年级的数学教材在家里使用，我们将乐意做出安排……

黄先生和多数中国教师和家长一样，当时读这封信，很不服气。黄先生说："13年后，重读此信，却多了一份思考。""这封信非常讲究遣词造句。比如，在讲到矿矿及中国学校时，她始终用'算术'这个概念，而说到美国学校时，她都说'数学'。"

所谓"算术"，计算之技术也，似属雕虫小技。数学，是关于数的学问，是研究符号和数字之间的关系，以及如何用这些符号和数字来解释现实中与之有关现象的学问。因此数学是学术极品。

到底美国小学的数学教学是"磨洋工"抑或我们把数学这门大学问当成了计算的技巧呢？

黄先生说："我在潜心研究美国天赋教育时，终于有了感悟。"比如，经典算术《鸡兔同笼》：笼里有5个头和14只脚，一共几只兔几只鸡？在许多人眼里这完全是个计算问题。设兔为x，鸡为y，则x+y = 5；4x+2y = 14. 到底我们该把它看作算术教学，还是数学教学？黄先生说，让我们来看美国的天赋教育是怎样处理类似问题的：

某个住在湖边的老人养有狗和鸭子。某天，老人看到5个头，14只脚。那么老人看到的是多少条狗？多少只鸭子？老师问："能不能找到解决问题的方法？"同学们纷纷要求回答问题。学生A："要找到答案并不难，只要两个公式，一个解决脚的问题，另一个解决头的问题……"

老师制止学生A继续往下讲，说道："很好！谁来设计这两个公式？"学生B："设狗有x条，设鸭子有y只，则4x+2y = 14。"学生C说道："x+y = 5。"老师问道："这两个公式对不对？"

学生七嘴八舌："对啦！对啦！"老师："现在我们不要去计算答案。我们按照这两个公式来推理，看看答案是否合理……"

大家你望着我，我望着你：不让计算，却去猜答案，老师的葫芦里卖的什么药？老师："犯愁了？不错！我们现在不打算去计算准确的答案，我们只是去猜测大致的答案。"

学生仍然丈二和尚摸不着头脑……老师："既然你们不回答，那我就来问你们，5条狗和4鸭，对不对？"学生轰然："不对！5条狗和4只鸭，一共是9个头，老人只看到5个头。"老师："那么，谁能告诉我狗脚和鸭脚的数目？"学生又是你望着我，我望着你，不知所措……老师："如果我告诉你们，狗不少于4条，你们认为怎么样？"学生B："不对，请看看我设计的公式，脚的总数是14，而4条狗就有16只脚，除非老人喝醉看花了眼！"下面哄堂大笑！老师："非常好！那能不能是3条狗呢？"学生陷入思考……学生C："那也不对！"老师很感兴趣地问："为什么？"学生C："除非有1只鸭子，少了两只脚。"

"您看我设计的公式，总共有5个头，3条狗有12条脚，要符合5个头，14条腿的条件，就只剩两个鸭头，两只鸭脚。因此，除非有1只鸭子少了两只脚……"又是一阵哄堂大笑！老师："好吧，让我们假设所有的狗和鸭子都是进化完整的，没有缺胳膊少腿的。那么，该有多少只鸭子呢？"学生再没有像前面那样沉默，而是议论纷纷。学生D："不管怎么说，前提是不能超过5个头，14只脚。"老师："如果狗少于3条，我们能在鸭子的数量上做什么文章呢？"

学生E："这就是说，鸭子至少有3只。因为，头的总数是5个，狗少于3条，所以鸭子没有3只以上凑不够5只。"老师："有道理。狗只能少于3条，鸭子不能少于 3 只。那么，我们应该寻找的下一个线索，是什么呢？"学生思索……老师："如果是 3 只鸭子，鸭脚应该是……"学生齐答："6 只鸭脚。"老师："OK，如果是 3 只鸭子，6 只鸭脚，狗的数目又该怎么算呢？"

学生 A："狗不能多于 3 条，鸭子至少得有 3 只才能凑够 5 个头。3 只鸭子，鸭脚就是 6 只、于是，狗只能是 2 条，狗脚……"

老师高兴地大笑："好！不要往下说了，请大家用公式计算吧。"到了这个地步，再用公式计算，简直像吃豆腐一样容易：狗是 2 条，鸭子是 3 只。

学生 B 有些不太高兴地说："老师，看到您那么高兴，我倒有些费解了。这个 2 条狗，3 只鸭的答案，我们推理来推理去，花了快一节课的时间。其实，一开始就让我们拿公式来算，早就该做完了……"老师一个劲儿地点头："你提出了一个非常好的问题，甚至超过了'2 条狗，3 只鸭'的答案。请大家想一想，为什么我们没有一开始就用公式来计算，而是花了一节课的时间来走完整个推理的过程？"学生 E："我们浪费了不少时间去推论那些不正确的答案。"

学生 C："我不同意'浪费'的说法。有时候，你不能证实一个答案是错的，就不能证实另一个答案是对的。"学生 F："但是，值不值得花那么多时间？"学生七嘴八舌，议论纷纷。

老师会心地笑了："谢谢大家！数学课不是算术，更不是用一个似懂非懂的公式去计算一个只有公式才能告诉你的答案。公式告诉你，做什么？怎么做？我们充其量像个计算器。要真正理解为什么这么做是对的，为什么那么做是不对的，问题就不那么简单了。就像知道点击电脑的什么地方，电脑会怎么运作一样，那是电脑操作员的工作。只有理解为什么点击电脑的这里会产生这个动作，为什么点击那里会产生那个动作，才能成为电脑程序员。我们要的是通过演绎推理和归纳推理来证实和证伪某些答案，以及在这个过程中培养和锻炼推理能力……"

数学不仅仅是计算、测量、应用公式，其实质是一种思维方式，是演绎推理和归纳推理的逻辑思维方式，也是一个充满变化和新的发现及发明的领域、学数学并不一定是目的，而是通过学数学来培养自己的能力；同时，通过学数学来理解和解释世界各种现象和关系。

数学是一种思维方式，是训练思维能力的手段。可在中国人看来，许多同学觉得学数学本身就是目的。更"俗气"、更"直白"些：学数学是为了中考、高考。难怪，许多理科生谈"数"色变，把物理看作"无理"……

林崇德教授曾将 14 名学生送出国门深造，有 13 位已回国效力。国家教育职能部门负责人曾问："为什么回国率这么高？"他的学生回答了一个具体事实："我们是冲着自己的老师回来的，是林教授的教导影响了我们。"在学生的心目中，林老师就是道德典范，师德样本就是林教授，在学生身上已经形成轨道并"永远留下痕迹"。

## 第四节　可信之据证增加黏性

在电视剧《大道通天》里有一段细节：吴皖忠为了让醉孚祥的牌匾在古城再度高高挂起，离开受聘的红粉佳人，与父亲和好如初，在父亲的指点和众伙计的帮助下，醉孚祥的第一批酒顺利出锅，原汁原味的醉孚祥酒被重新搬上古城的舞台。这第一批酒本可以再度卖个好价钱，吴皖忠却决定，免费三天只尝不卖，勾起众多人的回忆……

在食品买卖中"先尝后买"理论，能让很多人不加怀疑地接受商家的品牌。

在课堂上进行"我思故我在"设计，能让学习者更加以足够的信心接受追究。

在商业活动中，让人信服的方法很多，比如利用权威，利用朋友的口碑。一个生动的细节描写比一连串统计数据更有说服力，一个非权威人士的实事可能比权威人士更有效，一个通过西纳特拉测试① 的简单故事可能堵住无数质疑的声音。

在课堂教学中增加可信度，可以尝试以下几种方式。

个人的亲身经历。2005年获诺贝尔医学奖的巴里·马歇尔如何让人相信十二指肠溃疡是由幽门螺杆菌引起的，叫同事们去实验室见他。没吃早餐的他，喝下一杯大约含有10亿幽门螺杆菌的水，几天后，出现胃溃疡早起症状，同事用内窥镜观察他的胃部症状。马歇尔吃下抗生素，治愈了自己的溃疡。

细节的力量。细节可以看出一个人的素质，成功者大多注重细节，失败者大多忽略了细节。有时候即便是毫不相干的细节也会强化说服力，这些细小的环节有机地交织在一起，常常就构成了"可信"的因子，比如妈妈的一根白发，运动场上的一次搀扶，医疗院里的一个微笑，地铁车站的一个招手，剧场里的一次掌声，名著里人物的一次邂逅，艺术殿堂里的一处神来之笔……

为强化学生相信，在"组内合作、组间竞争"活动中，可利用"人人都爱

---

① 西纳特拉测试：弗兰克·西纳特拉（Frank Sinatra）的名曲《纽约，纽约》中唱道："如果我在那里能成功，我在任何地方都能成功。"这就是西纳特拉测试，即仅仅需要一个例子，举一反三，就能在某一个范畴里建立起可信度。当年弗兰克·西纳特拉以他的勤奋与风流倜傥、天性异质，在爵士、流行演唱、电视电影多方面成为全能娱乐家，集歌手、演员、电台、电视节目主持人、唱片公司老板等多重身份，受到全球乐迷拥戴及喜爱。

## 第十五章 "i"（interested）：关切兴趣让课堂情景更具黏性

戴红花"的心态。红花或小星就是利用人性的这一弱点来进行对"课堂兴味"的推销，老师可利用"特别荣誉"作敲门砖。

在每天不断变化的情形中，具体、细节可以通过可信的方式表达出来，是一个"可验证的凭证"。人们并不欣赏甚至怀疑嘴上说的华丽的、夸大的、不实的外部宣传元素。课堂情景创意更加需要可信任的背景，要渗透细节，要想办法使用可信度资料（例如鲜明细节、统计数据等）或"极端案例"来帮助学生亲自验证课程教材的概念观点。

为验证自己的设想，魏格纳首先追踪了大西洋两岸的山系和地层，北美洲纽芬兰一带的褶皱山系与欧洲北部的斯堪的纳维亚半岛的褶皱山系遥相呼应，美国阿巴拉契亚山的褶皱带，其东北端没入大西洋，延至对岸，在英国西部和中欧一带复又出现；非洲西部的古老岩石分布区（老于20亿年）可以与巴西的古老岩石区相衔接，而且二者之间的岩石结构、构造也彼此吻合；与非洲南端的开普勒山脉的地层相对应的，是南美的阿根廷首都布宜诺斯艾利斯附近的山脉中的岩石。

魏格纳又考察了岩石中的化石。通过淡水生活的中龙，园庭蜗牛，蕨类植物舌羊齿等研究发现，在目前远隔重洋的一些大陆之间，古生物面貌有着密切的亲缘关系。

1915年，当天文学博士魏格纳以大陆岸线的相似性、古冰川的分布、化石等可靠证据证实了"海陆的起源——大陆漂移"。立刻震撼了当时的科学界，招致的攻击远远大于支持。一方面这个假说涉及的问题太宏大了，如若成立，整个地球科学的理论就要重写。必须要有足够的证据，假说的每个环节都要经得起检验；另一方面，魏格纳在大学中主要研究气象，他并非地质学家、地球物理学家或古生物学家。在不是自己的研究领域发表看法，人们对其假说的科学性难免会产生怀疑。

在大陆漂移假说里，魏格纳阐述了古代大陆原来是联合在一起、而后由于大陆漂移而分开，分开的大陆之间出现了海洋的观点。魏格纳认为，在二叠纪时，全球只有一个巨大的陆地，他称之为泛大陆（或联合古陆）。中生代时期，泛大陆首先一分为二，形成北方的劳亚大陆和南方的冈瓦纳大陆，并逐步分裂成几块小一点的陆地，四散漂移，有的陆地又重新拼合，最后形成了今天的海陆格局。

1930年，年仅50岁的魏格纳第三次深入格陵兰岛考察气象时，不幸长眠于冰天雪地之中。而此时德国的一艘科学考察船刚刚从大西洋回国，带来了一个消息，在大西洋中间存在一条很长的洋中脊，那里有巨大的裂谷。

魏格纳死后，大陆漂移学说则被尘封在图书馆的书架上，无人问津。但地球的起源探索没有终止，海底扩张、板块构造学说兴起：海岭、深海沟、岛弧、转换断层、海底平顶山等可信凭据相继被找到被论证被推介。

## 第五节　情感之脉动增加黏性

在"星光大道"2014总决赛中，山东孝子杨帆夺得桂冠。杨帆是山东烟台栖霞华昕集团一位餐厅领班，童年的生活非常艰难。在杨帆的心里，让妈妈过上幸福的生活是他的梦想。集团董事长在一次偶然机遇让他发现了杨帆的音乐才华。"这小子嗓子好，工作敬业，又有孝心，又深受公司同事们的敬佩和喜爱，俗话说万善孝为先，这样的员工值得我们培养，我们不求他有多少回报，就是不想埋没了这棵好苗子。"在董事长的大力帮助和支持下，杨帆终于走进了音乐殿堂，登上了梦想舞台。

相比理性，感性能让大家更容易接受观点。我们可以创造情感，也可以利用已有的情感，从而让人们相信我们的观点，并能真正的在意以致能够采取行动。"有片草地我们都走过，有朵小花我们都记着，有个愿望我们都曾有过，有段往事我们都珍藏着……"正如《万岁！高三二》（1991）主题歌唱的那样，比起抽象的东西，学习者更容易产生感情的是"走过"的记忆。

课堂也是艺术殿堂，讲台也是艺术舞台，课堂上，就要"投其所好"使学生感受"情感的纽带"牵引的东西。在韩剧《学校2013》里，有经验的老师，比如前辈赵老师（一体育教师）告知姜世灿，有弟子才叫老师。辅导班的教师面对的学生只是顾客，算不上弟子，只有总在身边，由心焦到心交，长久挚心的学生，才算弟子。

设计界牛人苹果公司先进技术组副总裁唐纳德·A.诺曼教授在他的《情感化设计》一书中，指出可从三个方向寻找突破，让人感知舒适愉悦的设计：一是从人的本能出发，设计的漂亮悦目的外观；二是从人的行为出发，设计情景交融的互动；三是借助人的反思，设计怀旧的愉悦场景，唤起人们的记忆。

从这三个方面来观察我们日常使用的日用品，电子化产品以及网站产品你会发现，每一类型的设计都逃脱不了这个三个方向。而分析每一种产品的好坏也就有了依据。

符合人的本能，行为或思维，是情感化设计的精髓。出类拔萃（帮助他人），自我实现，审美，学习，尊重，归属，安全，生理。马斯洛的需求层次理

## 第十五章 "i"（interested）：关切兴趣让课堂情景更具黏性

论实际上不是分层次依次实现的。而是在"相信""在意"（情感联系/个人兴趣）的重叠相映中突入到行动之中。以更高层次的目标激励，让人在感觉上舒适，使用上便捷，情感上喜爱。

经验不足的教师常常会遇到这种情况：当你使尽浑身解数，口干舌燥地陈述一番后，才发现你所解读的内容学生并不感兴趣。对于"颇具天赋"的教师来说，他们往往能够第一时间抓住学生，其中的情感交流，关心学生，以学习者视角关切学生很重要。

"当我面对人群的时候，我束手无策。但如果面对的只是一个人，我便有了办法。"诺贝尔和平奖得主、世界各国首脑都对她仰慕的特蕾莎修女在总结与人交流的重要，她甚至说："得到的可能会是假朋友和真敌人，不管怎样，还是要成功；你耗费数年所建设的可能毁于一旦，不管怎样，还是要建设；你坦诚待人却受到了伤害，不管怎样，还是要坦诚待人；做心胸最博大最宽容的人……"

当然，决定课堂情景设计并没有共性，还要取决于人们在特定环境获取的知识，文化习惯以及思维方式。让所有人都满意的设计是课堂设计的追求。情感设计如图15-3所示。

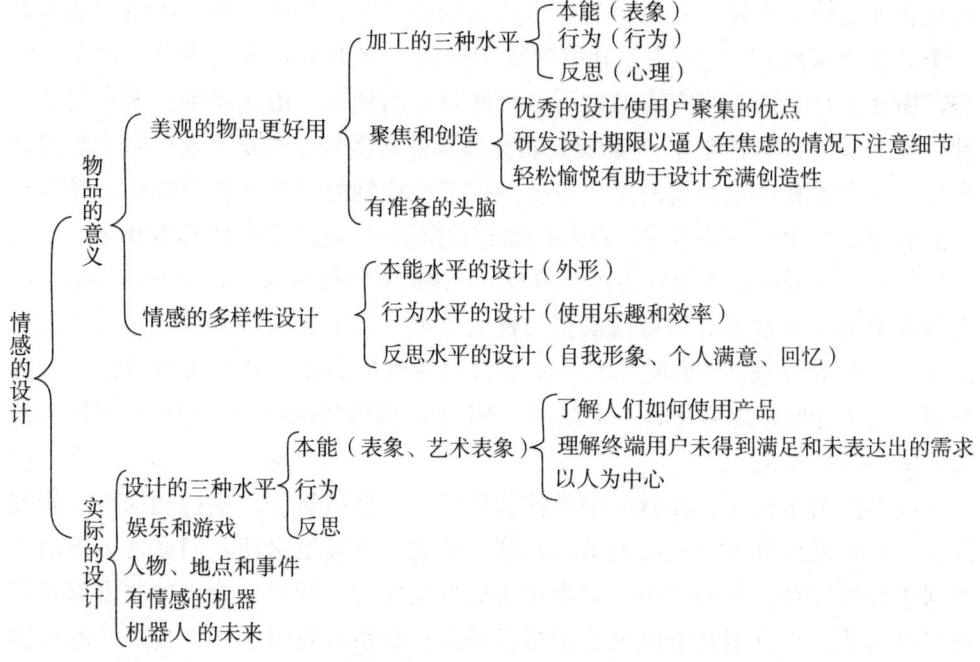

图15-3　情感的设计

## 第六节　故事之魅惑增加黏性

从1911年第一个电影制片厂在好莱坞开业至今，好莱坞已经成为世界电影业的中心，那几个巨大的字母也成为电影的象征。在发展过程中，好莱坞也形成了自己的一套别具特色的"三幕结构"经典叙事模式。他们认为，电影就要用"最美的语言与强冲击力的画面"去表现！如果一些文字和画面不能通过完美的故事表现出来，效果会立刻打折！

第一幕称为"触发事件"。其中确定了故事发展的领域，引出主要人物，并创造有利的时机，让主人公承担一项"不可撤销的行动"。第二幕称为"黑暗的时刻"。它"应当被规划成一系列的复杂因素、紧要时刻和引发行动的逆转。"主人公通过苦思冥想找到挫败敌手的方式。第三幕则应当由持续的高潮组成。"通常是与时间赛跑，直至问题的解决发出新的和谐与平衡的信号。"

克里斯汀·汤普森在其1999年出版的著作《新好莱坞的故事讲述》中对这一理论做出了详尽的阐释。他把电影分为5部分。第一部分是建制部分。"它的任务在于建立人物的世界，确立主要人物的目标，在接近半个小时的地方以一个转折点来结束。"第二部分称为复杂行动。它为主人公创造出一种新的常态，而在影片总长一半左右通过下一个转折点的到来，由主要事件结束复杂行动。第三部分为发展部分。"前提、目标以及障碍等详尽规定至此已经全部得到介绍，通常要在这里出现的是主人公为追求他或她的目标而奋力挣扎，经常包括能够促成行动的一些事件，以及忧虑和迟疑等。"这一部分的功能在于"推迟主要行动，延缓或是详细叙述次要情节"。这类似传统幕式结构中的第二幕，主人公在努力却通常没有取得什么实质性的进展。接下来是高潮部分。通常也会出现"黑暗的时刻"，迫使主人公采取行动或做出决定，从而决定目标的实现与否。通常在四幕之后还有一个尾声，"用于巩固形势的稳定，同时安置次要情节，集中强调母题"。

故事的力量在于，在感应中模仿如何行动，在鼓舞中产生行动动机。研究表明，心理模拟具有巨大的力量，在脑中预演一个场景会使我们在现实生活中遭遇类似情况时，在脑海中模拟图像能更好地应对。同样，恰当的故事都具有挑战性情节，去克服某个巨大的困难或障碍；联系式纽带，在人类广泛的情感分歧上架起桥梁，冲破隔阂，打破界限；创造力性动力，获得精神上的突破。故事产生有效的心理情景模拟，跨越已有的情感冲动，穿越过去模拟未来，这

## 第十五章 "i"（interested）：关切兴趣让课堂情景更具黏性

能够帮助我们更快、更有效地应对事务。例如，请红军爷爷讲长征故事，脑中便有了一个更丰富、更完整的目录，用于描绘长征中可能会遇到的紧急、致命、互助、对抗情况，以及可以采取的适当的应对措施。

没人不喜欢听故事，在课堂上讲故事的方式对实现目标很奏效，聪明的老师总是以故事的形式，设计一个跳板来传递课堂观点。站在学生的立场上，通过讲故事帮助学生消除心中的异动、焦虑和烦躁，在不知不觉中进入角色中并对情节了如指掌，并将学生带入自己交流的轨道和课堂的节奏中。特别是在故事里，有丰富的背景和足够的"钩子""扣子"和"悬念"，让学生听完故事后自觉地产生学习、探究的课堂行动。

至于故事情节的编造和再造，钱钟书就《皇帝的新衣》做过"中西文学比较"。钱钟书发现早在安徒生写这个童话前，这个故事的雏形在《韩非子·外储说左上》和《高僧传·鸠摩罗什》就有了：有个懂"微巧"的卫人，其实根本没有在棘刺之端削刻母猴的本领，靠骗术骗取了燕王的信任，在王宫中混饭吃。当燕王要看他用以刻削棘刺之端的削具时，西洋镜将要被拆穿，他只好灰溜溜地逃掉了。

燕王好微巧。卫人曰："能以棘刺之端为母猴。"燕王说之，养之以五乘之奉。王曰："吾试观客为棘刺之母猴。"客曰："人主欲观之，必半岁不入宫，不饮酒食肉。雨霁日出，视之晏阴之间，而棘刺之母猴乃可见也。"燕王因养卫人，不能观其母猴。郑有台下之冶者谓燕王曰："臣，为削者也。诸微物必以削削之，而所削必大于削。今棘刺之端不容削锋，难以治棘刺之端。王试观客之削，能与不能可知也。"王曰："善。"谓卫人曰："客为棘刺之母猴，何以理之？"曰："以削。"王曰："吾欲观见之。"客曰："臣请之舍取之。"因逃。

《韩非子》是公元前 2 世纪战国时期的作品，这大概是《皇帝的新装》最古老的版本。

昔狂人令绩师绩缕，极令细好。绩师加意，细若微尘，狂人犹恨其粗。绩师大怒，乃指空示曰："此是细缕。"狂人曰："何以不见？"师曰："此缕极细，我工之良匠，犹且不见，况他人耶？"狂人大喜，以付织师，师亦效焉。皆蒙上赏，而实无物。

据佛经记载，曾经有个狂人让纺织师傅织锦，要求越细越好。织工竭尽全力将锦丝织得细如微尘，狂人还是认为太粗。织工大怒，指着空气说：这就是细丝。狂人问：为何我看不见呢？织工回答：这种丝太细，我们这样记忆高超的工匠都看不到，何况是普通人呢？狂人转怒为喜，重赏了织工。明代人读后变成：遮须国国王希望能织出像清雾一样轻薄的料子来，于是悬赏各国织工说，织成就赏给你们15座城池，织不出的一律杀头。日子长了，城墙下尸体成堆。有个聪明人把自己关在屋里，许多年后走出来说，布已经织好了。然后双手拖着小心翼翼地呈给国王。国王一看，什么都看不到，于是龙颜大悦，重赏了他。

在明·陈际泰《已吾集》卷一《王子凉诗集序》有云：余读西氏记，言遮须国王之织，类于母猴之削之见欺也。

"齐人织网如素空，张在野田平碧中。网丝漠漠无形影，误尔触之伤首红。"李贺在《艾如张》中以空为丝（思）来形容荒诞无物。

比较下来，钱钟书认为安徒生的童话写得最生动曲折，让人警醒。人物形象更为鲜明饱满，最高明之处在于作者以自己的睿智构思了一个不同寻常的结尾："可是他什么衣服也没有穿呀！"一个小孩子最后叫了出来——孩子是最纯真的，他们没有等级、得失、利害的观念，没有世俗的虚伪。

安徒生热爱儿童，熟悉儿童心理，天性自然，行年七十，犹未改童心。他以童心写童话，用孩子的眼光感受一切，描绘一切，因此他的童话作品充满童真童趣，趣味盎然，不仅孩子们爱读，成年人也同样爱读。

这就是故事设计、创造的魅力。

概括来说，这是一个基于关切兴趣成功创意的清单：简约（simple）、意外（unexpected）、具体（concrete）、可信（credible）、情感（emotional）、故事（stories）。一个聪明的观察者会注意到这个清单的关键词可以被简化成首字母的缩写 SUCCESS（"成功"的英文）。当然，这纯粹是一个巧合。

而又岂止是巧合？这才是"关切兴趣让课堂情景更具黏性"设计里的设计。

# 第十六章 "l"（liberal）：坚守教学的理性

## 第一节 教学宽容保护学生多样性发展

在《论语·阳货》中，子张问仁于孔子。孔子曰能行五者于天下为仁矣。请问之，曰恭、宽、信、敏、惠。在《论语·卫灵公》中，孔子提出躬自厚而薄责于人，则远怨矣。在《荀子·非相》中，有接人用泄，故能宽容，因众以成天下之大事之论。由此可见，儒家宽容思想虽一定程度上强调了对他人言行的尊重。但实质上却带有强烈的等级色彩。这种"宽容"大多表现为一种"宽恕"，是君子对小人过错的原谅，强者对弱者的怜悯，统治者对被统治者的恩典。因此，这种"宽容"本身就包含着不平等、不尊重。

教学宽容是指在教育道德与教育伦理正当性的范围之内，教师应允许学生持有与己不同的观点，而且能够为其自由行动和独立思想提供充分的空间，表现为教师对学生的关爱与关怀、主体性承认以及日常生活方式的尊重。教学宽容是一种理性，也是一种美德，具有保护与发展学生多样性、提升教师教学境界以及深化课堂教学改革方向的价值。[①]

### 一、教学宽容与教师对待学生的观念和方式直接相关

通常意义上，宽容是指对待异己的观念和信仰持公正、理智的态度，在不妨碍他人的前提下容许别人自由地行动和独立思想。可以发现，允许他人持有与己不同的观点，且不对其行动和思想强行纠正是宽容的核心要义。具体到教学宽容来说，就是在教育道德与教育伦理正当性的范围之内，教师应允许学生持有与己不同的观点，而且能够为其自由行动和独立思想提供充分的空间。可见，教学宽容与教师对待学生的观念和方式直接相关。为了进一步明晰教学宽

---

[①] 齐军，禹振芳.论教学宽容[J].当代教育科学，2021(11)：31-37.

容的内涵，需要从教师对学生的关爱、教师对学生主体性的承认以及教师对学生日常生活的尊重三个方面进行具体分析。

#### （一）教学宽容基于教师对学生的关爱

教育，归根结底，是爱的体现、爱的活动，虽然爱是可感、可知的，但无法直接作用在他人身上，需要通过一定的中介才能发挥作用，教育爱主要通过教师的教学行为被学生感知。教学宽容就是传递教育爱的一种教学行为。教师通过教学宽容以感化、熏陶和包容的方式将爱传递给学生，学生因此感知到自己被关爱，从而与教师形成充满友爱的师生关系。正如莱斯（S.Rice）所言，宽容是我们卷入他人生活的第一步，是亲近、友爱等关系形成的可能条件。[①] 通过并在教学宽容之中，教师与学生间超越了原来的隔阂与距离感，拉近了彼此的距离，教学宽容也便成为师生亲和关系形成的无形力量。

事实上，教学宽容不只是教育爱的中介，它更直接地表现为教师对学生的一种普遍之爱。因为，就像莱纳·弗斯特（Rainer Forst）提出的"宽容是理性的要求"一样，教学宽容也是教师的一种教学理性。这意味着教师不会因为自身好恶而压制学生行为，更不会因为学生的观点与自己不同就放弃与学生作进一步沟通、交流的机会。做到教学宽容的教师能够敞开胸怀接纳每一个学生，包括他们的不成熟与不完美。也正是基于此，教学宽容还意味着教师出于对学生的关爱而需要对自我的观点、情绪和行为进行节制。比如，教师应以一种超越矛盾和对立的力量控制应激产生的强行干预的冲动，进而以一种平和的心态对所面对的矛盾和对立进行引导和调节而不是直接对抗。从这个意义上来说，教学宽容也是一种深沉的情感，一种承担起社会责任、家庭希望、学校使命的情感。毫不夸张地讲，缺乏了教学宽容的教育爱，一定不是真正的爱，更不是无条件的普遍之爱。

#### （二）教学宽容体现教师对学生主体性的承认

主体的自我认识是一个人生存和发展的前提，也是自我调节和控制的心理基础。主体的自我认识是如此的重要，却不能天然拥有，必须通过他者对自我的承认而获得。就像霍耐特（Axel Honneth）在他的承认理论中提出的，"儿童通过与他者建立情感关系，学会自视为独立的主体"。也就是说，与他人建立起情感上的关系是一个人能够正确地认识自己的前提和纽带。对这一问题，黑格尔也有着类似的认识，他提出"一个主体自我认识到在主体的能力和品质方面必须为另一个主体所承认"。按照这一理解，教师通过教学宽容与学生之间建立

---

① 高德胜.宽容美德与宽容教育[J].全球教育展望，2020(5)：67-87.

起情感的联系,也就是在间接帮助学生建立起对自我的主体性认识。但是,教师只有先承认学生的主体性,才有可能帮助学生建立对自我的主体性的认识。而教学宽容正是体现了教师对学生主体性的承认。

从主体性的视角透视现实场域中的教学活动就会发现,学生的主体性正被有秩序、有条理、追求效率的教学活动惯用的安排与控制的手段遮蔽,而与安排和控制存在着某种程度上对立的教学宽容正是在对学生主体性的澄明中体现了对它的承认。一方面,教学宽容允许学生持有与己不同的观点,意味着学生内心的"主观意愿、预见力、自主能力以及自我反思力等综合品质"可以在教学活动中不受约束地自由展现,这是对学生心理特质层面的主体性的澄明与承认。另一方面,教学宽容为学生的自由行动和独立思想提供充分的空间,意味着学生"有能力去选择、有资格去践行、有勇气去承担自己认为重要的事情",而不必全然接受教学活动的安排与控制,从而学生的主体性能够自如地在实践中浮现与发展。没有教学宽容对学生思想与行为的解放,就没有学生对自身主体性的认识。可以说,教学宽容是推动教师不断承认学生主体性的动力,也是丰富学生认识自我的方式的重要途径。

### (三)教学宽容彰显教学回归生活的理念

传统的教育观认为,儿童是作为一个学习者走进教育的,但事实上儿童是作为一个生活者而不是其他的角色走进教育的。不论是提出教育"为完满生活做准备"的斯宾塞,还是认为教育是"这种生活的社会延续"的杜威,抑或是主张"生活即教育"的陶行知,都认为教学活动不可能与儿童的生活世界完全分离。因而,教育应该让儿童的生活行为得到自由的展现,让生活行为融入教育中,成为教育的一部分。但是,长期以来,教师习惯于将学生的生活隔离于教学之外,甚至有教师时常将"不要将自己的生活与学习搞混了"挂在嘴边来提示学生将学习与生活分隔开。这导致了"基础教育中长期存在着无视学生尊严、束缚学生个性、压抑学生才能等不良现象"。教学宽容将学生视为生活中的人,承认学生生活存在的合理性,并重视学生生活对教学所具有的价值。同时,教学宽容认为学生不可能脱离生活而存在,学生在参与生活的过程中也被其塑造。也正因为如此,每个学生的生活是不同的,每个学生的个性和发展程度也存在差异。当教学对学生生活予以尊重的时候,教学本身也便走向了回归生活的方向。

首先,教学将不再视学生为抽象的客观对象,而是具有生活气息的生命个体。他们拥有选择和缔造自己生活的权利,也拥有基于自身生活选择学习方式的权利,教师将宽容地对待学生的多样选择和差异化发展并最大程度地为学自由发展提供充足的条件和空间。其次，教学将与学生的生活融为一体，并将知识学习的过程理解为学生结合自身生活进行自我建构的过程。为此，教师不仅会宽容地看待学生将生活中的经验和体验带入课堂，而且还会为此创造机会，教学与生活之间将不再具有隔断的高墙。最后，教学将以丰富学生的生活、满足学生的成长需要为目的。学生不是通过考试而是通过生活来确证自我的存在及价值。所以，教师应宽容地看待学生考试的结果，不以考试成绩作为唯一标准来标签化学生。总的来说，教学宽容让教学回归生活，就是让教学回归学生本身，体现出对学生的承认，因为学生才是教学活动中最为重要的主体。

## 二、教学宽容的价值

现代教育中教学宽容的隐退和规训的在场造成学生失去了多元发展的机会，教师失去了展现美好教学德行的可能，教学也失去了正确方向的指引。因而，学生、教师以及教学在强调规训与惩戒的氛围中所失去的东西，也正是教学宽容所能创造与保存的东西，这也是教学宽容的价值所在。

### （一）教学宽容可以保护与发展学生的多样性

学生在学校与教师朝夕相处，教师的一言一行都会在学生的内心深处打上深深的烙印。如果教师面对学生多元的价值观、文化传统以及生活方式能够宽容待之，学生势必能够从中领悟到面对令自己感到诧异、反感甚至不安的行为时应采取的态度。也就是说，教师的教学宽容行为能够将儿童引向宽容他人的道路，宽容的思想与意识也因此能够真正进入学生的生活世界和思想观念之中。从而不至于出现当儿童在面对令自己感到诧异、反感甚至不安的他人行为时，只能选择想要征服他们或者想要改变自己的价值观和行事方式的情形。从这个意义上来说，教学宽容具有避免因多样性而导致的斗争与冲突的价值，也就是具有保护学生多样性的价值。

教学宽容不仅能够保护学生的多样性，更进一步地说还能够发展学生的多样性。教学宽容在具体的行动中往往会将一个个体现不同生活方式和思维方式的具体例子呈现在儿童的面前。通过这些差异化个例，儿童能够看到在自己的生活世界之外还有更多样的存在，从而能够在吸收接纳更多不同的生活方式和思维方式的基础上，调整并完善自己的生活方式和思维方式，并对他人持有宽容的态度。更进一步地讲，儿童自在地展示和表达他们不断发展的价值观的同时，对他人不同于自己的合理的价值观也会产生认同感，多元的思想、观点与价值观在这一过程中不断地进行碰撞与融合，形成更加多样的思想、观点与价值观。当然，教学宽容对学生多样性的保护和发展都是在坚持和维护社会主流

## 第十六章 "l"（liberal）：坚守教学的理性

思想、观点与价值观的基础上来讲的，这也是教学宽容的原则和底线。为了培养和发展学生的多样性而超越这个底线，教学宽容便走向了教学纵容。只有坚持这个原则和底线，教学宽容对学生多样性发展的价值才能保持正向作用而规避负向作用，最终培养出全面发展的人。

### （二）教学宽容能够提升教师的教学境界

当教师面对自己否定的行为要做出教学宽容的选择时，需要教师放弃自己"压制或驱逐对抗信念的欲望"同时还得保留"对自身信念的承诺"。因而，教学宽容所考验的不只是教师的教学理性，更考验教师的教学信念。从这个层面上讲，教学宽容是教师尤为难能可贵的品质，是一种真正的美德。而且，这种美德是事关他人的美德。因为通过教学宽容，教师往往能够发现学生美好品质的一面。这就正如英国学者约瑟夫·拉兹（Joseph Raz）所说的："人们缺乏某些美德或成就的原因往往可能是，他们拥有其他不相容的美德和成就。当我们宽容他人的这种局限性时，我们会意识到这些局限性只是他们个人美德和优点的另一面。"也许，正是因为教学宽容能够发现学生美德与优点的一面，所以教学宽容就成为其他一切积极教学行为的最终归宿。因为不论是教学仁慈、教学民主，还是教学公正，均以发现并培养学生的美好品质为鹄的。其中所蕴含的深刻道理就像亚里士多德所主张的那样："人的每种实践与选择，都以某种善为目的。"

具体来说，教学仁慈是教师"战胜正当的仇恨、怨恨和复仇或惩罚欲望的美德"，同教学宽容一致，它也需要在教育道德与伦理的正当性范围之内。超越了这个范围，教学仁慈就变成了对学生的放纵。更为重要的是，教学仁慈也需要教师通过"压制或驱逐对抗信念的欲望"以及保留"对自身信念的承诺"来实现。因而，教学仁慈最终要走向教学宽容。教学民主的前提与基础是承认并尊重学生的多元异质，根本在于为学生提供更多的学习机会和权利，这同教学宽容的目标是一致的。因此，教学民主也将通过教学宽容来体现。教学公正要求教师平等对待每一个学生，不让教学增添除了爱心之外的任何中介，所以势必要求教师宽容学生身上的弱点、缺陷甚至人性的丑陋一面。因而，教学公正也要基于教学宽容来实现。不难发现，教学宽容为各种教学德行铺垫了道路，也明确了发展的方向。教学的各种德行沿着这一方向走向教学宽容，最终实现发现学生美好德行的目的。其他的教学德行一旦失去了教学宽容的方向指引，就有可能忘记为什么出发，忘记自己作为一种教学实践与选择的最根本的目的。由此可知，一个具有教学宽容品质与德行的教师，能够正确地选择并把握自己教学实践的方向，从而不断提升自己的教学境界。

### (三)教学宽容有助于深化课堂教学改革的方向

近些年来,我国确实在深化课堂教学改革上做出了前所未有的努力,从改革教学理念到改革教学模式再到改革教学行为,改革的成效令人瞩目。比如,在教学模式方面,现今的课堂教学已经不再限于教师讲、学生听的单一模式,基于对话、自主、合作等理念,体现"生本""翻转"的教学模式正如雨后春笋般冒出。但是,在这一过程中也有一些新的问题逐渐暴露了出来。比如,在追求"生本"教学理念的过程中,往往会呈现出简单地将"教室"变"学室","教材"变"学材","教案"变"学案","教学目标"变"学习目标"以及"讲堂"变"学堂"的倾向。同时又在执行教学模式的过程中严格限制学生的行为,甚至连每一分钟学生该干什么都作出明确、具体的规定。事实上,通过教学改革追求"生本"的教学理念,根本目的不是要让课堂教学变得"热闹"起来,而是让学生能够学得轻松、学得高效、学得快乐。从这个意义上来说,缺少了教学宽容的课堂教学改革,只是在改变课堂教学的形式上做表面功夫,而很难让课堂教学沿着预想的方向深入下去。

叶澜教授指出,课堂教学是教师与学生的一段重要生命经历,蕴含着促进学生全面发展的目标,师生的生命活力在这个过程中得到有效发挥。教学宽容是教师理性精神的教学展现,也是教师难能可贵的精神品质和教学美德,它对于课堂教学有着十分重要的意义和价值。凭借着它,教师和学生都能够自由地参与到教学活动中来。这对于教师而言不只是完成自己的工作任务,更是在发挥自己的生命价值;对学生而言,不仅是个性化学习方式得到了应有的尊重,个体的生命价值也在教学过程中得到了积极的肯定。凭借着它,教学的目的就会突破发展学生认知能力的局限,走向促进学生的全面均衡发展。凭借着它,教学的过程就会少一些安排与控制,而多一些引导和陶染,真正让教学变得丰富多彩。概言之,教学宽容诠释着课堂教学的价值,引领着课堂教学的目的,丰富着课堂教学的过程,那些做到教学宽容的教师才能够把教学的重心放在追求教学的深度和生命的厚度上,课堂教学改革的方向才能够得到更深入的推进。

## 三、教学宽容的实施策略

教学宽容对学生成长、教师发展以及教学改革都具有重要的价值,也是教学发展的必然要求。然而,审视当前的教学活动却发现,对有效教学的误读、过度教学以及偏离教学理性等问题正制约着教学宽容的发生。所以,有必要通过重新定义有效教学、实施不教的教学、坚守教学理性的方式来解决上述问题,促进教师的教学宽容。

## （一）改革传统的教育观念

### 1. 树立以人为本的教育目标

教育目标是教育者在教育过程中调节教育教学活动的准绳。① 若是以功利主义教育目标来指引教育活动，那么整个教育活动就会指向对效益、成果的追求，呈现出重结果轻过程，重物质轻精神，重科技轻人文的倾向。马克思在提出人的全面发展思想的同时也曾指出，教育应该是"完整意义上的人的生产"。真正的教育必先肯定人的价值，以人为教育出发点。教育本就是促进人的发展的教育，教育目标的制定，应以促进人的全面发展为最终导向。过去那种以选拔为目的，考试为手段的功利教育制度，将人性置于物性之下，拔苗助长式地拔高学生的智性发展，压制学生其他方面的发展，这样体制下教育出来的人是思维僵化的、缺乏创新精神的、没有个性。创新推动时代发展，没有创新能力的人，该如何担当起时代建设的重任？因此，要树立"以人为本"的教育目标，关注人的全面发展，用宽容的心态去接纳学生的差异，挖掘学生身上的闪光点，发现人独有的价值，从而培养出积极上进、具有个性、具有创造力、情感丰富、性格开朗、爱好广泛的全面发展的人。②

### 2. 建立新型师生观

无论是以赫尔巴特为代表的"教师中心说"还是以杜威为代表的"学生中心说"，都未将教师与学生放在完全平等的地位来看待师生关系。我国传统的"师道尊严"思想是"教师中心"最典型也是最极端的表现。我们通过对"师道尊严"背景下的逻辑梳理可知，此教育情境下的知识被视为绝对真理，是静态的、固化的，只能单向度传递的。教师为传授真理的人，也就是真理的化身。与之相对，学生即代表无知，无知者只能谦卑的接受拥有真理者的教导。这种情境下的教育主要体现的是"我－他"的哲学逻辑，即"教师－我"将"学生－他"视为供我使用的"物"，师生处于不平等的关系。③ 反之，教育宽容背景下的师生关系是建立在互相尊重、互相信任、互相理解、互相包容的基础之上的。教育宽容中的"宽容"二字已经决定了教育宽容对于双方关系的平等性要求，师生之间通过对话、交流，从一种知者带动无知者，变为师生共同寻求真

---

① 高闰青."以人为本"：确立教育目标的终极依据[J].河南师范大学学报（哲学社会科学版），2011，38（5）：239-242.

② 周雅雯.中小学教师教育宽容实施现状研究：基于江苏省6所中小学的调查分析[D].武汉：华中师范大学，2019.

③ 徐蕾."我与你"：知识视域中的师生关系及其建构[J].中国教育学刊，2017（10）：41-45.

理。① 因此，在教育宽容情境下的知识是动态的、灵活的、开放的、可生成的，师生之间则相应变为"我－你"的哲学逻辑，师生可以作为平等的合作者，共同探索知识。"因此，教师应理智看待学生所犯的错误，避免以居高临下的权威者姿态对学生进行简单粗暴的批评。同样，当学生对教师所讲内容、所提意见产生疑问的时候，教师更要克服自己直接干涉学生言行的意愿，鼓励学生勇敢表达自己的所思所想，并与学生共同探讨。如果学生的质疑是合理的、正确的，还要适时调整心态，积极改正。树立新型师生观，建立民主型师生关系，才能使师生之间真正做到心贴心，才能做到尊重与理解，而尊重与理解正是教育宽容的前提。平等的师生关系，不仅是践行教育宽容的要求，也是新时代教育对教师的诉求。

（二）创建宽容的生态环境

1. 加快教师道德松绑，形成对教师角色的合理期待

"角色"一词原本是戏剧舞台中的用语，美国社会学家米德和人类学家林顿最早将"角色"这个概念正式引入了社会心理学的研究范畴之中，林顿在《个性的文化背景》中将角色理解为行为期待或规范。个体在庞大的社会网络中扮演着自己的角色，旁人便会对他产生一定的角色期待。这种角色期待或多或少都会影响着扮演者本身的言行，教师也不能例外。教师作为"太阳下最光辉的职业"自带高尚光环，角色扮演者教师被视为掌握真理的"圣贤"，"圣贤"既然是真理的化身，自然是不能犯错的。在社会大众看来，教师不仅承担着培育下一代的任务，同时也肩负着国家振兴、社会进步的重任。我们常常可以听到或看到这样的言论，"没有教不好的学生，只有不会教的老师"。教师长期处于社会的过度期待之下，其心理压力可见一斑。因此，在一直呼吁宽容学生的今天，我们同样需要思考如何宽容地对待教师，给教师松绑。只有一个被宽容对待的教师，才能够将宽容的精神传递下去。

首先，从社会层面来看，理解教师并非完人。理解教师的第一步就是将教师当作普通人去看待。教师除去教师的职业身份外，也只是实实在在、有血有肉的普通人，是人便会有情绪波动、有缺点、犯错误。我们在要求教师理解学生，宽容学生的同时，更不能忘了要理解教师、宽容教师。过重的社会舆论压力必然导致教师心理负担过重，在教育教学过程中就会变得畏首畏尾、瞻前顾后，生怕一个不留神成为众矢之的。社会的过度期待是造成教师"无为"的重要原因。因此，我们不要将社会的问题一味地归结于教育问题，也不要将教

---

① 布伯. 我与你[M]. 陈维纲，译. 北京：生活·读书·新知三联书店，2002：17.

育问题或者学生问题一味地推在教师身上。对教师多一点宽容,理解教师的个性差异,用包容的态度对待教师的不足与偶尔的无心之失,给予教师充分的信任与尊重,让教师在一个被理解、被尊重、被宽容、被信任的教育环境中安心育人。

其次,从学校层面来看,减免教师的额外负担。当教师的角色被过度期待,那么随之而来的便是严苛的管理和繁杂的任务,教师的一言一行都被贴上分数记录在考评表中。教师每天除了日常的教育教学任务之外,还需要完成一份又一份报告,参加一场又一场会议,无形之间增加了教师的压力,挤压了教师本应花在学生身上的时间。著名教育家苏霍姆林斯基就曾指出,他在领导学校时,尽可能地减少教师的文字任务,减轻教师教学以外的压力,让教师将主要精力放在研究教材、研究学生身上。然而,我们的教育随着改革的深入,对教师的要求日益提高,但是却未留给教师提升自我的时间与空间。教师在完成教学任务之后,还要疲于应付各种考核、检查,根本没有精力去育人、科研。因此,我们应当尽量减少教师教学育人之外的任务,给教师留一些时间和空间去学习、去思考、去研究可行的教育宽容方法。

最后,从家庭层面来看,给予教师支持与信任。家长常常认为将孩子送到学校,就是学校和教师的责任。孩子的学习成绩、道德品行的发展、个性的成长都是学校应该负责的事,教师有责任将孩子培养得学习好、正直活泼。这样的角色期待会带来家长对教师的求全责备,学生学习不好怪老师没教好,学生之间打架了怪老师没处理好,学生情绪出现问题了怪教师没有及时疏导。同时,家长与教师之间的教育观念冲突,信息沟通不畅,也会带来家长对教师的质疑与不信任。在不合理的教师角色期待之下,教师工作很难顺利开展。因此,家长应给予教师应有的支持与信任,只有家长与教师相互合作,步调一致,才能使教育工作顺利开展,事半功倍。

2.建立多元评价制度,完善监督考核机制

(1)对学生多元评价。教育宽容的重要意义之一就在于否定"一刀切"的评价模式,提倡关注学生多方面的发展。因此,教育宽容的顺利实施要求改变原有的以结果为导向的评价模式,建立多元评价制度。本书将从纵向多元评价和横向多元评价两方面提出意见。从纵向上看,我们首先要从"一张试卷定成败"的单一评价模式中走出来,从终极性评价走向过程性评价,关注学生发展过程,以学生成长过程的动态评价取代考试成绩的静态评价。纵向评价方式主要可以分为两个具体方式:常态评价与周期性评价。常态评价就是指记录学生每天的动态,从学生每天的学习情况、生活状态、行为习惯等方面入手,形成学生各自独有的发展曲线。这种评价方式可以作为贯穿学生整个学习生涯的记录表，详细反映了学生的点滴进步与成长，这样的评价方式更加科学与人性化。周期性评价就是将原本每学期一次的期终考评分解为各个小阶段，记录学生在每一周期中取得的进步。同时，将学生在每一周期中取得的实践成果，课后小发明等都纳入考核范围。这种方法既保证学生有充足的时间进行外部探索与自我调整，又可以通过每周期的评价及时了解自身的发展情况。从横向上看，多元评价可以分为多方位评价、多主体评价与多方式评价。多方位评价就是不仅仅评价学生的学习情况、道德品质情况，同时将学生的行为习惯、兴趣发展、创新能力等方面纳入评价体系。评价指标决定着发展方向，评价指标的多元，可以带来教师对学生各方面的关注，教育宽容也就不再是一纸空谈。多主体评价是指改变以往教师为唯一评价主体，而采用家长评价、学生互评相结合的评价模式。多主体评价可以倾听到家长与学生内心的声音，使评价更为客观多元。多方式评价则改变以往单一的考试评价，使用反思性日记、学习记录卡、成长记录袋、自我评价报告等方式进行综合评价。

（2）对教师多元评价。学生评价方式的改变，相应的也需要对教师的评价方式进行变革。以往的教师评价多是以量化的方式，考核教师的工作完成度、获奖次数、班级考试排名情况等。这种单一，且僵化的考核形式，不仅无法真正体现教师的综合水平，还会打击教师的工作积极性，使其被迫将所有精力放在对学生的学习管理上。因此，对教师的评价必须具备一定的动态性与综合性，不能以单纯的教学情况作为考核教师的唯一指标，同时还需要将教师的关怀能力、师生关系处理能力、宽容能力等都纳入综合考评的范围。首先，评价主体要多元。评价教师的主体不应仅仅是学校领导，还需要有教师的自我评价、同事的评价、家长的评价和学生的评价。其次，评价指标多元化。不仅评价教师的教学能力，同时要评价教师的沟通能力、组织能力、科研能力、对学生的关心能力和对学生的宽容能力等。最后，评级周期要灵活。对于教学能力、品德品行等方面可以进行小周期评价，如周评、月评或者学期评。但是对于教师的科研能力、情感关怀能力等方面的评价周期应相对拉长，这些方面的提升需要时间来体现，因此应该给予教师充分的自我发展与自我提高时间，太过急切的评价会导致急于求成，流于表面。

总之，教学宽容是一种相对温和的教学态度与方式，但它并不完全站在教学控制与惩罚的对立面，也无意否定规训的教育意义与价值。它只是在反思教学控制、惩戒与规训不当之处的基础上，寻求学生实现自我价值与生命意义、教师提升教学境界与水平、明确教学改革发展方向的更好方式。教学活动中教学宽容与教学控制、惩罚以及规训之间的关系,不是鱼与熊掌般的一去一存,不可兼而有之,恰恰相反,二者应该相互补充,相互完善,共同促进教学活动的有效进行。

## 第二节 把课堂还给学生 促进学生自主成长

2003年6月28日,在龙骨山脚下的周口店,房山教委以启动大会的形式吹响了课堂教学改革的号角。10年来,以"1123"工作思路为核心,在"三个聚焦"引领下,房山教育发生了翻天覆地的变化,取得了令人瞩目的成就。伴随着这股春风,岳各庄中学的教育教学改革也小有收获,借今天这个机会向大家汇报,期待各位的指导。①

"三个聚焦",就是要实现"各项工作向教育教学聚焦,教育教学向课堂聚焦,课堂向学生发展聚焦"。为此,在改革之初,我校就确立了以课题研究引领课改的思路,总课题是"和谐校园,生态发展;健康师生,全面发展",两个子课题为"把课堂还给学生,让学生自主学习"和"把班级还给学生,让学生自主管理",即师生们所讲的"双还给,双自主"。

"自主管理"是为了改变学生的管理方式,"自主学习"是为了改革学生的学习模式,都是为了提高办学质量,使孩子们能够全面、健康、持续的发展。尤其是在教与学方法的摸索上,我们历经汲取、模仿、改革和创新的艰难历程,初步形成了岳各庄中学"35+10"的自主学习模式,通过"把课堂还给学生,让学生自主学习",基本实现了"没有学不好的学生"的课改目标。

这条路一走就是十年,从转变理念到落实行动,有过犹豫,有过彷徨;有汗水,也有泪水。最欣慰的是我们坚持了下来,取得了一定的效果,更看到了明天的希望!

当时,我们遇到的第一个难题是课堂的教学模式改还是不改?

洋思和杜郎口都是在最低谷的时候进行改革的,不改就是死亡,改了还有生存的希望,背水一战使他们取得了成功。而岳中自1983年以来,中考成绩一直在房山区名列前茅,在成绩的高端改还是不改?不改,也能维持现状;改,肯定有巨大的风险!通过冷静地分析岳中的历史、现状,我们决定:改!

---

① 崔森(时任北京市房山区岳各庄中学校长)于2012年10月18日在"聚焦学生健康快乐成长,建立充满活力的有效课堂——走进房山"现场会上的发言(笔者根据录音整理,有改动)。

因为，岳中那时中考成绩虽高，但"满堂灌"的课堂也存在着高耗低效、学生高分低能等不良后果。表现为：

首先，学生累：课前不知学什么，课上盲目听讲，课下大量重复性作业。

其次，教师累：课前按照自己的学识水平备课，课上滔滔不绝地讲解，课下批改大批低质量的作业。

再者，校长累：面对着学生每天重复着"听不懂—做作业—还听不懂—还做作业"的恶性循环，不仅跟着师生一起累，而且心里没底。

"三累"导致了高分低能。"满堂灌"是纯粹的知识灌输，很难培养学生的学习能力，更谈不上持续发展。因此，必须聚焦课堂，必须改变模式，把落脚点放在提升学生能力上。于是，我们就把课堂还给学生，让学生自主学习。

第二个难题是课堂的教学模式到底怎样改？

从低效到有效，从模仿"10+35"到创新"35+10"，我们艰难地完成了课改"三部曲"。

第一步：学洋思，仿杜郎口，悟"10+35"的内涵。

我们先后研究了"先学后教"模式和"10+35"模式，尝试了小组学习、合作探究、预习、展示等方法，学生真动了，课堂真活了，效果真好了，改变了学生的学习状态，没有了不学习的学生！这样，岳中虽在成绩的高端进行课改，但教学质量仍稳中有升！

第二步：坚持学生主体，践行"35+10"，走岳中课改之路。

根据我校师资水平和农村生源特点，为了更加突出学生在学习过程中的主体作用，我们确立了"35+10"的自主学习模式，以学生为主、教师为辅，学生在前、教师在后。因为课堂本来就是学生的，是学生学习知识的平台，而不是教师展示能力的舞台。课堂教学的设计、问题的发现和解决、方法的形成、规律的总结等必须从学生的角度出发，客观分析他们的知识现状及能力基础，遵循他们的认知水平及成长规律。

随着学生参与课堂教学改革力度的不断加大，孩子们的学习兴趣越来越浓厚，学习方法越来越明确，学习动力也越来越强大，中考成绩不仅稳中有升，而且有新的突破，市、区优质高中的录取率达到50%左右，基本实现了我们的课改理想："没有学不好的学生"。

第三步：立足有效课堂，深化"35+10"，追求课堂高效。

我们寻求学术依据，重新定义"35+10"。教育心理学告诉我们，学习方式有接受和发现两种，即接受式学习和发现探究式学习，接受式学习内容是以定论的形式直接呈现，途径是同化和认同，学生是知识的接受者。发现探究式学习内容是以问题的形式间接呈现，学习途径是通过刻苦思考过程顺应，学生在这个思考过程中是知识的发现者。

"35+10"指的是学生在课堂上至少有35分钟的自主学习时间，通过独立思考、个体表达、小组交流、合作探究等方式，把老师课前布置的预习任务以成果的形式展示已知、以疑问的方式阐述未知；教师根据学生的学习研究情况最多用10分钟进行科学、准确的反馈，以此为前提，视情况再引导、再总结和再提升。在师生配合、共同参与的45分钟内，尽可能地暴露学生在学习过程中存在的问题与困惑，为教师的指导明确方向、锁定目标，真正实现"以学定教"，变"课堂"为"学堂"，变"教室"为"学室"，做到分层培养，让每个学生都能获得不同程度的成功。

我们分环节规范，探求实践过程，通过撰写论文、交流研讨等方法研究、规范了预习、展示、反馈等环节和学科组集体备课、学习小组评价等各项制度。

我们分模块细化，追求课堂高效，如研究了预习的每个细节：把"预习导纲"统一更名为"导学案"，细分为教师的"导案"和学生的"学案"，并分别提出具体的格式和操作要求。

我们加大学生参与课改的力度，回归课改的出发点。评价一节课是否有效，最有发言权的是学生。课改以来，我们一直积极主动地征求学生和家长的意见，尤其是孩子们对课改的体验和收获。

我们在深化自主学习的同时，强化自主管理，走实课改之路。学校和各个年级组分别成立了学生会，让学生参与到教育教学管理和评价之中，并且从初一到初三逐步加大力度。每个学年初，学校都组织"走进初三"、"走进初二"和"走进初一"的"自主课堂"和"温馨学室"的大型展示评比活动。我们鼓励孩子们自己动手，团结合作，分小组、分模块，从制定班规、创作班歌开始，营造出具有习惯、理想、感恩等主题鲜明的年级文化及个性突出的"温馨学室"，并和高效的"自主课堂"融为一体，自主学习和自主管理相辅相成，孩子们成了课堂的主人、班级的主人。他们兴奋地说"我参与，我收获；我自主，我快乐！""我爱我家！"……

我们总结阶段性成果，留下课改足迹。2012年1月，岳中的第一本课改专著《把课堂还给学生》已经正式出版，她记录了我们的课改历程，规范了我们的课改方法，升华了我们的课改内涵。

我汇报的第三方面内容是"35+10"自主学习模式的收获、问题、措施及未来。

当初，最大的压力是改革能否成功，能不能使岳中实现转型，好上加好？

今天，随着自主学习和自主管理改革的不断深化、细化，随着"35+10"的不断规范，我们更好地摆正了主体与主导的地位，改变了学与教的状态，减轻了学生的课业负担，改善了生与师的关系。我们的课堂更加有效、师生更加健康，校园更加和谐，学校的品质得到了全面提升。

我们进行作业改革，变课后重复性作业为课前的预习作业，分层、有弹性，学生有兴趣；我们使课堂有效，做到《导学案》的设计、课堂教学策略的确定从学生的实际出发，当堂完成学习任务；我们坚持对学习小组的有效评价，将个人和小组进行捆绑，把个人的学习兴趣和集体荣誉感整合起来；我们改革奖惩模式，将警示卡、激励卡、闪光卡、喜报等进行系列开发，模仿网游的通关模式形成贯穿整个学期、学年以及三年的奖励系统；我们研究小组学习和分层探究，不同人数的小组采用不同的策略取得不同的学习效果……

现在，学生依然早来晚走，但早来是为了做好展示的准备，晚走是为了延续课堂的深度探究，没有压力，只有兴趣！他们能自学了，能独立表达自己的见解了，能与他人融洽的交流与合作了，能够自己发现问题了，能够自己或通过团队的力量来解决问题了。他们阳光、健康，待人接物大方、得体。他们还自己组织班会、家长会、春游等各项活动。根据我们的跟踪调查，每届毕业生升入不同层次的学校后，都表现出了较强的学习能力和组织能力。

当然，这条路也是很艰难的。我们曾采取过"不换思想就换人"，合并教务处和德育处为教育教学处，成立课改研究室等强力措施，不准走回头路，必须坚持课改！因为学生喜欢这种模式，并已经有了效果！

事实证明：有了分数，不见得就有了能力。但有了能力，就一定会有分数。同时，学生、教师、校长都有了自信心，也没那么累了。

我们认真对比岳中和全区的中考成绩后，肯定了课改的成果，及格率和平均分在房山区居领先位置，也暴露了"35+10"的主要问题：中考优秀率不具明显优势，即"35+10"的自主课堂还没有收到最好、最理想的课堂效果，如存在学生的分层展示没有达到应有的高度和深度、教师对学生独立学习与合作探究的时机、时间及强度把握不科学影响着课堂的提升等问题。

我们将继续从课题的角度研究课堂、学生、学法和教法，分学科对"35+10"进行研究，使"35+10"学科化；把课前预习、课上展示和反馈整合到一节课中，使"35+10"集约化；研究大黑板、小黑板和电子白板的整合，使"35+10"信息化；把课程标准、考试说明引进课堂，使"35+10"清晰化；我们还希望将来把"35+10"从课改方法上升到课改理论，使"35+10"学术化……

各位领导、专家、校长们、老师们,我们的收获是聚焦教育教学,使岳中生存下来;聚焦课堂,使岳中平稳转型;聚焦学生发展,使岳中实现了提升!

但"35+10"不是单纯的数字,她是我们全校师生在"三个聚焦"引领之下,从简陋的平房教室中生长出来的理想之花。我们将通过"35+10"这个平台,实现"把课堂还给学生"、"把班级还给学生"的改革目标,最终实现我们的教育理想:把校园还给学生,让学生自主发展!

我们憧憬着能够立足于北京远郊农村中学,研发自己的教学模式、形成自己的特色,打造自己的品牌。这将是一个更加艰巨的历史任务!

我们真的离成功很近了!因为我们不仅看到了河对岸美丽的景色,而且找到了能渡过河的那条船;不仅看到了远处巍峨的高山,而且找到了能攀登到山顶的那条路。今后,我们需要做到继续坚持!坚持在学习中反思、在反思中继承、在继承中改革、在改革中创新、在创新中发展、在发展中生存。

## 第三节 宽容之心教书育人

### 一、宽容的心转化特殊的学生

教育是心灵的艺术。教育的对象是活生生的人,教育的过程不仅仅是一种技巧的施展,更是充清了人情味的心灵交融。我们作为教师,对于那些犯错误,甚至反复犯错误的学生要学会宽容以待、耐心教导,这样才能在转变的过程中种下爱的种子,等待希望的萌生。[①]

在去年的毕业生中,有一名女生小卢,在初三下学期,由于家长对她的期望值过高和教育方法不当,造成她出现了厌学现象。上课看小说,回家玩游戏不写作业,成绩也急转直下,几乎每一科都不及格,甚至与家长顶撞后离家出走不上学。当班主任冯老师跟我谈及这个学生的情况后,我意识到这样下去这个女生肯定不能顺利的毕业,更谈不上升学了。意识到问题的严重性,我便和班主任冯老师商量对策,决定到学生家进行家访。

通过与家长谈话,我了解到这是一个离异家庭。母亲很要强,把希望全部寄托在女儿身上,望女成凤,希望女儿的学习成绩能够出类拔萃,所以从小

---

[①] 张海生.倾注师爱 宽容以待[M]//中共北京市房山区教育工作委员会,北京市房山区教育委员会,《房山教育故事》(2020卷)编委会房山教育故事.香港:中国文艺出版社,2020:228-230.

学起就要求孩子比较严，可是到了初中发现孩子越来越不听话，现在迷上了网络游戏，连学都不上了。我通过与小卢单独谈心，了解到家长在学习成绩上给了孩子过多的压力，孩子说家长给提出的过高目标是完成不了的，比如每次考试必须保证在班内前两名，而孩子又没有地方倾诉，只能到游戏中寻求暂时的解脱。

　　针对问题的复杂性，我分别做了家长和孩子的工作。首先我跟家长说明了孩子现在的心理和造成这场危机的原因，使家长明白，解决现有危机的第一步就是让家长保持一个平和的心态，用宽容的态度对待孩子所犯的错误，降低标准，多多鼓励。同时我也建议小卢的家长在家只管学生的生活，不提学习成绩之事，这样做的目的是避免家长和孩子之间的矛盾进一步激化，同时也为学生返校后老师进行有效的心理疏导提供可能。针对孩子，我决定采用迂回政策，先让孩子明白回到学校上课的重要性和游戏的危害，并答应孩子提出的返校条件：不写家庭作业，从而让孩子重新回到学校上课。

　　虽然小卢勉强回到学校上课了，但课上时只是趴桌子，不怎么听课。为了防止老师刺激她，我就建议教这个班的任课老师都对她降低标准，以宽容的态度包容她。例如课上不提问她，课下可以先不交作业。同时，我找与小卢关系非常好的小刘，让她课间多找小卢聊天，在学习上多帮助她。观察了几天后，我决定从我所教的物理课入手。课上，我时时观察小卢的表现，发现当我讲到一个她特别感兴趣的问题时，她能聚精会神地听课，我知道解决问题的时机成熟了。于是，我提出了一个问题让班内某男生回答，如我所料，这个男生根本回答不上来，我就叫小卢来回答："卢××，你来回答这个问题好吗？"她居然回答对了，同学们都露出惊讶的表情，她也感觉到很自豪，很认真地听完了这一整节课。下课后，我与小卢进行了一次深谈，给她讲了很多关于理想和责任的故事，同时我利用课余时间给她补习了前面落下的知识，使她的物理成绩迅速得到了提高。看到时机已到，我还建议其他任课老师在课上适时地提问她，并创造机会进行表扬，课下让年轻的老师多找她谈心。经过老师们和家长的共同努力，小卢终于重拾信心，满怀希望地参加了中考，总分达到了本区重点高中的水平，甚至数学和语文达到了优秀，考上了一所理想的学校。

　　由小卢的转变我也意识到：老师以一颗宽容之心对待学生，采用灵活委婉的方法去教育学生、鼓励学生，既能保护学生的自尊心，又能促进师生之间的情感交流，这对转化特殊的学生效果必然事半功倍。

## 二、宽容的心促进学生心灵成长

真正能够促进学生心灵成长的教育是爱的教育，爱的教育有多方面表现，其中之一便是宽容教育。曾经看到一段助力孩子心灵成长的话，感触很深。"如果儿童生活在宽容的环境中，他就学会大度；如果儿童生活在鼓励的环境中，他就学会自信；如果儿童生活在赞扬的环境中，他就学会抬高自己的身价……"而在我的班主任生涯中，有一件小事，让我对这段话更加认可。①

班级中有个女孩，从小父母离婚又再婚。因为一些特殊原因，这个女孩初二以前的抚养权归爸爸，初三以后的抚养权归妈妈。她的妈妈在河北工作，所以给孩子在本地租了一间房子，让她单独居住，一个月接回家团聚一次。这个孩子平时由于缺少关爱，变得极端敏感，也极不遵守规矩，经常违反纪律。我接手班级的时候，尽量挖掘她身上的闪光点，让她有了一点改变，但还会经常犯错。直到那次她拿到我的饭卡去刷，被我教育之后才有了大的进步。

事情经过是这样的：那天下午开家长会，我让班长用我的饭卡去给家长们买水。买完水之后，我的卡就放在了多媒体讲桌上，之后就把饭卡忘了。第二天又去教研，也没有发现。等到下午回来的时候，我就找不到饭卡了。问班里学生有没有看到一张饭卡，其中有一个学生说看到过这样一张卡，但不知道被谁拿走了。我去食堂冻结了我卡里的钱，然后根据电脑消费记录的时间段进行推断，刷这张卡的人该会是谁。

其实这样的调查基本没结果，但是由于我查得及时，刷卡记录是晚自习课间，而这个时候年级学生都不会去买东西，只有本班的两个学生会去买东西，其中一个那天正好没住宿，于是我就锁定了这个女孩子。于是我把她叫进办公室，直接问她头一天晚自习课间去食堂是怎么消费那张饭卡的。其实，没有监控录像，她完全可以说没有动我的饭卡，那我也没有办法对她进行教育，那样我就只能给自己找台阶下了。但是她一下子就承认了自己心存侥幸，认为我无法知道自己的饭卡丢哪里了，用饭卡消费后就扔掉了；她承认自己做错了，很对不起我对她的关心和帮助。我当时很生气，但是突然觉得她实际上没有大家想象的那样城府深，而且我自己也存在丢三落四的毛病，正好可以通过这件事引导她走入正途，拉她一把才是我应该做的事情。于是，我消除愤怒，对她说："张老师不会因为这张卡破产，你也不会因为这张卡发财，但是心存侥幸会让自

---

① 张东燕.宽容[M]//中共北京市房山区教育工作委员会，北京市房山区教育委员会，北京市房山区教育新闻宣传中心房山教育故事.香港：中国文艺出版社，2022：236-237.

己在错误的路上越走越远。如果以后在路上捡到别人的钱财，会占为己有，数额大的话会出现严重问题。所以我希望这张卡能解决掉你占便宜的毛病，我不把这件事上报，也不再指责批评你，只希望你能够明白老师的良苦用心。"

她听完我的话后，第一次当着我的面掉了眼泪。她说："老师，求您一件事，您能不跟班里学生说这件事吗？他们会认为我是小偷，我以后一定好好学习，不再违反纪律。"我说："好，这是咱俩之间的隐私。"放学后，发现她给我写了一封信，表示深刻认识到自己的问题，以后一定认真听我的教育，做一个好人。对此，我算是松了一口气，庆幸自己没有冲动，否则后果会不堪设想。在之后的日子里，她真的开始变好，当然还有许多毛病，还需要引导，但这次教育结果还是令人满意的。人，总是在不完美中成长。所以，当我们教育学生的时候，必须认识到这一点，才能做到以人为本。当然，宽容，并不是纵容。只要我们心中装有学生，还是能分得清宽容和纵容的区别的。发生在这个女孩身上的事情，也让我更加笃定：教育学生，宽容引领，方能更好地助力学生心灵成长。

### 三、宽容开明伴孩子成长

伟大的教育家苏霍姆林斯基在《要相信孩子》一书中写道："在了解儿童内心世界的时候不应伤害他们心灵深处最敏感的地方一人的尊严。不恰当的、没有分寸的关心，如果伤害了儿童的人格自尊和自豪感，那么也会像直接的侮辱一样刺伤儿童的心灵。"这让我想起了曾经的一个学生，以及和他的故事。[1]

那是一个下午，上课铃声刚刚响起，在操场上小鸟一样欢快的孩子们开始陆陆续续地走回教室。忽然，楼道拐角处一阵嘈杂的声音传来，一群孩子顺着楼梯往上跑，后面的一个不停推搡周围的同学，边推还边向前方的同学发起攻势。"凶器"是一个带穗子的橡胶小球儿，有鸡蛋大小。你打我，我打你，楼道顿时被喧闹的打斗声淹没了，井井有条的楼道秩序荡然无存。

正在楼道巡视的我看到后很生气！喊住了最后那个闹得最欢的孩子，并大声质问："你干什么呢？"那孩子看了我一眼，理直气壮地说："没干什么！""没干什么？谁在扔东西？楼梯上是玩耍的地方吗？把同学打伤怎么办？"没想到，他一副满不在乎的样子回答"我有把握不打伤同学，我看别的同学玩才玩的，你不管别人就管我。"孩子的蛮不讲理激怒了我，我于是加大了音量。"我在楼道已经站了十分钟，大家都很遵守楼道纪律，没有一个像你这样追跑打闹的，

---

[1] 尤艳丽.让理解与尊重伴孩子成长[M]// 中共北京市房山区教育工作委员会，北京市房山区教育委员会，北京市房山区教育新闻宣传中心房山教育故事.香港：中国文艺出版社，2022：240-242.

## 第十六章 "l"（liberal）：坚守教学的理性

竟然还把责任推到别人身上。你是哪个年级哪个班的？我要找你们班主任。"孩子听到我这样说，也毫不示弱，连声喊道："你不管别人就管我，还打骂我。"他边喊边哭，撒起泼来。面对着这样一个瞬间毫无道理可讲的孩子，我有些目瞪口呆。连声追问："我什么时候打骂你了？""你刚才对我又打又骂！"孩子秒回。周围一个孩子小声告诉我，他是五年级的小泽。

我知道这是一个问题学生，先努力让自己平静下来，手指着楼道尽头的摄像头说："孩子，哭、喊都不是解决问题的办法，你看那是什么？它不仅录下了每一位同学的表现，同时也记录着你我之间交流的过程，是冤枉不了人的。而且刚才有那么多同学都是见证人，胡搅蛮缠是行不通的。"他抬头看了一眼摄像头，看一眼我，不情愿地小声嘀咕："你没打我也没骂我，我们班有同学在楼道里玩，老师就没管，凭什么管我？"我告诉他：因为学校学生人数多、楼道狭窄，无论谁在楼梯玩耍都是不对的。有可能是老师没有注意到，但这并不能成为你违反纪律的理由。因为追跑打闹对自己和其他同学都会构成安全威胁，一旦从楼梯上摔下来，后果不堪设想。看得出来，小泽并没有深刻认识到自己的错误，只是出于压力不得不说："老师，我以后不在楼梯上打闹了。"这是我和他的第一次接触！半年过去了，我和小泽又有了第二次接触。原因是他们班主任生病了，由于学校人员紧张，所以学校让我每天给他们班代数学课。

第一次走进教室，我就在众多的学生中发现了他。他坐在座位上，两个鼻孔里各插了一根长长的卫生纸卷，东摇摇，西晃晃，玩得不亦乐乎。看到我注视着他，这个敏感的孩子急忙说："我鼻子流血了，不能把纸拿下来，拿下来就流血。"我点点头，没有再理会他。这节课学习怎样求最大公因数，课前我制作了精美的课件，孩子们很快就把注意力转移到知识当中。小泽很聪明，几次回答问题都非常正确并受到我的表扬，只是他仍不愿拿掉纸卷，对此我就当做什么都没有看见。在课堂拓展的环节，我对孩子们讲到"求两个数的最大公因数，除了用集合图的办法，还可以用短除法，有兴趣的同学可以在课后查阅资料学习一下。"话音未落，一双小手高高地举了起来。"老师，老师！我会，我会！"又是小泽。我抓住这个机会对大家说："咱们欢迎小泽到前边来给大家讲讲。"我边用手指着自己的鼻子边低声对他说："你看这个是不是有点碍事？"他很不好意思地拉下两个纸卷，然后走上讲台，边讲边举例，赢得了全班同学热烈的掌声。此后的课上，小泽再也没插过纸卷，当然他的鼻子也没有出血。关怀儿童，不仅要懂得走进他们的精神世界，而且还要学会用他们的思想和感情来思考，把他们的忧伤焦虑和为之激动的事情装在自己的心里，这样才能走近孩子，获得孩子的信任与尊重！

## 四、相互教育的过程最美丽

记得那是多年前,刚刚走上二尺讲台的我在一节来之不易的区级公开课上,正在按照提前设计好的思路和步骤有条不紊地往前推进着。后面坐着全区的初中英语教师,他们眼里赞许的目光让完全进入状态的同学们和我都在享受着本节课上溜走的每一分钟。[①]

还有八分钟就下课了,我正为自己这节课的顺利进行而暗自欣喜,也为同学们在大半节课的积极配合而感到欣慰,看来头一天的动员真是起到了很好的效果,我也预期着最后一个输出的环节产生的高潮即将来临,那是我精心设计的一个部分,足以让整节课妙笔生辉。我仿佛看到了下课时师生们的欢呼场景。

在讲到明信片的落款地址时,我说道:"Chicago locates in the south of Illinois.(芝加哥位于伊利诺伊州的南部。)"突然,坐在前面第一排的刘同学举手想说话,我一看时间,不想浪费最后的几分钟,就没有理睬他。不料他竟然悄声地说:"老师,您讲错了,芝加哥不是在伊利诺伊州的南部,它应该在伊利诺伊州的东北部。"我心里一激灵,对于这个问题,上课之前我确实没有查阅过,也是觉得这个知识对于整节课来讲没有什么作用,也是似乎从哪里看到过这个位置,就在课堂上随便一说了。带着些许的尴尬,我下意识地想制止他进一步的发言,有些慌乱地把几名同学叫起来进行分角色朗读了,同时我也用眼角的余光去扫了刘同学一眼,余光里应该有不悦和制止的成分在里面。但是他好像还是不罢休,还是小声地和旁边的同学讨论着:"老师讲得真是不对,我去年夏天去过芝加哥,那座城市真的就在伊利诺伊州的东北部,我还去过那里的博物馆,就是这样介绍的。"旁边的几位同学可能看到了我眼角的余光,感受到了我的不高兴,赶忙拽拽刘同学的衣袖说:"别说了,这是公开课!""闭嘴吧,就你能个,老师说在哪里,就在哪里……"

他们距离我比较近,所以我还是在其他同学的朗读声里听得很清晰,我也确信在后面听课的部分老师也可能听到了,因为有几个老师也开始小声地讨论。我的脑子在那一瞬间似乎都不好使了,对于本该是最出彩的学生的分角色朗读部分点评也是心不在焉地就过去了。

当下课铃响起来的时候,我还是试图保持微笑地和同学们告别,然后借擦黑板的机会避开了和其他老师的课间交流。刘同学在走出教室的时候回头看了

---

[①] 吴耀宗.相互教育的过程才美丽[M]//中共北京市房山区教育工作委员会,北京市房山区教育委员会,北京市房山区教育新闻宣传中心房山教育故事.香港:中国文艺出版社,2022: 305-308.

## 第十六章 "l"（liberal）：坚守教学的理性

我一眼，试图想说些什么，但是看到我有些僵硬的表情后还是欲言又止了。就这样，我自认为一节完美的研究课就这样在课结束前的 5 分钟消失了。在事后的评课环节，尽管很多老师褒奖了我课堂上闪光的亮点，但我心里明白，那一个知识性的硬伤就足以让这一节课变得毫无价值可言。原本做完这节公开课，正好能赶上周五的晚上。那个周末，正好去看望以前我读研究生时候的导师，我就把这节课上发生的一切都告诉了她。听完之后，她就问我让我不能释怀的是那位学生的不识趣，还是自己对于这个知识性错误不应该发生的懊悔，我说或许两者都有吧！

那个下午，是我在读书和教学期间都没有如此深刻反思和剖析的一个下午，导师从做课到做人、学术的严谨到敬畏课堂的真实、出错到改错等很多方面给我讲了很多很多。温婉的语言一如她当年上课那样，让我的内心逐渐平静了下来。我突然在刹那之间认识了自己，同时很严肃地意识到：出现错误并不可怕，可怕的是在回避错误；对敢于直面教师错误的学生应该以一种感激的心去面对；对于课堂是容不得半点虚假和虚荣的，原生态的课堂才是真实的，即时的评价、反馈和敢于当众承认错误就是考验一名教师为人处世的基本立场和原则；误人子弟是教师这个职业最大的，也是致命的错误，宁愿不教也不能想当然或者凭经验常识等去传递不对的信息。

导师还给我列举了很多的例子，让我从中找出了些许自己的影子。我也很后怕自己要是一直这样下去，估计连自己都不认识了。因为我一直躲在"小我"的后面，避开所有所谓的伤害，其实就是掩耳盗铃。那时的我，还特别是"闻过则喜"的性格，这也是新教师成长的一个大得，发展下去就是"讳疾忌医、文过饰非"，会因此失去许多成长的机会，然而很多的成长和修复是需要付出惨痛的代价的，理性且深刻。

回家后，我第一时间给那位同学打了电话，真诚地表达了自己的感谢。电话的那端，突如其来的感谢让他有些语无伦次。他说本来准备周一当面跟我道歉的，他说不应该在那节课上当面指出我的错误。我把自己所有的想法彻底地和他进行了沟通，似乎那一瞬间我们不再是师生，而是真正的朋友。彼此的释然也是彼此的成长，原来内心的成熟就在那样一个契机中得以升华。

在周一的第一节英语课堂上，我非常正式地向同学们纠正了上周课堂上的错误，同时也告诉同学们，对于老师的错误，大家一定要擦亮双眼，不要顾及老师情面，提出来就是对于知识的一种负责，也是对于老师的一种帮助，就像同学们、好朋友之间一样，勇于直言彼此的问题才是心心相印的。

那节课给了我一段人生当中不可缺少的记忆，至今仍然心中有爱，记得那名同学,记得相互教育的过程,美丽而真实。其实老师也非圣贤,孰能无过呢?如果说记下成功点是教师"坚守"的过程,那么记下失误点便是教师"改进"的功夫。今后,我将继续努力地认识自己,让智慧丰盈自己的内心,而走过自己的"小我"也正是我们此生该追求的极致。

# 第十七章 "l"（logical）：顺应学习规律

## 第一节 按"学"的逻辑教学

逻辑（logic）是一个外来音译词，指的是思维的规律和规则。"教学的逻辑"是指教学的本质及规律。在教育教学过程中，教师必须厘清自身的教学思维，让教学逻辑回归教育的中心。

### 一、教的逻辑服从学的逻辑

教学逻辑要解决的问题不仅是"知道"，还要学生"学会"，更重要的是"会学"。老师要教会学生学习，而不是仅仅把知识"告诉"学生。

按照教与学的对象不同，教学可以分为以下四个过程：一是老师教，二是学生学，三是学生学会，四是学生持续会用。

老师教了，不代表学生学了；学生学了，不代表学生学会了；学生学会了，不代表一定是老师教会的，更不代表老师教得好。老师永远只是一个辅助地位，因为老师"教"不可能代替学生"学"。学，最终是学生自己的事。

陈鹤琴先生说，没有教不好的学生，只有不会教的老师。为什么？教不好学生，是因为老师按照自己的知识逻辑在教学，而不是按照学生学习的逻辑教学，而教的逻辑≠学的逻辑。资质好的学生固然能够理解教的逻辑，从而学会老师所教内容；但资质一般甚至滞后的学生，要让他们学会，乃至会学，就必须按照学生学的逻辑来教，即按照学生能理解的逻辑来教。

所以，教的逻辑必须服从学的逻辑，这才是真正的以学生为中心。

### 二、教学逻辑不是教学进度逻辑

现在很多老师的教学都是依照教学任务、教学程序来执行，而非依据真实的课堂发展来调节课堂节奏和容量。更确切地说，就是教师怎么教，是按照教学任务来设定的。一节课，就像生产产品或做工程，必须完成多少任务量，少了就会跟不上教学节奏。所以，很多课堂常常在"埋头赶进度"。这是典型的工业思维、工程思维。

教育能是这样吗？我反对教学中的这种工程思维：把学生当知识的容器，把课堂当生产车间。这种"教学逻辑＝工程逻辑"的思维对课堂的戕害是极大的。①

2019年，我到一个学校去检查师范生实习。学生L的一堂数学课流程如下。

第一个环节，先讲原理，再讲实例一；安排学生练习一，公布答案，大约有1/3学生做对。第二环节，还是这个知识点，为变式一，再讲实例二；安排学生练习二，依然是约1/3的学生做对。第三环节，仍旧是这个知识点，为变式二，再讲实例三，安排学生练习三，这一轮，全班49人，15人做对。可L无视这一情况，继续马不停蹄地进入下一个环节的教学中，结果这一次的正确率更低。

在点评环节，实习校的指导老师认为该生"教得好"。为什么这样评价？因为他就是这样指导的，平时可能也是这样上课的。

说实话，我很失望，也很担心。我问了L几个问题：作为老师，发现每一轮做对的只是少数，为什么没有停下来帮助那些没有学会的学生？明明有大部分学生没有学会，为什么老师还接着往下讲？

理由很简单，因为这一堂课原定要讲这么多内容，老师不讲完，就会赶不上教学进度，就会完不成教学任务，那很可能造成严重的教学事故。

这是哪门子教育管理、教学管理？康德曾说："人是目的，而不是手段。"当我们把教学当作工程，以工程思维来代替教学思维的话，那么教学就不再管学生是否理解、学会、会学，既定的"工程容量"（教学容量）和"工程进度"（教学进度）就成为课堂教学的目的，而学生仅仅是达到这个"工程"目的的手段而已。这是对课堂"以生为本"的彻底否定。而要扭转这一局面，源头就是要把工程逻辑从老师的教学思维中删除。

### 三、让学生受益才是真正的教学逻辑

多年以来，每到升学季，学校都陷入抢夺优质生源的大战中。因为大家都认为：好的生源，教师容易教；未来考得好，说明老师教得好，学校教学质量好。差的生源，教师不好教；未来考不好，就说明老师教得不好，学校教学质量不行。

---

① 罗繁荣.教学的三重逻辑[J].湖南教育（B版），2022（4）：66-67.

而另一方面，家长都不希望孩子输在起跑线上。为了让孩子能进名校，孩子要上各类辅导班，小学开始学初中课程，初中开始预学高中课程，用以形容成人世界的"内卷"早已深入孩子的学习生活，以致中共中央办公厅、国务院办公厅联合发文，以"双减"来整治学生负担过重。

我在自己教学的课程中，总是会举一个调查例子："您为孩子择校时，最看重哪些因素？"调查显示，家长首先考虑的，并不是"教师的教学水平"，也不是"孩子的适应性"，而是"学校的牌子""升学率"。"择校"已经不仅仅是一个教育问题，更是一个社会问题。有的家长为了让孩子进入优质学校读书，或从农村迁到城市，或从一个城区搬到另一个城区，或从一个小区搬到另一个小区，这一迁一搬，又与家庭成员的职业、收入、社会关系等密切相关。从这个意义上说，教学逻辑的背后常常是社会逻辑。教学是社会的一面镜子，教学也是社会的一部分。教学不仅和学校、师生相关，与家庭、家长也有很大的关系。

去年，在贵阳某小学某班有37名学生家长联名向学校请愿，要求班上一位学生转学。我们姑且不论这个事情中涉及的老师和家长的对错，单从新闻角度来分析一下这个事情。为什么这个新闻能够在网络引发广大网民关注？其根本原因在于该新闻在某种程度上反映了当下的社会矛盾或教育矛盾，反映了当下家长（家庭）对学校教育和教师教学的新期待，反映了师德建设面临的新情况，反映了家长对孩子学习和成长的焦虑。

这些，都是社会烙在教育教学身上的印痕，但也仅仅是印痕。因为教学逻辑≠社会逻辑，社会逻辑不能替代教学逻辑。"学校的牌子""升学率"只能反映学校全体学生的优秀概率，并不能确定具体的某一个学生学习的状态。真正让学生受益的是"教师的教学水平"和"孩子的适应性"，这才是教学逻辑。

随着新课改的进一步推进，随着"双减"政策的落地生根，随着教育优质均衡的推进，以上种种不良状况将会有所缓解和好转。但要得到根本性改善，我的主张是，尊重教师教学的独立性，确立各种教育主体的边界，让学校的归学校，让社会的归社会，让家庭的归家庭，让教师的归教师，让家长的归家长，让学生的归学生。这种提法，在某些人看来，估计得扣上理想化的帽子，说在现实中完全不可行。那我想说，社会的钥匙、家庭的钥匙，永远也打不开学校这把锁；学校的锁，学校教育教学的锁，只能由教师来打开，也只有教师能打开。

## 第二节 课程为根，课堂为茎

世界著名教育家乌申斯基说："教育的主要目的在于使学生获得幸福。不能为任何不相干的利益而牺牲这种幸福。"世界教科文组织的观点是"一切教育活动都是为了学生的成长和发展，为了孩子一生的幸福"。可见教育以幸福为目的既是一种实然的存在，也是一种应然价值的追求。基于此，良乡二中在实现学校内涵发展，追求在更高层次上办学的进程中，提出了"为学生的幸福人生奠基"的办学理念。近年来，我们积极实践"幸福教育"，营造幸福环境，探究幸福课堂，建设幸福课程，努力将学校办成充满亲情的家园，探索求知的学园，学生依恋的乐园，让孩子在学校感受今天学习的幸福，积淀明天生活的幸福。[①]

### 一、坚固幸福教育的根基——构建"幸福人生"课程体系

一种教育没有课程做载体，就不可能系统开展，就不可能达到应有的教育目标。围绕"有人生追求的目标，有为人处世的品格，有安身立命的技能，有承担生活的体能，有愉悦生命的情趣"的幸福教育目标，我们实践了"三个层面"的课程建设。具体是优化国家基础性课程，重点尝试国家课程的再开发和非中考学科建设；以"交叉渗透融入整合"为原则实施地方课程和专题教育；以"着眼未来，关注差异，全面育人"为思路构建校本课程体系。

#### （一）优化国家基础性课程

首先，我们尝试国家课程的再开发。基本的技术路线如图17-1所示。

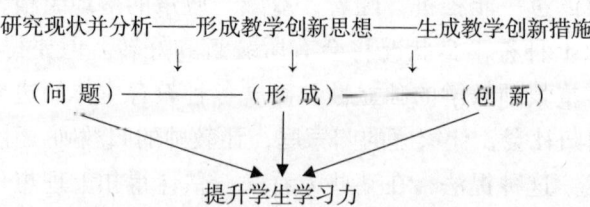

图17-1 课程再开发基本技术路线

---

[①] 郭冬红（时任北京市房山区良乡第二中学校长）于2012年10月18日在"聚焦学生健康快乐成长，建立充满活力的有效课堂——走进房山"现场会上的发言（笔者根据录音整理，有改动）。

以语文学科为例：我们针对学生阅读面窄，对写作缺乏兴趣的问题，对语文教学进行了整体的改革。首先，将常规教学与阅读课、作文课整合。每周的5节语文课，两节阅读课（隔周一次随笔化写作课），剩余三节课完成教材内容。如此的课程安排，对教师提出了挑战，迫使教师对教材进行删减补改的有机整合。语文组的老师们认真学习、深入研究、不断探究学科价值，以语文知识为建构，以培养学生能力为主旨，兼顾思想培养的语文课程观为指导，将人教版、北京版、苏教版和课外阅读有机整合，使课程由零散到系统，解决了课时不够等问题。同时开展作文课和阅读课的研究。以"唤醒言语生命，重塑言语人格"为宗旨的随笔化写作教学，改变了传统作文教学的走向，让更多学生摆脱母语写作的困境，让孩子真正亲近母语，张扬个性，率性表达。阅读课我们研究了三种课型，让学生在阅读名著、品味经典中培养审美、感悟情感、提升品格。在课堂的读与写中浸润人生，丰盈人生，幸福人生。

其次是加强非中考学科建设。由于长期受"应试教育"的影响，使我们忽视了非中考学科的育人功能，致使非中考学科的教学改革远不如中考学科搞得扎实有效。我们淡化功利，着眼学生的长远发展，从常规管理、教研组建设、教师专业知识建构、评价机制等方面入手，着力加强非中考学科建设，为学生构建更为完善的知识体系，给学生升入高一级学校奠定基础。此项目被确定为了北京市基础教育课程改革的实验项目，并在2011年的北京基础教育课程改革论坛上做了典型发言。

（二）融合渗透实施地方课程

地方课程的落实我们采取与国家课程整合的方式进行，将我区的地方课程房山地理、房山文化与初中地理、政治等国家课程进行整合，由老师通过置换或者渗透的方式完成。这种实施方式拉近了学生与地域之间的关系，有利于学生对国家课程知识的掌握和情感培养。地方课程中的专题教育，学校采取与相关学科整合、与德育活动结合，交叉渗透的方式和有课时计划两种形式进行课程实施，如：毒品预防和预防艾滋病专题教育与生物课整合；安全应急、人民防空与班校会、课间操整合。地方课程与专题教育的落位，促进了本土文化、社会生活与学校教育的对接与融合，为学生提供了更广阔的受教育空间。巧妙地完成了地方和国家课程的实施。

（三）着力进行校本课程建设

2009年我们从"零"开始，着手构建"幸福人生"校本课程体系。经过三年的实践，初步形成了以生命教育系列、人文素养系列、科学素养系列、身心健康系列四类课程为主的校本课程结构，和校本必修与校本选修相结合的实施方式。我们在初一、初二开设了心理和六个一百、武术——长拳、太极拳等5门校本必修课。同时实行走班制，开设了论语新解、神奇的世界、物理实验探究、文学入门等二十多门校本选修课，深受学生的喜爱。

在校本课程的建设中，我们进行了"活动课程化"的研究与实践。我们把学校开展的艺术节、体育节、合唱节、兴趣小组以课程的方式固定下来，增强其计划性、科学性和规范性。实践证明，这样的举措不仅使我们的学生在多项文艺、体育、科技比赛中取得了突破性成绩，更让我们的学生在学习中品尝到快乐与成长，校园中形成了更为浓郁的人文和艺术氛围。

## 二、建设幸福教育的基本载体——打造幸福课堂

学生的幸福首先应该是在课堂学习中获得愉悦、感受快乐。没有幸福的课堂教学，就没有真正意义上的幸福教育。因此，我们提出打造"幸福课堂"，总体目标是"高效，快乐"。具体要求如下：课本知识与生活世界整合，实现教学内容的生命内涵；教师与学生交往、互动，形成民主、和谐的学习氛围；运用发展性的评价方式和灵活的反思方式，激发热情、激活思维。

在此基础上，提出了"学导探评思"课堂教学模式。"学导探评思"教学模式是以学生为主体的课堂教学模式，是在心理学和多元智能理论的指导下，实施课堂教学活动，提高教学有效性的方法。

学：指"学生独立学习和教师指导下的学习"两层含义。学生独立学习指学生课前预习和课后复习；教师指导下的学习指教师运用导学提纲指导学生进行自主性学习和研究性学习，是对学生学习方法和学习能力的培养。

导：指导学行为和导学提纲。导学行为指教师导境、导学、导思、导练、导评使学生主动参与课堂活动。是教师激发学生兴趣、关注课堂、驾驭课堂能力的体现。导学提纲结合教学内容和学生具体情况确定，突出问题设置的递进性和层次性，建立知识结构框架，从知识、能力到方法逐步加深，兼顾不同层次的学生学习，同时提升教师课程开发和整合教材的能力。

探：指探究、探讨。包括学生自主探究学习、小组研究性学习、学生间的讨论、质疑、提出新问题、新见解等。既提高教师设计问题和探究问题的能力，同时又培养学生自主学习与合作学习能力。

评：指学生之间的自评、互评、学生评教、教师评学。学生评教体现学生的主体地位和价值；教师评学，体现教师主导地位和价值。总之，评价是促进课堂教学的重要手段，通过评价生动地体现师生的课堂创新精神和课堂实践能力。

思：指思考和反思。指教师学生课前和课中对问题的思考。反思是一个再

认识过程，通过反复思考某个教学环节或问题获得感悟，及时总结经验和教训，为后续教学指明努力方向，是对知识和能力的理解和升华。

"学""导""探""评""思"是由五个循序渐进而又相互交叉相辅相成的环节，而非从前至后的教学流程。其中学是前提，导是关键，探是途径，评是保障，思是升华。主要是通过多感官的教学方式，从激发学生学习兴趣，激发学生求知欲望，坚定学习信心入手，通过小组合作学习的方式，进行阅读、质疑、讨论、评价、迁移等教学环节，让学生最大限度地参与和体验，从而获得知识、形成能力、感受成长，使课堂学习成为一个师生互动、交融，产生快乐，生成幸福的过程。

在课堂实施中，我们并未采用"一刀切"的方法。而是鼓励教师根据学科特点，在"学""导""探""评""思"的核心理论的指导下，按照新授课、复习课、讲评课三种课型，研究出更有针对性的具体课堂操作模式。这样的推进方式，反而使我们这支专任教师平均年龄接近42岁的教师队伍，焕发出了专业成长的第二个春天，他们将丰富的教学经验与新模式的理念相融合，深入研究，大胆实践，课堂有效性普遍提升，教师和学生一起体会着成长的幸福。打破了外界普遍认为的二中教学质量处于高位瓶颈难以突破的看法。近四年来，我们的高分数段学生群体不断扩大，升入市级示范校和区三所优质高中的比例稳步提升。

良乡二中在37年的办学历程中，积淀了学校特有的文化底蕴，取得了不俗的办学成绩。特别是教委成立的十年间，良乡二中在教委"1123"工作思路的指导下，落实"三个"聚焦的学校内涵发展策略，实现了"事业发展，质量提高"的双丰收。我们深知作为远郊区县一所普通城镇中学，在追求理想教育之路上，我们仅是刚刚上路。但是，我们会"以学生的幸福成长为己任"，探索教育规律，深化教育改革，坚持做最好的自己，在理想和现实之间找到一条坚实、宽广的育人之路。"路漫漫其修远兮，吾将上下而求索"！

## 第三节　顺应学习规律才是真逻辑

### 一、知识诞生的逻辑

在江苏省第22届小学语文青年教师优质课大赛中，张家港市实验小学陈峰老师执教的《牛和鹅》一课，让大家拍案叫绝。这节课也无可争议地荣获了本次大赛的最高奖"李吉林教学奖"。

《牛和鹅》是四年级上册第六单元的开篇课文。第六单元主要是让学生学习用批注的方法来进行阅读。作为单元开篇的《牛和鹅》，它起到一个初识作用——认识什么是批注，了解可以从哪些角度给文章做批注。

下一课《一只窝囊的大老虎》是从在"不理解的地方"做批注这个角度让学生学习批注方法。接下来的《陀螺》也是如此，放手让学生在"体会比较深"的地方来做批注。

那么作为开篇的《牛和鹅》，如何认识、了解批注，如何初步尝试批注，就成了执教此课需要突破的重难点。

让我们来看看陈峰老师是怎么处理的吧。

陈老师先发给学生每人一份没有批注的课文纸，是普通形式的课文模样。在学生初读课文了解大意后，他带领学生回忆已经学过的阅读策略，比如说关注有新鲜感的字词，尝试理解难懂的词句，一边读一边想象画面，带着猜测再去读下文，等等。这些都是以往单元中出现过的语文要素，是学生已经具备的能力点。

接着陈老师告诉学生，每个人在阅读一篇文章的时候，脑子里都会不由自主地涌起一些念头，一些想法。然后，他让学生用七八分钟的时间默读全文，结合刚才提到的阅读策略，在自己印象最深的地方，"写下那句此时此刻心里面冒出来的话"。

学生拿起笔，边默读边刷刷地写。

写得差不多了，陈老师开始组织进行全班交流。

第一个学生说：我们欺负牛，牛居然不反抗，让人很惊讶。

陈老师说：好，这是你的想法，写在黑板上。

第二个学生说：牛不反抗，是不是在忍让这些孩子？

陈老师总结：哦，你提出了一个问题。

接着，如开闸的洪水，学生纷纷发表自己的意见。有的说，鹅看起来很厉害，但是我们不要怕它。

有的学生说，在金奎叔面前，鹅是弱小的，这是强烈的对比。

有的说，遇到困难不要怕，遇事不退缩，才能成功。

……

在学生把想法都说得差不多的时候，陈老师开始回收资源，进行分类——将学生刚才说的想法一一分类：对有疑问的地方提问题、阅读时的感受、文章写作的手法、从文中得到的启发……

学生一下就明白了，原来想法可以分成这样的类别。

这时候，陈老师让学生打开语文书，比较一下语文书与材料纸有什么不一样。学生说，语文书的课文旁有小字。陈老师说，这样的字样，就是批注。

学生恍然大悟，原来我们边读边写下来的心里面不知不觉冒出来的话，就是批注。

老师意味深长地说：批注不用人家教，你心里本来就有。

接着，陈老师让学生进一步读读课文中的批注，比较一下哪些和刚才的发现是同一类的。学生通过发现，进一步明确了批注有问题类的、感受类的、写法类的、启示类的。

明确了批注类别后，学生又操练了起来——把刚才没有写完的批注写完，或者只写了一个角度的从其他角度再写一个。

最后老师总结：阅读无止境，批注有角度。这是本单元的第一篇课文，还有很多文章等着我们去学习、去批注。随着学习的深入，你还会找到其他的批注角度。你将会是一位更加优秀的阅读者。

一节课结束，学生带着满足感，意犹未尽地离开了课堂。

陈老师突破语文要素难点的逻辑是什么？他没有直接先告诉学生何为批注，而是让学生先实践，"写下自己在阅读时候心里冒出来的话"，也就是回到批注诞生之初，让学生经历批注产生的过程。课堂上就会产生"哦"效应——原来，我写的就是批注啊！

一般老师用的"演绎法"，先给定义，从定义推广到实例，用实例证明定义；陈老师恰恰用的是与之相反的"归纳法"，先做起来，然后归纳出这就是批注，我们就是这样批注的。这样，学生经历了知识诞生的过程，就能很顺利地把新知归纳到自己已有的认知图式中，与已知融会贯通，学得兴致盎然，成就感十足。

原来顺应学习规律的教学逻辑，才是真逻辑啊。

## 二、文化浸润的逻辑

德国哲学家雅斯贝尔斯曾说：教育就是一棵树摇动一棵树，一朵云推动一朵云，一个灵魂唤醒另一个灵魂。我常常想：作为一名班主任和语文教师，该用什么去影响我的学生？文化浸润也许是对学生最好的影响方式吧？

由于学科背景，我对祖国的文字有着深厚的感情。汉字是我们中华文明的源头，历经千年颠沛却魂不灭、形不散。汉字的流传演变也诉说着中华民族的

智慧。于是我想，是否可以从汉字出发，升华出传统文化、民族精神？我一直在寻找一个合适的契机……①

那是一节普普通通的语文课，很多孩子在书写"这"字时，纷纷把第四笔"点"写成了"捺"。我一再强调笔画的形变，依然有学生记不住。我想：与其生硬地让他们记住，为何不讲清汉字笔画形变背后的原因，让他们理解呢？

就在这节课上，我向学生讲解了汉字的"避让原则"：汉字追求形态美，追求笔画和间架结构的和谐。当几个独体字共同构成一个合体字时，独体字的一些笔画常常会发生形变。比如"这"中的"文"字，第四笔本应写作"捺"，但在"这"中就会和走之旁的"捺"发生冲撞，造成笔画的交叉，为了避免这个情况，把"捺"写作"点"。我问孩子们："这就是汉字的穿插避让，这样的字还有很多，同学们能否举出其他例子？"孩子们兴奋的神情出乎我的意料，他们对这项"重大发现"感到非常惊喜。随后，他们纷纷举起手，说出了一个又一个体现"避让原则"的汉字，我让孩子们把这样的字写在黑板上，不一会儿，竟写了半张黑板……

不久后的一个课间，孩子们在走廊排队准备上操，两个淘气的男孩因为胳膊相碰而互不相让，铆着劲儿地把自己的胳膊往对方身上搭，我正要去制止，却看见我们班的班长走过去一板一眼地说："忘了汉字的避让原则了吗？你们应该学学汉字的精神！"

看着班长认真的表情，我不禁感叹：孩子对可以理解的传统文化的吸收力是如此之强。同时，我也仿佛看到一颗文化的种子在悄悄地、慢慢地在她的心中萌芽。这也许是我作为老师能送给学生最好的礼物吧？受此启发，我开始有意识地在语文课的识字环节加上对汉字字源字理的讲解，用孩子们听得懂的语言讲述汉字背后的故事和文化。学习"末"字时，我把"本"和"末"一同讲解，进行关联学习。"末"由一横和一个木字组成，古人造字时，就是在"木"字上方加了一笔作为强调，突出这个字是指树最上面的部分，所以"末"的本意是树梢，后来逐渐演变为一个事物的尽头，我们现在也常说"末梢""期末"。而"本"恰好相反，用木下面的一横强调这个字代指树根，所以我们常说"根本"。这又衍生出一个成语——本末倒置，比喻把主要的和次要的弄颠倒。

就这样，我逐渐给孩子们分析汉字形与意之间的关系、汉字的构形原则等，这使本来枯燥无味的识字环节成了孩子们最期待的部分。在我的影响下，孩子

---

① 张箫.做一棵摇动心灵的树[M]//中共北京市房山区教育工作委员会，北京市房山区教育委员会，北京市房山区教育新闻宣传中心房山教育故事.香港：中国文艺出版社，2022：285-287.

们对汉字源流产生了浓厚的兴趣，开始了自发学习，纷纷读起了有关汉字演变的书籍。课间，我的身边总围着一群孩子，热烈地跟我分享他们对汉字的理解。

看着他们对汉字的学习热情，我想需要向他们全面系统地介绍一下汉字了。我设计了一节题为《我爱中国汉字》的班会，带他们领略汉字的魅力。我说，汉字的一大魅力——简洁生动。汉字常用单音节字表示词语的意思，所以汉字具有高效性。除此之外，汉字还具有极强的稳定性、包容性和可拓展性。而"颜筋柳骨""字如其人"这样的成语更是告诉我们，无论是写字还是做人都要有气节和风骨；汉字讲究横平竖直、避让和谐，我们做人也一样要如此，要正直、宽容。

看到孩子们若有所思的表情，我继续说："面对汉字，我们要心存敬畏。表达敬畏就从认真书写每一个汉字开始，从正直和宽容开始。"接下来的时间，我们共同制定了《四一班汉字书写规范》，在这张《规范》上，我特意留出空白区域，让孩子们逐一上台郑重地签上自己的名字，当最后一名同学签完后，班里响起了热烈的掌声，我们的《规范》正式生效……

汉字形美如画，音美如歌，意美如诗。它就像一个宝库，收藏着中华文化的精华。历经千年，那些文化精华依然在一笔一画中默默流动、轻轻呼吸。那颗关于文化的种子曾经播撒在我的心田，而现在我希望它能走进学生的心灵。我愿意和我的学生一起亲近它、传承它、激活它，让蛇成为滋润心灵的养料、修正行为的标尺。借助汉字的力量，我希望我能成为雅斯贝尔斯口中的那棵树，把根扎得深些，再深些，以摇动更多的树；我希望我能成为那朵云，把目光放得远些，更远些，去推动更多的云……

### 三、生活体验的逻辑

那天，我布置了一篇作文，写一个有特点的人。第二天一上班，小郑同学的作文—《"大嗓门"的姑姑》便出现在我的办公桌上，瞬间吸引住了我的眼球。[①]

"老师，作文上交后，我的内心是不安的。担心我的语言不够生动，担心我不能准确地写出姑姑"大嗓门"的特点，担心我举的例子不够吸引人……"课间，小郑同学走到我的面前，诺诺地说了一大堆。

"怎么会呢！"看完小郑初稿的我眼中满是鼓励，而把提到嗓子眼儿的下半句咽了回去。我知道，我得让这小姑娘先高兴几天，尽享她的作文没有被打回

---

① 李云平．"大嗓门"也有"春天"[M]//中共北京市房山区教育工作委员会，北京市房山区教育委员会，北京市房山区教育新闻宣传中心房山教育故事．香港：中国文艺出版社，2022：267-269．

去的"事实"。要知道,在我这里,作文一遍过的概率简直是太低了。对!作文中出现的问题暂时先不说。

晚上,我把小郑同学的作文发到家长群里,毫不吝啬溢美之词:结构合理,人物特点鲜明,语言生动、幽默、风趣;取材新颖,富有生活气息;结合生活实际,源于生活,高于生活,加上恰当的修辞手法,让文章与众不同。

这是很正常的沟通环节,没想到我的这种做法,收效却挺大!当着那么多家长表扬了一个孩子,这是小郑同学和家长没想到的事。那天,小郑同学激动地在客厅里跑来跑去,跟全家人分享了这件事,据说还在梦中笑醒了呢!我的表扬对孩子来说是莫大的鼓舞,写作自信心大增。第二天,我当着全体同学的面说道:"郑××同学,来,读一遍你的作文。"待小郑读完后,我跟全班同学说:"大家评价一下这篇作文,提提建议。"大家七嘴八舌,议论纷纷,再看小郑同学,仿佛若有所思的样子,我知道时机成熟了。

下课后,我跟小郑同学聊了起来。"姑姑的大嗓门,你适应了吧?"

"还好吧,忍着呗!每次我和表弟在沙发上玩儿,姑姑都会惊雷乍起,大声吼叫,我天天心疼我的小耳朵呀!"听这语气,她这也是没办法的事情。

"嗓门大,说明中气足,对姑姑来说是好事。除了让你和家人耳根子不消停外,想想,姑姑的大嗓门有让你记忆深刻的事吗?"

"优势?记忆深刻?甭说,还真有。老师,您看……"小郑同学开始娓娓道来。

在我的启发下,材料补充后的作文再一次出现在我的桌子上。前些天,我和姑姑上街去玩,正要过马路时,一辆收破烂的三轮车迎面驶过。我正在感叹车上成堆的废品时,一个大袋东西好似听见似的瞬间从车上掉下来,我们连忙喊道:"爷爷,停车,掉东西了!"我们的嘶喊没有一丁点儿作用,三轮车依旧正常行驶着。再看,三轮车后,已经排了好几辆车,好在司机的素质高,没有一个按喇叭的,我真是很感动我们的市民。

"大爷!快停车!掉东西了!"突然,姑姑大喊一声。我的乖乖,这一嗓子,前方的三轮车竟然戛然而止!你说奇不奇,你说怪不怪,姑姑的大嗓门这回可真是派上大用场了。

我的姑姑就是这样,时不时就给大家亮出她的撒手锏——狮吼功。慢慢地,姑姑的大嗓门成了她最明显的特点,她也贴上了大嗓门的标签,成了我家一道与众不同的风景……

"老师,我很困惑,作文里描写姑姑大嗓门教训表弟我俩和做好事这两件事,形成了鲜明的对比,怎么把它们串起来呢?"

"用上过渡句不就解决了吗?"我提示着。

于是过渡句应运而生——"大嗓门"虽然"扰民",但也大有益处。至此,小郑同学的这篇作文在我的心里已然过关。

几天后,小郑同学跑来跟我说:"老师,跟您说个秘密。我的作文不小心被姑姑看到了,从此姑姑'嗓门'小了!估计是那些司机同志的涵养和高素质教育了她。从那天开始,姑姑开始请教我读书的事,每天跟我探讨人物角色,我家很久没听到噪声了!我和家人很不习惯!怕她有啥毛病。"

"能有什么毛病!这对姑姑来说是好事啊!你为何不写一写,姑姑迟到的'春天'来临了。"

"那我们把作文题目改成《大嗓门也有"春天"》,可好?"我俩的决定不谋而合。

一次作文批改的过程,让我见证了平凡人的生活,也见证了小郑同学家人的变化,这难道不是一次愉快的人生阅历吗?和谐社会造就和谐家庭,和谐家庭幸福着我们每一个人。感恩生命中的每一次遇见,祝贺"大嗓门"的姑姑找寻到了属于她自己的"春天"!

### 四、艺术典故的逻辑

美术课一直是孩子们最喜爱的课之一,课堂上他们可以尽情地发挥自己的想象,展示自己的才能,用自己独特的眼光和不同的表达方式来展现他们脑海中的世界,而我也是抱着十分的热情去和学生一起学习、一起绘画。[①]

这学期,我在四年级一个班执教《中国画——学画荷花》这一课时,发生了一个小小的插曲。我用15分钟将教学内容讲完后,学生正准备兴致勃勃地大显身手。这时,坐在教室后面的前后两桌同学开始争执不休。后面一个大高个、胖胖的男生不停地摇动自己的桌子,女生用背部使劲地顶住,只见课桌被他俩挤得歪歪扭扭。一会儿,他们竟然开始争吵起来,课堂里顿时一团乱。

我过去一看,原来是女生自己的大毛笔碰到了宣纸,画纸中留下了团乌黑的墨色。她于是责怪是男生故意摇桌子而引起的,用手反复地抚摸着那张宣纸,真是又生气又委屈。

作为老师,这时该怎么办呢?如何去安抚她的情绪,同时又能让教学的秩序不乱?情急之下,我想到了古人"落墨为蝇"的故事。我立刻站到前面,把

---

① 李安丽."落墨为蝇"引发的思考[M]// 中共北京市房山区教育工作委员会,北京市房山区教育委员会,北京市房山区教育新闻宣传中心房山教育故事.香港:中国文艺出版社,2022:256-257.

这个故事讲给大家听：曹不兴，三国孙吴人，因绘画技术高超，被喻为吴国"八绝"之一。相传古代东吴画家曹不兴为孙权画屏风时，因为周围的宾客啧啧称赞而非常高兴，但不小心就误落了笔墨，于是顺手将墨点描绘成了一只苍蝇，孙权看到后真以为是只苍蝇飞到了画上，便用手去弹。可以想象，曹不兴善于点石成金的技艺，已达到了炉火纯青的地步。曹不兴的绘画本领可真大！这就是落墨为蝇的故事。

故事讲完，教室里安静了下来，我把那个女生的那张宣纸举起来让大家看看那个墨团，并问："谁能动脑筋弥补一下让它变得更美丽呢？这个墨点可以改或添画成什么？"同学们都积极发表自己的见解：有的说可以添画成"小蝌蚪"，有的说可以画成"小石头"，还有的说可以画成"小荷叶""小青蛙""水草"的。各种奇妙的联想让这个既生气又委屈的小女孩眼前一亮。

最后，在大家的帮助下，女生把墨点添画成了一只小青蛙，经过自己的创作，起到了意想不到的效果：小青蛙、荷花和飘动的水草，一幅内容丰富的水墨画跃然于纸上。大家都夸赞起来，她终于开心地笑了。原本的错误在我的引导下变成了美丽的图画。我趁热打铁，接着对那个女生说："如果后边的男同学不是故意的，就不能责怪别人，要显示出你的宽宏大度。"我又马上让男生向她道歉，那个女生腼腆地说："没关系！"小小的一次矛盾就这样随之而解，教学秩序也恢复了正常。其实，不仅仅是这一件小事，也包括其他同学之间的小矛盾也是一样，不要因为一点小事就跟同学争吵，而要有宽宏大度的胸怀。而老师在课堂上遇到这样的事情，应该灵活应变，起到沟通解难的作用，用巧妙的方法化解同学之间发生的矛盾，引导学生学会彼此之间互相谅解、互相谦让，学会互助友爱、互相关心，这样才能让学生团结上进、成为一个充满正能量的班集体！

### 五、潜能生发的逻辑

随着新课改的一步步推进，我的教学观念也在一点点地发生着变化。从最初的以教师为主体逐渐转变为以学生为中心，从以前的"满堂灌"到给学生提供充足的时间和空间，让他们参与学习的全过程，让学习真正发生，我自己也成长了许多。由于一次"匆忙"的巧合，让我对教学有了更加深刻的思考。[①]

学生在学习《面积单位之间的进率》这节课时，我在课前给每个学生准备了 1 个 1 平方分米和 20 个 1 平方厘米的纸片。课堂上，我先让学生估计 1 平方

---

[①] 鲍雪莲．"匆忙"的巧合[M]//中共北京市房山区教育工作委员会，北京市房山区教育委员会，北京市房山区教育新闻宣传中心房山教育故事．香港：中国文艺出版社，2022：262-264．

分米等于多少 1 平方厘米。接着，在学生猜测的基础上，两个学生一组，利用学具合作探究平方分米与平方厘米之间的关系。学生通过摆一摆，很快发现了平方分米与平方厘米之间的关系，和我设计教案时的预想一样。学生说："我沿着横着的一条边摆了 10 个 1 平方厘米，再沿着竖着的一条边摆了 10 个 1 平方厘米，说明摆满这个正方形，一排需要 10 个 1 平方厘米，可以摆这样的 10 排，10 乘 10 等于 100，所以 1 平方分米 =100 平方厘米。"（横、竖各摆 10 个学具）学生的证明方法几乎和我的预设如出一辙，课上得很顺利，我的心里也充满了成功的喜悦。

下课了，我赶快收齐学具准备去下一个班上课。上课铃响了，我只给一小部分学生发放了 20 个 1 平方厘米的纸片，已经来不及为每个学生发放 20 个 1 平方厘米的纸片了。为了不耽误上课时间，我没有数个数，只能随便给每个学生抓了一些，但这样发放之后，我发现有的学生的学具多，有的只有一个或两个，甚至有的没有。课上，我还是让学生猜测 1 平方分米与 1 平方厘米之间的关系，然后让学生利用手中的学具自己探索证明。学生热烈地讨论着，我觉得课前自己的准备不充分，很是粗心有的学生不能充分理解本节课的知识。但事已至此，也没有办法了。正当我内疚的时候，学生一个个举起了手，为了让他们说出我教案的预设，我叫了一个手中学具足够的学生，这个学生和上一个班学生的证明方法一致，其他学生都表示认可，我悬着的心总算放了下来。通过操作得到结论，可以小结知识了。此时，我万万没有想到，还有的学生高高地举着手，想表达自己的想法。有个学生说："我只用了 10 个 1 平方厘米就够了。"他走到讲台上，在黑板上画起来，他用的是沿对角线斜着摆的方法。"这摆也能说明横排摆 10 个 1 平方厘米，竖排摆 10 个 1 平方厘米，在 1 平方分米里一共能摆下 100 个 1 平方厘米。说明 1 平方分米 =100 平方厘米。"这时，又有个学生站起来说："我和我的同桌只用两个就够了。""我用 1 个 1 平方厘米沿着横着的一条边丈量，量一次做一次记号，同桌用同样的方法量竖着的一条边，我们也发现横着的一条边能摆 10 个 1 平方厘米，竖着的一条边能摆 10 个 1 平方厘米，用 10 乘以 10 得 100，也能说明 1 平方分米 =100 平方厘米。"这是用了量的方法。接下来，还有个学生说："我不用 1 平方厘米也能证明。"同学们都奇怪地回头看这个同学，只听他说："我用尺子证明的。1 平方分米的正方形边长是 1 分米，也就是边长是 10 厘米，它的面积就是 10 乘 10 等于 100 平方厘米。"这是用的换算的方法。所有的同学都点头称赞，我更是惊喜不已，高兴地对同学们说："我真的没有想到你们有这么多的方法，你们不但会利用手中的学具操作，更能用你们的大脑思考。"

下课了，学生都在饶有兴趣地议论着这几种证明的方法，我面对着黑板，看着学生的作品，反思着上一个班为什么没有这么多的方法？而这个班却有这么多不同的方法呢？经过反思，我觉得原因还是在老师身上。我给了学生足够的学具，反而束缚了学生的思想。想一想，还真得感谢这短短的 10 分钟，让我没有给下一班的同学发够学具，正是这一次的"匆忙"，发挥了学生的潜能，使我看到了学生思维的火花，也给了我更加深刻的启迪。

教师只要给学生机会，他们就会发挥自己的潜能，这是我在课程改革中所切身体验到的。这告诉我，在教学预设中要充分考虑学生的接受能力和创新能力，为学生提供动手操作的情境并不是给学生设定好思维模式，学具的准备并不应是书本的浅显再现，而要让学生从不同角度分析、思考、总结。只有这样，学生的创造潜能才可以得到充分地挖掘和展示，从而享受到学习数学的乐趣。

这场"匆忙"中的巧合，为我的课改实践带来了新的心得：课堂应是向未知方向挺进的旅程，随时都有可能发现意外的通道和美丽的风景，而不是一切都必须遵循固定线路而没有激情的行程，它应始终充满悬念。它不是一出已经定稿的剧本，而更应像是一部不能画上句号的手稿。如果要用一句话来概括，那就是焕发出生命活力的课堂才是理想的课堂，才是新课程改革所追求的课堂。

# 参考文献

[1] 李兆端.基于学习资源的变易设计地理教学情景[J].北京教育学院学报（自然科学版），2014，9（4）：54-58.

[2] 派纳，雷诺兹，斯莱特里.理解课程[M].张华，等译.北京：教育科学出版社，2003.

[3] 钟启泉.课程的逻辑[M].上海：华东师范大学出版社，2019.

[4] 杨明全.核心素养时代的项目式学习：内涵重塑与价值重建[J].课程·教材·教法，2021，41（2）：57-63.

[5] 多尔.后现代课程观[M].王红宇，译.北京：教育科学出版社，2000.

[6] 徐明，周恕义，乔虹.教学模式引导下的多样性数字化学习环境设计[J].现代教育技术，2014，24（3）：94-99.

[7] 李兆端，强文媛，王梦瑶.指向核心素养发展的情景化课程资源供给方式新路径研究[J].中国教育信息化，2021（增刊）：136-140.

[8] 朱小雷.指数评价法的应用：深圳市建设银行营业厅内环境综合评价[J].重庆建筑大学学报，2005（4）：28-32.

[9] 舒爱霞，李孜军，邓艳星，等.综合指数评价法在室内空气品质评价中的应用[J].化工装备技术，2010，31（2）：60-62.

[10] 沈华杰，秦磊，邱坚.基于雨课堂的"人体工效学"课程教学改革[J].轻工科技，2019，35（2）：155-156，159.

[11] 孟凡玉，陈佑清.小学数学课堂师生互动质量的观察与评价：基于"课堂师生互动评估系统（CLASS）"的实证研究[J].基础教育，2015，12（5）：69-77.

[12] 胡小勇，许婷，曹宇星，等.信息化促进新时代基础教育公平理论研究：内涵、路径与策略[J].电化教育研究，2020，41（9）：34-40.

[13] 李昕，杨鹏.对指数评价法的指数补充原则与误差修正[J].石油化工安全技术，2005（2）：12-14，55.

[14] 王菲, 杨乐, 马智宇. 基于综合指数评价法的土地健康评价: 以湖北省枣阳市为例 [J]. 农业工程, 2011, 1 (3): 73-76, 108.

[15] 李亚松, 张兆吉, 费宇红, 等. 内梅罗指数评价法的修正及其应用 [J]. 水资源保护, 2009, 25 (6): 48-50.

[16] 高燕. 健康课堂离我们有多远 [J]. 生活教育, 2016 (11): 101-102.

[17] 雷富平. 让学引思: 让学习真正发生 [J]. 课程教材教学研究（小教研究），2016 (Z2): 74-75.

[18] 任依静. 推进课堂公平的策略探究 [J]. 考试周刊, 2019 (18): 5, 7.

[19] 冯建军. 课堂公平的教育学视角 [J]. 教育发展研究, 2017, 37 (10): 63-69.

[20] 王秋芳, 王鹏. 打造健康课堂生态的"生"与"态" [J]. 南昌师范学院学报, 2017, 38 (5): 85-88.

[21] 郭钰. 健康课堂: 向着理想出发 [J]. 基础教育论坛, 2015 (12): 63.

[22] 柳海民, 林丹. 优质均衡: 加快义务教育高质量发展 [J]. 人民教育, 2022 (21): 38-40.

[23] 王海云, 刘宇. 可持续发展教育理念促进区域教育发展的对策分析 [J]. 教师, 2021 (16): 113-114.

[24] 史根东. 为美丽中国奠基: 生态文明–可持续发展教育的涵义解读与素养分解 [J]. 可持续发展经济导刊, 2021 (Z2): 63-66.

[25] 罗建平. 世界一流学科成长的逻辑与路径 [J]. 中国高教研究, 2021 (7): 29-34.

[26] 谌利, 潘蕾. 生态文明教育与高校地理教学融合发展的效应分析 [J]. 教师, 2021 (24): 110-111.

[27] 王雨辰. 构建中国形态的生态文明理论 [J]. 武汉大学学报（哲学社会科学版），2020, 73 (6): 15-26.

# 附录一　房山课堂教学改革简史（摘录）

1. 系列教育科学实验

1985—1990年，在中小学进行一系列教育科学实验，其中有小学生全面发展整体实验、中学六课型单元教学法实验、小学六因素单元教学法实验、小学语文数学学科评价实验、小学语文整体改革实验、数学尝试教学法实验、三算结合教学法实验、马芯兰教材教法改革实验、注音识字提前读写实验。

1989年，小学教研室"思想品德课的五步教学"论文，被《北京教育》选登；中学教研室"改进考试方法""在乡土地理教学中的思想教育"两篇论文，获市级教改论文一等奖和二等奖。

2. 改革教学方法

1979年以后，针对小学教学质量偏低的状况，各校认真抓备课、讲课、批改作业三个环节。经过两年的努力，1981年，小学毕业班及格率达到58.7%，比1979年提高30.1%。为使小学教学质量跃上一个新台阶，各校以课堂教学为突破口，集中抓教学方法的改革。

截止到1989年，各校出现教改项目30多个，其中有"数学十字分析法""语文考试改革和回读法""音乐节奏字谱和乐器进课堂""体育场地设计"……

1983年，南尚乐中心校教师刘宝丽，在自然教学中，创造"指导学生自行探求和应用知识"的教学方法，激发学生积极性，发展学生智力，培养学生观察、实验、分析、推理能力，培养创造能力。几年来，学生写出小论文百余篇，小制作近百件，小发明十余项。《观察星空的报告》《给大自然记日记观察报告》《南尚乐村空气污染考察报告》《南尚乐村植物资源考察报告》等6篇，获县小论文奖。"方便文具盒""方便改锥""多用格尺"获县小发明奖。

1984年，良乡二小教师李淑荣在数学教学中，将"五步教学法"改为"七步教学法"，即将原来的"组织教学、检查提问、讲授新课、巩固练习、布置作业"改为"基本训练、揭示新课题、暴露新课、重点讲授、尝试性练习、课堂练习、课堂小结"。将原来的死记、死练，变成边听、边看、边想、边议、边巩固，将教师的"满堂灌"变成边教、边导、边阅、边判。七步教学法再与大小课堂相结合。大课堂指教师讲课面向全班；小课堂指每4个学生为一组的边学、边议、边讨论小组。教师讲完新课，放手让学生讨论，教师巡视答疑。这样可收到举一反三的效果，当天作业当堂完成，杜绝了抄袭，准确率在95%以上。1985年，县教育局召开会议，推广南尚乐中心校、张坊中心校、良乡二小等学校的教学改革经验。

3. 改革考试方法

传统考试方法存有严重弊端，只偏重死知识，很少考查能力。家长和社会也只看重分数，不看实际能力。因此，教师在教学中，忽视教学大纲的要求，轻视思想、能力的培养，只是把力气花在让学生死记硬背上。

1984年，房山二小进行改革语文考试方法的试验。他们把考查知识变为考查智力和能力。①考朗读。教师指定段落，要求正确、流利、有表情地朗读。②考听写。要求听两遍录音，然后能整理成文，以考查听觉、思维、记忆、组材、写作的能力。③考智力。侧重智力训练，考查思维、判断、联想、想象能力。④考观察。当场观察一件静物，然后写一篇观察笔记，以考查观察、组材、联想、写作的能力（以上四部分为50分）。⑤考基础知识。主要是字、词、句、段、篇的知识（这部分为50分）。

考试方法改革以后，突击复习不再起作用，主要功夫必须用在平时。因此，教师认真钻研教材，认真备课，认真改革教学方法，学生写作能力显著提高。

1986年，县教育局在房山二小召开现场会，推广其改革考试方法的经验。

4. 开辟第二课堂

从1984年开始，良乡二小在课外活动中，开设摄影、图书、植物、体育、器乐、舞蹈、科技、美术、医疗、书法、气象、法制、电子计算机、拼音扑克等14个课外活动组。参加学生380多人，约占3至6年级学生总数的56%。活动中坚持"时间、地点、内容、教师"四固定。课外活动增长了学生的能力。学生李宏义制作的"电磁硬币分离器"获市小发明三等奖、县一等奖，李玉仙制作的"方便锅盖"获市小发明三等奖、县一等奖。

良乡二小开辟第二课堂的经验，《北京日报》做了专题报道。1936年，县教育局召开现场会，予以推广。此后，全县共成立课外活动小组700多个。1989年，在北京市书法、绘画、摄影比赛中，房山区小学代表队获总分第三名。

加强基础教学，培养学生能力，不仅是课堂教学和教学改革的重要课题，也是提高教学质量关键，为达到此目的，开辟第二课堂，为学生打开求知的广阔天地是非常重要的。为此，一些中学提出："课堂教学为机身""第二课堂为两翼""课内打基础""课外求发展""课堂抓双基""课外出特长"等口号。全区各中学普遍建立"学科小组""课外兴趣小组",规模大的中学建立20多个课外小组,一般中学也建10几个小组。主要活动内容可分以下几种:

（1）开展学科讲座,以求深,求活,开阔思路,扩大知识面为主。1985年以来,在市、区各学科竞赛中,有数百人次获奖,如在北京组织的三北全国作文竞赛中就有70多人次获奖。1989年,全国高中数学联赛,良乡中学3名高中学生获优胜奖,并参加1990年,美国AHSME中学数学竞赛。

（2）开展科技制作活动,提高学生动手、动脑能力。自1980年以来,全区各中学普遍开展科技制作活动,教育局举办中学生科技制作展览,仅直属中学就制作干制标本上千件,浸制标本1500件,剥制仿本几十件,其中房山中学制作的昆虫发育过程,良乡中学畸形雏鸡,获北京市科技制作奖,这些活动的开展,提高了学生兴趣,弥补了教具不足。

（3）开设摄影、书法、美术、音乐等课外活动小组,培养出具有一定特长的专门学生,几年来有数百人在市、区比赛中获奖。同时为北京艺术院校及本区师范学校输送一批特长学生。

（4）根据社会需要从1974年开始,房山中学、良乡中学及部分小学成立地震测报小组。1976年,唐山地震前夕,良乡中学地震测报小组及时向市、县地震部门预报地震征兆,被市评为测报先进集体。1987年,房山中学测报小组被评为市级地震红旗单位。这些活动培养学生的专业技术能力,增强了社会责任感。

5. 引进外地经验

从1984年开始,将外地成功的教学经验,引进到本区各校,进行实验。截止到1989年,共引进实验项目8个,计有:小学语文整体改革实验、尝试教学法实验、"三算"结合教学法实验、北京市小学数学实验（马芯兰教材教法改革实验）、"注音识字,提前读写"实验、六因素单元教学法实验、小学生全面发展整体改革实验、小学语文数学学科评价实验。参加实验的班级有308个,参加实验的教师近500人。在实践中共总结出教改论文500余篇,在报纸杂志上发表的有10余篇。负责"注音识字,提前读写"实验的教师于富英、高焕如、姜晓燕,为实验成功做出贡献,获市级一等奖。1988年,"小学语文整体改革实验"班（四年级）,参加五年级（普通班）期末考试,语文成绩比普通班平均分高5.1分,优秀率高9%。

经过11年的不懈努力,房山区小学的教学质量有了很大提高,全区毕业班及格率达到99,7%（比1979年高71.1%）,优秀率为37.8%。

有283人达到少年等级运动员标准。全市第二届"春节杯"长跑比赛，房山区获小学组团体总分第一名。"金帆杯"足球比赛，房山区获小学组第三名。在全国或全市举办的各项学科竞赛中，房山区有1 000多人次获奖。

6. 学科教改实验（中学）

1979—1986年，房山县相继成立"理科协会"、"教育学会"、"教育科研室"，组织全区教师学习教育理论，编辑推广教学经验，以上协会成员主要是各校领导和教学骨干，组织他们定期学习，到外地参观交流等活动，开阔眼界，增加教改意识，在全区中学教改工作中发挥骨干作用。如数学强化知识形成过程教学，设计出复习铺垫，突破重点、难点、精练例题等方式；地理课倡导，"自学—讨论—练习—填图"的教学方法，激发学生学习兴趣；理化课加强实验教学，培养学生动手操作能力；生物课结合教学内容，到田间、果园、养殖场上课，收到较好效果，如窑上中学生物教师，根据本地产梨、西瓜的特点，给学生讲有关知识，学生感到学了有用，得到家长支持，北京日报做了专题报道。

语文课，为学生创造多动脑、动手、动口的教学环境，加大自读量，经实验，周口店中学1988年初中毕业生升学统一考试，语文合格率达到94%；良乡中学物理教师采用"布鲁姆发现法"，改进物理教学，在1987年评优课中，评为市级优秀课，市电教馆做了典型教学录像。

房山中学与上海教育学院合作实验"教学自学指导法"，培养学生能力，改革课堂教学结构，加强自学环节，充分发挥教师主导作用，把学生置于学习过程中的主体地位，调动师生两个积极性，学生成绩稳步提高，在上海、秦皇岛、北京召开三届研讨会上做重点发言。

房山中学高中语文教师杨士奇，实验"快速阅读法"增大知识吸收量。1985年，高考语文成绩平均91分。房山区进行另一个教改实验"六课型单元教学法"。1986年，教育局组织部分中学领导和教师参加武汉实验研讨会，房山语文、数学两位教师的论文在会上得到肯定，会后交道、城关、长操三所中学进行实验，后来发展到11所中学，教学成绩明显提高。以房山中学1988年语文高考成绩为例（表附录1-1）。

表附录1-1 房山中学1988年语文高考成绩

| 项目班 | 人数 | 总分 | 平均分 | 高于区平均分 | 高于区及格率 | 及格率 | 高于市平均分 | 高于市及格率 | 最高分 |
|---|---|---|---|---|---|---|---|---|---|
| 实验班 | 49 | 3824 | 78.4 | 15.59 | 37.7 | 98% | 8.86 | 15.2 | 91 |
| 对比班 | 45 | 3096 | 68.8 | 5.99 | 18.18 | 78.4% | | | 86 |

　　此外，房中、张坊中学等对考试方法进行改革尝试，如理、化、生把实验操作按比例计入总分，政治课把社会调查撰写论文计入总分。

　　良乡中学语文教师经反复实验，探索规律，研究出我国第一副"汉语拼音扑克牌"，受到国家教委、文字改革委员会的肯定。

# 附录二　数据管理与分析（DM/DA）讲习班项目总方案

根据《北京市房山区"十四五"时期教育事业发展规划（2021—2025年）》精神和有关文件要求，持续深化课程、教学改革，加快提升教育教学质量，切实提升教师队伍育人能力，盘活教师数据素养评价能力培训者资源，以"提升数据素养，提高评价能力，深化评价改革"为研修主题，特制定项目实施方案：

## 一、指导思想

聚焦房山区教育数字化转型，强化基于大数据的循证治理，服务区域教育决策，探索增值评价深度应用，服务区域连贯性评价，强化基于大数据的课堂改进，服务教师精准教学，推动育人方式转型。

## 二、项目目标

推动数据强师计划，增强数据循证应用，提升房山教师循证教学能力；探索多元大数据应用，引领房山成为大数据治理优秀实验区，加强学生素质数据的深度挖掘，提升学校五育融合育人能力。学员通过40课时的参与式研修活动，达到：①能结合本人学科教学、管理岗位的实际需要，正确理解"评价促进学习""评价促进改进""评价促进发展"评价功能，掌握基本的教育教学评价方法，掌握通识性试题命制方法技术。②能够合理选取和运用评价工具，探索增值评价，实施过程评价，科学评价学生学习活动、学习成果和素养水平，保证数据的正确性。③在学校和本职岗位上能按照工作要求完善数据传递流程，确定数据传递时效，互相印证数据链条，能够进行数据分析，准确识变、积极应变。

在全市率先建立科学的、符合时代要求的高信度高效能学生发展评价支持体系，建成一支适应房山区新时代教育发展需要的高素质专业化评价教师队伍，推动房山教育高质量发展。

## 三、培训对象

按照区域教师数据素养评价能力提升"3322"讲习班课程体系,"3"三年为期,每年开设6-10个班次,每班次学员修满40课时(集中讲习16课时+校本实践24课时)的课程,"3"——贯通高中、初中、小学"三大学段","2"——区别数据应用管理和数据分析应用"两类"DM(Data application management)/DA(Data analysis application)专业化班,"2"——毕业年级和非毕业年级"双层"(Graduation grade)/(Non-graduation grade);探索以"联动、协同、贯通、下沉"为主要特征"教学研评管一体化"培训,初步构建基于数据的、具有房山特色的教师专业化发展支持体系(表附录2-1)。

表附录2-1　两类人员培训目标(2023年)

| | 数据应用管理<br>DM(Data application management) | | 数据分析应用<br>DA(Data analysis application) | |
|---|---|---|---|---|
| | 班别<br>(人数) | 培训目标 | 班别 | 培训目标 |
| 高中 | 高三<br>(9+) | 高三一模数据管理与引导、清洗、活化 | 高三<br>(9+) | 高三一模、二模"六层"数据摄入、清洗、要素分析、盘点活化,形成追踪绑定式数据 |
| 高中 | 高一<br>高二<br>(11+) | 常态数据平台建设与管理,风险预测与数据舆情 | 高一<br>高二<br>(11+) | 学会应用大数据平台,开展"六层"数据常态化摄入、清洗、要素分析、盘点活化,能够运用数据形成绑定跟踪式指导服务 |
| 初中 | 初三<br>(33+) | 初三一模数据收集、导入、清洗、活化 | 初三<br>(33+) | 初三一模"六层"数据摄入、清洗、要素分析、盘点活化,形成追踪绑定式数据 |
| 初中 | 初一<br>初二<br>(33+) | 常态数据平台建设与管理,风险预测与数据舆情 | 初一<br>初二<br>(33+) | 学会应用大数据平台,开展"六层"数据摄入、清洗、要素分析、盘点活化,能够运用数据形成绑定跟踪式指导服务 |
| 小学 | 1-6<br>年级 | 常态数据平台建设与管理,风险预测与数据舆情 | 3-6<br>年级 | |

## (一)学校数据应用管理干部教师

数据应用管理干部教师能够按照一定学段教育教学规律和育人要求,规范建构、盘活发展学校数据,利用数据平台对数据进行有效的收集、存储、处理和应用,充分有效地发挥数据的作用,以实现对学校教育教学业务需求的加载、变化、记录、复用等过程的管理。结业后的学员基本能够将各种数据应用管理方法融入具体的教育教学业务场景之中,最终形成基于数据的"教学研评管"一体化校本应用管理模型,提高学校教育教学管理能力。

## (二)学校数据分析应用教师

数据分析应用教师能够做到:①能够全面了解数据采集全过程,诸如考试数据产生的时间、条件、格式、内容、长度、限制条件等数据的原始出处,明确数据采集的意义,了解控制数据生产、采集过程和规则异常变化等。②学会运用数据存储内部的工作机制和流程,在原始数据基础上进行加工处理,能够及时将数据存储于云端或本地。③知道不同数据库和库表之间的同步规则,哪些因素会造成数据差异,如何处理差异等,保证后期数据应用的及时性、完整性、有效性、一致性、准确性等。学会数据提取基本方法,知道从哪取、何时取、如何取等。懂得并能解释不同的数据源得到的数据结果未必一致,懂得并能解释不同时间取出来的数据结果未必一致,懂得并能解释不同提取规则下的数据结果很难一致。④学会面对海量数据时进行数据挖掘和价值提炼,学会用最适合的算法解决问题,能够熟练使用一门数据挖掘工具(Clementine、SAS或R等),知道常用的数据挖掘算法以及每种算法的应用场景和优劣差异点。

集中研讨与专题指导相结合,讲习同步,两类人员应达到基本通识性素养能力水平(表附录2-2)如下。

表附录2-2 学员基本素养和能力水平指标

| 一级指标 | 二级指标 | 三级指标 |
| --- | --- | --- |
| 数据知识 | 数据基础知识 | 能够列举出常用的数据来源 |
| | | 能够表述出数据属性和质量的含义 |
| | | 能够确定分析具体问题所需目标数据 |
| | | 能够辨析数据的类型和用途 |
| | 数据工具知识 | 能够阐述基本数据工具或软件的特征(如Excel) |

续 表

| 一级指标 | 二级指标 | 三级指标 |
|---|---|---|
| 数据技能 | 数据获取能力 | 能够制定有效的检索方案或检索策略 |
| | | 能够有效地收集与获取所需目标数据 |
| | 数据管理能力 | 能够对数据进行标识与描述 |
| | | 能够对数据进行存储与更新 |
| | 数据分析能力 | 能够理解数据 |
| | | 能够进行数据分析 |
| | | 能够对数据统计结果进行教学解释 |
| | 数据评价能力 | 能够对所使用的数据进行评价 |
| | | 能够通过个体数据开展个性化评估 |
| 数据技能 | 数据评价能力 | 能够借助数据对教学方法进行评价 |
| | | 能够使用数据对教学过程进行评价 |
| | | 能够使用数据对教学结果进行评价 |
| 教学应用 | 数据探究和交流能力 | 能够透过数据发现教学问题 |
| | | 能够依据数据提出解决方案的假设 |
| | | 能够基于数据分析形成教学反思报告 |
| | | 能够使用数据支持交流 |
| | 数据驱动教学决策能力 | 能够应用数据诊断和监控教学过程 |
| | | 能够根据数据调整教学决策 |
| 意识态度 | 数据意识 | 能够意识到数据的价值，具备数据敏感性 |
| | | 具备使用数据解决问题的意识 |
| | 数据道德 | 能够认识到数据的伦理和道德问题 |
| | | 能够保证数据获取及使用是合法的 |

## 四、培训原则

### （一）针对性原则

在培训课程设置和培训方法选择上，充分考虑到学员作为学校数据管理者的工作岗位需求和学科教师作为学习者的个体需求。密切关注把学员的岗位培训需求和个体学习需求作为基本依据，根据学习对象分班，按需施训，供需对应。坚持课程主题的系列化，注重讲习内容的逻辑性。

### （二）实效性原则

按"种子班""旗手型"培养目标选招学员、感召学员，注重提高学员引导者、指引者的角色认识水平，掌握基本数据规律与实用方法。培训过程及评价环节中，要把着力点放在解决学员作为学校数据管理者、学科教研组长在实践中面临的数据管理、数据应用问题，加强理论与实际的密切联系。大力倡导求实精神，着力数据管理者的管理数据技能、数据应用者的教育教学教研用法上。

### （三）创新性原则

创新性原则体现在培训内容和培训成果上，要开发和生成独特的培训服务，体现专门专项培训资源优势和数据专业特长。贯彻这个原则，重视探究基层教师培训规律，研究两类学员需求，借鉴甲方乙方项目互动学习模式，为两类学员提供优质的培训服务。

## 五、培训课程

（1）按照数据应用管理和数据分析应用"两类"分别设计五大课程模块：①数据理论与实践育人；②数据分析框架建构与数据采撷方式；③数据综合应用与平台维护；④同行交流案例分析；⑤实践观摩与行动指导。

（2）每个课程模块由 2～5 个专题构成，每个专题的课程内容包括：①数据工具报告案例：主要是关于国内外数据应用管理和数据分析应用的典型案例及其规律的得失分析，为培训对象校本化应用提供借鉴与启发；②数据应用管理和数据分析应用理论：主要包括在数据应用管理和数据分析应用专业化理念指导下的数据管理理论、实践方法理论、教师评价能力标准建设理论等内容，目的帮助培训对象掌握现代数据应用管理和数据分析应用理论，了解国内外数据应用管理和数据分析应用发展特点和趋势，掌握数据管理和数据应用方法的理论基础；③数据应用管理和数据分析应用行动指南：主要是针对数据应用管理和数据分析应用在实际工作中应用提供工作建议和操作办法。

（3）培训内容呈现多种课程形态（培训方式）：①理论知识课程（专题讲座、

案例品鉴、分组讨论）；②情境体验课程（案例分析、互动交流、岗位实践、校际观摩、内化提高）；③技能实战训练课程（小组作业、学习日记、校本行动计划、成果生成）；④虚拟辅助课程（网络研修平台、智慧教研平台、大数据融合平台、学习工具应用平台）等。

（4）培训课程与课时安排如表附录2-3。

表附录2-3　培训课程与课时安排

| 类别（课时）＼主题 | 数据理论与实践育人（16课时） | 数据分析框架建构与数据采撷方式（16课时） | 数据综合应用与平台维护（12课时） | 实践应用类–交流与分享（12课时） |
|---|---|---|---|---|
| 数据管理DM（Data management）40课时 | 1-1.教师数据素养提升和评价能力提升（4课时） | 1-5.数据管理、测量与评价（4课时） | 1-9.数据驱动教育管理与决策（4课时） | 1-12.数据驱动的学校教学治理探索（4课时） |
| | 1-2.数据与管理（4课时） | 1-6.校本实践（4课时） | 1-10.校本实践（4课时） | 1-13.校本实践 |
| | 1-3.数据实训——excel函数的简易入门（4课时） | 1-7.校本实践（4课时） | 1-11.校本实践（4课时） | 1-14.校本实践 |
| | 1-4.校本实践（4课时） | 1-8.校本实践（4课时） | —— | —— |
| 数据分析DA（Data analyst）40课时 | 2-1.教师数据素养提升和评价能力提高（4课时） | 2-5.数据分析框架的构建及教育测量与评价（4课时） | 2-9.基于学生发展融合平台的教育大数据建设与应用 | 2-12.数据升级提振教学教研升级 |
| | 2-2.5E模式下数据在教学中的应用（4课时） | 2-6.校本实践（4课时） | 2-10.校本实践（4课时） | 2-13.校本实践 |

续 表

| 类别（课时） \ 主题 | 数据理论与实践育人<br>（16课时） | 数据分析框架建构与数据采撷方式<br>（16课时） | 数据综合应用与平台维护<br>（12课时） | 实践应用类－交流与分享<br>（12课时） |
|---|---|---|---|---|
| 数据分析DA（Data analyst）40课时 | 2-3. 数据实训——excel函数的简易入门（4课时） | 2-7.. 校本实践（4课时） | 2-11. 校本实践（4课时） | 2-14. 校本实践 |
| | 2-4. 校本实践（4课时） | 2-8.. 校本实践（4课时） | —— | —— |

## 六、组织管理

### （一）领导小组

房山区教师进修学校成立"高信度高效能学生发展评价支持系统建设研究领导小组"，负责该项目申报、实施和管理，名单（略）。

### （二）项目团队

项目组组建工作团队，负责项目具体的实施和业务工作。

1. 人员构成（略）

2. 岗位职责

项目首席专家：①指导培训项目申报、培训方案研制和课程与教学设计；②指挥培训项目实施和培训质量监控；③指导项目总结和培训后项目追踪。

项目执行负责人：①负责项目方案的起草，对接行政部门，获得政策支持和部分财政预算；②开发项目所需人力资源，组建项目团队；③对接基层学校，保证学员数据基础和数据素养基本合格，组织团队成员制定项目实施计划和实施方案；④对接各乙方单位，落实课程建设及师资匹配，组织和协调项目实施过程中的各项活动；⑤负责学员评教调研，了解和掌控教学的全过程，对学员反映问题及时与讲课教师进行沟通；⑥在项目领导小组和主持专家领导与指导下，全面负责项目管理工作。

项目专家团队：以实用性课程研发为核心任务。包括北师大高精尖学科教育实验室（师资Ⅰ类－数据理论与实践育人）、学习工具公司（师资Ⅳ类－实验区交流与分享，案例分析）、考试平台数据公司（师资Ⅱ类－数据分析框架建构与数据采撷方式）、大数据融合平台应用技术公司（师资Ⅲ类－数据综合应用与平台维护）等：①负责项目的培训定位，策划指导，实施监控与评价；②指导培训课程的设置和师资的选择；③指导和参与培训课堂，协助主讲教师开展分组指导活动；④负责项目总结及成果整理。

项目管理与服务团队：①负责培训班级的教务工作落实，班级教学档案的收集整理和继续教育学分管理；②负责学员的日常生活管理和组织、落实校本观摩指导活动；③负责班级的后勤保障与服务；④协助项目负责人完成其他相关工作。

（三）成立班委会

各班由学员推选班长、学习委员、生活委员和技术顾问、各组组长，负责培训期间班级活动组织和协调工作。

## 五、考核评价

在项目专家团队指导下，由项目执行负责人项目管理与服务团队共同负责培训活动的全程质量监测任务，主要采取以下措施与办法。

（一）诚心评教

通过学员评教表，考核培训教师（团队）在培训教学和活动组织方面的效果（问卷调查：学员培训满意度）。

（二）严格考勤

全体学员按指定位置就座，遵守培训纪律，无故不得缺勤。因事因病向项目负责人请假。工作组制作桌签及考勤表，真实准确记录学员学习情况，作为考核依据。通过学员考勤表、学员手册、学员习得统览以及所在学校"微信平台"等的记录和记载，考核学员学习表现（观察与分析学员的学习反应）。

（三）整理成果

共同生成《房山区教师数据素养评价能力发展基本标准》《房山区教师数据素养评价能力发展实践探索》（论著）等为最终培训成果。具体培训成果：①研制《房山区教师数据素养评价能力发展基本标准》；②编著《房山区教师数据素养评价能力发展实践探索》；③编撰《房山区教师数据素养评价能力发展报告》；④组织参加全国性"教师数据素养评价能力发展"研讨会。

（四）完成作业

培训结束后，各位学员要在实践中运用正确方法，科学运用数据，优化数据管理，高效运用数据，并进行认真提炼总结，作业于在完成40课时后交学生发展评价处（电子版发至pjyxb2021@126.com）。

## （五）考核赋分

考核学员学习结果（评估学员的学习结果）根据学员的课程参与程度、考勤（尤其是实践阶段）以及完成作业等方面的表现综合评定培训成绩（合格/不合格，"合格"继续教育4分，"不合格"继续教育0分）。

房山教师进修学校
高信度高效能学生发展评价支持系统建设项目组
2023年3月

# 后 记

这是一次区域廿年教育改革发展的专业性学术表达。具体地,"f"(fair)体现公平的、公道的、面向全体学生的教育教学;"u"(uniform)呈现一致的、均衡的、一以贯之的教育教学;"n"(need)基于需求的、按需供给的、让学生获得全面而有个性发展的教育教学;"h"(healthy)康健的、有益于身心健康的教育教学;"i"(interested)倍受关切的、感兴趣的教育教学;"l"(liberal)博学的、通才的、慷慨大方、宽容开明的课堂教学;"l"(logical)符合逻辑的教学。

说专业,也是因为梳理了"funhill"教学实践研究的本源、本土、本质,抓住了教学改革的关键环节;说学术性,是以"funhill"教学为研究对象,高树"心中有人,人人发展"旗帜,把"funhill"教学作为高质量教育体系的重要组成和关键按钮,把培养人作为重中之重,提升教师的生命境界,真正获得实实在在的成长;学生因"funhill"教学而精彩相随。作为底本、脚本、注解,"funhill"教学一直是全区构建区域高质量教育体系,走上坚实教育现代化强区之路的先旗手。

2001年房山区教委成立,提出了"1123"工作思路,即:一个核心,以全面提高教育质量及办学效益为根本出发点和落脚点;一个理念,树立终身教育理念;两个目标,为高一级学校输送合格新生,为我区经济建设服务;三个教育板块,公共教育、准公共教育和民办教育。在这个思路的指引下,整个系统的教育思想达到高度统一,质量意识明显增强。在深入落实1123工作思路的前提下,启动基础教育课程改革工程,积极开展区域课改实验工作。

从2001年开始,首先在良乡地区的9所小学进行试点,2003年,启动课堂教学改革工程,确定"课堂教学改革年"。2004年全区小学一年级和初中一年级全部进入,比全市的要求提前一年进入。2005年,出台了房山区教委《关于深化中小学课堂教学改革 全面提高教学质量的意见》和《关于加强和改进中小学生思想道德建设工作的意见》,把课堂建设成为五育的基本载体,进一步为课堂教学改革指明了方向。2006年初,启动课堂评价工程,通过多层次、多角度、多渠道的评价,为深入、扎实地推进课改工作提供了有效载体,促进课改理念向有效教育教学行为转化,不断推动课改向纵深发展。

房山地处远郊,学校数量多,教育基础薄弱,教师队伍整体素质与课改的要求之间存在较大差距。课改之初就面临着一系列的挑战,主要表现在以下三个方面:一是教师教育理念相对滞后,课堂教学效益不高,高水平师资的总体数量偏少,教师对课标的新理念理解不到位,三维目标难以落实;二是校本课程建设不够规范,难以体现学校特色。部分课程与国家课程的相关内容雷同,拓展与延伸不足;三是课堂评价只作为一种管理手段,没有起到促进课堂效益提高的重要作用。没有把做好教育评价作为反馈信息,改进工作,提高质量的有效途径。针对这些问题,我们在分析、调研的基础上,形成了"定位课堂,评价为媒,打造队伍,整体推进"工作思路,为了稳步推进课改工作,采取了"点上实施,面上渗透,全面铺开"的工作策略。为解决课堂教学效益差的突出问题,我们依据课堂教学"三维"目标,结合本校教育教学中存在的问题,加强校本教研,认真研究课程、教材和学生,利用五级教研网络,通过研究课、示范课、观摩课等课例的引领,加强合作、探究、体验、讲授、信息技术与学科教学整合五种教学方式的研究,切实提高对课堂教学管理的集约程度和教师教育教学的实践能力。促进了教师课改理念向有效教学行为的转化。

从每一个环节抓起,在每一个细节上落实,从人们习以为常的地方寻找切入点和增长点,细化课堂教学流程管理标准和要求,加强课堂教学常规管理,提高课堂管理规范化、精细化水平。

一是挖掘课堂资源。学生和教师都是最重要的课堂资源。在课堂教学中,教师改变"课程即学科""课程即教材"的传统观念,把师生的生活、经验、智能、理解、问题、困惑、情感、态度、价值观等素材性课程资源真实地融入课堂教学过程,使学科教学过程同时成为育人的过程,让自己和学生真实地体验到教学过程是师生的生命共度过程;同时充分开发和利用学校现有的各种课程资源,图书资料、影视资料、校本课程、实验室、多媒体、设备、教具等,还要开发和利用平时搜集和储存的校外各种课程资源,用于课堂教学之中;要创造性使用教材,根据学生学习的需要,重组和优化课程内容,调整教材结构,科学合理地进行取舍。

二是探索新的教学模式。按照"教学有法,教无定法"和继承、发展、创新的原则,鼓励教师解放思想,大胆实践,从学校和学生实际出发设计课堂教学,改进教学方法,探索符合新课程理念、促进学生学习方式的转变和可持续发展、适合校情学情的课堂教学模式,逐步构建起以"目标导学、主体探究、精讲精练、合作学习"为导向的具有区域特点的教学模式,努力推进中小学教学质量的全面提高。

三是重视教学环境建设。课堂教学环境包括物化环境和心理化环境。物化环境包括文字、实物、图示、音像等多种信息和载体，甚至包括教室布置、外面噪声、光线等。这些物化环境通过视觉引起心理反应，它们会对课堂教学产生影响，它可以把知识化抽象为形象，化无形为有形。心理化环境也就是平常我们说的"氛围"，包括情绪、心境、兴趣等，它对课堂教学的影响是潜移默化的，要提高课堂教学的效率应该努力建设健康向上的心理化环境，如和谐的师生、同学关系，积极向上的班风学风等。

出台《北京市房山区教育委员会关于推进基础教育课程改革一体化实施意见》（房教发〔2011〕43号）。《意见》旨在遵循基础教育规律，全面推进区教委"1123"工作思路，规范课改实施路径，优化系统育人机制，促进中小学各学段课程改革的有机衔接和质量对接，实现全区基础教育课程改革的优质、均衡和特色发展。其主要任务是：落实学段课程标准，推进学段育人任务的一体化工作；完善基础教育课程体系，推进基础教育课程建设一体化工作；建立课堂评价一般性模式，推进课堂教学改革一体化工作；健全和完善阶段性质量评价标准，推进学生评价工作的一体化。

房山新品牌形象是房山区政府为打造"三化两区"（城市化、工业化、现代化进程，建设产业友好、生态宜居）新房山，推动"两轴、三带、五园区"的区域发展新格局而推出的。寓意是"房山，让北京fun起来！"。funhill是由"快乐"的英文单词"fun"与"山"的英文单词"hill"组合而成，funhill既是房山的谐音，又体现出房山乐土的新面貌。中国著名设计企业家、北京创意设计协会副秘书长、北京工业设计促进会理事会员、北京市领导科学协会常务理事魏来先生（负责设计这一形象）解释说，funhill是要打造一座属于每个都市人的快乐之山，以此为起点，把"funhill"作为核心理念与核心文化元素，贯穿在城市建设和产业发展各领域，塑造成为鲜明的城市品格和人文特征，实现了以城载业、以业兴城的良性互动，并通过传统媒体与新兴媒体的广泛宣传，让房山的区域品牌形象成为一种深入人心的理念和共识。①

在"funhill"品牌理念的指引下，房山教育逐步探索实践出了由政府统筹，以区域优势资源为依托，以"让北京fun起来"为动力，以文化教育大项目为载体，以促进城乡一体化为目标的具有房山特色的区域文化教育创新实践发展模式。

2012年年初，人民论坛专题调研组召开的"区域教育如何创新发展"主题研

---

① 《funhill让北京fun起来——房山中央休闲购物区（CSD）启动新闻发布会》.搜狐焦点网 house.focus.cn 2009年09月17日 15:33.

讨中专家认为,房山区教委十年区域教育改革实践,注重思想引领、思路指导和策略创新,在把握规律中走内涵式发展道路,具有前瞻性、创新性、系统性,实现了理论与实践有效结合,对全国其他地区有着一定的借鉴价值。① 北京房山区坚持解放思想、实事求是,敢于冲破传统观念和体制机制束缚,遵循现代教育规律、教学规律、人才成长规律,尤其是在教育系统的内部,教育教学活动的开展要遵循人的生理与心理发展的阶段特征与要求。正确理解、恰当运用教育教学规律和人才成长规律,对于保障教育改革的正确方向、提高教育质量,具有非常重要的意义。房山区立足国情、市情、区情,坚持继承和创新相结合、理论与实践相结合,形成富有特色、符合规律的教育发展理念、思路和策略,不断深化教育体制改革和教育教学改革,为多样化、个性化、创新型学生和人才的成长,提供了良好环境和机制。走出一条具有广泛借鉴意义的区域教育创新发展之路。

2019年7月,人民日报社人民论坛杂志社副总编辑陶建群撰写的区域教育改革与创新发展研究专著——《区域教育发展"房山策略"》由国家行政学院出版社出版发行。该书全面系统地介绍了北京市房山区教委自2001年以来,坚持党的教育方针,坚持"实事求是"的思想路线,结合房山区经济社会的实际,遵循教育规律,创建了区域教育发展"房山策略",使房山教育实现了跨越式发展,从而形成了鲜明的房山区域教育特色。著名教育家、中国教育学会名誉会长、北京师范大学资深教授顾明远在《区域教育发展"房山策略"》序言中指出:"'房山策略'具有战略眼光、先进理念和超前意识,同时把教委的工作扎根于学校,重视学校的课堂教学,促进教育公平,提高教育质量,实现区域教育的整体发展。'房山策略'具有区域教育发展的示范作用。"有关专家学者认为,《区域教育发展"房山策略"》最大特点:既有理论的深度,也有实践的广度。该书全面总结了房山教育创新发展的典型经验,具有理论研究价值、新闻宣传价值、运用推广价值,是值得全国各级各类教育管理者和教育工作者阅读与借鉴的一本参考书。②

"funhill"教学作为减负提质样本,在义务教育阶段教师课堂教学行为、落实减负提质工作精神,全面提升区域义务教育阶段各学科课堂教学质量上,发挥着"敢为时代先"的引领作用,为《房山区加强中小学校本研修工作指导意见》《房山区中学课堂改进评价手册》《房山区中小学课堂教学基本规范(试行)》

---

① 人民论坛专题调研组《区域教育创新发展的"房山策略"》DOI: 10.16619/j.cnki.rmlt.2012.01.014.

② 光明日报全媒体记者兰亚妮,《〈区域教育发展"房山策略"〉在京出版》.光明网2019-07-11.

# 后 记

等意见措施的出台，提供"心中有人 人人发展"的典范模式和操行规则。比如"课前教学规范"，先要研读课标、教材，整体认知课程基本理念、课程目标，熟练掌握教材的知识与能力体系、学科教学的逻辑主线；注重学情分析，因材施教，分析学生的学习态度、学习基础、学习能力、性格爱好等各种综合因素，以学定教，尊重差异，在把握学情的基础上，增强教学的针对性。教学目标应明确具体，具有可检测性，防止拔高要求或降低要求。在比如"课中教学规范"，要营造良好氛围，创设学习情境，合理运用传统教学手段与现代信息技术手段，让学生有足够的时间和空间采用多样化的学习方式进行自主探究和合作探究，自主探究重在激发学生的独立思考，合作探究重在学生行为、思维、情感上与他人的互动；"课后教学规范"中，要规范实施作业，强化作业反馈，突出个人反思，加强集体反思等。

2021年11月10日，联合国教科文组织于该组织第41届大会上面向全球发布《共同重新构想我们的未来：一种新的教育社会契约》报告。报告就"当我们展望2050年，我们应继续做什么？我们应该抛弃什么？我们需要创新什么？"之问，提出"新的教育社会契约"——必须能够将人类联合起来，通过集体努力，提供所需的知识和创新，帮助我们塑造面向所有人的可持续和和平的未来，维护社会、经济和环境正义。报告明确，缔结这种新的教育社会契约必须遵循两条基本原则，一是确保人们终身接受优质教育的权利，二是强化教育作为公共行动和共同利益的形式。包括继承优秀教育传统，革新教育教学模式，强调生态、跨文化和跨学科学习，支持学生获取和生产知识，同时培养他们批判和应用知识的能力。

由此，有理由相信，"funhill"教学实践会一如既往地成为区域教育革新和转型的先旗手，重新构想"为何学、怎样学、学什么、哪儿学和何时学"。不随意抛弃过去的优秀"遗产"——经过实践证明好的教育教学经验，相反，还要继承好的传统，革新教育教学模式。毕竟，"funhill"教学这种贯穿生命始终的"心中有人，人人发展"教学组织和学习方式，曾长期在区域教育转型中发挥着基础作用。

廿余年启迪，廿余年磨砺，廿余年不懈努力，有理由作出强调，"funhill"教学将一以贯之地缔结一种新的教育社会契约，以应对人类共同的挑战。要围绕合作、协作和团结的原则进行组织，要把立德树人——培养学生的智力、社会和道德修养，推动其在同理心和同情心下合力改造世界作为首先要务。对于"funhill"教学的评估应反映教学目标，包括促进有意义的学习和推动所有学生的学习等。使"funhill"教学成为一种共同利益、一种共同选择和实现共享福祉的形式。